영축산의 구하천보九河天輔와
오대산의 한암중원漢巖重遠

그리고 문중 문도 스님들을 통해 살펴보는 한국불교의 지성사

영축산의 구하천보九河天輔와
오대산의 한암중원漢巖重遠

그리고 문중 문도 스님들을 통해 살펴보는 한국불교의 지성사

이원석　김광식　최두헌　김순석　이성수
자 현　고영섭　윤창화　이성운　정 도

담앤북스

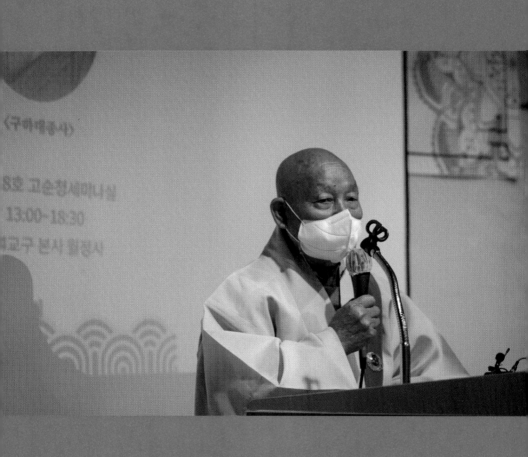

구하 대종사와 한암 대선사, 노스님들께서 걸어오신 길을 조명하고 받들어 모시고자 하는 생각은 많이 했지만 행동에 미치지 못한 점을 죄송스럽게 생각합니다. 지금이라도 여러분들이 이런 의미 있는 학술대회를 마련해준 것에 감사함을 전합니다.

　구하 대종사께서는 해방 이후 여러 가지 일을 많이 하셨지만, 통도사 원통방에 통도중학교를 설립하시고 울산에서 단독으로 전기를 가져오셨던 일이 가장 생각이 납니다.

　대중들의 반대가 많았음에도 불구하고 구하 대종사께서는 교육의 중요성을 일찍이 깨달으셨던 것입니다. 구하 대종사와 한암 대선사의 정신을 계승하기 위해 저희 대중도 열심히 노력해나가야 할 것입니다.

중봉성파 대종사 (대한불교조계종 종정) **치사 中**

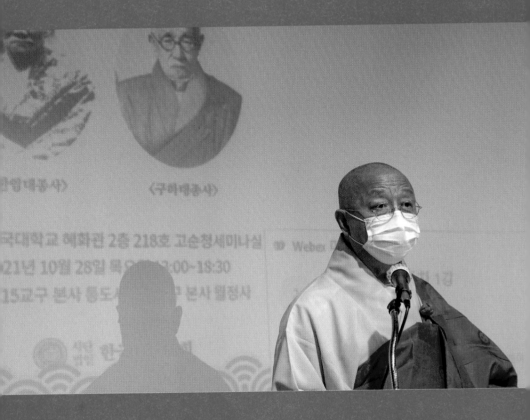

우리 민족 최초로 주권을 상실했던 일제강점기는 한민족의 고통과 더불어 왜색불교 영향에 한국불교 역시 많은 어려움에 직면했던 암흑기의 시기였습니다. 이런 암흑기에 밝은 등불을 높이 들어 한국불교를 지켜내신 수행과 시대정신의 표상이 바로 영축산의 구하 대종사와 오대산의 한암 대선사이십니다. 영축산과 오대산의 인연은 매우 지중하며, 자장율사의 계율정신과 문수신앙을 함축하고 있습니다.

구하 대종사께서는 독립운동에 앞장섰던 민족과 불교를 위해 일생을 헌신하신 분입니다. 또 일제강점기를 전후하여 네 차례나 종정과 교정이 되시는 한암 대종사와 함께 종본산 조계사가 건립될 수 있도록 힘쓰셨습니다. 오늘날 조계종의 기틀과 중요한 역할을 하는 터전을 두 분 스님께서 다졌다고 해도 과언이 아닐 것입니다.

이산현문 (통도사 주지) **축사** 中

한국불교 조계종의 초석을 다지고 근대 한국불교를 지도하고 이끌어오신 두 선지식의 발자취와 수행정신, 사상을 조명하는 학술대회를 개최하게 된 것을 대단히 감사드립니다.

구하 대종사께서는 나라의 독립과 한국불교의 정체성을 유지하기 위해 수승한 방편을 두루 행하신 선지식이셨으며, 한암 대선사께서는 불교의 근본정신에 입각한 수행정신으로 많은 도제를 양성하고자 하셨고, 조계종의 초대 종정으로서 종풍을 형성하고 기반을 닦으신 어른이시기도 합니다.

두 분 스님께서는 우리 종단의 발전과 불교의 발전, 세상 구제에 대한 부처님의 정신을 실천하기 위해 그 어떤 것도 다 넘어서는 능수능대한 가풍들을 보이신 선지식이셨습니다. 통도사와 월정사의 옛 인연이 더욱 돈독히 성화되어 한국불교의 견인차 역할을 수행할 수 있는 도량으로 거듭나도록 최선의 노력을 다하겠습니다.

퇴우정념 (월정사 주지) **축사 中**

한국불교의 등불이었던 고승

    일제강점기는 반만년의 한국사를 통틀어 유일하게 주권을 빼앗긴 가장 깊은 어둠이 서린 시간입니다. 일제의 만행은 한국불교도 결코 예외가 아니었습니다. 한국불교가 존망의 갈림길에 있던 이때 부처님의 가피로 진정한 등불이 나타나 든든한 버팀목이 되었으니, 이분들이 바로 영축산의 구하천보九河天輔(1872~1965)와 오대산의 한암중원漢巖重遠(1876~1951)입니다. 특히 이분들은 취룡태일을 계승한 성해남거와 석담유성의 고족高足제자로 같은 문중의 사촌 사형제가 됩니다. 이로 인해 한암은 구하를 서간문에서 언제나 '대형大兄'으로 칭하는 모습을 보이곤 하였습니다.

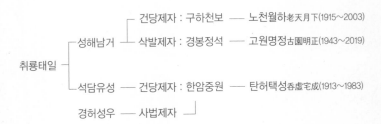

구하의 생애는 크게 학교 설립과 포교당 건립으로 나누어질 수 있습니다. 일찍이 일본불교를 시찰할 기회가 있었던 구하는 조선불교의 문제점과 해법을 교육과 포교에 있다고 보았습니다. 이로 인해 명신학교(현 하북초등학교)와 불교명신학교를 필두로 입정상업학교(현 부산해동고등학교)와 통도중학교(현 보광중학교) 등을 설립했으며, 통도사 마산포교당의 대자유치원을 필두로 다수의 유치원을 건립하게 됩니다. 이는 구하의 현대 인식과 교육관을 읽어볼 수 있는 좌표가 된다고 하겠습니다.

또 통도사 마산포교당과 진주포교당 그리고 양산포교당과 창원포교당 등 무려 31곳의 포교소를 개원했으니, 이는 한국불교 포교사에서 일대 획을 긋는 사건이 아닐 수 없습니다. 구하에 의해 건립된 포교당은 현재까지도 부처님의 자비광명이 지역사회에 전달되는 중요한 연결통로 역할을 하고 있습니다. 시대의 선각자가 뿌린 씨앗이 오늘날에는 거대한 결실로 승화되어 한국불교를 견인하고 있는 것입니다.

이 외에도 구하는 일제강점기에 독립운동 자금을 지원하는 등 위법망구의 실천을 행하였습니다. 또 해방 후 혼란기인 1949년부터 1951년까지는 중앙불교총무원장을 맡으며, 한국불교(당시 조선불교)의 안정과 발전에 중추적으로 기여했던 시대의 거목이라고 하겠습니다.

다음으로 한암은 근현대 선불교의 중흥조로 평가받는 경허성우(1849~1912)의 마지막 인가印可 제자가 되어, 이후 선풍을 드날리며 일제강점기 청정한 수행자의 표상이 되는 분입니다. 구하가 교육과 포교에 역점을 두었다면, 한암은 선수행과 교육에 매진한 학鶴과 같이 맑은 수행자였습니다. 이러한 한암의 맑은 기상은 당신께서 봉은사 조실을 그만두고, 오대산에 은거할 때 남긴 〈귀산시歸山詩〉를 통해서 잘 드러나고 있습니다.

차라리 천고에 자취를 감추는 학이 될지언정　　寧爲千古藏踪鶴
삼춘三春에 말 잘하는 앵무새가 되지는 않겠다.　　不學三春巧語鸚

한암의 교육론은 조선불교의 사교입선捨敎入禪 즉 교학을 배우고 선수행에 들어가는 것과는 다른, 선수행을 앞세우고 교학을 병진하는 전선후교前禪後敎의 방식입니다. 이는 부처님께서 내적인 깨달음을 통해 가르침이라는 교학을 설하신 출정후어出定後語와 일치하는 정견正見입니다. 즉 본체로 접근해서 작용을 확립하는 방식이라고 하겠습니다.

일제강점기는 일본불교의 영향으로 한국불교 역시 승려의 육식과 결혼이 정당화되던 시기였습니다. 이때 한암은 청정한 계율과 솔선수범하는 날카로운 선수행의 지도로 26년간 상원사 선원에 주석하며 크게 선풍을 진작했습니다. 특히 한암은 선수행뿐만 아니라 현상적인 이치에도 매우 밝았는데, 이는 한암이 일제강점기를 전후해서 총네 차례나 종정(교정)으로 추대되는 기념비적인 결과를 초래하게 됩니다. 즉 일제강점기 한국불교를 이끈 등불이자 돛대는 다름 아닌 한암이었던 것입니다.

특히 한암에 의해 1941년 일제강점기 최초의 종단인 조선불교조계종이 창종되면서, 일제가 주도한 일본불교를 통한 한국불교의 병합 노력은 완전히 사라지게 됩니다. 또 조계사를 창건해 총본사를 만듦으로 인해, 종단의 체계를 확립한 점 등은 수행승인 동시에 시대를 앞선 선각자의 면모를 잘 나타내준다고 하겠습니다. 즉 한국불교는 아직도 한암이 갖추어 놓은 틀 속에서 계승·발전하고 있는 것입니다.

어둠이 깊을수록 밝음에 대한 갈망은 더욱 커지는 법입니다. 이때 혜성처럼 등장해서, 한국불교가 위기의 파고를 넘을 수 있도록 해준 두 고승이 바로 구하와 한암입니다. 이들이 확립한 초석 위에 오늘날 한국불교가 존재하고 있습니다. 이런 점에서 본다면, 구하와 한암은 시대의 성자이자 부처님의 가피가 서린 진정한 선지식이라고 하겠습니다.

시대를 계몽한 모든 한국불교의 고승을 추모하며
오대산 월정사에서 교무 일우자현이 적어 올립니다.

제1편

구하천보

九河天輔

영축산의 구하천보와 오대산의 한암중원

구하천보 행장

九河天輔 (1872~1965)

心塵未合同歸宿
심 진 미 합 동 귀 숙

五體投空空歸依
오 체 투 공 공 귀 의

마음에 티끌이 따로 없어 같이 존재하고

오체를 공중에 던지니 함께 귀의한다네.

오도송悟道頌

　법명은 천보天輔, 호는 구하九河이며, 자호는 축산鷲山이다. 1872년 5월 7일 울주군 두동면 봉계리에서 출생했다. 1884년 12월, 13세에 천성산千聖山 내원사內院寺로 입산해 1886년 3월 3일 통도사 경월도일慶月道一 스님을 스승으로 득도했다. 1889년 경월 스님으로부터 사미계를 받고 '천보'라는 법명을 받았으며 범어사 의룡 스님에게 외전外典을 수학했다. 1892년 통도사 해담 스님에게 서장·도서·선요·절요 등을 배우고, 1894년 예천 용문사龍門寺 용호龍湖 스님을 찾아가 능엄·기신·반야·원각경을 수학했다.

1896년 4월 8일 통도사에서 만하승림萬下勝林 스님을 계사로 구족계와 보살계를 받았다. 1987년 진주 대원사 영호 스님에게 화엄·삼현·현담·십지·염송을 배웠고 고승을 찾아다니며 선과 교학을 두루 닦았다. 1899년 취운암의 조실이 되어 교리를 설했다. 1900년 통도사로 돌아와 성해 스님의 전법제자가 되어 '구하'라는 법호를 받았으며 산중의 크고 작은 소임을 맡았다. 1905년 통도사 옥련암에서 정진하던 중 깨달음을 얻었다.

1906년 일본 불교계를 시찰하는 대표단에 포함되어 일본 불교를 둘러보고 돌아왔다. 1909년 명신학교明新學校, 오늘날 하북초등학교를 설립해 학감이 되어 인재를 키웠다. 1911년 통도사 주지로 취임하여 1925년까지 주지를 연임했다.

1917년에는 불교중앙학림(지금의 동국대학교) 학장을 맡기도 했다. 1917년 8월 31일부터 9월 23일까지 30본산연합사무소 위원장으로 본사 주지들과 함께 일본 불교계를 시찰했다. 일제강점기의 엄혹한 상황에서도 상해임시정부에 군자금을 보내었다.

1919년 11월 15일 중국 상해에서 12명의 승려들이 대한승려연합회 독립선언서를 발표했다. 1919년 독립운동자금을 지원하고 백산상회 안희제와 범어사 김상호를 통해 통도사 수십 년의 사찰운영비에 해당하는 독립지원자금을 임시정부에 전달했다. 1920년 4월 28일

동아불교회를 설립하여 불교계 항일단체로서 활동을 시도했다. 불교 개혁과 사회지식을 위해 1920년 불교지「축산보림鷲山寶林」을 창간하고 1921년「조음潮音」을 발행했다.

1913년에는 통도사 불교명신학교를 설립했다. 스님은 전법도량 건립 사업으로 1912년 마산포교당 정법사와 대자유치원 설립을 시작으로 1922년 진주포교당 연화사와 유치원, 창녕포교당 인왕사, 1924년 양산 물금포교당, 1927년 언양포교당 화장사, 1929년 창원포교당 구룡사, 1930년 의령포교당 수월사, 1932년 부산 연등사, 1936년 울산포교당 해남사 및 동국유치원, 1940년 양산포교당 반야사 창건 등 수많은 포교당과 유치원을 설립하였다. 스님의 포교당 건립은 주지가 바뀌어도 계속되었다. 1915년 통도사가 조선총독부에 신고한 포교당과 조선총독부 관보 등을 살펴보면 31곳이었다.

교육사업에 관심을 기울여 1932년 입정상업학교(오늘날 부산해동고등학교)를 설립하고 1934년 통도중학교(오늘날 보광중학교)를 설립했다. 스님은 많은 스님을 일본에 보내어 신교육을 받도록 하고 민족사상을 고취시키는 일을 했다. 역경譯經에도 관심을 가져 1935년 해인사, 범어사와 함께 3사찰이 해동역경원海東譯經院을 개원하고 역경원장으로 역경사업을 이끌었다. 스님은 조선총독부와 친일단체의 외압으로 모든 소임을 내려놓고 금강산으로 순례를 떠났다. 이때 쓴 글이『금강산관상록』이다.

1965년 10월 3일 보광전에서 "나 이제 갈란다. 너무 오래 사바에 있었어. 그리고 다시 통도사에 와야지." 하시고 입적하니 세상 나이 94세, 승려 나이 76세였다.

01

구하와 한암의 관계 검토*

이원석 (동국대(서울) 다르마칼리지 조교수)

* 본 논문은 2021년 10월 28일 한국불교학회 추계특별학술대회에서 발표하고,
『大覺思想』 제37집 (2022년 6월)에 게재한 내용을 수정 보완한 것이다.

이원석 (동국대(서울) 다르마칼리지 조교수)

동국대학교 사학과를 졸업하고 동 대학원에서 석사학위와 박사학위를
취득하였으며, 현재 동국대 다르마칼리지 조교수로 재직하고 있다. 근
세·근대 중국의 학술과 사상을 연구하고 있으며, 한국 근현대불교사에
도 관심을 지니고 있다. 논저로는「19세기 양주학파 왕희손의 경세론」,
「완원의 천산학과 서학중원설」,「탄허의 학술과 회통론」,「한암과 통도
사 내원암」,『근대 중국의 국학과 혁명사상』등이 있고, 역서로『중국의
근대혁명과 전통사상 사이에서』등이 있다.

Ⅰ. 들어가는 말

영축산 통도사의 구하천보와 오대산 상원사의 한암중원은 한국 근현대 불교사에 뚜렷한 불적(佛跡)과 위상을 남긴 대표적 고승이다. 구하는 이른 시기 중앙 교단에 진출하였다. 그는, 1910년 원종(圓宗)의 인사부장을 거쳐 1911년 11월부터 1925년 8월까지 15년간 영축산 통도사의 주지를 역임하는 가운데 1917~1918년 30본산연합사무소의 위원장에 올라 전성기를 보냈다.[1] 당시 46~47세로 교정이나 종정에 해당되는 불교계의 최고 지위에 올랐던 것이다. 통도사 주지를 사직한 이후 침잠하다 1937년 2월 28일 총본산 건설고문으로 중앙 교단에 돌아온 이래 원로로 활동하였고, 1949년 10월에는 대한불교조계종 제3대 총무원장에 취임하였다.[2] 이후 입적할 때까지 영축산의 큰 별이자 호랑이로 통도사를 실질적으로 움직였다.[3]

한암은 구하보다 교계의 진출이 늦었지만 뚜렷한 자취를 남겼다. 그는, 1921~1926년 건봉사·봉은사의 조실을 역임하고 "천고에 자취를 감춘 학"이란 귀산시를 읊고 1926년 5월 오대산 상원사로 이거한 이

---

1 대한불교조계종총무원, 『일제시대 불교정책과 현황』상, 대한불교조계종 총무원 총무부, 2001, pp. 147-170.
2 『불교(신)』 4, 1937. 6. 1., p. 49. ; 동국대 석림동문회, 『한국불교현대사』, 시공사, 1997, p. 527.
3 축산문집간행위원회, 『축산문집』, 영축총림 통도사, 1998, pp. 596-619, p. 624. ; 김광식 엮음, 『자운대율사』, 불광출판사, 2017, p. 57, p. 59.

후 26년 동안 그[월정사의] 조실로 불출동구하였다.[4] 그 가운데 1929년 조선불교선교양종 승려대회에서 7인의 교정 가운데 1인으로 추대되었고, 1935년 송만공·신혜월과 함께 조선불교선종의 종정으로 선출되었으며, 1941~1945년 조선불교조계종 초대 종정을 거쳐 1948년 대한불교조계종 제2대 교정에 올랐다. 그 재임기간은 모두 20년으로 근현대 한국 불교사에서 가장 길었다. 1951년 한국전쟁의 와중에 상원사를 지켜내고 좌탈하였다.[5]

구하와 한암은 중앙 교단에서 선후로 활동하였지만, 통도通度의 화장華藏 세계에서 함께 주석하며 인연을 맺었다. 구하가 통도사를 중심으로 일생을 보낸 반면 한암은 금강산에서 남으로 만행하다 경허성우鏡虛惺牛를 따라 1900~1901년 그 부속암자인 백운암을 거쳐 1904~1910년 그 말사인 내원암에 머물렀다. 여기서 석담유성石潭有性(?~1934)에게 입실한 한암은 성해남거聖海南巨(1854~1927)를 법사로 맞이한 구하와 사촌 사형제가 되었다.[6] 이러한 인연은 1951년 5월 8일 부산의 묘심사妙心寺에서 열린 한암의 49재를 겸한 봉도식奉悼式까지 이어졌다. 그 봉도회의 대표가 바로 당시의 총무원장 구하였다.[7]

본고는 근현대 한국불교에서 영축산을 상징하는 구하와 오대산을 대표하는 한암의 관계를 불교사적 측면에서 검토한 것이다. 사실 구

---

4 이원석, 「한암의 상원사 이거와 시기 검토」, 『정토학연구』 28집, 한국정토학회, 2017; 동, 「한암 스님의 불출동구와 현실관」, 『한국불교학』 92집, 한국불교학회, 2019 참조.

5 한암대종사법어집 편찬위원회, 『정본 한암일발록』 상, 오대산 월정사, 2010, pp.495-512.

6 이원석, 「한암과 통도사 내원암」, 『한국불교학』 96집, 한국불교학회, 2020 참조.

7 한암대종사법어집 편찬위원회, 앞의 책 하, pp.287-307.; 「고 교정 방한암대종사의 봉도식과 49재엄수」, 『불교신문』, 1951. 5. 15.

하와 한암의 관계는 근현대 선교관이나 친화적 교류로 주목되는 경봉과 한암의 경우[8]에 미치지 못한다. 그렇지만 영축산문과 오대산문의 교류는 양자를 벗어나 범주를 확대할 필요가 있다. 특히 전자를 대표하는 구하를 제외하고는 두 산문의 관계, 심지어 경봉과 한암의 교류마저도 이해되기 어렵다. 다른 한편으로는 한암의 연구를 확대하려는 의미가 있다. 나아가 본고는 통도사와 월정사·상원사라는 유력 사찰의 역사뿐만 중앙 교단과 지방 교계의 동향이나 그 이면을 이해하거나 초보적 단계에 머물러 있는 구하의 연구에[9] 일조하려는 기대가 있다. 이에 필자는 통도사에서나 영축산·오대산에서 구하와 한암의 관계를 1900~1910년과 1926~1951년의 전후기로 대별하여 추적한 다음 각각 상좌·제자와 양자의 직접 교류에 초점을 맞추어 그 주변을 고찰하겠다.

---

8 윤창화, 「한암선사의 서간문 고찰」, 『한암선사연구』, 민족사, 2015; 경봉, 석명정, 『화중연화소식』, 미진사, 1984, pp. 20-94.

9 현재 구하는 연보조차 정리되지 않았고, 학계의 연구도 매우 부족하다. 한동민, 「근대 불교계와 통도사 주지 구하 스님의 독립운동」, 『영축총림통도사 근현대불교사 학술자료집』, 영축총림 통도사, 2010; 동, 「일제강점기 통도사 주지 김구하와 독립운동 자금 지원」, 『대각사상』 15집, 대각사상연구원, 2011; 김수아, 「일제강점기 근대한국불교를 위한 김구하의 개혁방향과 내용」, 『문학과 종교』 22-4, 한국문학과종교학회, 2017; 최두헌, 「구하의 통도사 개혁과 그 현대 불교사적 의의」, 『한국불교학』 101집, 한국불교학회, 2022; 윤균, 「근대불교 종단 형성과정에서 나타난 구하천보의 변혁적 리더십 연구」, 한양대 행정대학원 박사학위논문, 2022.

II. 통도사에서의 구하와 한암

　여기서는 1900~1910년 통도사를 중심으로 한 전반기 구하와 한암의 관계를 검토한다. 구하의 초기 자료는 매우 적고 엇갈리기도 한다. 그는 13세인 1884년 천성산 내원암의 주관主管에게 출가하였고, 1889년 경월도일慶月道一을 은사로 득도하여 사미계를 받고 '천보天輔'의 법명을 얻었다.10 수행이력서에 보이는 이력 과정은 1892년 통도사의 해담치익海曇致益에게 『서장』, 『도서』, 『선요』, 『절요』의 사집을, 1894년 예천 용문사의 김혜웅金慧翁에게 나아가 『능엄경』, 『기신론』 『금강경』, 『원각경』의 사교를, 1897년 진주 대원사에서 박영호朴永湖 [朴映湖]에게 『화엄경』 등 고등과를 수학한 것으로 정리된다. 수계로는 1896년 통도사에서 표충사의 만하승림萬下勝林에게 구족계와 보살계를 수지하였다.11 다만 비문에 의하면, 그는 용문사에서 용호혜주龍湖海珠에게 수학하였고, 고등과는 박영호[石顚 朴漢永](1870~1948)가 대원사에서 1899~1901년까지 개최한 대강회에서였다.12 구하가 일대시교

10　축산문집간행위원회, 앞의 책, p.596, p.608.; 서남현 편, 『축산 구하 대종사 민족불교운동 사료집』 상, 영축총림 통도사, 2008, p.712.; 김수아, 앞의 논문, p.54.; 윤청광, 『영축산에 달 뜨거든』, 노천문도회, 2014, p.174.

11　축산문집간행위원회, 위의 책, p.609.; 서남현 편, 위의 책, pp.692-693. 단, 그 p.712에 보이는 선살계는 보살계의 오역이다.

12　축산문집간행위원회, 위의 책, p.609.; 서남현 편, 위의 책, pp.692-693. 이는 1725년 김제 금산사에서 환성지안(喚醒志安)이 개최한 천명대회(千名大會)를 방불한 것으로 평가된다. 종걸 · 혜봉, 『석전 박한영』, 신아출판사, 2016, pp.108-111.

를 마치고 통도사로 귀환하며 읊은 시는 널리 알려져 있지만,[13] 그 시기는 대략 1900년으로 추정된다.

구하가 성해를 법사로 삼아 '구하'라는 법호를 얻은 것은 매우 중요하지만, 그 연도는 명확하지 않다. 구하의 비문이나 통도사 홈페이지에 보이듯, 통도사의 입장은 1896년 구하가 성해에게 구족계를 받아 사법嗣法하였다는 것이다.[14] 한동민·윤청광·김수아는 명확한 근거 없이 1900년설을 주장하였다. 이는 아마도 통도사에서 나온 일설로 보인다.[15] 1904년설은 그의 수행이력서에 보이는 "1904년 통도사 성해 남거 화상의 법맥을 계사繼嗣"하였다는[16] 것이다. 대교과정의 수료 여부와 시기의 적합성 등으로 볼 때 구하가 성해를 법사로 삼은 것은 대체로 1900년설이 상대적으로 합당해 보인다.[17] 이상에서 구하는 늦어도 1900년에 성해를 법사로 삼았고, 1904년에 그 공식절차를 밟은 것으로 보인다.

구하는 1902년 4월~1904년 7월 표충사, 특히 범어사를 왕래하며 강백 혼해찬윤混海贊允에게 교리를 배웠고, 1905년 9월 30일 통도

---

13 축산문집간행위원회, 위의 책, p. 597, p. 609.

14 이는 위에 서술한 수행이력서의 수계사항과 충돌된다. 축산문집간행위원회, 위의 책, p. 610. 최근 「한국불교 선각자 구하 대종사〈2〉」, 『불교신문』 2022. 1. 25, p. 17에 의하면, 구하는 1896년 용문사에서 구족계를 수지 하였고, 이해에 성해의 전법제자가 되었다고 한다.

15 한동민, 「근대 불교계와 통도사 주지 구하 스님의 독립운동」 pp. 11-12. ; 윤청광, 앞의 책, p. 174. ; 김수아, 앞의 논문, p. 54. ; 『불교신문』, 2002. 6. 11, p. 7.

16 서남현 편, 앞의 책 상, pp. 609-610, pp. 712-713.

17 축산문집간행위원회, 앞의 책, p. 610. 최근 최두헌은 「구하의 통도사 개혁과 그 현대 불교사적 의의」, 『한국불교학』 101집, 2022, p. 256, 각주 12)에서 『구하역사』를 인용하여 1899년으로 규정하며 이해에 통도사로 귀사하였다고 주장하였다. 이는 박한영의 교학 강습이나 수행이력서와 충돌하므로 추후 세밀한 검토가 필요하다.

사 법계 선발시험에 응하여 선종의 대법大法을 수여받았다.[18] 구체적으로 확인된 그의 행적은 1906년 6월 통도사 화엄전에 설립된 명신학교의 학감 취임이다. 당해 일본을 유람하고 귀국한 구하는 강학과 포교를 위해 신식학교를 설립하려는 불교계의 개혁 흐름에 따라 총섭 고산古山의 도움을 얻어 명신학교를 설립하고 학감에 취임하였다.[19] 구하가 명신학교의 학감을 사직한 것은 서해담徐海曇을 이은 부교장 이남파李南坡의 알력과 함께 원종의 참여와 관련되지만, 시기는 한동민이 주장한 1909년 1월(음력)보다 수행이력서의 5월이 상대적으로 합당해 보인다.[20]

1908년 3월 6일 각도의 사찰 대표 52명은 원흥사에서 총회를 열고 원종 종무원을 수립하고 이회광李晦光을 대종정으로, 김현암金玄庵을 총무부장으로 추대하였다. 원종의 종무원에서 구하는 이회명을 이어 인사부장을 맡았다.[21] 이를 명신학교의 학감과 연결하여 살펴보면 그는, 1908년 통도사에 머물며 명신학교의 학감으로 재직하였고, 1909년 5월 9일 학감을 사직한 이후 머지않아 상경한 것으로 보인다. 원종의 인사부장에 취임한 것은 1910년 후반기였다. 이는 각

---

18 구하는 1889년 범어사 대성암에서 의룡체훈(義龍體勛)에게 『장자』『대학』古文 등의 외전을 배웠다. 서남현 편, 앞의 책 상, p.693.; 정광호, 『한국불교최근백년사편년』, 인하대출판부, 1999, p.324. 대선사의 품수는 늦어도 1917년(『조선불교총보』 3, 1917.5.20, p.54.)이지만, 1910년설(「종단원로 구하종사 입적」,『대한불교』, 1965.11.7, p.1.)과 1914년설(서남현 편, 앞의 책 상, p.713.)도 있다.

19 축산문집간행위원회, 앞의 책, p.598, p.610.; 한동민, 「근대 불교계와 통도사 주지 구하 스님의 독립운동」, pp.15-16. 수행이력서에 구하의 학감 취임은 1906년 3월이다. 서남현 편, 앞의 책 상, p.713.

20 한동민, 「일제강점기 통도사 주지 김구하의 독립운동 자금 지원」, pp.17-20.; 서남현 편, 위의 책 상, p.713.

21 이능화, 조선불교통사역주편찬위원회, 『역주 조선불교통사』 6, 2010, p.311.

황사의 건립과 관련한 재정문제와 연결되었을 것이다. 그가 귀사한 것은 1911년 정월(음력)이었다.[22] 그렇다면 구하가 서울에 머문 기간은 길어야 1년 6개월, 원종의 인사부장 재임은 반년을 넘지 않는다. 그러나 구하가 원종 종무부에서 인사부장으로 활동한 것은 통도사를 벗어나 중앙 교단에 처음으로 이름을 알린 것과 함께 교단의 핵심 인물과 교류로 주목된다.

당시 구하의 움직임은 서해담과 겹친다. 1908년 11월 당시 명신학교 교장은 윤치오尹致旿, 학감은 김천보[구하]였고, 서해담은 부교장으로 교사를 겸하였다. 그런데 1909년 2월에는 부교장이 이남파로 바뀌었다. 그는 바로 구하와 알력을 빚은 당사자였다. 명신학교 부교장에서 밀려난 서해담은 1910년 11월, 12월에 각황사에서 중앙포교사로 활동하며 이회광·김현암과 함께 각지 승사僧史와 사적事蹟의 편찬위원으로 활동하였다.[23] 그 결과가 바로『조선종사朝鮮宗史』의 정리와 함께 1912년에 간행된『통도사사적通度寺事蹟』이다.[24] 1910년 말을 기준으로 양자는 원종의 종무원에서 함께 근무하였다.

1911년 정월 통도사로 돌아온 구하는 이듬해 총독부에 설립자로서 명신학교를 인가받았고, 1913년에는 교장이 되었다.[25] 특히 그는

---

22 구하의 인사부장에 취임 월일은 수행이력서의 10월 2일과『대한불교』의 7월 12일이 있다. 그사이 구하는 경성실무학원을 수료하였다고 한다. 서남현 편, 앞의 책 상, p.713.; 축산문집간행위원회, 앞의 책, p.610.;「종단원로 구하종사 입적」,『대한불교』1965. 11. 7, p. 1.

23 『매일신보』1910. 10. 18. · 11. 29 · 12. 22, p. 2.

24 이능화, 조선불교통사역주편찬위원회, 앞의 책 6, p. 311.; 서남현 편,『영축총림통도사 근현대불교사』상, 영축총림통도사, 2010, pp. 199-200.; 김경집,「근대 원종의 성립과 의의」,『한국불교학』29집, 한국불교학회, 2001 참조. 단, 수행이력서에 구하의 인사부장 재임은 1910년 10월 2일~1911년 1월 10일이다.

25 서남현 편,『축산 구하 대종사 민족불교운동 사료집』상, p. 713. 이와 달리 한동민은 구하가 1911년

1911년 사찰령의 반포를 배경으로 11월 통도사의 주지로 인가된 이래 1925년 8월 사직할 때까지 15년간 통도사를 운영하였다.[26] 그는 사암의 재정을 통합하여 부찰富刹의 기반을 마련한 다음 각종 불교 혁신, 포교·교육 사업 등을 추진하고 독립운동의 자금을 지원하였다.[27] 다만, 그는 일제강점 초기에 전성기를 보낸 관계로 친일행적에서 자유롭지 못하였다.[28] 이상에서 구하는 대략 1909년 후반~1910년을 제외하면 1900~1910년 대부분 통도사에 머물렀다.

한편, 1894년 금강산 장안사에서 금월행름錦月幸凜에게 출가한 한암은 1899년 신계사의 보운강회에서 사집을 배우다[29] 교학에서 참선으로 전환하고 남행하였다. 그는 10월 무렵 김천의 불령산 청암사 수도암에서 만난 법사 경허를 따라 1903년 여름까지 경남 삼본사를 오가며 정진하였다. 한암이 통도사의 부속암자 백운암에 머문 것은 1차로 1900년 가을, 2차로 1901년 상반기였는데, 전자에서 2차의 오도를 경험하였다. 그가 1903년 해인사의 하안거가 끝난 뒤 북행하자는 경허의 권유를 거절한 것은 질병 때문이었다. 투병은 당시 한암에게 시급한 과제였다.

1904년 봄 한암은 해인사를 떠나 천성산의 내원암으로 향하였다. 그는, 여기서 율사이자 선사로서 풍모를 지닌 석담유성에게 건당입

에 다시 학감, 이듬해 교장이 되었다는 비문의 내용을 따랐다. 「일제강점기 통도사 주지 김구하의 독립운동 자금 지원」, pp. 17-20.

26 대한불교조계종 총무원, 앞의 책 상, pp. 156-172.; 서남현 편, 위의 책, p. 713.

27 축산문집간행위원회, 앞의 책, pp. 599-601, pp. 610~612.; 정광호, 앞의 책, p. 404.; 한동민, 「근대 불교계와 통도사 주지 구하 스님의 독립운동」; 김수아 앞의 논문 참조.

28 임해봉, 『친일승려 108인』, 청년사, 2005, pp. 128-156.

29 자현, 『시대를 초월한 성자, 한암』, 불광출판사, 2020, pp. 125-130.

실하고, 그 대가로 받은 언양의 12마지기 법답에서 나오는 도조로 질병을 수습하였다. 내원암에서 '조실'로 교학에 종사하여 후일 통도사의 강백 해련영철을 첫 상좌로 거두는 한편 석담을 비롯하여 퇴운·설우·완해 등과 함께 정진하였으나 커다란 진전을 보지 못하였다. 다만, 『일생패궐』의 기술과 달리 후일 맹산의 우두암에서 10년 동안 정진할 정도로 건강을 회복하였다. 1910년 봄 내원암을 떠나 묘향산으로 향하였다. 통도사 내원암에서 한암이 좌선우교의 선교관을 확립하고 율사를 겸비한 점은 삼학겸수로 주목된다.[30]

언제부터 구하가 한암을 인지하였는지는 명확하지 않다. 성해는 1892년 통도사의 승통이 되어 사격을 일신하고 선사들을 적극적으로 지원하였다. 1900년 경허가 통도사 백운암에 이르렀고, 1899년 가을 경허를 따르던 만공이 백운암에 머물렀다. 1901년 여름 만공은 여기서 2차로 개오하였다.[31] 당시 구하는 황화각·취운암·장경각에서 수행하거나 기도하며 성해를 보좌하였다.[32] 즉, 통도사의 실세로 부상하던 구하는 백운암에 머물던 한암을 알고 있었을 것이다. 또한, 한암은 1900년과 1902년 범어사의 안양암과 계명암에서 동안거를 보냈다.[33] 1902~1904년 범어사의 혼해에게 강습한 구하는 스승을

---

30   이원석, 「한암의 출가 과정과 구도적 출가관」, 『선학』 50집, 한국선학회, 2018, pp. 80-95.; 동, 「한암과 통도사 내원암」 참조. 한암이 통도사에서 제대로 중이 되었다거나 통도사를 고향과 같다는 성파의 발언도 이와 무관하지 않다. 한암문도회·김광식, 『그리운 스승 한암 스님』, 민족사, 2006, pp. 170-171.; 월정사·김광식, 『방산굴의 무영수』 상, 2013, 오대산 월정사, pp. 122-123.

31   경허에게는 통도사의 백운암·백련암을 읊은 시 3편이 있다. 경허 성우, 이상하 옮김, 『경허집』, 동국대학교출판부, 2016; 만공문도회, 『만공법어』, 수덕사 능인선원, 1982, p. 306.; 서남현 편, 『영축총림 통도사 근현대 불교사』 상, p. 126.

32   축산문집간행위원회, 앞의 책, p. 610.

33   이원석, 「한암과 통도사 내원암」, pp. 200-201.

통하여 한암을 알았을 것이다. 혼해는 1901년 범어사 내원선사內院禪社의 발기인이자 이듬해 오성월吳惺月을 추천하여 정기 안거의 시원을 연 계명선사鷄鳴禪社의 창설에 기여하였다.[34] 구하는 1900년 가을부터 1901년 여름 사이, 늦어도 1902년에는 한암을 분명히 인지하였을 것으로 추정된다. 당시 운수행각 중이던 한암이 통도사의 실력자로 부상하는 구하를 몰랐을 가능성은 거의 없다.

양자의 관계는 한암이 내원암에 거주한 초기 청정비구 석담유성에게 입실함으로써 밀접해졌다. 석담은 취룡태일鷲龍泰逸의 상좌로 성해의 사제였다. 이에 따라 성해는 한암의 사숙이 되고, 구하 · 경봉은 한암과 사촌 사형제가 되었다.[35] 한암이 경봉에게 보내는 편지에서 자신을 '문제門弟'나 '제'로 낮추고 경봉을 '형'으로 높인 것은 잘 알려져 있거니와[36] 구하를 '대형大兄'으로 부르며 안부를 전하였다.[37] 통도사의 방장 성파도 한암이 경봉 · 구하와 사촌지간으로 호형호제하였다고 한다.[38]

내원암에 대한 한암의 애정은 1930년 9월 내원선원의 존폐와 통도사의 내원암 직할 사안을 둘러싼 갈등 가운데 내원선원의 발전을 기

---

34 범어사, 『범어사지』, 부산: 범어사, 1989, pp.240-244.

35 지금까지 한암과 관련된 연구는 모두 성해와 석담은 사촌 사형제로 거론하였다. 그런데, 2020년 12월에 출판된 『신편 통도사지』하(536)의 「통도사 계파보록」에 의하면 석담은 우계지언(愚溪志彦)의 상좌로 성해와 8촌 사형제였다. 다만, 석담의 건당 문제도 남아 있다. 여기서는 일단 잠정적으로 기존의 학설을 따른다.

36 한암이 경봉에게 보낸 24편의 편지 가운데 '弟 · 門弟'로 쓰지 않은 것은 2편에 불과하고 '拜上 · 拜謝'로 표기하지 않은 것도 1편뿐이었다. 경봉을 형으로 언급한 것은 두 곳이다. 한암대종사법어집 편찬위원회, 앞의 책 상, pp.273-332.; 경봉, 역주 석명정, 『화중연화소식』, 1984, pp.20-94.

37 한암대종사법어집 편찬위원회, 앞의 책 상, pp.316-317.

38 월정사 · 김광식, 앞의 책 상, p.122.

원한 점에도 나타난다.[39] 뿐만 아니라 석담과 구하에게도 내원암은 공통분모였다. 현재 내원사의 홈페이지 연혁에 의하면, 석담은 1898년에 이미 내원암에 주석하였고, 1900~1910년대에는 수선사修禪社를 창설하여 '동국제일선원'을 표방하며 송설우, 이퇴운, 조완해, 방한암 등과 참선하였다. 이후에도 석담은 선사로 정진하였다.[40] 또한, 1884년 13세의 구하가 출가한 사찰도 바로 내원암이다. 구하는 내원암의 주지도 역임하였다. 그는 한암의 도반이던 이퇴운의 뒤를 이어 1914년 6월에서부터 1916년 3월까지 내원암 주지를 겸직하였고, 해방 직후에도 형식적이지만 내원암 주지를 맡았다가 1948년 겨울(음력)에 사임하였다.[41]

구하와 한암의 사이에는 해담치익이 있다. 해담은 1882년부터 10년 동안 예천 용문사에서 용호해주에게 내전 각과를 수학하였고, 1880년 통도사에서 만하승림에게 대소승계를 수지하여 율맥을 이었다.[42] 이는 구하와 비슷한 과정이다. 구하와 한암이 선종의 대선사에 서품된 1917년 통도사의 법계시험에서 해담은 대교사였다.[43] 1929년 조선불교선교양종의 승려대회에서 그는 한암과 함께 7인의 교정으로 함께 추대되었다.[44] 당시 통도사에는 만하승림에서 비롯된 수계의 유행이나 계율의 강조와 관련하여 만하·해담과 한암의 관계는

39 한암대종사법어집 편찬위원회, 앞의 책 상, pp. 294-295.;「내원암문제 도당국에 진정」,『조선일보』, 1939.4.29. p.6.

40 이원석,「한암과 통도사 내원암」참조.

41 대한불교조계종 총무원 총무부, 앞의 책 상, p.249, p.315.; 축산문집간행위원회, 앞의 책, pp.95-96.

42 해담치익,『증곡집』, 대원사, 1934, pp.49左~50右.;「청호학밀」,『불교신문』, 2008.6.11.

43 『조선불교총보』3, 1917.5.20, p.54.

44 『불교』56, 1929.2.1., pp.129-130.

유의되어야 한다.

구하가 원종 종무부에서 활동하고 교유한 승려 가운데 감사 청호 학밀晴湖學密(1875~1934)은 한암과도 관련된다. 그는 예천 용문사에서 김혜옹에게 중등과정(=사교과정)을 수학하였다.[45] 양자는 30본산 연합회에서도 동지적 관계를 유지하였다. 구하는 1915~1916년 30본산 연합회 상치원으로 청호와 함께 일하였고, 구하가 연합회 회장이던 19017~18년에 청호는 감사원과 상치원이었다. 1917년 그는 구하와 일본불교시찰단원으로 도일하였고, 봉은사에서 '조사원기祖師遠忌'의 대제大齋를 치를 적에 구하도 참석하였다.[46] 그는 1912~1918년, 1924~1932년 봉은사 주지,[47] 1923년 조선불교협성회의 회장, 중앙 설교사 등을 역임하였다.[48] 구하가 청호의 입적을 추도하여 지은 애사哀辭와 만사輓詞가 『영축문집』에 전한다. 전자는 원종 종무원 시절을 회고하면서 60세에 입적한 청호를 애도하였고, 후자는 시로 추모한 것이다.[49] 청호는 한암과도 관련이 있다. 청호는 한암이 봉은사의 조실로 주석할 적에 김상숙을 이어 주지를 맡았다. 또한, 한암과 청호는 1925년 을축년 대홍수 때에 708명을 구조한 일로 널리 알려져 있다. 한암의 오대산 상원사 이거와 관련하여 청호는 한암을 이종욱과 연결한 장본인이기도 하다.[50]

45 「청호학밀」, 『불교신문』, 2008.6.11, p.16.
46 「조사원기의 대제」, 『매일신보』, 1917.5.6, p.3.
47 청호의 봉은사 주지역임과 30본산 연합회는 대한불교조계종 총무원, 앞의 책 상, pp.147-177.
48 문단에서 각주가 없는 것은 이원석, 「한암의 상원사 이거와 시기 검토」, pp.158-159.
49 축산문집간행위원회, 앞의 책, p.111, pp.551-552.
50 이원석, 「한암의 상원사 이거와 시기 검토」, pp.158-160, pp.164-165.

또한, 구하는 원종의 서무부장 경운원기擎雲元奇(1852~1936)에게 연하장을 보내고 서한을 주고받았다. 1934년 섣달(음력) 구하가 김경운에게 연하장을 보내자, 경운은 구하에게 각황사의 일[51]을 회고하며 답례하였다. 이에 구하는 다시 법체가 늙었지만, 정신은 동자童子와 다를 바가 없다거나 진공묘유眞空妙有의 이치와 함께 경성에서 법문의 융성함을 칭송하였다. 이 편지의 말미에 나오는 혜련海蓮 강사는 바로 한암의 맏상좌 오해련으로 양자의 관련성을 시사하는 것으로도 주목된다. 그는, 1936년 8월 사경한 금자『법화경』을 칭송하면서 법체의 강녕을 축원하였으나, 경운이 입적한 부고를 받들고 그의 포부와 경력이 옛 부처님이나 조사와 조금도 다름없다고 애도하였다.[52] 앞서 1927년 경운은 동화사 강원에서 화엄을 배우던 손상좌 조종현趙宗泫에게 구하를 만나면 안부와 자신의 의사를 전달하라는 편지를 보냈었다.[53]

구하와 경운의 관계는 대원사의 대강회에서 수학한 원종의 고등강사 박한영의 법사라는 점도 있다.[54] 박한영, 즉 석전영호石顚映湖는 은사 경운과 함께 1916년 인사동의 선종중앙포교당에서 함께 설법한 적도 있다.[55] 그런데 박한영이 1893,4년에 머문 금강산 신계사와

---

51 김경운은 1915년부터 7년간에 걸쳐 각황사의 명포교사였다. 김경집, 「근대 경운원기의 교화활동」, 『보조사상』 40집, 보조사상연구원, pp.218-221.

52 축산문집간행위원회, 앞의 책, pp.491-497, pp.554-555.; 신규탁 편역, 『화엄종주 경운원기 대선사 산고집』, 경운원기대선사문손회, 2016, pp.279-283. 지금 통도사 성보박물관에 있는 금자『법화경』은 경운이 1880년 범어사 孫正眞의 화주와 명성황후의 시주로 완성한 것이다. 능화상현(能化尙玄), 「경운대선사와 양처백련사」, 『조선불교총보』 3, 1917. 5. 20., pp.16-18.

53 신규탁 편역, 위의 책, pp.86-87.

54 서남현 편, 『축산 구하 대종사 민족불교운동 사료집』 상, pp.692-693, pp.712-713.

55 『매일신보』, 1916. 12. 28, p.2.

건봉사 등은 1899년 7월 한암이 신계사의 보운강회에서 사집과를 수학하다 참선으로 발심하였고, 1923~1926년 건봉사의 조실을 지낸 곳이기도 하였다.[56] 한영은 법사 환응幻應과 경운, 그리고 한암과 함께 1929년 1월에 선교양종 7인의 교정으로 선출되었다.[57] 그 직후 2월 2일 한영 등이 전계사가 되어 봉선사에서 비구계와 보살계를 전수할 적에 한암은 7명의 증사證師에 포함되었다.[58] 또한, 석전과 함께 경운의 제자인 원종의 교무부장 진진응陳震應은 한암이 탄허에게 교리의 강습을 권유한 바 있다. 이에 앞서 1924년 정월 중순 한암의 맏상좌 오해련은 동광혜두 등과 함께 범어사 불교강원에서 진진응에게 『염송』, 『설화』를 수강하였다.[59] 이도 경운과의 관계 연장으로 보인다. 1936년 2월(음력) 한암이 은근히 불출산을 거론하며 특정 요청을 거절하는 편지를 보낸 바가 바로 진진응이다.[60] 석전은 해방 직후 한암을 이어 교정이 되었다가 1948년 입적하였고, 그 지위는 다시 한암에게 이어졌다.[61]

1900~1910년까지 구하와 한암은 통도사를 중심으로 법계와 내원암이라는 공통의 기반을 갖추었지만 성파의 발언과 달리 친밀하게

56 종걸·혜봉, 앞의 책, pp. 94-95. ; 한암대종사법어집 편찬위원회, 앞의 책 상, pp. 498-499.

57 7인의 교정 가운데 한암이 유일하게 선종 계열이었다. 『불교』 56, 1929. 2. 1, pp. 129-130. ; 다카하시 도루(高橋 亨), 『李朝佛教』, 國書刊行會, 1973, p. 905.

58 『불교』 57, 1929. 3. 1, p. 111.

59 김광식, 『탄허 대종사』, 탄허불교문화재단, 2010, pp. 47-50. ; 김경집 「근대 경운 원기의 교화활동」, pp. 205-206. ; 동광 혜두, 김용환 외 편집, 『청산은 흐르지 않고 물은 멀리 흐르네』, 정우서적, 2013, p. 54.

60 한암대종사법어집 편찬위원회, 앞의 책 상, pp. 340-341.

61 한암대종사법어집 편찬위원회, 위의 책 상, pp. 511-512. ; 동국대 석림동문회, 앞의 책, p. 518, p. 525.

교류하지 않은 것 같다. 『축산문집』과 『한암일발록』에 구하와 한암이 한시를 수작하거나 서한을 주고받은 글은 보이지 않기 때문이다. 이는 양자가 통도본말사라는 사격과 영축문도에서 처한 상대적 위치와 관련이 있을 것으로 추정된다.

Ⅲ. 영축산의 구하와 오대산의 한암

　1911년부터 통도사의 주지에 취임한 구하는 1925년 8월 주지분규
로 인하여 사직하고 칩거하였다.[62] 구하가 언제 활동을 재개한 것인
지는 명확하지 않지만, 경남 삼본산의 종무협의회에서 원로로서의
활동일 듯하다.[63] 그는 1934~1938년 사이 한글번역불사를 위해 해인
사에 설치한 해동역경원의 원장(=도감都監)을,[64] 1937년에는 장로長老,
1939~1940년에는 종무협의회의 고문을 맡았다.[65] 후술하듯이, 1942년
6월 13일 경남 삼본산의 중견승려 17명을 거느리고 일본불교를 시찰
하는 단장으로 3차 도일하였다.

　구하가 중앙의 교단에 재등장한 것은 1937년 2, 3월 총본산 [상임]
고문, 건설 위원으로서였다. 노구에도 불구하고 그는, 4월 1일 경성
에 올라온 이후 총본산 건설의 주도자 이종욱, 특히 범어사의 김경산
金擎山과 짝을 이루어 이듬해 1월 초까지 태고사의 건축을 위해 경복

62　『불교』16, 1925.10.1., p.44.; 선우도량 한국불교근현대사연구회, 『22인의 증언을 통해본 근현대
　　불교사』, 선우도량출판부, 2002, pp.74-75.
63　1934년 9월 해인사에서 처음 열린 경남삼본산의 종무협의회의 날자는 엇갈린다. 경봉은 29일, 『경
　　북불교』는 19일로 전한다. 경봉 대선사, 역주 석명정, 앞의 책, p.170.; 『경북불교』6, 1936.12.1.,
　　p.1.
64　원장=도감은 1인 체제가 아니라 많을 때 8명이었고, 한글 역경사는 범어사의 허영호였다. 『불교
　　(신)』1의 광고; 『불교시보』4, 1936.1.1., p.4.; 『불교(신)』8, 1937.11.1., p.58.; 서남현, 『축산 구하
　　대종사 민족불교운동 사료집』하, p.1021.; 김광식, 「일제하의 불교출판」, 『대각사상』9집, 대각사상
　　연구원, 2009, pp.31-32.
65　『불교(신)』8, 1937.11.1., pp.34-40.; 『불교(신)』20, 1939.1.1의 근하신년 광고 참조.

궁 근정전과 덕수궁을 살피고 목재상을 방문하는 한편 건설비의 수납을 위해 통도사와 범어사, 봉은사뿐만 아니라 호남과 평양 등으로 바삐 움직였다. 이러한 그의 열성은 불도들에게 칭송될 정도였다.[66] 조계종이 정식으로 출범한 이듬해인 1942년에 6인의 종무고문 가운데 1인이 되었다.[67] 해방 이후 중앙교무회의 고문으로 위촉되었고,[68] 이후 좌우의 대립을 배경으로 불교계도 신생 중앙 총무원과 혁신계가 분열하는 가운데 1947년 5월 불교혁신총연맹에서 발전한 조선불교 총본원의 종회의장에 선출되었다. 이후 교단과 혁신 양파의 갈등을 봉합하는 과정에서 1949년 10월 대한불교 조계종 제3대 총무원장에 취임하였다.[69]

한편, 1910년 봄 북행한 한암은 묘향산의 내원암과 금선대를 거쳐 1911년 가을부터 평안남도 맹산군의 우두암에서 10년 동안 정진하는 가운데 1912년 봄 최종 오도하였다. 이후 그는 1921~1926년 건봉사와 봉은사의 조실을 역임하면서 본격적으로 교단에 등장하였다. 1926년 5월 오대산 상원사로 이거한 다음 1951년 한국전쟁의 와중에서 좌탈할 때까지 26년 동안 불출동구하였다. 특히 1929~1945년, 1949~1951년 교정과 종정에 머물렀다. 실로 그는 1930~1940년대에 한국불교를 대표하는 위치에 있었다.

---

66 「교계소식」, 『불교(신)』 3-10, 1937. 5. 1.~1938. 2. 1.; 『불교시보』 27, 1937. 10. 1., p. 7.; 「京城에 總本山創立코저 佛教의 社會化에 진출」, 『동아일보』, 1938. 10. 23, p. 2.; 「구하천보」, 『불교신문』, 2008. 5. 14, p. 16.

67 교육원 불학연구소, 『조계종사』, 대한불교조계종 교육원, 2001, pp. 127-128.

68 동국대 석림동문회, 앞의 책, p. 518.

69 김광식, 『한국 근대불교의 현실인식』, 민족사, 1998, pp. 249-334.; 서남현 편, 『영축총림 통도사 근현대불교사』 상, pp. 218-252, pp. 258-277.

여기서는 양자가 영축산과 오대산에 주석하던 무렵인 1926~1951
년의 관계를 검토하겠다. 1927년 12월 29일(음력) 구하의 법사 성해
가 입적하였다. 경봉은 1929년 2월(음력)에 성해의 영정 봉안을 설계
하며 한암에게 은사의 영찬을 요청하였다. 한암은 통도사로 돌아가
서 찬술할 계획이었지만 경봉의 독촉으로 7월(음력)에 완성하여 보냈
다. 이는 9월 권세창이 그리기 시작한 진영에 더해졌다.[70]

부지런히 삼보 수호하기를
일편단심이었네.
조사祖師의 뜻 참구하여
고금古今을 꿰뚫었네.
오는 것이냐 가는 것이냐
밝은 달은 흉금일세.
영축산은 높고
낙동강은 깊도다.[71]

한암의 성해 영찬은 외견상 경봉의 부탁으로 찬술된 것이지만, 구
하의 의사와 무관하다고 단정하기는 어려울 것 같다. 같은 해 7월 15

---

70 경봉은 영찬의 '胸襟'에 대해 이의를 제기하였으나, 한암의 해명에 따라 그대로 확정되었다. 한암대
    종사법어집 편찬위원회, 앞의 책 상, pp. 282-291.; 경봉대선사, 역주 석명정,『삼소굴일지』, 극락호
    국선원, 2014, pp. 81-82.; 경봉, 석명정, 앞의 책, pp. 30-40.
71 한암대종사법어집 편찬위원회, 위의 책 상, pp. 285-286.; 경봉대선사, 역주 석명정, 위의 책, pp. 81-
    82.

일(양력) 구하는 경봉과 통도사를 주제로 시를 수작하고 있었다.[72] 당시 구하가 주지에서 물러난 상태였지만 성해에서 월하로 이어지는 통도사의 법계에서 구하가 법사 성해의 영찬을 경봉에게 임의로 맡기지 않았을 것이고, 경봉도 '형주兄主' 구하의 의견을 배제할 수 없었을 것이다. 구하의 「석담대선사영찬」은 그 반증으로 추정된다.

1934년 늦여름과 초가을 사이 한암의 은사 석담은 70대 중반의 나이로 입적하였다.[73] 구하는 사숙이자 한암의 법사인 석담을 '대선사'로 추모하였다. 이는 법계와 함께 내원암이라는 공통요소 외에도 한암 「성해대화상영찬」과 무관하지 않다. 결론적으로 양자는 법사와 사숙의 영찬을 주고받은 셈이다.

> 70년 전의 내가 바로 그대요,
> 70년 뒤의 그대가 바로 나이니,
> 그대와 나는 본래 물과 달이 아니고 무엇이오.
> 맑은 산 위에는 물과 백초百草 있건만,
> 산 위에 물이 없다면 그 풀도 없으리라.
> 한 길의 연못 스님이 한 번 지나가니,
> 광활한 바다에 갈매기 밝고 천지가 가볍도다.[74]

---

72 경봉 대선사, 역주 석명정, 위의 책, pp. 76-77.
73 이원석, 「한암과 통도사 내원암」, pp. 202-203.
74 이는 축산문집간행위원회, 앞의 책, pp. 585-586의 원문을 다듬은 것이다.

여기에 보이는 전반부 두 구절은 이정귀李廷龜의「서산대사묘비명」에 나오는 내용을 수정한 것이다. 휴정이 묘향산 원적암에서 자신의 영정 뒷면에 자찬한 것이 바로 "八十年前渠是我 八十年後我是渠"이다.[75] '八十'을 '七十'으로 수정한 것은 석담이 70대 중반에 입적하였기 때문이다. 물과 달, 바다와 천지도 불도를 상징하고, '그대'와 '나'는 중의어로 '부처님'과 '석담'이자 '석담'과 '구하'이기도 하다. 한암의 성해 영찬에 대응하는 구하의 석담 영찬은 불법의 진리를 체득한 길이 자신과 같았고 어쩌면 내원암에 있던 석담이 구하를 보살폈을지도 모름을 보여준다.

이에 앞서 1931년 10월 초에 한암은 경주의 불국사를 경유하여 통도사를 방문하였다. 이는 '불출산'을 서원한 한암이 1926년 상원사로 이거한 다음 처음으로 오대산을 나선 것이다. 당시에 한암은 10월 4~6일(양력) 통도사의 비로암에 유숙하며 경봉과 법담을 나누었다.[76] 사실 통도사 측은 경봉을 통하여 한암의 통도사 귀환을 자주 요청하였다. 이에 불응하던 한암이 통도사를 방문한 것은 법사 석담에 대한 마지막 문안으로 추정된다.[77]

그런데, 당시에 구하가 한암을 만났는지는 명확하지 않다. 한암 『한암일발록』과 경봉의『삼소굴일지』에는 양자의 대면이 보이지 않는다. 또한, 구하가 통도사에 주석하고 있는지도 명확하지 않다. 1931년 구하는 양력 5월에 여의봉如意峰의 원유회園遊會에 경봉 등과

---

75 이정귀,「서산청허당휴정대사비명」,『월사집2』45, 민족문화추진회, 1991, p.239 上左.
76 한암대종사법어집 편찬위원회, 앞의 책 상, p.507.; 경봉 대선사, 석명정 역주, 앞의 책, pp.130-133.
77 이원석,「한암과 통도사 내원암」, pp.208-209.

함께 참석한 것이 유일하고, 이듬해 회갑을 맞이한 다음 4월 17일(음력) 금강산으로 유람을 떠났다.[78] 그때는 구하가 통도사의 주지를 사직하고 만 6년이 지난 즈음으로, 그의 행적이 잘 드러나지 않는 때가 아닌가 싶다. 비로암에 이틀을 묵은 한암도 경봉이 준비한 선물을 받지 않고 급하게 통도사를 떠났다.[79] 여기에서 구하가 한암을 만났을 가능성은 그다지 많지 않다.

구하와 한암의 관계는 1937년 총본산의 건설, 1941년 조계종의 창설과 관련하여 보다 밀접해진다. 월정사 회주 현해는 불출동구하던 한암이 3회에 걸쳐 산문을 나섰는데, 그 가운데 2회가 구하를 만난 것이라고 주장하였다. 조계종 창설의 주역으로 알려진 이종욱은 1941년 한암을 모시고 통도사로 가서 구하를 만나 창종에 대한 협조를 얻었고, 해방 이후 혜화전문학교를 동국대로 전환할 적에도 한암을 모시고 가서 구하의 재정 지원을 받았다.[80] 현해의 주장은 현재까지 자료로 뒷받침되지 않지만, 양자의 관계와 통도사의 재정 기여를 보여준다.

사실 일제강점기 통도사는 1등급지로 재정 상태가 가장 양호하였다. 이는 1913년 주지 구하가 단행한 재정통합운영과 무관하지 않았다.[81] 또한, 총본산 건설과 관련된 태고사의 건립 재정 10만 원 가운

---

78 경봉 대선사, 역주 석명정, 앞의 책, pp. 124-125, p. 148.; 축산문집간행위원회, 『금강산유기』, 영축총림 통도사, 1998, pp. 5-6, p. 29.

79 경봉 대선사, 역주 석명정, 위의 책, p. 133.

80 한암문도회 · 김광식, 『그리운 스승 한암 스님』, pp. 194-195.

81 삼보학회, 「교유편년」「경제편년」『한국근세불교백년사』 2 · 3, 1994, pp. 17-25, pp. 13-15.; 정광호, 앞의 책, p. 404.

데 통도사는 가장 많은 14,834원을 분담하는 것으로 계획되었다.[82] 구하가 총본산 [상임]고문이나 건설위원을 맡은 것도 사실 통도사의 재정적 기여와 관련된다. 1941년 조계종이 출범하고 한암이 초대 종정에 취임할 적에 총본산 건설자 이종욱[83]이 종무총장에 임명되었고, 통도사 주지를 역임한 박원찬朴圓讃이 재정부장으로 선출되었으며, 이듬해 구하는 6인의 종무고문 가운데 1인이 되었다.[84] 이상도 조계종의 재정문제와 연결되어 있었던 것이다.

해방 이후 초대 교정 박한영이 1948년 입적하자 다시 2대 교정이 된 한암의 조계종 체제에서 12월 박원찬은 제2대 총무원장이 되었다. 이는 좌우의 분열과 신교권세력과 혁신세력의 대립을 해소하려는 것으로 사무능력과 함께 재정적 측면이 고려되었다. 그러나 1949년 9월 29일 유엽, 한보순, 장도환, 최범술 등 우파 승려 40여 명이 총무원에 난입하여 총무원장 박원찬을 감금하고 사직을 강요하였다. 이들은 좌익투쟁을 빌미로 각황사의 부지 매각을 핑계로 삼아 중립적인 박원찬마저 배격하고 종권 장악을 시도하였다. 이에 한암은 10월 10일 교무회의의장 곽기종郭基琮에게 청정자비와 대화로 해결하라는 특명서를 내렸다.[85] 그 결과 1949년 10월 박원찬이 물러나고 후임

---

82 박희승, 『지암 이종욱』, 조계종출판사, 2011, p.166. 2012년 조계사 대웅전 해체 보수 과정에서 발견된 자료에 의하면, 통도 본말사는 가장 많은 14,847원을 출연하였다. 『불교신문』, 2012.9.1, p.7.

83 박희승, 위의 책, pp.135-193.; 김광식, 「조선불교조계종과 이종욱」, 『민족불교의 이상과 현실』, 도피안사, 2007 참조. 본고와 관련하여 구하와 이종욱의 관계도 검토할 필요가 있으나 지면 관계로 줄인다.

84 박원찬은 취임 소감으로 책임을 통감하고 성심껏 노력하겠다는 다짐과 함께 세출의 완급 조절과 절약을 언급하며 협심호조를 강조하였다. 『불교(신)』 31, 1941.12.1., p.11.; 『불교시보』 78, 1942.1.15., p.4.; 김광식,『자운대율사』, p.479.

85 「대회소집을 특명」, 『불교신보』, 1949.10.5.; 한암대종사법어집 편찬위원회, 위의 책 하, pp.319-320.

으로 구하가 3대 총무원장에 취임하여 혁신계를 포함한 총무원이 꾸려졌다. 이는 기존의 교단세력을 통제하는 동시에 혁신인사를 포용하고 교도제 등의 불교개혁을 추진하려는 것이었다. 구하는 불교혁신운동에도 가담하였을 뿐만 아니라 교단에서도 원로였던 관계로 문제 해결의 적임자였다.[86]

이를 전후하여 구하가 한암에게 보내는 한 편의 편지와 한시 2수가 『영축문집』에 전한다. 그 가운데 가장 빠른 것은 1947년의 편지이다. 동안거가 끝난 2월 2일(음력) 상원사는 화재로 법당과 요사채를 잃었다.[87] 이에 구하는 한암을 위로하는 편지를 보냈다. 여기서 구하는 상원사의 화재를 호법신이 낡은 상원사의 전각을 혁신하고 단월의 작복作福 기회 제공으로 해석하였다.[88]

두 편의 한시는 한암의 2대 조계종 교정 재임과 관련된다. 1950년 봄 총무원장 구하가 부장들과 사서를 대동하고 오대산 상원사로 종정 한암에게 인사차 들렀다가 지은 시이다. "여러 스님 임무 띠고 한암 종정 방문하니, 상원사 정원의 보리수에도 봄이 왔네. 교학의 바다는 파도쳐 정해진 바 없지만, 가을엔 마땅히 몸을 감출 줄 알겠네."[89]

다른 시는 한암이 상원사를 방문한 신임 총무원 간부들에게 법구

---

86 이듬해 6월 교무회의는 유엽, 최범술 등의 승적을 박탈하였다. 이상, 서남원 편, 『영축총림 통도사 근현대 불교사』 상, pp. 275-277.; 선우도량 한국불교근현대사연구회, 앞의 책, pp. 76-77.; 동국대 석림동문회, 앞의 책, p. 527.

87 한암대종사법어집 편찬위원회, 위의 책 상, pp. 323-324, p. 511.

88 축산문집간행위원회, 앞의 책, p. 504.

89 축산문집간행위원회, 위의 책, p. 74.

를 내리자, 구하가 회답한 시이다. 여기에서 구하는 종정 한암을 높이고 자신을 낮추었다. "천 길 나는 봉황 굶주림 두려워 않건만, 새우 잡는 갈매기 성난 파도 노리네. 새우 생각 버리지 못한 갈매기 모래톱에 서자, 수많은 초파리 날개 속에 숨어드네."[90]

구하의 두 시가 『영축문집』에 보이는 것은 매우 중요한 사료적 가치가 있다. 사실 한암이 구하에게 보내는 편지나 한시는 『한암일발록』에 현전하지 않는다. 다만, 1944년 3월(음력) 그가 경봉에게 보내는 편지에서 "구하 대형에게 황망하여 별도의 편지를 보내지 못하오니 나를 위하여 문안을 올리시게."라는[91] 내용이 전할 뿐이다. 이는 종정 한암이 경봉을 통하여 구하에게 전하는 안부였다.

1949년 봄 한암은 불출동구의 서원을 어기고 고향처럼 여기던 통도사로의 이거를 고뇌하였다. 당시 오대산의 적멸보궁에는 공비가 출현하는 등 시대상황이 급박하게 전개되었던 것이다. 예지에 밝았던 탄허는 한암을 설득하며 통도사 이거를 위해 남행하였고, 마침 주지가 된 경봉은 해동수도원의 종주로 한암을 초청하였다. 그러나 이는 한암이 고사하고 탄허를 추천함으로써 결국 무산되었다.[92] 여기에도 구하의 견해가 반영되었을 것으로 보이지만, 자료상에서 확인된 바는 없다.

한국전쟁이 발발하자 한암이 그대로 상원사에 머문 것과 달리 구

90 축산문집간행위원회, 위의 책, p.90.
91 한암대종사법어집 편찬위원회, 앞의 책 상, pp.316-317.
92 한암대종사법어집 편찬위원회, 위의 책 상, pp.306-307, p.512.; 한암문도회 · 김광식, 앞의 책, pp.55-56, pp.85-86, pp.170-171, p.279.; 안동성, 『보기출발록』, 을지문화사, 1990, pp.87-88.; 월정사 · 김광식, 앞의 책 상, p.278.; 경봉 대선사, 역주 석명정, 앞의 책, p.348.

하는 조계종 총무원을 부산의 대각사로 옮기고 그 직무를 수행하였다. 구하가 1950년 11월 21일 총무원장 명의로 한국전쟁으로 인한 「사찰피해상황조사보고의 건」을 발송하였고, 1951년 10월 15일 총무원 주관의 법계시험을 추진하거나 전국 교립 중학교 교장회의를 개최하였으며, 6월 20일 차기 교정 송만암이 선출되기 전까지 교정서리로 활동하였다. 이는 11월 24일 중앙총무원장에 이종욱이 선출될 때까지 이어졌다.[93] 이는 구하가 중앙 교단에서 활동한 대미였다.

1951년 3월 22일 상원사의 방화를 온몸으로 저지하던 한암은 상원사에서 좌탈하였다. 당시 한암의 법구는 희찬 등에 의해 임시로 수습되었고, 5월 8일 부산 토성동 묘심사에서 49재와 함께 추도식이 공식적으로 봉행되었다.[94] 구하는 바로 봉도식의 대표회장이었지만 80세의 노구인 관계로 직접 참석하지 않았다. 권상노가 대독한 봉도문에서 그는 한국전쟁의 비극에 더해진 한암의 원적을 조문하며 생사좌당生死坐當의 법은法恩을 기렸고, 선지식 한암을 추도하는 동시에 그의 환생을 빌었다.[95] 구하와 한암의 관계는 한암의 좌탈 이후에도 이어졌던 것이다.

구하와 한암의 사이에 있는 통도사의 승려로는 송설우가 있다. 구하의 문집에는 1926년 설우의 통도사 주지 진산을 읊은 「송설우신임

93 서남현 편, 『영축총림통도사 근현대 불교사』 상, p. 280. ; 「김구하 총무원장 문헌 소개」, 『불교닷컴』, 2020. 10. 22. ; 「한국불교 선각자 구하 대종사〈9〉」, 『불교신문』, 2022. 3. 29, p. 19.
94 당시 총무원이 있던 부산의 대각사에는 군인이 주둔하고 있었다. 선우도량 한국불교근현사 연구회, 앞의 책, p. 77.
95 한암대종사법어집 편찬위원회, 앞의 책 하, pp. 287-289, p. 305, p. 317.

주지축하」가 전해진다.[96] 설우는 원래 경허에게 참선을 배우거나 내원암에서 석담, 퇴운, 완해 등과 함께 정진한 한암의 도반으로 교학과 함께 선사이자 율사의 풍모를 지닌 청정비구였다. 구하를 이어 주지가 된 그는 본말사의 친목을 도모하는 동시에 백용성을 맞이하여 통도사의 참선 중흥을 도모하였다. 그는 한암이 교정으로 추대된 1929년 1월 조선불교 선교양종승려대회에서 종헌과 각종 법규의 제정위원이었다.[97] 한암은 1939년 통도사 주지를 마치고 내원암에 머문 경봉에게 보낸 편지에서 '설우형주'에게 안부를 전한다. 당시에 석우도 내원암에 주석하고 있었다.[98] 석우도 상원사로 한암을 방문하여 한 철을 머물렀다. 이때 한암은 원보산을 설득하여 설우에게 권유하여 수계를 받게 하였다.[99]

구하와 한암을 연결하는 스님으로 직지사의 불사를 주도한 퇴운 원일退雲圓日(1877~1939)이 있다. 퇴운은 해인사 우송友松의 상좌로 제산 정원霽山淨圓(1862~1930)의 사제였다. 양자는 모두 근대 직지사의 사격을 높인 고승이었다. 구하는 회갑을 맞이한 퇴운에 대해 법력의 광대함과 계율의 준수를 일컫고 높은 지절志節이 부처님과 어깨를 나란히 한다고 칭송하였다.[100] 해인사 퇴설선원에서 1989년부터 1903년까

---

96 축산문집간행위원회, 앞의 책, p.150.

97 『불교』 56, 1929.2.1., pp.129-130.

98 한암대종사법어집 편찬위원회, 앞의 책 상, pp.310-311.; 이원석, 「한암과 통도사 내원암」, pp.205-211.

99 월정사·김광식 엮음, 『오대산의 버팀목』, 오대산 월정사, 2011, pp.603-604.

100 윤퇴운의 회갑은 1937년 3월 26일이었다. 축산문집간행위원회, 앞의 책, pp.423-424.; 『불교(신)』 6, 1937.9.1., p.45.; 『불교시보』, 1937.7.1, p.7.

다고 구술하였다.[114] 다만, 그 연도는 명확하지 않다. 설산은 17세인 1936년 상원사의 강원도삼본사연합 승려수련소에 입소, 수료한 다음 3,4년을 더 머물렀다고 회고한다.[115] 그렇다면 월하가 상원사에서 참선한 것은 1936~1940년, 즉 1941년 이전으로 보인다. 1940년 월하가 한암의 회상에서 동안거와 하안거에 들었다는 견해도 이와 무관하지 않다. 특히, 여기에 구하의 명이 있었던 점은 주목된다.[116]

『영축문집』에는 구하가 13일 연락선을 타고 대한해협을 건너면서 읊은 「慶南三本寺中堅十六人渡日視察詩」가 전한다. 그 서언에 의하면, 경남도청 학무과 종교계는 통도본말사 5명 · 해인본말사 6명 · 범어본말사 5명의 중견승려를 선발하고 경남도청의 인솔자 1명을 포함하여 모두 17명으로 된 일본불교시찰단을 꾸렸다. 그 목적은 조선불교의 개혁을 위한 것이고, 일정은 대략 20일이다. 그 단장이 바로 구하였다.[117] 다만, 시찰단의 출발 연월은 표기되지 않았다. 그런데, 경봉의 『삼소굴일지』 1942년 6월 11일자에 구하가 일본 시찰을 떠나자 신평에서 전송하였다는 짤막한 기록이 있다.[118] 그렇다면, 구하가 경남 삼본사의 불교시찰단을 거느리고 도일한 것은 1942년 6월 13일이다.[119]

---

114 한암문도회 · 김광식, 앞의 책, p.76, p.129.

115 실제로 그가 승려수련소에서 교육받은 것은 1939~1940년이다. 한암문도회 · 김광식, 앞의 책, p.134.; 박설산, 『뚜껑 없는 역사책』, 삼장, 1994, pp.165-199.; 이원석, 「강원도 삼본사 수련소의 설립과 운영」, 『한국불교학』 98집, 한국불교학회, 2021, pp.162-163.

116 윤청광, 앞의 책, p.177.

117 축산문집간행위원회, 앞의 책, p.73.

118 경봉 대선사, 석명정 역주, 앞의 책, p.237.

119 다만, 출발일과 관련하여 다른 해석이 가능한 자료도 있다. 구하의 시찰단을 모범사례로 평가한 해령(海靈)의 「경남삼본사시찰상」, 『불교(신)』37, pp.27-28이 1942년 6월 1일에 출판되었다. 그렇

구하의 일본불교 시찰에서 주목되는 인물은 종묵난암宗黙暖庵 (1893~1983)이다. 그는, 1929년 월정사에서 출가한 것으로 알려진 것과 달리 원래 불영사 이설운의 상좌였지만 한암에게 건당하였다. 1935년에 도일하였고, 1938년 교토의 임제학원에 유학하고, 그 연구과에서 불교철학을 공부하였다. 그는 교토 동복사東福寺 내의 만수사萬壽寺에 기거하며 포교와 두타행을 펼쳤고, 1939년 경도불교유학생회인 수심회修心會의 의장을 거쳐 이듬해에는 만수사의 주지가 되었다. 이후로 난암은 재일 교포사회, 특히 조총련계에서 불교계의 리더이자 정신적 지주로 성장하였다.[120]

1930년대 후반부터 해방 때까지 임제학원의 유학생뿐만 아니라 교토의 불교를 시찰하는 불교 인사는 대부분 난암의 신세를 졌다. 1937년 임제학원으로 유학한 서옹도 난암의 관계를 통한 것이었고, 대동아전쟁기 허몽초의 상좌 화산의 임제학원 유학에도 난암의 도움이 있었다.[121] 구하에 앞서 경봉도 1941년 3월 29일부터 5월 4일까지 일본불교를 시찰하였다. 난암은 학인 10여 명을 거느리고 도쿄에 도착한 경봉 등을 환영하며 만수사로 맞이하였다. 경봉은 만수사에 머물며 묘심사妙心寺・청수사清水寺・동서본원사東西本願寺・동복사東福寺・나라의 동대사東大寺 등을 시찰하였고, 교토를 떠날 적에도 난암은 역

다면 시찰단의 출발은 그 이전이어야 한다.

120 『불교시보』 52, 1939. 11. 1, pp. 15-16. ; 보문문도회・김광식 엮음, 『보문선사』, 민족사, 2012, p. 179, p. 190, p. 237. ; 원영상, 「난암 유종묵의 수행교화와 일본행적에 대한 시론적 고찰」, 『한국불교학』 79집, 한국불교학회, 2016 참조.

121 이와 관련하여 1935년 조용명과 1937년 서옹이 임제학원으로 유학한 것은 흥미롭다. 조환기 엮음, 『참사람의 향기』, 대한불교조계종 고불총림백양사, 2004, pp. 310-314. ; 한암문도회・김광식, 앞의 책, pp. 98-99.

전까지 와서 환송하였다.[122]

특히 난암은 5촌 사숙에 해당되는 구하에게는 보다 정성을 기울였을 것이다. 경남 삼본산의 일본불교 시찰단은 난암의 안내로 만수사에서 점심을 먹고 경도의 사찰을 시찰하였다. 구하는 그 감흥을 「경도 만수사에서 점심을 먹고」로 읊었다.[123] "길 가운데 우뚝 선 유종묵 선사, 우리 대중을 위해 불문으로 안내하네. 경도의 풍물이 진실로 이와 같으니, 만사가 모두 사람 탓이란 말 사실이로다!"[124]

구하는 난암을 높이 평가하였다. 구하는 「벽에 쓴 난암 선사의 시에 화답함」에서 심신의 활발함과 뛰어난 설법, 대중 구제의 진담 등은 고금의 현철을 능가한다고 칭송하였다. 이는 경봉이 난암과 수작하며 교토에서 만난 회포와 불법을 노래하거나, 그리움과 만남, 향수를 참선수행이나 불법으로 인도하는 것과 달랐다.[125] "심신이 활발하여 푸른 하늘 올라가, 기막힌 설법 구름을 연꽃으로 바꾸도다. 세상 제도한 진담 누군들 존경하지 않으랴, 고금의 현철들 모두 일깨웠다네."[126]

1942년 12월 난암은 입국하였지만 구하와 경봉을 만나지 않았을 것으로 보인다. 왜냐하면 당시 입국 목적은 강원도 사찰들의 순회강

---

122 당시 안내는 백양사의 이상순(李尙純, 서옹)이었고, 시공(侍供)은 월정사의 강상균(姜祥均)이었다. 경봉대선사, 역주 석명정, 앞의 책, pp. 212-223.
123 동일한 내용이 1937년이라는 설이 있지만(원영상, 앞의 논문, p. 333.), 구하는 1937년 총본산 건설 위원으로 매우 바빴고, 경봉의 『삼소굴일지』 1937년 조에 해당 기사가 존재하지 않는다.
124 축산문집간행위원회, 앞의 책, p. 76.
125 경봉 대선사, 역주 석명정, 앞의 책, pp. 227-228, pp. 238-240, pp. 249-250, p. 264.
126 축산문집간행위원회, 앞의 책, p. 133.

연이었기 때문이다.[127] 그렇지만, 해방 직후 구하·경봉의 혁신운동과 관련하여 난암의 관계는 유의될 여지가 있다.

그리고 한암의 상좌 동성은 1946년 3월 은사의 권유로 인심을 살피하고 수행하기 위해 남으로 만행하였다. 한암은 동성에게 부처님 참배, 종무소 방문, 조실·주지의 예배, 원로 스님의 인사, 소속 산문과 은사를 고하는 객승의 예절 등을 일일이 가르쳤다. 동성은, 이해 해인사에서 하안거를 보낸 다음 통도사에 이르러 구하의 환영을 받았다. "구하 스님께서 대단히 반겨하시며 통도사에서 한 철 나라 하심으로 통도사 내원암에서 동안거를" 마쳤다.[128] 짧은 글이지만, 여기에는 구하가 한암의 상좌 동성을 환대하며 수행시키려는 의도와 통도사 내원암의 불연이 잘 드러나 있다. 위에서 서술하였듯이, 당시에 구하는 내원암에 주석하고 있었다.

한암의 제자 보문이나 상좌 탄허도 통도사와 관련이 있다. 한암의 선을 계승한 것으로 알려진 보문은 1946년 상원사를 떠나 통도사의 극락암과 내원암에서 공양주나 채공으로 수행하였고, 1947년 가을 내원암에 머물던 성철, 우봉 등과 함께 한국현대 불교사에서 획을 긋는 봉암사 결사에 참가하였다.[129] 탄허도 구하, 경봉, 벽안과 각별한 정으로 친근하게 지냈다. "당시에 탄허와 경봉은 자주 만나거나 거래가 많지 않아도 각별한 정이 있었다. 탄허와 구하·벽안이 동국대의

127 『불교시보』 77, 1945. 12. 15, p. 5.
128 안동성, 앞의 책, pp. 81-85.
129 보문은 경봉과도 법문을 주고받았다. 보문문도회·김광식, 『보문선사』, 민족사, 2012, p. 25, p. 124, pp. 197-198, p. 206, p. 291, p. 325, p. 364. ; 김광식 엮음, 『석암 스님의 수행과 가르침』, 석암문도회, 2011, pp. 203-207. ; 석명정 역주, 『삼소굴소식』, 극락선원, 1997, p. 364. p. 368.

이사로 있을 적이나 종단의 사무를 볼 적에도 말 한마디라도 다정하게 하는 등의 끈끈한 정이 있었다. 당시에는 … 문중 관념이 있었던 것이다. 탄허 스님은 사적인 자리에서 성파에게 통도문중이라고 발언하였다."고 한다.[130]

양자의 네트워크를 조금 넓혀보면 자운도 포함된다. 1953년 율사 자운이 영암·지관·홍법·인환 등을 거느리고 통도사로 와서 율장을 강론하고 수계법회를 개최하였다. 자운을 초빙한 구하는 손아래의 자운에게 문안조차 마다하지 않았다. 불교계는 자운을 해인사를 중심으로 삼거나 구하와 자운의 개인적 측면에서 접근한다.[131] 그렇지만, 자운과 오대산의 인연도 적지 않다. 월정사 아래 평창군 진부면 노동리에 살았던 자운이 1926년 상원사를 방문한 것이 해인사 혜운경윤慧雲敬允에게 출가하는 계기였고, 1933년 동하안거 및 1935~1937년 울진 불영사에서 장좌불와로 수행하였으며, 1939년 오대산 적멸보궁에 문수기도로 감응을 받은 것은 잘 알려져 있다.[132] 1951년 한암의 추도식에서 자운은 독경사讀經師였다.[133] 자운과 비슷한 입장의 영암[박기종]이나 구하와 한암의 손상좌들의 교류는 모두 지면 관계상 줄이고 후일을 기약한다.

---

130 월정사·김광식, 앞의 책 상, p.122, p.128. 탄허는 경봉에게 보내는 편지에서 자신을 '門小侄'로 낮추었다. 석명정 역주, 위의 책, p.276-278.

131 이에 앞서 1937년 자운은 통도사에서 동안거를 보냈고, 1959년 표충사 주지였다. 자운문도회, 「자운대율사 스님 행장」, 『자운대율사』, 가산불교문화연구원출판부, 2000; 김광식 엮음, 『자운대율사』, 앞의 책, p.57, p.72, pp.288-291.

132 한암문도회·김광식, 앞의 책, p.345.; 자운문도회, 「자운대율사 스님 행장」, 위의 책 참조.

133 한암대종사법어집 편찬위원회, 앞의 책 하, p.317.;「고 교정 방한암대종사의 봉도식과 49재엄수」, 『불교신문』 1951.5.15.

V. 나가는 말

이상에서 필자는 1910년까지의 전기와 1926~1951년의 후기로 대별하여 구하와 한암의 관계를 살펴보며 양자와 공통으로 관련된 상좌 등을 검토하였다. 전기에 있어서, 1908년 후반기에서 1910년을 제외하고 통도사에 주석한 구하는 빠르면 1900년, 늦어도 1902년까지 그 백운암이나 범어사에 머문 한암을 인지하였을 것이고, 한암은 만행하던 1900년에 이미 구하를 알고 있었을 것이다. 양자는 1900년과 1904,5년 성해와 석담을 법사로 삼음으로써 법계로 사촌 사형제가 되었다. 통도사 내원암은 구하가 입산하고 두 차례 주지를 역임한 곳으로 한암이 1904~1910년까지 선교를 겸한 '조실'로 머문 암자였다. 당시 구하의 원종 활동과 관련된 승려로 한암과 연결된 것은 통도사의 서해담을 비롯하여 나청호·김경운·진진응·박한영이 있다. 다만, 법계와 내원암의 공통기반에도 불구하고 구하와 한암이 편지나 한시를 수작하지 않았다.

후기에 양자의 관계는 전기보다 진전되었다. 한암이 1929년 구하의 법사 성해의 영찬을 짓자, 구하는 1934년 입적한 한암의 법사 석담의 영찬을 찬술하였다. 1931년 10월 한암이 석담을 문안하기 위해 통도사를 방문하였으나 구하를 만나지 못하였다. 그렇지만, 1937년 2·3~1941년까지 통도사의 재정 기여와 관련하여 총본산 건설의 고문과 위원, 조계종 종무고문으로 중앙 교단에서 활약하였다. 당시 월정사 주지 이종욱이 총본산 건설과 조계종 창설의 주역이었고, 초대 조계정 종정은 한암이었다. 해방 이후 혁신운동을 지향한 구하는 1949년 10월 3대 총무원장으로 교정 한암과 만났다.

그렇다고 해도 한암은 구하에게 친숙하게 다가가지 않았고, 구하도 종단의 지위나 틀을 넘어서지 않았다. 이는 수작한 편지나 한시에도 반영되었다. 1944년 한암이 경봉에 보내는 편지는 '兄主' 구하에게 문안 전달에 그치고 있다. 구하는 1947년 상원사 화재를 계기로 안부를 전하며 단월의 작복 기회로 삼은 편지를 보냈고, 1950년 봄 총무원 부장들을 거느리고 상원사에서 교정 한암을 만날 무렵 한시 2수를 지어 한암의 불법을 높였다. 다만, 1951년 5월 부산 묘심사에서 거행된 한암의 49재와 봉도회에서 대표 구하는 불참하였지만 생사좌당의 법은을 기리며 좌탈을 추도하는 동시에 환생을 빌었다. 양자와 연결되는 송설우와 윤퇴운도 고찰되었다.

마지막으로 구하·한암의 상좌·제자와 양자의 관계를 검토하여 뒷받침하였다. 한암의 제자로 1934년 구하에게 건당한 다음해 일본 임제학원으로 유학하고 통도사와 부산을 중심으로 활약한 조용명, 1940년 무렵 구하의 명으로 상원사에서 정진한 월하, 1946년 구하가 반갑게 맞이하며 동안거를 권한 동성, 1942년 6월 구하가 일본시찰에서 만나 높이 평가한 난암, 보문과 탄허의 통도사 주석과 자운 등의 관계를 고찰하였다. 이는 양자의 관계를 뒷받침하는 정황 증거이다.

구하와 한암의 관계는 경봉과 한암의 경우[134]에 비해 상대적 의의나 맛깔이 다소 떨어진다. 이는 양자가 영축산과 오대산을 상징하는 대표인만큼 화학적 결합이나 친밀감을 보이기 어려운 점도 있고, 참선과 교학의 방향성이나 이판과 사판의 지향성의 차이도 있다. 물론 시대적 한계와 인간적 덕성도 존재할 것이고, 구하의 은거도 영향을 미쳤을 것이다. 그럼에도 근현대 영축문도와 오대문도의 친밀함은 색다르다. 물론 여기에는 자장이 창건한 금강계단과 적멸보궁이라는 공통성도 있다. 그러나 구하와 한암의 관계는 그 기원을 열었다는 점에서나 당시에 그 인적 네트워크가 확인된다는 점에서 의의가 있다. 나아가 양자의 결합은 일제강점기와 해방 이후 동란기에 불교계를 움직이는 추동력에 일조하였다. 끝으로 양자의 관계 연구에서 가장 큰 난관인, 초기 사료의 한계와 구하의 칩거 공백을 매울 새로운 자료의 발굴을 기대한다. 한암과 구하의 교학관과 불교사상의 비교나 영축문도와 오대문도의 교류 확대는 후일을 기약한다.

---

134 경봉, 석명정, 앞의 책, pp. 20-94.; 윤창화, 「한암선사의 서간문 고찰」, 『한암선사연구』, 민족사, 2015, pp. 194-228.

02

구하 독립운동의 자료,
개요와 성격

김광식 (동국대 특임교수)

김광식 (동국대 특임교수)

건국대학교 사학과를 졸업하고, 동 대학원에서 한국불교사 연구로 석
사학위와 박사학위를 취득하였다. 독립기념관의 책임연구원 및 전시부
장과 부천대학교 초빙교수와 만해학회 회장을 역임하였다. 현재 동국
대학교 특임교수로 재직 중이며, 3·1운동 당시 민족대표였던 백용성을
연구하는 대각사상연구원의 연구부장으로 활동하고 있다. 한국 근현대
불교관련 연구논문 200여 편이 있으며,『그리운 스승 한암 스님』(민족
사)과『만해 한용운 평전』(천글세상) 등 한국 근현대 불교사 및 인물과
관련된 30여 종의 저서가 있다.

I. 들어가는 말

한국 근대기 불교는 전통적인 불교를 고수할 것인가, 아니면 근대의 정신문화에 부합하는 불교로 갈 것인가를 두고 치열한 내적 갈등을 거쳤다. 때문에 그 역사에는 전통불교의 수호와 개혁, 승려중심의 불교와 대중 중심의 불교, 계율의 수호와 변화 등 극단적인 대립의 노선이 있었다. 또한 그 역사의 저변에는 서양의 문명 및 종교의 유입, 일제 침략 및 일본불교의 유입 등에 대응을 해야 하는 무거운 과제도 있었다.

이와 같은 현실에서 승려로 활동을 하였던 수많은 인물들은 심각한 고민을 하였을 것이다. 자신의 행보를 선택함에서는 고뇌를 하였고, 비판을 받으면서 역사적인 결단을 하였다. 특히 국권회복, 독립운동이 치열하게 전개되었던 현실이었기에 승려들은 항일노선과 친일의 노선을 선택해야만 되었다. 제3의 길인 회색의 노선을 걸어간 승려가 대부분이었지만 불교계의 지도자와 본산 주지에게는 많은 고뇌가 수반되었다.

이런 배경하에서 본 고찰에서 다루는 통도사의 고승인 九河(1872~1965)는 다양한 측면에서 연구의 대상이 되는 흥미로운 인물이다. 그럼에도 불구하고 그에 대한 연구는 심화되지 않았다. 구하는 일제하 불교에서 통도사 주지, 30본산연합사무소 위원장, 중앙학림

학장, 조계종 종무고문[1] 등을 역임한 근대불교의 주역이다. 그는 해방 이후에도 조계종단 총무원장, 통도사 큰스님으로 많은 역할을 하였다.

위와 같은 행보를 갔던 구하는 일제하에서는 독립운동의 자금을 지원하는 등 민족운동의 노선을 걸어갔다. 그러나 그는 불교계 지도자이었기에 일제 당국에 유화적인 제스처를 표방하지 않을 수 없었다. 때문에 구하의 행보를 의심스러운 시야로 볼 수 있는 여지가 있다. 그래서 그의 행보는 일제하에서도 독립운동, 친일을 둘러싼 논란의 대상이 되었다. 그러나 그의 행보를 명쾌하게 단정할 수는 없었다. 그는 8·15해방이 된 직후와 1952년, 일제하의 주지 시절 공금을 독립자금으로 유출한 것에 대한 전말을 통도사에서 해명하였다. 그래서 그랬는지는 몰라도 그가 입적한 1965년까지는 별 논란이 없었다.

한편 2005~2008년, 한국사회에 진보적인 정권이 들어서게 되면서 '친일파'에 대한 역사적인 청산을 요구하는 사회의 분위기가 등장하였다. 이런 흐름에서 구하는 친일승려로 지목을 당하였다. 그러나 통도사의 문도들이 구하의 '항일·불교운동'에 대한 자료를 집중적으로 수집, 분석하여 자료집을 만들어 제출하면서 관련 당국에 이의 신청을 강력하게 하였다. 그 결과 구하는 친일승려 명단에서 제외되었다. 구하가 친일승려에서 제외될 수 있었던 것은 구하가 다양한 방면에서 민족운동을 추진한 사실과 함께 독립자금을 지원하였다는 관련

---

1 『불교』 신31집(1941. 12), p. 55.

문건 및 영수증이 있었기 때문에 가능하였다.

이런 전제하에서 필자는 2005~2010년 무렵 친일파 청산이라는 흐름하에서 구하를 비롯한 다수의 승려 문도·후손이 겪었던 제반 내용을 정리하려고 한다. 그리고 구하가 친일승려에서 빠져 나오게 하였던 독립자금 영수증에 관련된 제반 내용을 살피려고 한다. 그러면서 통도사가 구하의 명예를 지키기 위해 신속하고, 적극적으로 대응한 활동도 요약하겠다. 이것은 역사의 기록으로 남길 가치가 있다고 보기 때문이다. 구하 독립운동의 핵심은 상해에서 제작·배포된 승려 독립선언서의 서명자라는 사실, 그리고 3·1운동 직후에 설립된 대한민국 임시정부에 독립자금을 지원한 것이다. 승려 독립선언서에 대한 개요는 필자가 그 개요 및 성격을 연구하였기에[2] 이 글에서는 구하가 상해 임시정부에 독립자금을 전달한 내용을 중심으로 논지를 전개하고자 한다. 미진한 측면은 지속적인 자료 수집, 분석, 탐구로 보완해 가고자 한다.

---

2 김광식, 「대한승려연합회선언서와 민족불교론」, 『민족불교의 이상과 현실』, 도피안사, 2007.

Ⅱ. 불교계 항일, 친일의 논란

2005~2010년 무렵, 친일파 청산이라는 흐름하에서 불교계의 다수의 승려들이 역사적으로 평가받았던 제반 내용을 요약하려고 한다.

불교의 친일 문제는 임혜봉이 1993년, 민족사에서 펴낸 『친일불교론』(2권)에서 본격화되었다.[3] 당시 이 책의 파장은 매우 컸다. 임혜봉은 그 책을 '식민지 시대 불교의 친일군상'이라는 주제로 서술하였다. 임혜봉은 친일승려에 대해서는 이회광, 이종욱, 권상로, 김태흡 등 4명만을 친일거두로 제시하였다. 이때부터 승려의 친일 문제의 논란이 시작되었다.[4] 그 이후 임혜봉은 친일불교에 대한 연구를 지속하여 2005년에는 『친일승려 108인』(청년사)을 펴냈다. 그는 2001년 12월 2일, '친일인명사전' 편찬위원회가 국회의 공청회에서 제시한 친일파 개념을 활용하였다. 임혜봉이 활용한 친일승려의 개념은 다음과 같다.

- 독립운동에서 변절하여 부일협력한 자
- 학병, 지원병, 징병, 징용, 공출을 권유하거나 강요한 자

---

3 윤창화, 『근현대 한국불교 명저 58선』, 민족사, 2010, pp. 251-256.
4 1998년 3월 18일, 조계종 교육원 불학연구소에서 이종욱 친일 논란에 대한 간담회가 개최되었다. 이 간담회는 국가보훈처에서 조계종의 의견을 요청함에 따른 종단의 응답을 하기 위해서 열렸다. 참석자는 암도(교육원장), 밀원(연구소장), 박경훈(법보신문 주필), 혜봉(친일불교연구가), 김광식(독립기념관)이었다. 박희승(종단 과장)의 발제를 듣고 토론하였다. 『불교신문』 1998. 3. 24, 「이종욱 스님은 독립유공자로서 공적에 흠결이 없는가」.

- 창씨개명을 수창(首唱)하거나 권유한 자
- 언론, 예술, 학교, 종교, 문학 기타 각종 문화 기관을 통하여 일제 통치를 찬양하고, 독립(민족해방)운동을 방해하고, 내선 융화, 황민화 운동을 추진시키고, 일제 전쟁에 협력한 자
- 일제 전쟁을 돕는 군수품을 생산하고 자원을 제공한 자 및 거액의 금품과 비행기 등을 헌납한 자
- 일본 정부, 일본 군부, 조선총독부로부터 포상 또는 훈공을 받은 자
- 일제 통치 기구의 각종 단체의 간부와 직원5

위의 7개항의 내용을 임혜봉은 친일승려들에게 적용시켰다. 임혜봉은 이 기준에 의거하여 108명의 승려를 친일파로 단정하였다. 그는 108명을 다음과 같은 기준에서 분류하였다.

1장	일제 초의 친일승려들
2장	중일전쟁기 본산 주지들의 친일 행적
3장	말사 주지와 포교사의 친일 행적
	1절　친일행적이 다대한 주요 친일 승려들
	2절　매스컴에 보도된 극성스러운 친일 승려들
4장	불교 언론계와 학계의 친일 승려들
5장	중앙교무원과 총본산의 친일 승려들

5　임혜봉, 『친일파 108인』, 청년사, 2005, p. 10.

이와 같은 기준에서 친일승려들을 지목하여 분석, 서술하였다. 그 명단에는 본 고찰의 대상인 김구하뿐만 아니라 이종욱, 최범술, 김동화, 허영호, 김영수, 박영희 등도 포함되었다. 그러나 그 당시 불교계에서는 반발, 이의 제기가 미약하였다. 불교언론에서 보도되지도 않았고, 불교계 구성원은 관심도 없었다.

그런데 2007년 정부(노무현 정권)가 주도한 '친일반민족행위 진상규명위원회(2005. 5. 31 설립)'에서는 친일파 선정 작업을 하였다. 위의 위원회를 출범시킨 '일제 강점하 반민족행위 진상규명에 관한 특별법(2004. 3. 22 공포)'에서는 '친일반민족행위'의 정의를 20개조로 나누어 설명하였다. 그중 친일 승려들은 13조, 20조에 주로 해당되었다. 그는 사회 · 문화 기관이나 단체를 통하여 식민통치나 침략전쟁에 적극 협력한 행위, 민족문화 파괴 · 말살과 문화유산의 훼손 반출에 적극 협력한 행위이었다. 이런 논리에서 진상 규명위원회는 2009년 11월 최종적으로 1,006명을 친일반민족 행위자를 발표하였는데, 9명의 승려를 친일 대상자로 선정하였다. 그 9명은 권상로, 김태흡, 박윤진, 이종욱, 허영호, 강대련, 곽법경, 이회광, 김용곡 등이었다.[7] 2009년 민족문제연구소는 『친일인명사전』 3권을 발간하였는데, 『친일인명사

---

6 위의 책, 차례.
7 1차로 선정된 대상은 이종욱, 허영호, 이회광, 권상로, 김태흡이었다. 2002년에 민족정기를 세우는 국회의원 모임이 처음 친일파를 선정하여 발표하였는데, 불교계 일부 언론에서만 문제점을 지적하는 보도가 있었다. 이만섭, 「친일불교 인사 선정 논란」, 『주간불교』 2002. 3. 7.

전』에서는 친일승려로 54명을 최종 등재하였다.[8] 김구하와 최범술은 친일승려 검토 과정에서 선정되었으나 문도와 후손의 강력한 이의 제기, 자료 제출로 명단에서 제외되었다. 그러면 여기에서 필자가 지켜본, 관여된 내용을 역사 증언을 남긴다는 차원에서 요약하여 제시하겠다.

이종욱

독립유공자(3·1운동, 임시정부)

일제하의 종무총장, 월정사 주지

- 조계종 총무원에서 진상규명위원회에 재심의 요청 공문 발송
 (2009.9.7)

  후손(이재창 동국대 교수), 지관 스님(총무원장), 보선 스님(문도, 대흥사), 김광식(동국대), 박희승(조계종) 등 조계종에서 협의

- 규명위원회 방문 항의(보선 스님, 김광식, 박희승)

 공문에 이의신청서, 「반박문」(집필, 김광식),[9] 자료 첨부

- 규명위원회, 이의신청을 기각(2009.10.16)

---

8 『법보신문』 2008.4.30, 「불교계 친일 인사 54명 공개」. 그 대상자는 강대련, 강성인, 곽기종, 곽법경, 권상로, 김경림, 김경주, 김동화, 김법룡, 김삼도, 김영수, 김영호, 김용곡, 김재홍, 김정섭, 김정해, 김지순, 김진월, 김청암, 김탄월, 김태흡, 김한송, 박대륜, 박도수, 박병운, 박영희, 박원찬, 박윤진, 박찬범, 변설호, 손계조, 신윤영, 신태호, 유재환, 윤상범, 이덕진, 이동석, 이명교, 이보담, 이석두, 이종욱, 이태준, 이혼성, 이회광, 임석진, 장도환, 정병헌, 정창윤, 정충의, 차상명, 최취허, 허영호, 홍태욱, 황벽응 등 54명이다.

9 그 목차는 다음과 같다. 시작하는 말, 지암의 항일 독립운동, 위원회의 잘못된 역사 해석과 과도한 행정행위의 지적, 독립운동가의 증언·판단·지성을 무시하는 위원회의 편향성, 일제말기까지의 지암의 항일운동을 인정하는 불교계의 증언 사료들. 공문과 반박문의 사본은 조계종 중앙기록관에 보관되어 있다.

- 소송은 하지 않음[10]
- 국무회의에서 서훈을 취소(2010)
- 문도회, 국립묘지에서 사리 수습, 대흥사로 이전(2011)

  학술세미나(2007. 4. 13) 개최[11]

  책 발간(박희승, 『지암 이종욱』, 조계종출판사, 2011)

허영호

독립유공자(3·1운동, 납북)

만당 당원, 중앙불전 학감, 종정 사서

- 후손 ; 행정심판 제기(2011)

  1심(2011)과 2심(2012)은 승소, 대법원에서 파기 환송, 최종 패소(2013)[12]

  김광식은 이의신청서[13] 작성 후손에게 제공, 소송에 첨부
- 서훈 취소
- 만해학회, 「만해와 허영호」 학술 세미나 개최(2015. 7)[14]

---

10 이종욱의 아들인 이재창은 소송을 해봐야, 주어진 틀에서 진행될 것으로 보기에 무망하다고 필자에게 개진하였다.

11 지암불교문화재단이 주최하였는데, 조계종 국제회의장에서 개최되었다. 『법보신문』 2007. 4. 25, 「지암불교재단 '이종욱' 독립운동 학술대회 개최」.

12 『연합뉴스』 2015. 6. 9, 「'친일행적' 독립운동가 허영호선생 서훈 취소 적법」. 허영호 사건은 2013년 3월 14일 대법원에서 2심 판결을 파기하고, 서울고법으로 환송했다. 그러자 고법은 2013년 10월 1일에 제1심 판결을 취소하는 판결을 했다.

13 그 문건 제목은 「허영호, 독립유공자 배제 처분에 대한 이의」(10면)이었다.

14 『만해학보』 14·15합호(2015)에 특집논문 6편이 게재되었다. 후손(허영선)의 후원이 있었는데, 허영호의 친일논란을 잠재우고 싶은 의도가 있었다.

최범술

독립유공자(3 · 1운동)

만당 당원, 다솔사 주지

- MBC PD수첩(2004. 3. 2)에서 친일승려라고 주장(임혜봉)

  민족문제연구소, 친일승려로 검토(2005)

  『친일파 108인』(2005), 친일승려로 지목

  친일반민족진상규명위원회에서는 친일 대상자로 선정치 않음

- 후손, 제자(김상현, 목우 스님) 이의 제기

  김상현, 「효당 최범술의 독립운동」 기고(『동국사학』 40, 2004)[15]

- 학술 세미나 개최, 여론 환기[16]

  효당 최범술 추모 학술대회(조계사, 2006. 8. 15)

  김상현,[17] 김광식[18] 등 발제

- 민족문제연구소, 친일승려에서 제외(2008)

- 후손, 임혜봉을 명예훼손으로 검찰청 고소 제기(2005)

  김광식, 효당은 친일행적이 없다는 소견서를 재판부 제출(2009, 공증)

  대법원에서 상고 기각(2010, 표현 자유, 명분)

  『효당 최범술 문집』(전 3권)을 발간(민족사, 2013)

---

15 『법보신문』 2005. 3. 7, 「김상현 교수, '효당 친일론' 논박」.
16 효당사상연구회를 발족시키고, 언론에 부당성을 호소하였다.
17 『금강신문』 2006. 8. 16, 「효당 최범술 스님은 변절한적 없다, 8월 15일 열린 추모 학술대회서 김상현 교수 주장」.
18 필자의 최범술 고찰은 다음과 같다.
　김광식, 「만해와 최범술, 그리고 다솔사」, 『우리가 만난 한용운』, 참글세상, 2010. 김광식, 「卍黨과 효당 최범술」, 『민족불교의 이상과 현실』, 도피안사, 2007. 김광식, 「다솔사와 항일비밀결사 만당」, 『불교연구』 48, 2018. 김광식, 「다솔사 안거법회(1939), 개요와 성격」, 『퇴계학논집』 24, 2019.

이렇듯이 관련 문도, 후손은 친일승려로 지목당한 것을 극복하기 위해 다양한 노력을 기울였다. 그러나 일부 승려들의 문도들은 전혀 움직이지 않고 수용하였다.[19] 그러면 여기에서 독립운동의 행적을 갖고 있는 승려들의 문도·후손들이 국가유공자로 만들려는 행보가 있었음을 소개한다. 항일의 노선을 간 승려들의 공적을 국가로부터 평가받고, 역사에 남기려는 행보이었다.

오성월
승려독립선언서 서명, 임시정부에 독립자금 제공[20]

범어사 주지, 선학원 이사장

- 후손, 민원 신청

　명정학교(범어사 경영) 교사 협조

송만공
한용운에게 독립자금 전달, 조선총독 경책 사건(1937)

간월암 독립발원 천일기도(1942~1945)[21]

수덕사 조실, 선학원 설립 및 운영

- 수덕사(경허·만공선양회), 학술대회 3회 개최

19　독립유공자였던 대흥사 주지인 박영희, 범어사 주지인 차상명도 서훈이 취소되었다. 『한겨레』 2010. 12. 10, 「독립유공자 19명 서훈 취소」. 이들 연고자는 이의제기를 하지 않았다. 김광식, 「박영희의 독립운동과 민족불교」, 『대각사상』 25, 2016.

20　김광식, 「오성월의 삶에 투영된 선과 민족의식」, 『불교와 국가』, 국학자료원, 2013.

21　김광식, 「만공의 정신사와 총독부에서의 '선기발로'(1937) 사건」, 『향토서울』 91, 2015. 김광식, 「만공의 민족운동과 유교법회·간월암 기도」, 『한국민족운동사연구』 89, 2016. 김광식, 「만공·만해·김구의 독립운동 루트」, 『대각사상』 31, 2019.

대전보훈지청에 민원 공문, 수차례 발송

김광식, 「만공 스님 독립운동 요지」 등 기초자료 제공

박한영

임제종운동, 한성임시정부 수립

구암사 강원 강주, 중앙불전 교장

- 선운사, 민원 제기

김순석, 「박한영의 항일활동과 서훈문제」 발표(2011. 9. 25. 선운사)[22]

김어수

불교청년(범어사), 항일 비밀결사 주도, 수감(6개월)

- 후손 · 제자, 민원 제기

김광식, 의견서를 후손에게 제공, 국가보훈처 제출

현재 국가보훈처에 불교와 유관한 인물로 국가 유공자로 등록된 대상은 110명에 달한다.[23] 위에서 제기한 승려 이외에도 자료 부족, 후손 및 문도의 미약으로 독립운동 공적은 있으나 포상을 받지 못한 대상이 다수 있다. 이 방면의 연구가 활성화되고, 불교계의 의식 고양으로 정당한 평가를 받기를 기대한다.

---

22 선운사 주관 세미나에서 발표하였다.
23 김성연, 「독립유공자 현황으로 본 불교계 독립운동 양상」, 『불교평론』 77, 2019.

Ⅲ. 구하의 독립운동 자료

　구하의 독립운동 행적은 인정되고, 친일승려에서 제외되었던 전후 사정을 역사적인 근거에서 정리하고자 한다. 주지하는 바와 같이 구하는 일제하 불교에서 독립운동, 민족운동의 행보를 갔다. 그러나 통도사 주지와 종단 대표를 역임하였기에 불가피한 우호성의 행보를 보여주기도 하였다. 그러나 이런 행적, 의식에 대한 자료수집, 분석, 연구가 희박하였기에 구하에 대한 단정적인 설명, 서술은 매우 난감한 문제이었다.

　그러면 언제부터 구하에 대한 논란이 시작되었는가? 이에 그 진실의 속으로 들어가 보겠다. 8·15해방 공간에서 구하의 친일 논란, 통도사 공금 유용에 대한 문제는 공적인 사실로 제기되지 않았다. 다만 해방직후 통도사 대웅전에서 구하는 대중들에게 설명하였다고 전한다.[24] 그러나 그에 대한 세부적인 내용은 알 수 없다. 그런데 그가 1949년부터 총무원장의 소임을 역임하다가 그만 둔, 6·25전쟁 기간의 통도사에 있을 때에 문제가 나왔다. 왜 하필 그런 문제가 그 시점에서 제기되었는가에 대한 전후사정은 단정할 수 없다.

　하여튼, 구하 그는 1952년 6월에 그가 행한 통도사 자금 유용 및 독립자금 제공에 대한 전후사정, 그리고 그가 독립자금으로 투입한

---

24 『축산문집』, 통도사, 1989, p.629.

비용을 돌려달라는 내용을 자필로 작성하였다. 그는 그 문건을 「진정서」, 「반환 청구서 이유」 등으로 제목을 달았고, 통도사 종무소에 제출하였다. 이와 같은 문서는 통도사에 보관되어 있었다.[25]

그러면 언제 이 문서가 세상에 공개되었는가? 구하는 1965년 10월에 입적하였다. 기이한 것은 그가 입적하기 직전 서울에서 삼보학회가 주관한 『한국불교최근백년사』 편찬 사업이 시작되었다.[26] 즉 1965년 5월부터 기획이 본격화되었고, 그해 12월에 『대한불교』에 社告로 사업이 공개되었다. 그래서 그해 겨울부터 각 지방의 사찰로 가서 자료 수집을 시작하였다. 통도사로 자료 수집을 간 팀은 정광호·배종규 팀이었다. 정광호가 팀장 역할을 하였는데, 그는 서울대 사학과를 졸업하고 고려대 대학원에서 석사과정을 이수하였던 사학자였다. 정광호가 통도사에서 수집한 자료에 구하의 그 자료가 포함되었고, 백년사의 가리방본(원고)에 수록되었다. 그런데 백년사 편찬 사업은 1970년 7월에 중단되었고, 그 이후에도 정식 출판되지는 못하였다. 출간되지 못한 사정에 구하의 문제가 개입되었고, 그를 문제로 삼은 인물은 구하의 법상좌인 월하였다. 이에 대한 전후 사정은 필자의 논문에서 자세히 정리하였다.[27] 그를 간략히 요약하면 다음과 같다. 삼보학회가 추진한 백년사 편찬의 성과물에 통도사(주지 박원찬)가 일제에게 군용기를 헌납한 사실이 포함되었다.[28] 이를 알게 된 월하는 왜

---

25 보관 장소는 알 수 없다.

26 김광식, 「삼보학회의 '한국불교최근백년사' 편찬 시말」, 『근현대불교의 재조명』, 민족사, 2000.

27 위의 책, pp. 579-581.

28 통도사가 1대, 경남 지역의 사찰과 신도가 연합하여 1대를 헌납하였다.

그런 내용을 포함시켰는가에 문제를 제기하였다. 즉 그런 내용으로 인해 자신의 은사인 구하가 친일파로 불리울 수 있다는 강력한 이의가 있었다는 것이다.

마침내 편찬 사업을 물심양면으로 많은 지원을 한 이한상(당시 대한불교 사장, 대한전척 사장)은 작업을 중단하였다. 당신은 불교발전을 위해 하였는데, 오히려 반발을 받자 출판 직전에 사업을 중단시켰다. 그러면 이와 같은 전후사정을 이해한 전제에서 백년사 가리방본에 수록된 전문을 제시하겠다.

1919, 3·1운동 이후 통도사에서 독립운동 자금 유출됨. 이 독립운동 자금 문제에 대하여 당시 주지로 있던 金九河 화상이 1952. 8. 17日字로 寺中에 친필 陳情書를 제출한 것이 있는데 이것을 그대로 옮기면 다음과 같다.

陳情書

본인이 년15세에 入山하여 于今 81년이라. 그간 학업에도 幾年間 光陰을 보냈지마는 本寺 明新學校 창립으로 26년간 無給으로 勤勞하였고 住持任도 14년간 薄之無給으로 근무하였고 그 후로도 不顧私而但爲公 經過가 于今 66년이라 소유재산은 囊無一錢이오 甌無貯栗이라. 年當 81에 四大가 쇠약하고 兼爲耳聾하니 可謂 魂不散之死人이라. 崔住持 취임 후 3차 진정하였더니 그 답이 매년 師佐佛粮과 需用費 每個月 10萬円씩 衆論決議하였다 하기 垣垣信之安心하였드니 今已 佛粮米는 禪粮에 幷食케 되니 近九老身으로 일체 행동이 精進 首座와 幷同치 못하니 何敢禪粮에 參席乎아. 此 請求도 대단 미안하오나 木石不接으로 할 수 없어 百計一事로 如此請求하니 不顧人事體面하시고 居山 數十年에 爲寺而居타가 老境에 移他도 不思之事이오 寺의 체면도 박약이오니 衆論一致로 可決하여 주시기 伏祝 伏望하니이다.

佛紀二九七九年 六月 二七日

聾老 九河 謹識

教務院 僉德
大 衆 座 下

返還 請求書 理由

一金 一億九千九百五十萬五千三百圓也. 右는 去己未年 3·1 사변에 本人이 通度寺 住持 재직중 運動 기밀비로 用한 것이 一萬三千圓인 바 右寺 僧侶中 反動分子 등이 日本 司法官廳 思想犯으로 고소하여 徵出한 바.

金海 大地面 本人의 소유토지 沓 4,500坪

梁山 下北面 本人의 소유토지 畓 2,000坪

計 6,500坪 現時價 每坪 3,000圓

自己未年 至己丑年까지 30년간 每年 元口料 30石씩 計 900石 現時價 二十萬圓

當時 殖産銀行 借金 二千圓(30년간 本利竝).

檀紀 四二八四年 十一月中 계산이 一億九千九百五十萬五千三百圓也.

檀紀 四二八五年 八월 十七日

通度寺住持 及 職司與敎務員 僉衆

證

一金 5,000円 安昌鎬 國務總理時 上海서 送人持去

一金 2,000円 白最勝(初月) 京城서 革新公報社長時 持去

一金 3,000円 李鍾郁 軍資金收集 送人持去

一金 1,000円 鄭寅燮 獨立運動 卽接持去

一金 500円   吳利山 上海去時 梵魚寺와 공동보조

一金 500円   張載輪 獨立運動 卽接持去 東來

一金 500円   辛定欽 獨立運動 卽接持去 通度

一金 300円   金包光 上海去時 路費로 給 京城

一金 100円   鄭 鐸 獨立運動 參如時持去 通度

一金 100円   梁萬佑 同時 觀光 持去

『通度寺 會議錄綴』[29]

이상과 같은 문건의 내용을 필자의 관점으로 요약하여 제시하겠
다. 우선 첫 번째로 주목할 것은 구하는 당신이 통도사로 입산하여
81살이 되던 그때까지 66년간 공심, 헌신으로 살아 왔기에 1952년
그 당시에 개인 재산이 일절 없었다고 한 점이다. 예전 불교계에는
自備糧 제도라 하여 모든 승려들은 자기의 식량을 자기가 부담하는
제도가 있었다. 때문에 공직과 소임을 맡은 승려들은 해당 소임비로
그를 해결하지만 그렇지 못한 승려들은 각자가 자기의 식량, 용돈을
충당해야만 되었다. 그래서 구하는 자신이 일절 재산이 없어 생존을
위협받고 있었다고 주장하였다. 다음 두 번째는 구하는 통도사 당국
에 진정을 3차례나 한 결과로 師佐佛糧米와 需用費로 매달 10만 원
을 받기로 하였다는 것이다. 그러나 그 집행이 정상적으로 안 되었기
에 재차 진정을 하였다. 세 번째는 구하는 1952년 시가로 자신이 통
도사에서 받을 금액을 199,505,300원으로 제시하였다. 이는 3·1운동
직후의 독립자금 기밀비와 그 이후 30년간의 이자 등을 합산한 것이
다. 네 번째는 구하가 독립자금으로 쓴 내역을 상세하게 제시하였다
는 것이다. 10건(안창호, 이종욱, 백초월, 김포광, 오리산 등)에 이르는 세부
내역의 금액, 수취인, 장소 등을 구체적으로 밝혔다.

그런데 이런 내용이 백년사 가리방본에 포함되었지만, 그 책은 출

---

29 『韓國佛教最近百年史編年』제1권, 민족사, 1987, 「5. 사회참여」, pp. 35-36.

간되지 못하였기에 이 내용은 외부에 전혀 알려지지 않았다. 가리방본 백년사는 1987년 5월, 도서출판 민족사에서 영인본으로 제작되어 보급되었다. 이는 목정배(동국대) 교수가 보관하였던 것을 홍사성(불교신문사)의 권유에 의해 영인한 것이다. 그래서 일부 학자들은 그 내용을 접하였을 가능성은 있었다. 그러나 그 당시에는 근현대 불교에 대한 관심이 희박하였기에, 구하의 독립운동에 대한 내용은 연구 대상이 되지 못하였다.

한편, 통도사의 구하 문도들은 1972년에 『靈鷲文集』을 발간하였다. 그러나 이 문집은 널리 보급되지 못하였다. 필자도 열람하지 못하였다.[30] 그후 1998년 구하문도는 예전의 문집을 보완하고, 대중을 위한 번역 작업까지 하여 『靈鷲文集』을 출간하였다. 이때에는 『金剛山觀賞錄』까지 함께 펴냈다. 그 때에 『영축문집』을 기획한 장충식(동국대) 교수는 그 책의 말미에 「靈鷲山의 큰 별 九河 스님」이라는 행장을 서술하여 기고하였다. 그 내용에 본 고찰과 유관한 것이 있다. 그를 제시하면 다음과 같다.

스님의 對 社會的 기능 가운데 가장 두드러진 양면성은 여러 차례에 걸쳐 상해 임시정부에 군자금을 보내어 일본 경찰의 감시를 받았는데, 이를 무마하기 위하여 거짓 親日을 하기도 하셨던 점이다. 특히 당시 白山商會 安熙濟에게 거액의 독립자금을 주셨고, 그 외에도 白初月, 金尙昊, 梁大應을 비롯하

---

30 동국대 중앙도서관에도 없다.

여 동래의 鄭某 등 여러 사람들에게 수차례에 걸쳐 독립자금을 전달하셨으며 그 내용은 鉢盂의 설포 전대를 뒤집어 소상하게 기록해 두셨다. 그러나 해방직전 일제의 압박이 더욱 극심해지면서 유수한 이들의 책과 사물을 조사한다 하여 제자 月下 스님은 노스님에 관한 많은 자료를 불태우고 말았으니 이는 참으로 애석한 일이다.

또한 훗날 알게 된 일이지만, 이때 사용된 군자금 가운데는 상당액의 사중 자금이 유입됨으로써 주지직을 사임하지 못하고 무려 15년 동안이나 유지하기도 하셨다. 이 일에 대해서는 이후 김해에 있던 스님의 私田 30여여 마지기를 팔아 충당하였다고 하는 이야기를 광복 다음해에 스님이 대웅전에서 대중 앞에 직접 밝힌 일화는 유명하다.[31]

이와 같은 내용에서 필자가 주목하는 대목은 다음과 같다. 첫째, 구하의 독립운동 자금 지원은 통도사 승려들에게는 보편적인 사실이라는 점이다. 둘째, 구하는 자신이 독립운동 자금으로 제공한 내용을 발우 전대에 기록했다. 그런데 일제 말기,[32] 이를 위험스럽게 여긴 상좌인 월하가 소각하였다. 셋째, 구하의 독립운동 자금에는 통도사의 공적인 재원이 투입되었다. 그래서 구하는 자신의 김해 토지(30여 마지기)를 팔아 충당하였다. 넷째, 구하는 자신이 실행한 독립자금의 비

---

31 『鷲山文集』, 영축총림 통도사, 1998, pp.628-629.
32 그 시점에 대한 증거는 부재하다.

사를 1946년, 통도사 대웅전에서 대중에게 직접 설명하였다는 것이다.[33] 이 내용은 장충식의 서술에서 처음 나온 것이다. 다섯째, 장충식은 문집의 기획을 하고 이 글을 쓰면서 통도사에 보관된 '구하 문

---

[33] 이에 대한 내용은 보완되어야 한다. 통도사 스님들에게서 증언을 청취해야 한다. 이에 관련하여 성파 스님(현, 대한불교조계종 종정)이 필자에게 증언한 다음 내용은 주목할 내용이다. 이는 『삼소굴 법향』, 2020, pp.179-181에 나온다. 그런데 성파는 2021년 10월 28일, 동국대에서 세미나(구하와 한암)의 치사 발언에서 아래의 발언은 양산 향토사학자가 김철수에게 들은 것을 자신에게 전해준 것이라고 증언했다.
- 통도사에 만해 스님의 이야기가 많은 것은 통도사 스님들의 민족의식을 가늠하는 기준이 될 것입니다.
하여간에 만해 스님이 통도사에 오신 것은 구하 스님이 오시라고 해서 오신 택인데, 만해 스님이 그냥 가시니깐 구하 스님이 매우 섭섭하셨을거야. 그리고 이것은 내가 추정하는 것인데 내 짐작에 구하 스님이 심우장을 마련해주지 않았나 하는 생각을 해 봤어. 그러나 어떤 근거는 없어요. 김용호를 통해서 계속 용돈을 보낸 것을 보면 그런 추정을 해 보았던 것이지.
만해 스님은 땔거리가 부족할 정도로 어려웠대요. 그 당시 한용운은 호적이 없어서, 맞아 죽어도 살인이 아니라고 했대. 그 분은 창씨개명도 안 한 분 아냐? 통도사 안양암에 있다가 당신 때문에 대중들이 불편하다고 하면서 그냥 심우장으로 가신 것이지. 구하 스님과 만해 스님은 노선은 극과 극으로 달라. 구하 스님은 친일이라는 말을 들었고, 만해 스님은 반일이라는 말을 들었지. 그러나 두 스님은 서로 통하였던 것이 있었지. 그러나 구하 스님의 친일은 외형적이고 실질적으로는 군자금도 대고, 상해 임정을 후원하셨던 분이지.
- 구하 스님은 승려 독립선언서에 '김축산'으로 나오는 독립운동을 하신 분입니다.
해방이 되고 나서 건국이 바로 안 되고 미군정이 들어 섰어. 해방 직후에 건국준비위원회라는 것이 전국 각지에 세워졌어. 그때에 건준의 경남지부가 부산에서 결성이 된거라. 그래서 결성을 하는 날에 부산에 김구선생이 내려 와서 지부 결성을 하는 데 지부장으로 김철수라는 지식인이 추대됐어. 이 사람은 부자집 아들인데 일본 유학도 갔다 오고, 반일운동을 하던 사람이야. 그러니까 지부장으로 적임자이기에 추대된 것이지.
그리고 결성식이 끝난 다음에 대한청년단 단원들이 웅성 웅성 하드래. 그 시절에는 무정부 시대이라, 치안과 경찰이 없을 때입니다. 그래 김구 선생이 왜 그러느냐고 물었더니, 청년단 단원이 하는 말이 "이제 통도사로 가서 김구하를 때려 죽이려 간다"는 거야. 그래서 몽둥이를 들고 웅성웅성 한거야. 그러자 김구가 나서서 "김구하 스님은 우리 동지인데" 그랬대. 김구선생은 그 때에 국부(國父)와 같은 존재로 김구의 말이 법인데, 그런 김구가 입으로 '우리 동지'인데 그렇게 말하자 청년단의 시도가 유야무야, 취소된거야. 그런 일이 있었어. 이것은 반드시 기록이 되어야 돼. 반드시 써야 돼. 구하 스님이 그렇게 된 것은 여기 양산 출신으로 윤현진이란 사람이 상해 임정의 재무부장인가 차장인가를 했어요. 구하 스님이 임정에서 온 사람에게 돈을 보내면 이 사람에게 들어가고, 윤현진은 김구 선생에게 보고하였겠지. 그러니 상해 임정의 간부들만 아는거라. 비밀로 보낸 군자금은 일반인들은 모르는거라. 김구선생이 구하 스님을 우리 동지라고 그랬대. 이 말은 오늘 처음으로 나온거야. 김교수가 자꾸 물으니깐 나오 것이지. 그래 가지고 그 이후로 구하 스님이 별 탈이 없었어. 구하 스님이 해방공간 때에 친일파 명단에서 빠진 것도 이런 것이 있었기에 그리 된거라. 김구 선생의 발언 때문에, 그 바람에 잔잔한거라.

건'의 존재를 알았을까 하는 점이다. 이는 단언할 수 없다. [34]

　지금까지 구하가 독립운동에 자금을 지원하였음을 보여주는 자료의 작성, 보관에 대하여 살펴보았다. 그러나 이 자료는 1998년 이전에는 통도사에 보관만 되었고,『영축문집』에서 설명되었을 뿐이었다.『한국불교최근백년사』(1970, 1987)에도 포함되었지만 일반 대중, 연구자들도 잘 알지 못하였다.

34　필자는 그 존재를 몰랐을 것이라고 본다.

IV. 구하의 독립운동 자료, 대중화

구하가 독립운동 자금을 지원하였다는 내용을 본격적으로 알려지게 만든 인물은 강석주, 박경훈, 정광호이다. 강석주는 1979년의『중앙일보』에「남기고 싶은 이야기들」을 연재하였다. 강석주가 구술로 회고하면, 관련 자료를 보고 거기에 살을 붙인 인물이 박경훈이다. 연재를 마치고, 강석주와 박경훈은 공동으로『불교근세백년』(중앙신서, 1980)을 펴냈다. 그 책의 김구하 스님 파트에[35] 구하의 독립자금 지원 내용이 나왔다. 이것이 최초의 학술적인 서술이었다.

정광호는 삼보학회 연구간사로『한국불교최근백년사』의 자료수집, 편집, 출간을 담당한 실무자였다. 그는 통도사에서 구하 독립운동의 문건을 열람하고, 그를 옮겨 적어 백년사에 포함시켰다. 그는 불교신문의 기획위원 겸 기자로 있다가, 인하대 사학과의 교수로 근무하면서 근현대불교의 연구를 개척하였다. 구하 독립자금의 사실을 자신의 논고에 간략하게 서술하였다.[36]

정광호는 1999년 인하대에서 정년을 맞았는데, 이때 그는 자신의 정년을 기념하는 자료집을 출간하였다. 그 책은『韓國佛敎最近百年史編年』(인하대출판부, 1999.8.30)이었다. 그는 책의 머리말에서 그 책은

---

35 『불교근세백년』, 중앙일보 동양방송, 1980, pp. 181-187.
36 정광호,「일본 침략시기 불교계의 민족의식」,『윤병석교수화갑기념 한국근대사논총』, 지식산업사, 1990. 정광호,『근대한일불교관계사연구』, 인하대출판부, 1994, p. 129.

1965년에 시작된『자료집성 한국불교최근 백년사』라는 초고 형식의 프린트본을 기본으로 하였음을 밝혔다. 그런데 그 책의 사회참여 파트에 전장에서 소개한 즉 통도사 회의록철에서 발췌된 구하의 독립운동 자금 문건 내용을 재수록하였다.[37] 이로써 구하의 독립운동 지원은 자료에 근거한 역사적 사실로 대중화가 되었다. 이때부터 근현대 불교 연구자들에게는 보편적인 역사로 수용되었다.

한편, 필자는 1992년부터 근현대 불교를 연구하면서 정광호를 알게 되었다. 정광호의 저서를 구해 읽으면서 구하의 내용도 파악하였다. 그러면서『한국불교최근백년사』의 중요성을 파악하였다. 백년사의 기획, 자료수집, 편집, 중단에 이르렀던 일련의 과정이 한국 현대 불교사에서 반드시 규명되어야 함을 인식하였다. 그래서 필자는 그에 대한 자료, 보도기사, 증언 등을 수집하여「삼보학회의 '한국불교최근백년사' 편찬 시말」이라는 논고를 집필하였다. 필자는 이 논고를 정광호가 재직하였던 인하대 사학과의 학회지인『인하사학』7집 (1999)에 기고하였다. 이런 연유로 인해 필자는 구하의 독립운동 지원 사실, 그리고 백년사 발간 중단에 구하의 '친일논란'이 개입되었음을 알게 되었다. 그래서 언제인가 기회가 되면 그 전후 사정을 연구하겠다는 생각은 하였다. 그러나 필자의 게으름, 인연이 오지 않음으로 인해 20년이 지난 오늘에서야 '구하 연구'를 하게 되었다.

구하의 독립운동에 대한 본격적인 연구는 2004년 12월 19일, 통도사에서 열린 월하 스님 1주기 추모 학술세미나, '통도사 현대고승의

---

37 정광호,『韓國佛教最近百年史編年』, 인하대출판부, 1999, pp. 241-242.

재조명'에서 시작되었다. 한동민(수원시 전문위원)은 그 행사에서 「근대 시기 통도사의 변화와 김구하 스님의 활동」이라는 논고를 발표하였다. [38] 그 행사의 보도기사에 나온 내용을 제시한다.

통도사 구하 스님이 일제 때 독립운동 자금을 비밀리에 지원했다는 사실이 속속 밝혀지고 있다. 구하 스님은 일제 때 대찰 주지를 지내면서도 비밀리에 독립자금을 지원, 이 때문에 통도사 소유의 전답 상당량을 매각할 수밖에 없었다. 이 때문에 당시 통도사 사중 일부가 반발하기도 한 것으로 전해졌다. 한동민 수원시 전문위원은 지난 19일 통도사에서 열린 월하 스님 1주기 추모 학술세미나에서 '근대시기 통도사의 변화와 김구하 스님의 활동'이라는 논문에서 "구하 스님이 독립운동 자금으로 1,300만원을 비밀리에 지원했다는 것이 논란의 여지로 남아있는데, 1951년 통도사 주지와 소임자들에게 제출한 진정서에 따르면 독립운동 자금으로 1,300만원이 지출되었고 당시 김해 및 양산의 토지 6,500평을 처분하여 변제했다는 구하 스님의 진술은 관련 자료는 없지만 개연성이 충분하다."고 주장했다. 독립운동 기밀비는 ▲안창호 선생이 임시 정부 국무총리 재직 시 5,000엔 ▲백초월 스님 경성서 혁신공보 사장 시절 2,000엔 ▲이종욱 당시 종무원장이 군자금 수집 때 3,000엔 ▲온천에서 독립운동가 장인섭에게 1,000엔 ▲범어사와 공동으로 상해에서 500엔 ▲동래에서 독립운동가

---

38 필자는 그 세미나에서 '월하의 불교정화운동'을 발표하였다.

장재륜에게 500엔 ▲통도사에서 독립운동가 신정흔에게 500엔 ▲김포광에게 300엔 ▲정탁의 독립운동 참여에 100엔 ▲양만우에게 100엔 등이다. 이에 대해 지금까지는 구하 스님으로부터 받았다는 사람의 진술이나 기록이 없는 점, 확인 자료가 없는 점, 독립운동 자금의 제공 시점과 진술 시점에 격차가 많다는 점 등을 들어 신빙성을 두지 않았다. 이에 대해 한동민 위원은 "10명에 대한 정확한 기억과 진술의 일관성은 단순 조작으로 치부하기에는 개연성이 충분하다."고 주장했다. 그는 또 "근래 경봉 스님의 유품을 정리하는 과정에서 이와 거의 비슷한 내용의 자필원고가 나왔는데 약간의 문구 차이만 있을 뿐 10명에 대한 독립운동 지원금 액수도 일치한다."고 덧붙였다. 이에 대해 성파 스님도 "당시 상해 임시정부 재무부장이 양산 사람이어서 스님과 그 재무부장 간에 비밀리에 독립자금을 건넸다."며 "당시 공개리에 자금을 댈 수 없는 상황을 면밀히 살펴야 할 것"이라고 말했다. 스님은 "주지 인사권을 갖고 있던 총독부가 자신들의 구미에 맞는 사람으로 주지를 교체하려고 시도했던 것을 보더라도 구하 스님의 항일 정신을 알 수 있다."고 말했다.[39]

위의 보도기사에 나오듯이 한동민은 구하의 독립운동 지원은 사실이라고 최초로 주장했다. 그러나 그는 "구하 스님의 진술은 관련 자료는 없지만 개연성이 충분하다."는 표현에 보이듯 새로운 자료의

---

39 『불교신문』 2004.12.24, 「구하 스님 비밀리 독립운동 지원, 한동민 씨 월하 스님 1주기 학술세미나서 주장」.

발굴은 하지 못하였고, 개연성으로 자신의 주장을 하였다.

구하의 독립운동에 대한 연구는 2005년 3·1절을 기해 통도사(주지 현문)가 구하 자료를 언론에 공개하면서 더욱 진일보 할 수 있는 여건이 되었다. 당시 그에 대한 보도기사를 제시한다.

조계종 총무원장을 역임한 구하 스님이 일제시대에 비밀리 독립운동자금 지원 사실을 증명하는 자료가 구하 스님 입적 40 주기를 맞아 처음으로 공개됐다.

통도사 주지 현문 스님이 24일 공개한 이 자료들은 통도사 주지였던 설우 스님이 주지직에서 은퇴한 구하(1872~1965) 스님에게 써준 독립자금 관련 영수증 5장과 안창호 선생 등 10명에게 자금을 지원한 사실을 나타내는 '사변시事變時(3.1운동을 지칭) 출금증' 등이다.

'중요문건重要文件'이라고 쓰인 종이에 조심스럽게 싸여진 이 문서는 구하 스님이 독립운동 기밀비로 총 1만 3천환을 내놓았음을 보여주고 있다. 특히 설우 스님이 구하 스님에게 1927년 써준 영수증들은 구하 스님의 재산을 모두 통도사에 내놓은 것처럼 꾸며 자신의 재산을 모두 독립운동자금으로 빼돌렸음을 증명하고 있다.

'사변시 출금증' 문건에는 ▲안창호 선생 임시정부 국무총리 재직시 5천환 ▲초월 스님 경성 혁신공보 사장 시절 2천환 ▲이종욱 당시 종무원장 군자금 수집 때 3천환 ▲온천서 독립운동가 장인섭에게 1천환 ▲범어사 공동으로 상해서 500환 ▲동래서 독립운동가 장래륜에게 500환 ▲통도사서 독립운동가 신정흔에게 500환 ▲김포광에게 500환 ▲정탁의 독립운동 참여에 100환 등의 독립자금 지원내역이 기록돼 있다.

이 같은 사실에 대해 현문 스님은 "구하 스님이 자신의 제사에 쓰고자 남겨놓은 김해·양산의 토지 6천 500평의 제위답을 모두 처분해 독립자금으로 내놓았다."며 "이 자료들은 2003년 11월 경 월하 스님의 유품을 정리하는 과정에서 발견된 것으로 최근 정치권을 중심으로 과거사 재평가 논란이 일어나고 있는데 다 곧 있으면 3.1절이라 자료를 공개하게 된 것"이라고 밝혔다.

스님은 또 "생전에 월하 스님이 왜 이 귀중한 자료를 내놓지 않았는지 알 수 없다."며 "이번 자료 공개는 스님의 친일행적에 대한 미화보다는 스님께서 열반하기 직전에 남기신 '절대 부의금을 받지 말라'는 등의 유훈을 놓고 볼 때도 스님이 결코 단순히 친일을 했다고 보기는 어렵다."고 덧붙였다. 40

위의 보도기사에 나온 주목할 내용을 몇 가지로 나누어 설명을 하겠다. 첫째, 구하 자료의 원본(이유서, 영수증, 출금증)이 언론에 최초로 공개되었다. 이 자료는 정광호가 1965년에 통도사에서 발굴한 것과는 별개의 자료이다. 둘째, 구하의 제자인 월하는 생전에 이 자료를 상좌에게 공개하지 않았다. 그의 입적 직후인 2003년 11월, 상좌들이 월하의 유품을 정리하는 과정에서 찾아낸 것이다. 그렇다면 여기

---

40 『현대불교』 2005. 2. 24, 「통도사, 구하 스님 입적 40주기 맞아 영수증 등 공개」.

에서 1965년 12월, 정광호는 월하를 면담하였는가에 대한 궁금증이 나온다. 혹은 정광호가 본 '통도사 회의록철'이라는 문건의 실체는 무엇인가에 대한 의문이 제기된다. 셋째, 공개된 자료에는 그 이전 정광호가 공개하였던 자료에 없었던 것이 있다. 그는 구하가 당신의 입장을 요약한 「理由」라는 문건과 독립자금 영수증(원본)이다. 그럼 여기에서 「이유」라는 문건의 전문을 제시한다.

理由

己未年 三一運動에 祕用件

通度寺 住持 在職中 同志하야 補助費用이 金壹萬參千圓也 其後 住持反對派 辛太晧 黃基祐 金元種 等이 日制時 司法官廳에 上海 臨時政府 送金하는 辭令書 受하얏다고 告訴하야 調査가 甚한中 答辯하기로 十數年 在職中 社交와 機密에 流用이지 절대 獨立事에 送金아니라고 변명하여 罪는 免하여스나 寺로서 金錢은 還推하얏다 僅僅免하고 蟄伏하고 잇다가 八月 十五日 解放後 大衆會席에 비로서 說明하고 寺金을 用한 貧道의 金徵出하야 還推하라하니 尙今不報告로

檀紀四二八四年 辛卯年에 計算하니 如左

總計 一億八千一百九十五萬五千三百圓也[41]

---

41 『1919 양산으로부터의 울림』, 양산시립박물관, 2019, p. 157.

위의 내용은 위에서 제시한 문건(정광호 발굴)에 나온 것과 거의 유사하다. 즉 1952년에 작성된「陳情書」,「返還 請求書 理由」를 쓰기 직전인 1951년에 솔직담백하게 관련 사실을 서술한 것이다. 1952년에 구하가 통도사 당국에 전후사정을 고백하고, 자신에게 적절한 보상을 요구하기 1년 전에 작성된 것이라 이해된다. 위의 문건 내용에서 흥미로운 것은 해방직후 구하가 통도사 대웅전에서 설명한 전후사정, 또 1951년까지 독립자금 유용 및 개인 재산 매각으로 충당한 금액을 보고치 않은 연유 등이다. 이런 점은 지속으로 탐구할 내용이다.

또한 관련 영수증은 후임 주지인 송설우가 구하에게 1927년에 써준 것이다. 영수증의 명목은 주지 인수인계 시 미해결금으로 하였다. 구하가 독립자금으로 유용한 것을 자신의 토지 매각을 통해 갚았음을 증명하는 것이다. 영수증은 총 4건이다.[42] 그를 알기 쉽게 제시하겠다.

> 1. 2천원
> 1927.6.7.
> 구하 친필 : 此이 皆三一運動에 所費된 것이라 名目을 붙일
> 수 없으니 如此히 한 것이라 金海 大地面 土地 28斗에 有畓爲
> 土地 十斗地는 寺納 日制時 警部告發하여 一萬三千円 삼일운
> 동 告訴한 것을 便便辨明하고 徵此인 바

---

42 5건으로 통도사에서 발표하였으나, 여타 1건은 1962년에 구하가 최진한에게 쓴 별도의 문건이다. 영수증 사본과 번역은『축산 구하 대종사 민족운동 사료집』상권, 통도사, 2008, pp. 258-267에 수록되었다.

2. 2천원

1927. 10. 30.

구하 친필 ; 此이 皆三一運動에 使用한 것이라. 名目을 붙일 수 없으니 如此히 한 것이라. 皆寺中入 一萬三千円을 大地面 土地 28斗는 畓爲○

3. 500원[43]

1927. 11. 20.

구하 친필 ; 此이 皆三一運動에 使用한 것이라. 名目을 붙일 수 없으니 如此히 한 것이라 此等分 日制時反動派들이 一萬三千円 運動 費用中 寺에 徵納條로 大地面 土地 28斗土地 畓爲法畓十斗地를 皆寺入

4. 154원

1927. 11. 20.

구하친필 ; 此이 皆三一運動에 使用한 것이라. 名目을 붙일 수 없으니 如此히 한 것이라 此外 金海大地面 土地 28斗地는 畓爲法畓十斗地를 皆寺入이 二重貨明此에 入이라.

위와 같은 영수증에서 주목할 것은 구하의 친필이다. 그 내용은 3·1운동 직후 독립자금 지원에 관련한 것인데, 해방이후 언제인가(?)

---

43 당시 돈 500원은 논 10여 마지기를 살 수 있었다고 전한다.

구하가 원본 영수증에 초서로 자신의 입장을 추가한 것이다. 송설우에게 써준 영수증 내용에 3·1운동 당시의 독립자금으로 기재할 수 없었다는 것이다. 이 측면이 핵심적인 내용으로 구하 독립운동을 말해주는 것이다. 구하가 자신의 토지(김해군 대지면, 28두지)를 매각하고, 받은 대금을 통도사에 납입하였음을 알게 해준다. 구하의 독립운동 자료는 일정한 한계가 있지만,[44] 구하 독립운동을 말해주는 사료로서 가치는 인정할 수 있다.

이와 같이 구하 독립운동을 결정적으로 입증하는 자료가 공개되었지만, 불교계 및 학계에서의 반응은 미미하였다. 자료집으로 출간되지 않았기에 연구의 자료로 활용되기에는 문제가 있었다. 그런데 구하에 대한 문제는 의외의 곳에서 시작되었다. 즉 전술한 국가의 친일반민족행위진상규명위원회에서 구하를 친일승려로[45] 지목하여 그 대상자에 포함시킨 사실이었다. 2007년 6월 규명위원회에서 통도사로 그 내용을 통지하자, 통도사에서는 구하의 독립운동 입증을 하여 구하가 친일승려가 아니라는 점을 입증하기 위해 노력하였다. 이는 당시 통도사 주지이었던 정우의 회고 글에서 찾을 수 있다.

2007년 6월 18일 '친일반민족 행위 진상 규명위원회'에서 구

---

44 그 자료가 구하의 보상 차원에서 제기되었다는 점, 그리고 그 출현시기에서도 문제점을 드러낸다.
45 규명위원회에서 통도사에 보낸 통지서에 나온 개요는 다음과 같다. 1911년 이래 대본산 통도사 주지로서 데라우치(寺內正毅) 총독과 면담하고 그 선정을 칭송하였고, 1916년 공개적으로 데라우치의 원수 승진 축하식을 거행하였으며, 1929년 사이토(齋藤實) 총독 부임 축하문을 보냄. 1917년 30본산연합사무소 위원장과 중앙학림 학장으로 취임하여 잡지 투고의 강연 등을 통해 천황을 찬양하였으며, 일본불교 시찰 중에 메이지 천황을 칭송하는 기자회견과 글을 투고하였음. 1926년 조선불교와 일본불교 임제종과 합병을 시도하여 조선불교를 일본불교에 예속시키고자 함.

하 대종사에 대해 '친일반민족행위 조사 대상자'로 선정되었다는 통지서를 보내오는 상황이 발생하였습니다. 그리고 이에 앞서 2005년 9월 29일 '민족문제연구소 친일인명사전 편찬위원회'에서 발표한 '친일인명사전 수록예정자 1차 명단'에 구하 대종사가 수록되어 있다는 것도 알게 되었습니다.

한 달의 이의신청 준비 기간 동안 통도사 스님들과 사적편찬실 연구원들이 수집한 사료들을 증빙자료로 첨부하여 친일위원회와 민족문제연구소에 수차 이의제기를 하였습니다. 그리하여 2008년 4월 29일 '민족문제연구소 친일인명사전 편찬위원회'에서 발표한 '친일인명사전 수록예정자 1차 명단'에서 구하 대종사의 이름이 제외되었고, 2008년 8월 14일 '친일반민족 행위 진상 규명위원회'에서도 "이의신청인의 이의 신청을 인용한다."는 결정 통지서를 받게 되면서 그간의 고심을 토해낼 수 있었습니다.[46]

위의 글에 나오듯이 통도사는 구하의 친일 혐의를 벗기려고 1년간 집중적인 노력을 하였다. 통도사가 친일진상규명위원회에 이의를 제기한 개요를 정리하면 다음과 같다.[47]

---

46 정우, 「축산 구하 대종사 민족운동 사료집을 간행하며」, 『축산 구하 대종사 민족운동사료집』 상권, 통도사, 2008, pp. 10-11.
47 민족문제연구소의 친일인명사전 팀에게도 이의 신청을 하였다. 그러나 진상규명위원회가 더욱 중요하기에 본 고찰에서는 이 내용을 정리했다.

- 1차 이의 ; 2007.8.21.

　　첨부 자료 ; 이의 신청서 1부

　　　　　　　구하, 민족운동 사료집 3권

　　　　　　　『축산문집』1권, 『금강산관상록』1권

　　　　　　　통도사 현대고승의 재조명 세미나 자료집 1권

　　비고 ; 구하 독립운동 자금 지원 내역

- 2차 이의 ; 2007.9.21.

　　첨부 자료 ; 이의 신청서 1부

　　　　　　　구하, 수행연표

　　　　　　　구하, 민족운동 사료집 5권(개정 1권, 추가 2권)

　　비고 ; 조선총독부, 구하 조사 자료(1924~1941 ; 주시대상자, 배일

　　　　사상 검증)

　　　승려선언서(상해에서 제작 ; 구하, 金鷲山으로 나옴)

- 3차 이의 ; 2008.5.21.

　　첨부 자료 ; 사실 확인서 1부[48]

　　　　　　　관보에 나온 통도사 포교 현황 1권

　　　　　　　관보 1건

　　비고 ; 구하의 교육·포교사업이 민족운동이었음을 강조

---

[48]　통도사 원로인 원명, 초우, 월파, 성파가 구하의 업적(교육, 포교)에 대한 확인서이다.

통도사는 사적편찬실(실장, 남현)을 가동하여 구하의 민족운동 자료를 수집 분석하여 『사료집』을 만들어냈다. 이와 같은 통도사의 정열적인 노력의 결과, 규명위원회는 2008년 8월 14일부로 구하의 친일을 제외하겠다는 내용을 담은 '이의 신청 결정 통지서'를 통도사로 보냈다. 이로써 구하의 친일 혐의는 해소되었다. 이런 결정의 핵심에 구하의 독립운동 지원 문건(영수증)이 있었음은 물론이었다. 그런 결정이 나오기 직전, 위원회에서 구하의 업무를 담당한 연구원이 필자를 찾아와 자문을 요청하였다.[49] 필자는 구하가 독립운동을 지원한 자금의 영수증이 있으니 친일승려에서 제외하는 것이 타당하다는 의견을 피력하였다.

그후, 통도사에서는 구하의 친일승려 제외 과정에서 얻어진 자료를 모아 『축산구하 대종사 민족운동 사료집』(상·하권, 통도사)을 2008년 10월 31일자로 발간하고, 봉정식을 거행하였다.[50] 그 직후, 통도사는 근현대기 역사의 중요성, 고승 연구의 필요성을 절감하고 구하의 명예 회복을 위한 행보에서 얻어진 다양한 사료, 문건, 증언을 망라한 근현대 통도사에 대한 책을 펴냈다. 즉 2010년 12월 16일에 봉정식을 갖고 기념 세미나를 개최하였다.

영축총림 통도사(주지 정우 스님)가 전 통도사 방장 월하 스님

---

49 그때, 필자는 부천대 교수로 있으면서도 조계종 불학연구소의 기획담당 연구원으로 1주일에 2일 근무하였다. 그래서 불학연구소에서 대화를 하였다. 그때 종단 총무부장으로 근무한 현문 스님과도 이 주제로 대화를 하였다.
50 『불교신문』 2008. 11. 1, 「구하 스님 민족불교운동집 '발간'」.

의 7주기를 맞아 통도사의 근현대 100년을 이끌어온 선지식들의 행장을 담은 서적을 발간한다. 통도사는 오는 16일 오전 10시 〈영축총림 통도사 근현대 불교사 - 구하·경봉·월하·벽안 대종사를 중심으로〉의 출판 봉정식과 기념 학술세미나를 개최한다.

〈영축총림 통도사 근현대 불교사〉는 모두 10장으로 구성돼 있으며 제1~3장(1900~1953년)은 구하·경봉 대종사, 제4장(1953~1960)은 경봉·월하 대종사, 제5~6장(1960~1980년)은 월하·벽안 대종사, 제7~10장(1980~2009년)은 다시 월하 대종사의 행보를 중심으로 정리했다. 상하 각권 500페이지 분량으로 지난 100년간 한국불교의 영욕을 함께하며 교단 수호와 불교 발전을 위해 진력한 통도사 고승들의 업적과 가르침을 세세하게 기록했다.

이번 서적 편찬은 지난 2007년 7월 구하 스님이 '친일반민족행위 조사대상자'로 선정되면서 비롯됐다. 이를 부당한 평가로 규정한 주지 정우 스님을 비롯한 통도사 대중은 곧바로 사적편찬실을 발족하는 등 구하 스님의 명예회복을 위한 '역사 바로세우기'에 나섰다. 일제강점기 조선불교계를 대표했던 구하 스님의 구국 구세활동을 수집해 이의를 제기했다. 노력의 결과로 다행히 2008년 4월 민족문제연구소의 '친일인명사전 수록대상자'에서 제외됐으며 그해 8월 친일반민족행위진상규명위원회에서도 '이의신청을 인용한다.'는 결정통지서를 받아냈다. 이러한 결실은 2008년 12월 〈축산 구하 대종사 민족불교운동 사료집〉 발간으로 이어졌다.

통도사 사적편찬실장은 남현 스님은 "통도사는 개산 이후 1400여 년 동안 출가자의 득도지得道地이자 불자들의 안심입명처安心立命廬로 역대 선조사 스님들의 수많은 가르침을 간직하고 있다."며 "오늘날 통도사와 현대 한국불교를 일구어온 선조사 스님들의 업적으로 기록해 전하는 것은 통도사의 의무"라고 강조했다.

한편 출판 봉정식을 마친 후엔 관련 주제로 학술세미나를 연다. 구하 경봉 월하 벽안 스님의 100년 행장을 중심으로 전문 연구자들의 발표와 토론 등으로 구성된다.[51]

『영축총림 통도사 근현대 불교사』의 발간 배경, 내용, 성격 등이 자세하게 나와 있다. 이 책의 발간을 기념하여 통도사 고승을 주제로 하는 세미나가 통도사에서 개최되었다. 이 세미나에서 한동민(수원박물관 학예팀장)은 구하의 독립운동에 대하여 상세한 연구 결과를 발제하였다. 그 논문은 수정 보완을 거쳐 『대각사상』 15집(2011. 6)에 「일제강점기 통도사 주지 김구하와 독립운동 자금 지원」이라는 제목으로 기고되었다. 한동민은 그 논고에서 구하의 독립운동 지원의 내용(일제하 당시 금액, 13,000원)으로 거론된 주장, 내용, 사실을 면밀히 검토하여 "독립운동 정황상 틀림 없는 것"으로, "독립운동 관련자 10명에 대한 정확한 기억과 진술의 일관성은 독립운동 자금 지원이 분명하다

---

51 『불교신문』 2010. 12. 15, 「'통도사 근현대 100년 불교사' 편찬」.

고 결론지을 수 있다."고 단정했다. [52]

　지금까지 구하 독립운동 지원 자금에 대한 개요, 성격, 연구의 시말 등을 정리하였다. 구하의 독립운동 자금 지원의 내용을 진실로 규명하는 작업이 통도사 근현대사 복원의 촉매제로 활용되었음이 주목된다.

52　한동민, 「일제강점기 통도사 주지 김구하와 독립운동 자금 지원」, 『대각사상』 15, 2011, pp. 57-58.

V. 나가는 말

맺는말에서는 구하 독립운동 지원 자료에 담긴 문화, 정신, 역사적 의의를 도출하는 것으로 대신하겠다. 이런 도출은 추후 이 방면 연구의 안내 역할로 작용할 것이다.

첫째, 구하가 독립운동을 지원한 자금의 내용(사실)은 역사적으로 증명되었다. 이제는 그를 증명하였던 문건, 영수증 등은 근대문화재로 등록되어야 할 것이다.

둘째, 구하의 독립운동 자료는 불교 기록문화의 중요성을 환기시켰다. 한국불교에서의 기록문화의 수준은 매우 높았다. 그러나 해방 이후 6·25전쟁, 불교정화운동을 거치면서 불교인들의 기록문화 인식이 변질되었다. 조속히 퇴보·변질된 기록문화 인식을 향상시켜야 할 것이다.

셋째, 근현대기 고승들의 역사적인 일기, 일지, 편지, 엽서, 메모지 등을 포함한 다양한 문헌기록을 수집, 보관해야 할 것이다. 수집된 자료는 아카이브화해서 보존하여, 연구하고, 후대에 전승해야 할 것이다. 필자가 알기로 구하, 만해, 경봉, 월하, 청담, 동산, 현칙, 문성, 무불 등의 일기가 존재하였다. 조속히 관련 자료를 보존하고 탐구해야 할 것이다.

넷째, 본사 사찰의 근현대 불교사에 대한 본격적인 정비가 요청된다. 통도사는 구하 자료 보존, 활용을 계기로 근현대기 책을 2종이나 발간하였다. 그리고 그 여세로 2020년에는 『신편 통도사지』(上·下)를 발간하였다. 통도사 사례를 참고한 여타 본산 사찰에서의 '역사찾기' 를 촉구하는 바이다.

지금까지 구하 독립운동 지원의 자료에 관련된 제반 내용을 정리하였다. 그러면서 추후 그에 연관된 사업과 연구에 참고할 수 있는 주제를 제시하였다. 이런 정리, 제시가 이 방면 연구자들에게 도움이 되길 바란다.

03

구하의 통도사 개혁과
그 현대 불교사적 의의

최두헌 (통도사성보박물관 학예연구실장)

최두헌 (통도사성보박물관 학예연구실장)

1976년 경주 출생으로, 동국대학교 한문학과 동 대학원 한문학과에서 석사를 마치고, 부산대학교 한문학과에서 『경봉정석의 한시연구』로 박사학위를 받았다. 현재 통도사성보박물관 학예연구실장으로 있으면서 통도사 승려들의 시문에 대한 연구들을 진행해 오고 있다. 2020년에는 박물관 발전 공로로 문화체육관광부장관 표창을 받았다. 서예·전각가로도 활동하며, 대한민국미술대전 초대작가, 경인·경기·경북도전·전국휘호대회 초대작가이자, 한국서예가협회, 한국전각가협회 회원으로 활동하고 있다.

Ⅰ. 들어가는 말

이 글은 구하천보(1872~1965)의 통도사 개혁과 그 현대 불교사적 의의를 살피는 데 목적을 두고 있다. 이를 위해서 먼저 1차 자료인 비문[1]과 관련 사료집[2]을 살펴 구하 삶의 재구에 기초자료로 삼았다. 그동안 구하에 대한 연구는『축산문집鷲山文集』과『금강산관상록金剛山觀賞錄』이 발간되면서 정신세계와 사상을 담은 문학 작품들을 접할 수 있었고,『축산 구하 대종사 민족불교운동 사료집鷲山 九河 大宗師 民族佛敎運動 史料集』을 통해 객관적 논의들이 소소하게 진행되었다.[3] 여기에 더해 구하의 직접적 기록들, 특히 친필 기록인『구하역사九河歷史』[4]를 통해 그 행적들을 조금 더 사실적으로 확장하고자 한다.

20세기 초부터 구하는 통도사를 실질적으로 이끌면서 내·외적으로 많은 개혁과 불사를 단행하게 된다. 특히 주지 재임기간 동안 이뤄낸 통도사의 변화와 개혁은 타 사찰에 비해 매우 혁신적이었고, '안으로부터의 개혁'을 통한 쇄신과 자정, 그리고 장기적으로는 시대가 요구하는 '통도사'를 준비하고자 하였다. 또한 교육과 포교 분야에서

---

1 〈傳佛心印扶宗樹敎九河堂大宗師之碑〉

2 영축총림통도사(2008).

3 한동민(2011), 오심(2015), 김수아(2017) 등에 의해 구하의 독립운동 자금 지원, 변혁적 리더십, 개혁정신 등에 대한 연구가 진행되었다.

4 『구하역사』에는 40세까지의 이력과 출생에서 1939년(68세)까지의 주요 일들이 간단하게 기록되어 있고 학교 운영에 관한 몇몇 사건들도 언급하고 있다.

의 성과를 통해 구하의 세상을 읽어내는 안목과 원시적 통찰, 시대인식 등을 확인할 수 있다. 반대로 장시간의 투자와 인내, 철저함과 신중함을 요함으로써 오히려 불필요한 오해와 시기 질투, 모함을 받게 된 것은 어쩌면 구하의 숙명이었는지도 모른다.

구하는 학문적 소양 또한 깊이 갖추었기에 많은 시詩5·문文을 남기기도 하였다. 여기서 궁금한 것은 과연 구하의 행적들이 시와 문을 통해 보인 정감과 일치하는 것인가? 하는 점인데, 그냥 스치기에는 너무 많은 현실 인식들이 시문 속에 담겨 있기 때문이다. 이러한 궁금증은 구하 문학에 대한 연구가 이루어지면 자연스레 해결되리라 생각되며6, 본고는 정감을 부副로하고 사실적 결과들을 주主로 하는데 집중하고자 한다.

---

5 물론, 당시 통도사는 시가 일상화 되어 시회나 시를 짓는 이들끼리 모여 계를 하는 것이 자연스러운 현상이었지만 구하가 경봉과 나눈 시들을 살펴보면 삶과 일상이 그대로 시였다고 해도 과언이 아닐 정도로 특히, 詩에 있어 매우 적극적이었다. 그렇게 드러난 구하의 시문에서 보이는 시대인식은 어떻게 발현되었는지도 살펴볼 필요가 있다.

6 백초월은 구하의 시를, "…시마다 전단향이 서려있고 구절마다 금지팡이의 견고함이 보이니 아름답고 기이하도다…(…句箇箇栴檀香凝片~金杖中堅猶乎奇哉…)"라고 평하기도 하였다. 『금강산록초안』(金剛山錄抄案), 「발문」중에서, 통도사성보박물관 소장.

Ⅱ. 정통성 회복과 사찰 개혁

1. 계단 정비를 통한 정통성 회복

통도사는 조선 중기 이후 양란兩亂으로 소실된 사찰을 복구하고 피폐해진 정신을 회복하기 위해 우운진희友雲眞熙(?~1694)와 환성지안喚惺志安(1664~1729), 그리고 그 문도들의 노력으로 내외적으로 크게 안정을 찾게 된다. 조선 후기에는 지속적인 억불정책과 잡역雜役, 그중에서도 지역紙役으로 인한 고통으로 승려들이 떠나면서 사찰이 쇠락하게 되는데, 이때에도 통도사 대중들과 덕암德巖, 그리고 유자儒者들의 노력으로 지역이 혁파[7]되면서 19세기 중반부터는 사찰이 다시 안정을 찾을 수 있었다. 이처럼 역사 속에서 통도사는 역대로 많은 승려들의 노력과 헌신으로 고난을 이겨내어 왔다. 그리고 근대에는 김구하가 은사인 성해남거聖海南巨(1854~1927)의 영향을 받아 스승이 닦은 기반 위에 통도사의 실질적 개혁과 중흥을 이끌게 된다.

그렇다면 구하에게 영향을 준 성해는 어떤 승려였는가? 성해는 근대 통도사의 중흥조로 불리며 1892년과 1905년에 주지로 취임하여 통도사에 선원을 개설하고 선풍을 진작시켰다. 또한 인재 양성에 주

---

7 통도사는 道光 18년(1838년) 7월에 지역이 혁파되고 각종 잡역들이 어느 정도 정리되었다. 『양산군통도사지역혁파급각양잡역존감절목』(梁山郡通度寺紙役革罷及各樣雜役存減節目) 참조 - 통도사성보박물관소장.

목하여 1906년 불교전문강원과 명신학교를 설립하였다. 즉, 수행과 인재양성에 주목한 것이다.[8] 성품에 대해서는 시를 통해 "어짐을 주체로 삼고 믿음과 이웃하며 / 세상이 나를 등져도 나는 다른 이를 등지지 않았네[以仁作主信爲隣 / 縱世負吾不負人]"[9]라 자평한 것으로 보아 사람 간의 신뢰를 매우 중요하게 여겼음을 알 수 있다. 구하는 은사에 대해 정말 꾸밈이 없고 곧은 사람[慕聖思賢可直人][10]이라 하였고, 당대 강백이었던 백초월은 다음과 같이 성해의 심성을 그렸다.

"…누군가가 더러 심하게 모욕하더라도 자신은 지극히 겸손했고, 누군가 더러 빠뜨리거나 내팽개쳐도 자신은 친밀하고 엄정하게 다가섰다. 일을 맡으면 공경하게 처리했고, 사람을 섬길 때에 곧은 마음으로 모셨으니, 능히 사찰의 어진 정승이 되었고, 능히 사찰의 착한 아내가 되었다. 밖의 일처리는 남에게 위임하되 안의 다스림은 스스로 담당했으며, 자애롭고 선량하되 또한 그 마음은 웅숭깊었다. 이는 참으로 먼 산의 메아리였다 …(중략)… 사리탑과 절을 정성껏 가꾸니 30년간 독룡지 가에서 빛이 났다…11"

---

8 김수아는 성해를 경허의 정혜결사정신을 계승하여 통도사의 수행가풍을 정착시키는 한편, 불교계의 대외적인 변화에 발맞추어 통도사를 이끌 차세대 인재양성을 힘썼다고 하였다. 김수아(2017), 58 참고.

9 『성해선사수연시』(聖海禪師壽宴詩), (1914), 7.

10 『성해선사수연시』(1914), 113.

11 朴圓讚, 『歷史』, 「聖海禪尊壽宴集序」, "…人或暴侮而己之以至謙人或散逸而己之以密嚴任而敬事而貞能爲佛刹之賢相能爲佛刹之良妻外幹則委人之內蠹則自擔之慈善且淵黙此固遠山之響譽也…(중략)..愛養塔寺而三十年光於毒龍池側矣…"(쪽수가 없는 자료라 표기 할 수 없음, 이하동일)

초월은 '겸손'과 '엄격', '공경'과 '곧은 마음'으로 성해의 인품을 평하였다. 주목할 것은 사리탑 보존과 절 정비에 대한 노력을 매우 높이 평가한 부분인데 이러한 곧은 심성과 통도사에 대한 애정이 영향을 끼쳐 구하 삶에 선명하게 드러나게 된다.

구하는 출가 이후 공부를 위해 두루 다니다가 39세 때인 1899년부터 편력編歷을 끝내고 본격적으로 통도사에 머물게 된다. 이때 황화각에서 은사인 성해의 법을 잇게 되면서[12] 통도사를 실질적으로 이끌기 시작하였다. 이 시기부터 통도사의 정통성 회복과 정신적 부흥, 사찰 개혁을 위해 많은 구상을 했던 것으로 보인다.

이러한 구상들은 주지로 거론되는 1911년 초여름부터 본격적으로 실천에 옮겨지게 되는데, 첫 번째가 바로 계단의 정비이다. 이는 은사의 사리탑 보존에 대한 노력을 그대로 이은 것이라 할 수 있다.

통도사에서 계단이 상징하는 바는 절대적이다. 계단의 태생이 곧 개산이요, 부처의 공간이자 의식의 공간이기에 역사적으로 많은 정치적·종교적 관심을 받을 수밖에 없었다. 그런 이유로 오랜 세월 여러 차례 중수를 거치면서 지금의 모습을 갖추게 된 것이다. 계단을 정비한다는 것은 곧 정통성을 되새긴다는 의미이며 통도사의 근간이 되는 계·율의 맥을 후학들이 올곧게 잇고자 하는 다짐이기도 하다.

통도사의 계단 정비는 역사적으로 총 9번[13]을 거쳤다고 전해지는

---

12 『구하역사』, "…(明治)三十二年一月一日現在寺皇華閣主職金聖海에就하야嗣法了畢함."(쪽수가 없는 자료라 표기 할 수 없음, 이하동일)
13 근래의 연구보고서와 수리보고서, 각종 연구 논문 대부분이 총 9번의 중수를 거쳐 현재의 모습을 갖추었다고 하면서 근거로 '佛之大刹通度寺案內記'를 제시하고 '산중제덕' 혹은 '김구하'의 주도로 이루어졌다고 보고 있는데 그 근거가 매우 추상적이고 빈약하다. 그 중에서 이종수(2017)는 매우

데, 그 아홉 번째 중수 시기가 1911년 초여름이다. 〈탑수리기부록^塔修理寄附錄〉(1911)[14]에는 사중 스님 90명과 신도 117명 등 207명이 동참하였다고 기록되어 있다. 그 외 계단 정비 관련 현판 자료인 〈통도사금강계단중수보조기^{通度寺金剛戒壇重修補助記}〉(1912)[15], 〈사리탑중수연화기^{舍利塔重修緣化記}〉(1912)[16], 〈통도사사리탑중수기부기^{通度寺舍利塔}重修寄附記〉(1912)[17]에는 통도사 인근과 경상도는 물론이고 서울 등 전국 각지의 시주자들 이름과 시주금이 정리되어 있다. 당시 통도사 계단이 상징하는 바와 정비·중수에 대한 대중적 관심이 얼마나 컸던가를 짐작케 한다. 이 시기는 구하가 주지로 거론될 즈음이기 때문에 구하의 주도로 정비가 이루어졌다고 볼 수 있다.

계단의 정비를 끝내고 낙성식을 한 후에 이 날을 기념하기 위해 함께 시인묵객들이 모여 시를 읊게 되는데, 여기에는 구하 외에도 허남사^{許南史}, 조야운^{曺野雲}, 김우전^{金芋田}, 서석재^{徐石齋}, 전성포^{全惺圃}, 최구고^崔九皐, 윤우산^{尹右山}, 권퇴경^{權退耕} 등 총 9인이 함께 하였다. 구하의 시는 다음과 같다.

楊花初掃客來尋　평상 위의 꽃, 처음 쓸 적에 손님 찾아오니
方丈茶烟繞更深　방장실에 차 연기 돌아들며 더욱 진해지네
一世浮雲曾斷想　뜬 구름 같은 한 세상엔 일찍이 생각을 끊었으니

객관적인 자료와 논거를 제시하였다.

14　통도사성보박물관 소장.
15　통도사성보박물관 소장.
16　통도사성보박물관 소장.
17　통도사성보박물관 소장.

萬人如海少知音　바다처럼 많은 이들 속에 날 아는 이 드물어라

習開每做栖巖夢　한가함에 익숙해 매번 암자에서 사는 꿈을 꾸고

守拙慚無濟衆心　어리석음 벗지 못해 중생 제도 못하니 부끄럽네

寄語羣公同講法　여러 공들께 말을 부치노니 함께 불법을 강구하여

諸天他日更聯襟　훗날 제천에서 다시 소매를 나란히 어울리세나18

　당시 구하의 심정을 고스란히 담아냈는데, 1·2구는 낙성식을 기념하기 위해 모인 이들에게 고마움을 드러냈지만 3·4구에서는 정작 통도사에 대한 자신의 애정과 마음을 알아주지 못하는 대중들에게 섭섭함을 드러내었다. 당시 구하를 바라보는 왜곡된 시각을 "一世浮雲曾斷想"으로 불식시키고자 하였고, 복잡한 속내를 '少知音'을 통해 아쉬움으로 드러낸 것이다. 그러나 5·6구에서는 스스로를 대중들에게 낮추었고 마지막 구에서는 대중들이 모두 힘을 합쳐 통도사가 새로운 시대를 맞자고 호소하고 있다.

　이날 낙성식에 모인 이들 중에 임시정부 초대 재무차장을 지낸 우산 윤현진右山 尹顯振(1892~1921)의 시도 있어 주목할 필요가 있다.19 시는 다음과 같다.

18　『조선불교월보』, 제 6호(조선불교월보사, 1912년, 44-46) 「詞林」에 <通度寺戒壇落成會後>이라는 제목으로 실려있다.

19　낙성식에 모인 이들은 모두 근현대사에 매우 중요한 역할을 하게 될 인물들이며 특히, 당시 19세였던 윤현진의 시(『조선불교월보』, 제 6호(조선불교월보사, 1912년, 45)를 통해 어린나이에 이들과 함께한 점은 구하의 독립운동 자금과 관련해서 서석재, 구하, 윤현진의 관계에 대한 궁금증을 풀 수 있는 단서가 될 수도 있어 보인다.

華旆追隨向晚尋　　화려한 깃발을 뒤따라서 저녁 무렵 찾아드니

雲晴霧散洞門深　　구름은 개고 안개는 흩어질 사 동문은 깊고야

上方閒日看金像　　한가로운 날에 上方의 부처님을 보고

高客初筵聽玉音　　처음 자리에서 高客의 법문을 듣노라

處世何多翻局事　　세상 살면서 얼마나 판국이 엎어지는 일이 많았던가

入山猶有讀書心　　산에 들어서니 오히려 책을 읽을 마음이 드는구나

獨憐流峙徘徊立　　홀로 애틋할 손, 흐르는 산언덕에서 서성이다 서니

爽氣脩凉滿醉襟　　시원한 기운 아주 청량하게 만취한 옷자락에
　　　　　　　　　　스며드네.

시는 전체적으로 당시 낙성식에 대한 상황을 그렸다. 이 중에서도
5 · 6구는 어린 자신의 눈에 비친 구하의 곧은 마음과 일에 대한 추진
력을 잘 표현하였다. 즉, 세상에는 수많은 일들이 없었던 일처럼 물
거품이 되어 사라지기도 하지만 구하는 한번 일을 시작하면 흐트러
짐 없이 마무리를 하는 성격이기에 상대 입장에서는 믿고 따를 수밖
에 없다는 것이다. 어쩌면 이러한 점이 우산과 구하가 서로를 신뢰하
게 됐던 계기가 아닐까 생각된다.

한편, 해담 치익이 쓴 「통도사사리탑초건중수내역약기通度寺舍利塔初
建重修來歷畧記」에는 정비의 내용과 감회를 다음과 같이 기록하였다.

　　…신해년(1911년)에 산중이 힘을 합쳐 이 탑을 다시 수리하였
　　고 별도로 석주와 찰난간, 철판문, 용이 내려온 연못에는 새로운
　　돌다리를 장식하였다. 아 좋구나! 흐르는 꽃향기 만세에 형통

하고 복은 세월에 맡겨둔다네. 둥근 빛 곳곳에 비추어 나타나도
다…20

   이 기문은 1912년 5월21에 지어졌는데 아마도 불사를 마치고 구하
의 청으로 율사이자 강백이었던 해담치익에게 기문을 부탁한 것으로
짐작된다. 당시 해담은 중국 법원사法源寺 황성계단皇城戒壇에서 전해진
계맥을 전수받은 통도사의 9대 전계대화상이자, 석가-자장으로 이어
지는 율맥을 구하에게 전한 스승22이기도 하였다. 계단의 상징성 등
을 고려할 때 가장 적합한 인물이라 생각했을 것이다.

   기문을 통해 당시 정비는 모든 산중 대중들이 힘을 합친 결과였고
탑 수리와 함께 계단 내에 석주와 찰난간, 철판문을 따로 설치하였음
을 알 수 있다. 탑 수리의 규모는 알 수 없지만 이 정비 이후 한 차례
더 정비가 이루어진 것으로 보아 9번째 정비는 탑 수리가 주목적이
아니라 주변 정비에 더 역점을 둔 것으로 보인다. 이후 기록이 없어
통상 통도사의 계단 정비는 아홉 번을 거쳤다고 전해지는데 구하의
기록에는 또 한 번의 중수기록이 보이며 그때의 낙성식 기록도 볼 수
있다.

---

20 『通度寺誌』(아세아문화사(1979), 264-265), "辛亥山中合力重修是塔而別餙石柱鐵欄鉄板門降龍潭
新架石橋善哉流芳萬世享福千秋聖鑑圓明悉照悉現自出世甲寅至今辛亥歷年二九三四自建塔丙午至
今辛亥歷年一二六六應化二九三四明治四十五壬子榴夏喚惺九代春潭門人海曇致益謹誌."

21 『통도사지』(通度寺誌), (아세아문화사(1979), 265)"應化二九三四 明治四十五 壬子榴夏喚惺九代春
潭門人海曇致益謹誌"

22 「朝鮮慶南道梁山郡下北面靈鷲山通度寺史畧」(조선경남도양산군하북면영축산통도사사략), 『통도
사지』, 참고.

갑인(1914년) 4월 초파일 우리 부처님 세존의 탄신일이요 겸하여 석가여래사리탑중수 낙성식을 회향하다. 선남선녀 5~6천이 모였고 구포학교원생들 100여 명이 참가하여 성대하였다. 본인이 자리에 올라 설교하고 '모든 법은 인연 따라 생기고 / 또한 인연 따라 사라진다(諸法從緣生 / 亦從因緣滅)' 라는 송으로 구연하얏노라23

기록을 통해 1912년 5월에 정비를 마치고 얼마 되지 않아 다시 계단 정비를 진행하였음을 알 수 있다. 입재일은 파악할 수 없으나 1914년 4월 초파일에 회향식을 매우 성대하게 진행하였고 구하 본인이 직접 등단설법까지 하였다. 이후에는 사리탑계를 조직하여 탑에 대한 관심을 소홀히 하지 않았다. 구하는 〈통도사전경通度寺全景〉이라는 시를 통해 "높은 당간과 탑 세운 것은 자장의 흔적이니 / 교화받은 승속들 어찌 많지 않았으리[高竿建塔藏師蹟 / 教化幾多緇素襟]"24라고 하며 계단의 가치와 중요성, 대중포교를 위한 계단의 역할 등을 노래하기도 하였다. 계단 정비에 대한 구하의 노력과 의지를 알 수 있는 대목이며, 이를 통해 본격적인 통도사의 변화와 개혁을 위한 기초를 다졌다고 볼 수 있다. 후에 통도사율원을 개원하게 되는데 이는 모두 자장과 계단을 통한 정통성의 회복과 계승 발전을 위한 노력의 결과물이라 할 수 있다.

---

23 『구하역사』 1914년(43세) 4월 8일, "甲寅四月初八日則我佛世尊의降誕日이요兼하야釋迦如來舍利塔重修回向落成式이라信男信女五六千이雲集하고龜浦學校敎員生徒百有餘人이來參中盛代한지라本人이登座說敎에諸法從緣生/亦從因緣滅'라는 송으로 구연하얏노라."
24 『축산문집』(1998), 203.

2. 구습의 개혁과 사찰 정비

구하는 1910년 즈음부터 백초월·한용운 등과 실질적 교유를 하고 있었고, 재가자로는 서병오나 윤현진 등과 친밀한 관계를 맺고 있었다. 이들의 공통점은 모두 항일에 대한 의지와 개혁정신이 뚜렷했다는 점이다.

백초월은 성해의 축수시祝壽詩 외에 구하의 『금강산록초안』의 서문이나 1935년 구하의 회갑연에 수연시를 적어 축하한 것을 보면 근 30여 년을 넘게 교유하였음을 알 수 있고, 특히 한용운은 불교 개혁에 있어서는 구하의 의지와 개혁 방향에 있어 많이 닮았다고 볼 수 있다. 당시 만해가 척결하고자 했던 한국불교의 모순점은 크게 세 가지인데 사찰의 위치에서 오는 비효율성, 시대적 변화에 부응하지 못하고 있는 승려의 위상과 교육문제, 마지막으로 사원에서 행해지고 있는 의식의 전근대성이다.[25] 그리고 만해는 한일합방 이전인 1908년에 일본을 시찰하고 일본 불교의 발전 요건들을 연구한 바 있었다. 그 바탕 위에 1910년 통감부와 중추원에 제출한 승려의 취처(결혼)허용 건백서와 1913년 간행된 『조선불교유신론朝鮮佛教維新論』의 저술이 가능했던 것이다. 그 역시 일본불교를 모델로 한 조선불교의 교육·포교·제도의 개혁은 여타의 불교계 지도자들과 인식을 같이하고 있었다.[26]

그런데 구하는 이미 만해보다 2년 앞선 1906년에 일본을 시찰하

---

25 박두육(2013), 24.
26 이경순(2000), 56.

였다. 그렇다면 우리가 흔히 알고 있는 만해의 영향은 오히려 역으로도 생각이 가능하다. 만해와 구하의 관계는 정확히 언제부터 시작되었는지 알 수 없지만 이 시기 즈음 본격적인 관계를 맺고 교유를 하였던 것으로 보이는 바, 누가 누구에게 영향을 끼친 것인지는 모르겠지만 적어도 구하는 만해보다 먼저 일본 불교를 직접 보고 듣고 느끼며 개혁에 대한 밑그림을 그린 것으로 보인다. 이렇게 단정할 수 있는 이유는 구하가 1906년에 일본을 다녀온 뒤부터 교육 사업들이 본격적으로 진행되었기 때문이다. 이 해의 일지에는 구하가 서향각西香閣에서 승가리僧伽梨 불사를 회향하였고 당시 주지를 사장寺長으로 칭하며 용성화상龍惺和上이라 하면서 다음과 같이 적어두었다.

> …아무개의 허락에 은밀히 알리고 일본에 가서 김영기를 遠江國 可睡齋에서 만나 반나절을 함께 있다가 이름난 관광지를 유람하고 돌아왔다. 이때가 4월 8일 부처님 탄신일이라 …(중략)… 양력 4월 탄신일은 일본에서 수계 산림을 하고 음력 4월에는 한국에서 탄신일에 轉經에 참여하게 되니 부처님의 인연이 무겁고도 무겁도다…27

월하는 「축산구하당행록鷲山九河堂行錄」에 이날을 다음과 같이 기록하였다.

---

27 『구하역사』 1906년(35세), "…誰某許에暗告하고日本을往하와金永基를遠江國可睡齋에서逢見하고半月를同居後에名勝處를遊覽하고 還國하니時則四月八日佛誕辰也라 …(중략)… 陽曆四月佛誕에 日本서受戒山林하고陰曆四月에난韓國서佛誕轉經에參禮하니佛緣이重重하더라…"

스님은 병오년(一九○六년) 一월 三일에 일본으로 출발하여 일본의 문명과 풍경을 관광하였다. 또 일본 불교를 연구하여 그 당시 조선의 부패한 불교를 개혁하고자, 고승인 日置 默師 · 西有 禪師 등과 며칠 동안 회견하면서 시대와 종교를 담론하고, 일본 불교의 내용과 격식을 상세히 기억하였다.

스님은 귀국한 다음, 一九○六년 六월 十三일에 통도사 擣攝 龍惺 和尙을 비롯한 오륙 명의 중진 스님들과 합의하여 朝鮮 佛敎 維新에 착수하였다···28

구하는 일본 조동종의 명찰인 가수재可睡齋를 방문하였고, 히오키 목센[日置 默仙]과 니시아리 보쿠산[西有 穆山]을 만났다. 이들은 당시 일본 조동종을 대표하는 고승이었다. 특히, 히오키 목센은 1917년에 30본산연합사무위원들이 일본을 시찰할 때에도 다시 방문하여 만나게 되는데, 구하는 이들에게서 일본의 근대화와 사찰 개혁 등에 대한 조언들을 들었을 것으로 짐작된다.

구하가 개혁 작업에 있어 가장 중요하게 생각한 것은 대중들의 호응과 동참이었고, 이를 바탕으로 후학 양성과 대중포교를 이어가고자 하였다. 실천을 위해서는 바로 안정적 재정 확보가 우선이었다. 그 첫 번째 실천으로 내부 개혁을 진행하게 되는데, 이유는 통도사와 대중들의 개혁을 통해 사찰의 안정된 기반을 확보하고 대중들의 분위기와 호응여부를 살펴야 했기 때문이다. 그리고 분산된 사찰의 재

---

28 『축산문집』, 604.

정 흐름을 통일할 필요가 있었다.[29] 이를 위해 새로운 본·말사법을 제정하고 사찰과 승려의 체계적 운영과 관리를 통해 재정의 투명성을 함께 확보하고자 하였다. 구하가 추진한 본·말사법은 크게 다음과 같이 진행되었다.

- 1912년 2월 20일 : 통도사 본말사법 제정, 말사 관계로 수개월
　　　　　　　지연됨[30]
　　　 9월 31일 : 총독부 인가, 사찰법 오백권 인쇄하여 본말
　　　　　　　사와 승려들에게 배포[31]
　　　 11월 3일 : 통도사에서 본말사법을 설명하기 위한 자
　　　　　　　리 마련[32]
　　　 11월 말 : 말사 총회에서 본말사법을 설명함[33]
- 1913년 1월　　 : 본말사법을 처음 시행하며 동시에 옛 관습들
　　　　　　　을 탈피하고 신조직 법무를 시행하니 풍파가
　　　　　　　입으로 말할 수 없을 정도여서 일기에 적음[34]

새로운 법에 대한 대중들의 거부감이 너무 커서 입으로 논할 수조

29　구하의 개혁을 위한 재정확보 노력은 김수아(2017), 66-67을 참고하기 바란다.

30　『구하역사』 1912년(41세), "…二月二十日에通度寺本末寺法을提呈하여더니末寺關系로서數月延拖되야…"

31　『구하역사』 1912년(41세), "九月三一日에總督閣下認可하신故로寺法五百冊를印刷하야本末所管署와本山僧侶에게 領布."

32　『구하역사』 1912년(41세), "소十一月三日에本山서寺法을講演하고…"

33　『구하역사』 1912년(41세), "소~十一月末寺總會하와寺法을說明하다."

34　『구하역사』 1913년(42세), "…一月爲始하야寺法을實行하난同時舊日慣習을 擲破하고 新組織法務를施行하니一場風波는口不可言論이라擔載日記中이로다"

차 없다고 하였다. 그러나 대중들의 도움 없이는 불가능한 개혁이기 때문에 마땅히 대응할 방법이 없었고 개혁의 진행과정에서 발생하는 반대파들의 궐기를 그저 인내할 수밖에 없다고 하였다. 일이 뜻처럼 되지 않으니 아침저녁으로 긴 탄식을 하며 한탄만 한 것이다. "세상 일이 마치 뜬 구름 같도다[雲朝月夕에 長歎曰世上事如浮雲이라]"라 말하며 선방에 물러앉아 시를 읊은 것[35]이 다음과 같다.

黑白未分誰彼此　검고 흰 것이 다르지 않은데 무엇이 검고 흰가
心神慧月不來前　마음 속 지혜의 달이 떠오르질 않네
金烏玉兎無尋處　금까마귀와 옥토끼도 찾을 수 없는 곳에
始信靈光本實然　비로소 신령스런 빛 본래부터 있음을 알겠네

구하의 답답함이 보이는 시이다. 반대하는 대중들의 속을 정말 모르겠다고 하였고 해결할 방법이 떠오르질 않는다고도 하였다. 그러나 이럴 때일수록 스스로 위로하고 반조하면서 방법을 찾아내는 수밖에 없기에 선방에 앉은 것이다. 시는 구하의 고뇌를 담은 한편, 이판이 사판을 처음 경험하면서 느끼는 묘한 감정들도 함께 전한다. 수행을 위해 떠돌다가 출가본사에서 사판에 뛰어든 구하의 첫 소감이라 할 수도 있다. 특히 3·4구에서 해와 달을 통한 이분법적 잣대를 스스로 누르고 본래 모습을 찾고자 하는 모습이 인상적이며, 반대파들 덕에 뭔가 크게 통달이라도 한 느낌을 준다.

---

35 『축산문집』, 604.

이처럼 구하의 개혁은 곳곳에 장애물이 놓여졌지만 흔들리지 않고 유신維新을 조직, 사찰 내 화엄전에 사무국청事務局廳을 신설하여 새로운 개혁들을 통합 관리하도록 하였으며 사찰의 모든 업무는 사찰법에 따라 운영하게 하였다.[36] 그리고 재정의 투명성 확보를 위해 각 방과 암자의 재산을 일제히 조사하고 정리하였다.

재산 조사에 따르면 대표적으로, 방 중에서 가장 많은 재산을 관리해오던 천방天房은 '合計租二百三十六石十八斗(又十七石加入), 合畓六百六十斗只'이었고, 암자 중에서는 취운암翠雲庵이 '梁山七十九石十二斗 畓百八十二斗只 彦陽七十九石五斗 畓百五十七斗只'이었으며 사답은 '百四十七斗只'였다. 이렇게 확보한 자료들은 모두 사무국청을 통해 관리되도록 하였다. 구하는 당시의 상황을 다음과 같이 적었다.

> 일일이 상세하게 기록을 작성한 후에 모든 사무를 조직하였다. 사찰의 개선과 승려의 규율을 바로잡고자 하는 것이니 부처님의 광명이 다시 빛나고 부처님의 가르침이 밝게 비치도다.[37]

구하는 개혁 진행 전에 상세 정보를 먼저 파악하는 철저함을 보였고, 이러한 일련의 일들이 사찰의 개선과 승려의 규율 정비를 위한 것임을 명확하게 제시하였다.

---

36 『구하역사』 1913년(42세), "…本寺에維新을組織하난되 事務局廳은元華嚴殿에設하고職員과 各房各庵에監院을置하야日課勤行과凡節을寺法에依하야施行하게하다."

37 『구하역사』 1913년(42세), "――이明詳이記錄成案後諸般事務을 組織하얏다 寺刹의改良과僧侶의風紀肅正커하니可謂佛日이再輝하고法輪이明徹이로다."

재산을 파악한 후 본격적인 구습타파와 개혁에 나서게 되는데, 개인 혹은 각 문중별 소유로 운영되었던 각 방과 전각의 쓰임을 명확하게 분리하여 대중들에게 제시하였다. 1914년(43세) 6월 7일 일지를 보자.

> …대중의 아침저녁 예불은 일제히 대웅전에서 거행하고 각 방에는 기숙은 하되 금당과 명월방은 손님방과 항상 승려를 거주하게 하고 중흥료는 폐지하여 다시 고쳐서 귀빈 접대실로 정하고 그 외 부속실은 헐어 없애고 황화각은 불교전문강원으로, 원통방은 직원 기숙사로, 화엄전은 수리하여 중앙사무국청으로, 감로당과 보광전은 선원으로 정하여 진행하기로 하였다…38

구하는 묵은 건물을 과감하게 허물고 주와 객을 명확하게 분리하였으며 강원과 선원을 만들어 본격적인 선과 교의 중흥을 알렸다. 특히 개혁 업무를 담당할 조직으로 만들어진 '사무국청'은 화엄전 수리 이후에는 '중앙사무국청'이라 칭한 것이 눈에 띈다.

이렇게 안으로부터의 개혁은 각 방과 암자의 재산 파악과 각 전각의 정비로 이어지고, 파악했던 재산에 대한 활용은 2년이 지난 1915년에 와서야 개선과 관리방안을 제시하게 된다. 그만큼 신중하게 계획을 수립한 것으로 보인다.

---

38 『구하역사』 1914년(43세) 6월 7일, "六月七日 …(중략)… 大衆의 朝夕禮佛은一齊이大雄殿서擧行하고各房에는寄宿커하되金堂, 明月房은客堂과常僧의居住커하고中興寮은廢止하야更以修繕하야貴賓의接待室으定하고其外附屬室은毀療하얏고皇華閣은佛敎傳門講院으로元通房은職員의寄宿舍로華嚴殿은修改하야中央事務局廳으로甘露堂과普光殿은禪院으로定하야進行하기하되…"

"…각 방과 암자에서 각각 주장하며 처리하던 재산을 일제히 정리하여 중앙사무국청에서 관리하고 각 방과 암자의 수입과 지출은 중앙의 예산으로 편입하여 지불하게 하고 각각에 흩어져 있는 토지는 각 면으로 나누어 완전히 정하니 지산, 하북, 중남, 삼동, 언양, 하북과 상북 여섯 곳으로 나누어 모두 통도사의 답으로 이름하고 인력과 재산을 통합하여 주지의 명령아래 진행하게 하며 쓰고 남은 재산으로 불교유신사업에 쓰게 하였다.39"

"…사찰의 보수는 수백 년 이래로 농사짓는 곳이 되었던 바 사찰령 후에 사찰법이 생기고 주지가 정해진 후로 옛 제도를 영원히 개정하는 동시에 도량을 청결하게 하니 자연히 누룩을 만드는 일은 사라지고 승려는 본분의 일을 숭상하니 농사일이 멀어지고 담장 내에 서향각은 길한 방위를 막게 되면 인재가 나지 않는다고 하기에 보광전에 있는 건물 하나를 없애고 나한전, 독성각, 범향은 보광전에 속하고 중흥전(지금의 귀빈실) 삼십 칸 창고를 아예 없애서 평지로 만들고 작은 연못은 옮겨 영산전 앞 측면에 새로 못을 팠고 축대와 일체의 절차는 모두 혁신하였노라…40"

---

39 『구하역사』 1915년(44세), "…以上各房, 各庵서各各主丈하야處理하던財産을一齊改正하야中央事務局廳에서管理하고各房庵의收支은中央預算에編入하야支拂케하고各散在한土地은各面分으로完定하야芝山 下北 中南 三同 彦陽 下北上南六部로分하야皆以通度寺畓으로名定하고人과財을統合하야住持의一令下에進行하기하며剩餘하난財産으로佛敎維新事業에用커하다"

40 『구하역사』 1915년(44세), "…寺刹修繕은數百年以來로農穀場이되얏던바寺刹令後後寺法이生하고住持가立한後로旧制을永永改正하난同時에道場을淸潔케하니自然作麴商이癈口되고僧侶의梵業을崇尙하니農業이遠退되고墻內에西香閣은生旺方을遮障하면人材가不生이라하기普光殿前에在한一屋을毀撤하고羅漢殿獨聖閣梵香은普光殿에屬하고中興殿(現貴賓室)三十間庫를永撤하야平場이되기하고小池은하야移하야靈山殿前側에新鑿하얏고築坮와一切凡節은皆革新하얏노라…"

영축산의 구하천보와 오대산의 한암중원

1915년부터는 통도사 내부의 정비가 본격적으로 진행되었음을 알 수 있다. 결국 예산의 통합과 관리는 주지 권한으로 정하고 주지의 명령에만 일을 진행하게 하였다. 이는 여러 사람의 손에서 운영되었던 재정의 불투명한 흐름을 사전에 차단하고 새로운 혁신사업에 필요한 자금을 확보하기 위함이었다. 또한, 내적 개혁과 외형적 정비들도 진행되는데 사찰의 청결을 위한 각종 정비를 통해 승려들이 잡역에 동원되지 않고 올곧이 공부할 수 있는 환경을 조성하였다. "築垈와一切凡節은皆革新하얏노라."라는 일지 속 글귀는 안으로부터의 개혁이 정신적·물질적 우선을 가리지 않고 함께 병행하고자했던 구하의 구상이라 할 수 있다. 즉, 구하 개혁은 내·외적, 정신적·물질적 우열을 가리지 않고 동시다발적으로 진행되었다.

　　여기에 길한 방위를 막게 되면 인재가 나지 않는다며 보광전 건물 하나를 없앴다고 한 것을 보면, 통도사의 발전과 인재 양성에 저해가 되는 것이라면 무엇이든 해소하겠다는 굳은 의지를 확인할 수 있다. 이러한 예는 통도사의 지형과 관련해서도 보인다.

慈藏獨出新羅國	자장 스님 홀로 나온 신라국에
萬代玄風特此承	긴 세월 묘한 가풍 특별히 이곳에서 이었네
靈鷲山圍如屛立	영축산의 두른 것이 병풍 같고
飛龍局活似天登	용이 나는 형세가 살아서 하늘 오르는 듯하네
僧今佛古多誠祝	스님은 지금 옛 부처께 정성 다해 축원하고
塔邃堂鮮化正繩	탑은 깊고 법당은 곱게 바른 줄로 이어지네
問道淵源經幾刼	묻기를, 道의 연원이 몇 겁이나 지났는가

相相不滅續傳燈　서로 사라지지 않게 등불 이어 전하네[41]

　　제목에서 알 수 있듯이 일반 대중들에게 인식되는 영축산의 지형에 대한 오류를 시를 통해 바로 잡고자 하였다. 구습의 타파도 중요하지만 어긋나 있는 것을 바로 잡는 것도 하나의 개혁에 속하는 것이기 때문에 대중들의 통도사 인식에 대해서도 매우 중요하게 여겼음을 알 수 있다. 더불어, 통도사의 개혁의지를 보여주기 위하여 일주문 앞 양 돌기둥에 "方袍圓頂常要淸規 異性同居必須和睦(승려는 청정한 규율을 구하며, 다른 성씨가 함께 살면 화목이 꼭 필요하다)"라 새겨 놓았고 사찰의 골짜기 쪽 문에는 돌기둥을 세워 "山門禁葷酒 佛刹大本山通度寺"라 하여 산문에 들어올 때는 냄새나는 채소나 술을 금한다고 적어[42] 통도사가 화합하는 청정한 도량임을 알리고자 하였다.

　　또한 명승지로서 방문하는 이들의 편의를 위해 무풍교와 삼성반월교를 만든 것은 일반 대중에 대한 관심도 소홀히 하지 않았음을 알 수 있는 대목이다. 무풍교는 큰 홍수에 파손되어 후에 다시 돈을 모아 만들게 되었다. 기증금을 돌에 새긴 다음 구하가 시를 한 수 지었다.

　　通度千年寺　　통도사는 천 년의 사찰이요
　　舞風萬歲橋　　무풍교는 영원한 다리로다

41　〈영축산 통도사는 와우형국이 아닌 비룡롱주형이라 개정하며(靈鷲山通度寺非臥牛形局改正飛龍弄珠形)〉, 영축총림통도사(1998), 447.

42　『구하역사』 1915년(44세), "…一柱門前兩石柱은 …(중략)… 方袍圓頂要淸規 異性同居必須和睦이라하야스며寺洞門에石柱立曰 山門禁葷酒 佛刹大本山通度寺하얏느라"

登山臨水客　　　산을 오르고 물 곁의 나그네
猿鶴伴逍遙　　　원숭이, 학과 어울려 노닐구나43

　자신은 한 시대를 잠시 살다 갈 뿐이지만 통도사와 무풍교는 영원히 자리할 것이라 하면서, 지나온 시간과 다가올 시간을 대구對句로 하여 현재를 살아가는 자신의 시간과 절묘하게 배치시켰다. 더불어 방문객들이 현재의 시간을 함께 즐겨 주기를 바라고 있다.

　구하는 일본을 다녀온 이후로 사찰 행정을 실질적으로 행사하고 주지에 취임하면서 본격적으로 개혁을 단행하였다. 그 과정에서 많은 대중들과 대립이 있었지만 마치 고불식이라도 하듯 계단 정비를 통해 자신의 개혁 기초를 다졌고 사찰 내의 개혁, 즉 내부의 자정을 통해 백년대계를 바라보는 해안을 발휘한 것은 구하의 과감성과 희생이 만든 결과물이었음을 알 수 있다.

---

43 『구하역사』, 1915년(44세), "舞風橋更設吟(무풍교를 다시 만들며 읊다)"

Ⅲ. 대중 화합과 교육기반 확립

1. 환성을 통한 대중 화합

통도사는 신라 자장에 의해 창건된 계율 중심 도량으로, 고려 말에는 지공指空의 계단법석[44] 을 통해 계율戒律 사찰의 위상을 공고히 한다. 자장은 입당 전에 처절한 실천수행을 하였고[45] 지공 또한 당대의 선지식이었기 때문에 애초에 통도사는 계율과 선이 함께 시작되었다고 할 수 있다. 환성지안을 거쳐 설송연초⋯ → ⋯쌍호회관⋯ → ⋯학성이송⋯ → ⋯보우민희⋯ → ⋯성해남거로 주류를 이루어 선종의 법을 이어 왔으며 환성의 다른 문파들도 서로 공존하며 지내왔다. 그러나 세월이 지나면서 여러 문중들이 각 방과 암자를 차지하고 공생 아닌 공생을 하였기 때문에 개혁과정에서 오는 불협화음들은 당연한 일이었다.

---

44 지공의 통도사 방문은 『通度寺舍利袈裟事蹟略錄』(통도사사리가사사적약록)의 「西天指空和尙爲舍利袈裟戒壇法會記」에 자세히 전한다. 당시 통도사에서는 도를 수행하는 지방의 모든 승려들을 초대하여 법을 청하는 큰 법회를 열었는데, 이 법회에 지공화상이 초청된 것이다. 지공은 법석에서 하루는 禪을, 하루는 戒를 설하며 왕과 국가를 축원하였는데, 그 자리에 모인 대중들이 산에 가득하고 골짜기에 넘쳐서 법회가 天下古今의 그 어떠한 빛나고 성대한 모임보다 비교할 수 없을 정도로 훌륭했다고 하였다.

45 『통도사사리가사사적약록』(통도사성보박물관 소장)에는 다음과 같이 기록되어 있다. "⋯명산으로 들어가 머물면서 풀을 먹고 베옷을 입은 채 홀로 고요히 좌선하면서 맹수도 피하지 않고 몸 그대로 올곧이 앉아 부지런히 부처의 도를 구하였다⋯(⋯往入名山蔬食布衣獨靜坐禪不避猛獸露身直坐勤求佛道⋯)"

구하는 이러한 대립을 타파하고 대중화합을 위해 계단 정비에 이어 한국 선종의 중흥조이자 통도사 선의 중흥을 이끌었던 환성을 소환하였다. 환성을 통해 선의 부흥과 함께 문중 통합이라는 양득兩得을 목표한 것이다. 앞서 언급하였듯이 통도사는 자장, 지공, 청허, 사명, 환성을 통해 선의 종찰로서 그 맥을 이어왔기 때문에 환성을 통한 통도사 선의 중흥은 매우 상징적이고 의미 있는 노력이라 할 수 있다. 그 작업의 일환이 바로 환성 이하로 갈라졌던 문파를 하나로 통합하는 차원에서 이루어진 '환성종계喚惺宗契'의 결성이었다. 환성은 말년에 통도사에 머물면서 문인들과 함께 우운 진희가 이끄는 외형적 재건과 함께 내적 안정과 수행가풍을 이끌었다. 환성의 통도사 주석은 매우 중요한 역사적 사실이다.[46]

통도사의 잡역들이 혁파되고 환성이 쓴 「통도사견역복구비서通度寺蠲役復舊碑序」(1728년)에는 혁파를 도와준 5인에게 다음과 같이 적어 감사를 표하였다.

> "아아, 이 다섯 대부는 바로 우리 통도사를 치료한 명의로다. 이들은 보답할 수도 없는 땅에 은덕을 베풀었으니, 명주나 옥환으로도 보은할 수 없도다."[47]

---

[46] 환성과 통도사에 대한 자료는 2018년 12월 통도사에서 열린 학술대회 『한국불교 법맥의 원류 환성지안과 통도사』와 윤영해(2018) 등을 참고하길 바란다.

[47] 〈통도사견역복구비〉(통도사 부도전), "…於五大夫卽我通度之愈扁是之謂垂德於不報之地珠若環無可施矣."

위에서 말한 5인의 명의는 관찰사 박문수^{朴文秀}(1691~1756), 황선^{黃璿}
(1682~1728), 군수 김성발^{金聲發}, 수군절도사 손명대^{孫命大}, 좌순막 박정
빈^{朴廷賓}이다. 환성은 통도사를 "我通度"로 칭하면서 통도사 대중을 대
표하여 이들에게 감사를 표한 것이다.

환성은 존재 자체만으로도 큰 의미가 있는 한국 선종에서 매우 중
요한 인물이다. 20세기 중반에 이르러 조계종의 모든 사찰들이 정비
를 시작하면서 환성과 인연 지어 선종 사찰로서 면모를 갖추려 하고
승려들은 모두 환성의 법손임을 자처하였지만 정작 그 뿌리가 명확
하고 흔적 또한 뚜렷한 통도사에서는 오히려 환성의 흔적을 소홀히
한 면이 없지 않다.

통도사는 16세기 이후, 청허계와 부휴계가 공존[48]하였고, 18~19세
기에는 환성 아래 문인들이 다양한 문계^{門契}를 만들어 활동하다 보니
사찰 운영에 있어 번거로움이 많았다. 구하는 이러한 점을 해결하기
위해 문계를 하나로 통합하고 통도사 대중들이 환성의 법손들임을
알리고자 종계의 서문에 다음과 같이 적었다.

"…선사의 아래로 설송^{雪松}·호암^{虎巖}·함월^{涵月} 세 갈래로 나
뉘었는데, 설송의 아래로 응암^{凝庵}이 있고, 호암의 아래로 용파
^{龍坡}가 있다. 응암과 용파 조사의 후손들은 마침내 이 산에 거처
하면서 저마다 양대 종파의 문계^{門契}를 세웠다. 재물을 갹출하
여 본전을 마련하고 그 이자를 가져다 세시에 바치는 물건과 경

---

48 이종수는 앞의 논문에서 통도사는 문파 간의 화합 전통으로 인해 여러 차례 금강계단의 중수가 이
어질 수 있었을 것이라고 예측하였다.

조사에 보낼 물품을 대도록 하였으니, 그 취지인즉슨 아름다웠다. 그런데 그 규범은 번거롭고 자잘한 데 미치었으니, 어찌된 것인가? 대저 '종宗'이란 존엄하게 받든다는 뜻이다. '계契'란 규약을 묶는다는 뜻이다. 저 존귀하게 여기는 바를 존엄하게 받들고, 저 규약으로 할 바를 묶는다면 지극한 일이다. 어찌 구태여 하나의 종宗 안에 다시 문호를 세워서 '나'라 하고 '너'라 하고난 뒤에야 만족하려는가? 외람되이 여러 사람의 마음이 함께하는 바를 근거로 하여, 한 사람이 창도하자 백여 사람이 수답하였다. 이에 저 두 종계가 예전부터 지니고 있던 것을 합하여 하나로 만들고 마침내 그 이름을 '환성종계'라고 붙였다…"[49]

구하는 각 문파의 종계가 진행하고 있는 일들에 대해서는 매우 아름답다고 치켜세우면서도 그 과정의 번거로움과 세분화 때문에 일 처리에 어려운 점이 많다고 하였다. 즉, 취지의 정당성을 인정하고 문도들을 아우르면서도 진행 과정에서의 문제점들은 과감히 정리할 필요가 있음을 적시한 것이다. 또한, 사중의 화합을 저해하는 '나'와 '너'라는 분별을 극도로 경계하였고, '계'를 통해 '하나'를 이루고자 하는 취지의 당위성을 주장하였다. 그리고 다시 원론으로 돌아와 환성을 그리워하는 자신의 마음을 표현하면서 통합을 하는 근본 취지를 '…

49 『喚惺祖師宗契册』(환성조사종계책, 1920) 案 중에서, "…師下出雪松虎嚴滿月三派而雪松之下有凝庵虎嚴之下有龍坡凝庵龍坡二師之後孫遂居玆山各立兩宗之門契醵財植本取其利息以供歲時之餽資慶戚之膾品於其旨則嘉矣其規涉於煩屑何也夫宗者尊也契者約也宗其所尊而契其所約則至矣何必一宗之內更立門戶曰我曰彼然後得許哉肆以衆謀攸同一唱百酬迺合其兩宗契之舊有而一焉遂錫名曰喚惺宗契…"

기울지도 않고 치우치지도 않음은 오직 우리 환성 조사의 종계만이 그러하다.'[50]라고 하며 글을 마무리한다. 즉, 유화有和를 통해 반대파들을 아우르면서도 개혁의 정당성을 인지시키고자 하였다. 이는 구하 특유의 겸손하면서도 과감한 추진력의 발로라 할 수 있겠다.

안案의 서명에는 '佛紀 二九四七年 庚申 六月 喚惺祖師十一世孫 本山 住持 九河天輔 謹誌'라 하여 구하 본인이 환성의 11세 법손임을 명시하였고 계원 명부를 환성이하, 설송연초雪松演初, 호암체정虎巖體靜, 함월해원涵月海源, 응암희유凝庵希愈, 용파도주龍坡道周 등을 '(故)'로 표기하여 기록하였으며 그 아래로 해봉석만海峰石萬을 시작으로 총 377명(以上三百七十七名)의 계원이 있음을 밝혀놓았다. 결국은 모두가 환성의 법손들이기 때문에 통합을 통해 자신의 개혁에 동력을 얻고자 하였고 동시에 통도사가 환성의 종가집이요, 선의 종가집임을 확고히 하고자 한 것이다.

통합 이후, 환성종계의 활약이 크게 눈에 띄지 않는 이유는 계원들 자체가 모두 통도사의 주요 승려들이기에 굳이 이중으로 시주질에 이름을 올릴 필요가 없었을 것이라 짐작된다. 현재 남아 있는 자료 중에는 〈무풍교석축기증비舞風橋石築寄贈碑〉(1922년, 85×196)에 종계의 이름으로 100원을 시주한 것이 보이고, 1933년 각 법당 불상을 도금하는 불사[51]에 15원을 종계의 이름으로 시주한 것이 보인다. 당시 구하는 유나로 이름을 올렸다. 구하의 일지에는 환성종계의

---

50 『환성조사종계책』(1920), "…不倚不頗者唯我喚惺宗契是也…"
51 〈본사각법당성상도금연화기 기일 현판〉(本寺各法堂聖像鍍金緣化記 其一 懸板, 1933年, 29×311), 통도사성보박물관 소장.

결성 이후 개혁과정 중에 당시 대중들과의 불협화음에 대한 기록은 크게 보이지 않는 것으로 보아 환성의 소환은 매우 성공적이었음을 알 수 있다.

2. 교육 기반 확립[52]

구하 개혁의 방점은 통도사의 백년대계를 위한 대중 교육의 기반 확립이다. 교육이 기초되어야 포교든, 역경이든 실천할 수 있기 때문이다. 본인 스스로도 개혁 구상에 있어 교육을 최우선으로 목표하였고 이는 앞서 언급하였듯이 구하가 1906년에 일본을 시찰하면서 얻은 성과이며, 일본에서 귀국한 후 곧바로 교육 사업을 위한 구상들을 진행하였고 교육기관[53]의 설립이라는 꿈을 실현하게 된다.

> "…6월 13일에 본사에 학교를 설립하는데, 학감으로 임명하다. 3년이 지나고 1908년 4월 24일에 산중에서 함께 의논하여 학교사무소 위치를 정하고 서로 교육에 열심히 하였더니 등한시하고 포기로 보던 사람들이 어리석은 기운을 단합하여 시운을

---

52 구하의 교육과 포교에 대한 구상과 혁신, 그리고 그 성과들은 많이 연구가 되어 왔다. 그 중에서도, 구하와 명신학교 관련해서는 한동민(2011)에 상세하게 정리되어 있다.

53 통도사에 설립된 학교는 크게 네 학교로, 1906년 성해에 의해 황화각에 설립된 '불교전문강원'은 경율론 삼장의 전문교육기관으로 초등 2년, 중등 3년, 고등 2년 과정으로 운영되었다. "명신학교"는 2년제 학교로 화엄전과 만세루를 교실로 사용하였고, 양산시 초등교육의 시초로 현재 하북초등학교의 전신이며, 생도들은 원통방을 기숙사로 사용하였다.

다투어 일어나니 유신조직에 대한 많은 일들이 와해되었다. 그
때 사실들은 다 기록하지 못하는 고로 별선에 적어놓았더라."[54]

　　1906년(35세)의 일지 기록이다. 구하는 5월경에 귀국하여 사중의
원로들과 화엄전에 양산시 초등교육의 시초로 현재 하북초등학교의
전신인 명신학교 설립을 추진하여 학감으로 임명되었다.[55] 그리고 3
년간 노력과 정성을 들였지만 그 과정에서 시기 질투하는 이들의 방
해가 얼마나 많았는지 '별선기재別線記載'를 통해 짐작이 된다. 그 연유
로 학감직을 그만두게 되지만 2년 후인 1911년 1월 다시 학감이 된
것으로 보인다. 당시 섭리 용성龍惺 화상이 김구하의 선견지명을 알
고 서울로 올라가는 것을 막고 명신학교 학감으로 임명하였다는 것
이다.[56]

　　이후 1911년 주지 취임을 하면서 본말사법 제정과 함께 명신학교
를 총독부에서 통도사불교사립명신학교로 공식적으로 인가 받고[57] 교
장이 되어 학교를 경영하게 된다. 2년 과정의 명신학교는 그 뒤 1916
년 4월 1일 중학교 과정의 사립 통도사 학림으로 계승되었다.[58] 교실
은 천자각이었으며 신·구의 대립으로 1925년경에 폐교된 것으로 보

54　『구하역사』 1906년(35세), "…六月十三日에本寺學校를設立하난되學監을 任帶하다. 三年을 經하고
　　戊申(1908)四月二十四日에山中公議하고學校事務所位置를定하고誰某間教育에熱心하여더니等間
　　勉棄로見하던人事더리蒙昧之氣를團合하와 猜雲爭起하니 維新維職에對하와萬事瓦解터其時事實
　　은不可盡記故로 別線에記載하여더라"
55　"명신학교"는 2년제 학교로, 화엄전과 만세루를 교실로 사용하였고 양산시 초등교육의 시초로 현재
　　하북초등학교의 전신이며 생도들은 원통방을 기숙사로 사용하였다.
56　한동민(2011), 12 재인용.
57　『구하역사』 1912년(41세), "大正元年十一月一日通度寺佛教私立明新學校을總督府서認可하더라."
58　영축총림통도사(2008), 26.

이지만 이를 계승하여 1934년 4월 1일 통도중학교가 개교하였는데 위치는 현재 성보박물관 자리이다.[59]

구하의 교육기관에 대한 관심은 통도사 내의 행정에 그치지 않았는데, 1921년(50세)에 진행되었던 총무원의 보성고등보통학교普成高等普通學校의 인수에 관한 기록 또한 주목할 만하다. 당시 경성의 총무원 주최로 천도교에서 경영하던 보성고등보통학교를 인수하기 위해 총무원 관계자들과 함께 부산으로 내려가 직접 범어사 주지 등과 상의하여 불교계로 인수한 일[60]인데, 구하의 교육에 대한 열망은 비단 통도사에만 국한된 것이 아니었음을 알 수 있는 대목이다. 일련의 일들이 처음부터 구하의 주도로 이루어진 것인지는 확인할 수 없지만 적어도 매듭짓는 과정에서 주도하여 성과를 얻었고 이를 일지에 적어 기억하고자 했던 것은 그만큼 자신이 바랐던 교육환경의 확대에 대한 성과 때문이라 생각된다.

한편, 구하는 사찰 내의 유신개혁을 진행하면서 승려 교육에 대한 규정도 함께 만들게 되는데, 보통학교 졸업 후에는 각각 시험을 선택하여 상급학교로 가서 불교전문강원을 졸업하면 선방에 입방하여 3년이 지난 후에 입신양명하기로 규정하였다.[61] 즉, 교리를 익히고 선방에서 3년 수행 정진 후에 자신의 뜻을 펼 수 있게 한 것이다. 교육

---

59 이병길(2019), 24-27 참고.

60 『구하역사』 1921년(50세), "…京城總務院主催로天道教에經營하던普成高等普通學校을佛教에引受하기로動議되아崔麟氏鄭大現氏와總務院財務部長黃耕雲이案內로東萊溫泉場鳴戶旅館에梵魚寺住持와相議하야佛教로引受하기로歸結하고總務院서學費支拂과校의維持을擔任하다"

61 『구하역사』 1914년(43세), "普通學校卒業後人格을試擇하야上級學校로佛教專門講院으로卒業하면 禪堂에入하야三年을經한後에出身揚名하기로規定하고…"

에 대한 철학은『조선불교총보朝鮮佛教叢報』에 실린 구하의 글을 통해 그 지향점을 파악할 수 있다.

> "정신을 수양할지니 문학만으로 학문의 충족이라 하지 못하며 언설만으로는 지식의 확충이라 하지 못하니, 결실할 희망이 없다 하면 아무리 화려한 꽃일지라도 그 꽃은 헛된 꽃이라 할 것이다. 곡식을 기를 지력이 없다 하면 아무리 평탄한 땅이라도 그 밭은 황폐한 밭이라고 할 것이다. 지식의 교육보다 정신의 교육을 중시하며 육체의 수양보다 정신의 수양을 주의하여라."[62]

강원 졸업 후 '3년간의 참선 정진'을 규정한 것이나, 청년들에게 '정신적 수양을 강조'한 것을 보면 구하의 교육관이 화려한 언설보다 내적 수양을 우선하였음을 알 수 있다. 그러하기에 구하 본인 또한 언설로만 교육의 중요성을 외친 것이 아닌, 도제양성을 위한 실질적 도움과 지원을 아끼지 않았다.

실제적 도움의 측면에서 보자면, 훌륭한 강사들을 초빙하여 올바른 현실인식과 시대적 사명을 후학들에게 가르치는 일이었는데 그 역할을 한용운과 백초월[63]을 통해 실현코자 하였다. 이들을 강사로 초빙하면서 특히, 한용운은 통도사 대중의 반대 속에서도 초빙하여

---

62 〈吾教靑年學生諸君의게〉,『朝鮮佛教叢報』제 6호(1917년).
63 백초월이 통도사에 머문 시기는 1912년 이후 약 1년여 간으로 추정되는데 이는 당시 강원생이었던 박원찬(운제)의 수행이력서에 강사로 명시되어 있다.

일제의 감시에서 조금은 자유로울 수 있도록 하였다.[64] 이는 한용운에 대한 구하의 배려였다. 당시 한용운은 기신론을, 백초월은 『반야경』과 『원각경』을 가르쳤는데,[65] 셋은 서로 추구하는 방법은 달랐지만 민족 인식과 항일에 대한 의지에 있어서의 목표와 뜻은 같은 동지였다. 구하는 이들을 통해 당시 통도사의 강원과 학림생들에게 민족의식을 일깨우고자 하였고, 나아가 항일에 대한 거시적 계획과 함께 구하가 추구하고자 하는 통도사의 미래를 함께 열 수 있을 것이라 생각했을 것이다.

1915년에는 중앙학림(현 동국대학교) 개교에 맞추어 백초월이 초대 강사로 내정되고, 1917년 김구하가 학림장이 되었으며, 한용운은 1918년부터 강사를 지내게 된 것도 통도사 강원에서의 인연이 연장된 것이 아닐까 생각된다. 백초월은 실제 강의를 하진 않았지만, 이후 통도사에서 가르쳤던 후학들이 서울로 진출하여 중앙학림과 중앙학교로 입학하면서 뜻을 계승하여 1919년 신평만세운동과 3·1만세운동이라는 실천적 행동으로 이어지게 된다.[66]

교육 지원 측면에서 보자면, 중앙학림이 개교하던 1915년(44세) 일지에는 첫째가 교육이요, 둘째가 포교, 셋째가 사찰의 정비라고 기록할 정도로 교육에 대한 확고한 의지를 밝히면서 경제적 지원과 함께 매년 삼십 명의 일본 유학생을 선발하여 신교육을 받도록 하였다.[67]

---

64 한용운은 기신론, 백초월은 반야경과 원각경을 가르쳤던 기록이 있다.
65 박원찬의 이력서를 기준으로 하였다.
66 영축총림통도사(2008), 34-40 참고.
67 영축총림통도사(1998), 627.

"…첫째는 교육이요, 둘째는 포교, 셋째는 사찰의 정비이다. 그 외, 현재 대중의 수가 319명이라. 도제양성에 힘을 다해 권하노니 가난한 이는 사찰의 쌀과 돈으로 보조하며 혹은 전담하여 일본, 경성으로 유학도 하며, 불교전문강당에는 공양미 세 말을 보조하여 공부에 힘쓰게 하고, 포교는 불교생으로 순회포교로 지방교당을 열되 인연 따라 울산, 마산, 창원, 무안, 통영에 교당을 지어 포교사를 파견하여 교화하며…"[68]

구하는 어려운 시기에도 후학양성에는 지원을 아끼지 않았다. 이러한 구하의 교육열에 대해 후학인 벽안은 '총명하고 준수한 자를 선발하여 외국에 유학 보내 훌륭한 인재를 키웠으니 장차 도움이 될 동량으로 쓰려고 하였던 것이다.'[69]라 하며 그 목적성을 부연하였다.

구하의 교육 열정은 포교[70]를 통해 가장 두드러지게 결실을 맺는다. 특히, 경남 일대의 포교는 1군郡 1포교당을 목표로 실천하였고, 1912년 마산 포교당을 시작으로 큰 성과를 거두었다.

포교당의 확대와 동시에 통도사 내부에서의 대중포교를 위해 정기 법회나 행사 등을 기획하기도 하였는데, 그중에서도 가장 주목할

---

68 『구하역사』 1915년(44세), "…一日教育二日布教三日寺刹修葺其他 現在大衆은數가三百十九名이라 徒弟養成을盡力勸告하야淸貧者은寺粮과寺金으로輔助하며혹專擔하야日本, 京城으로 留學도하며 佛教專門講堂에은粮米三斗式輔助하야課業에務力하기하고 布教는佛教生으로巡廻布教로地方教堂을始設하되因緣을從하야蔚山, 馬山, 昌原, 武安, 統營에建設敎堂하야布教師을派遣教化하며…"

69 〈구하당대종사지비〉(九河堂大宗師之碑, 1965年), "…選拔聰明俊秀者 遊學外邦爲杞梓之材者將後用補寺之棟樑…"

70 구하의 포교에 대한 성과는 일일이 거론할 수 없을 정도이며, 연구들 또한 진행되었기 때문에 이 장에서는 『鷲山 九河大宗師 民族佛教運動 史料集』에 보이는 구하 포교에 대한 글을 정리하고 교육의 연장선에서의 포교로만 간단히 언급하고자 한다.

만한 법회가 바로 화엄의 대중화를 위한 화엄산림법회의 개설이었
다. 1920년(49세)의 일지에는 10년 회향을 목표로 화엄산림을 개최하
였으며, 설법사로 박보택과 해담 두 강백을 청하였다고 적었다. 모여
든 이들이 선남선녀와 본산 대중들을 합쳐 수백이었으며 그 시기는
매년 음력 2월 그믐에 입재를 하여 3월 말에 회향하였다고 한다.[71]
기존 통도사 화엄산림의 시작이라 여겼던 1927년 통도사 극락선원
에서의—27일간의—화엄산림 법회보다 훨씬 이른 시기에, 본산에서
구하 주도로 화엄산림법회가 진행되었음을 알 수 있다.

이처럼 구하는 교육에 있어 누구보다 큰 혜안을 가졌고 그 활용에
서도 포교를 통해 큰 결실을 맺어 통도사의 백년대계에 기초를 다졌
다. 사제인 경봉은 구하의 회갑연에서 "사찰을 위한 공덕 영원히 빛
나고 / 좋은 집안 위해 정성 쏟으니 멀리 향기 진동하네[梵刹功傳千古月 /
蘭庭誠積萬般香]"라고 하면서 통도사와 후학을 위해 쏟은 정성을 칭송하
였지만, 구하 개인적으로는 유신의 과정에서 자신의 헌신을 통해 성
장한 후학들에게 공격 받는 일들은 혼자 삼켜야 할 가슴 아픈 일이었
다. 그때마다 구하는 일일이 대응하지 않고 '참고 또 참고, 견디고 또
견뎠다.'[72]고 일지에 적었는데 이 단어들은 통도사의 개혁과 근대화
의 과정에서 구하가 감내해야 할 시련과 고통, 그리고 외로움이 아니
었나 생각된다.

---

71 『구하역사』1920년(49세), "…十年回向으로 華嚴山林을 設於 大雄殿하고 說法師은 朴寶澤海曇 兩伯을
     請하얏다 信男信女와 本山大衆合數百人이라[日二月晦始하야三月末에終하고…"
72 『구하역사』1922년(51세), "…恰如家兒之搖亂하야 對抗할수도업고 辭極录录이나忍之又忍하며堪之
     又堪하얏노라 推憶過去事하니 人材養育도虛誕之事이오 爲寺功績도亦然이오 佛法中勞力도虛妄이라
     …(중략)… 多數養育한 學生이 尤甚反抗하니 甚歎이라…"

IV. 나가는 말 :
구하 개혁의 특징과 불교사적 의의

구하의 개혁이 불교사에서 갖는 의의는 개혁 정신·이판과 사판에서의 활약·문학적 양식·사상적 영향 등으로 나누어 살펴볼 필요가 있다. 기존 연구에서 개혁 정신과 항일에 관한 언급들은 어느 정도 해소가 되었지만 문학이나 사상적 측면에서 성과는 미흡하다. 추후 문학과 사상들이 연구되어 균형이 잡혀질 때 구하에 대한 거시적인 평가가 이루어 질 수 있을 것이라 생각된다. 본장에서는 앞에서 검토된 주제들을 통해 구하의 개혁 과정에서 보인 특징과 의의를 간단하게 정리하여 결론을 대신하고자 한다.

첫째, 주지 취임 직후 보이는 개혁의 과정은 대중들의 쇄신과 함께 동시다발적으로 진행된다는 점이다. 즉, 개혁의 대상들을 여럿 함께 진행하면서 하나씩 완수해나가는 식이며, 줄여가는 과정에서 심사숙고하는 흔적이 보이기도 한다. 구습 타파를 위한 승려의 규제 개혁, 재산의 투명성과 주지 권한의 강화, 각 방과 암자의 역할과 각 전각들의 활용을 명확하게 하는 점 등이 개혁의 시작과 동시에 진행되었다. 즉, '안으로부터의 개혁'이 우선이었고, 특정의 개혁이 아닌 총체적 개선을 통해 시대적 요구에 부응하고자 하였다.

둘째, '안으로부터의 개혁'은 현재의 대중들이 공유할 수 있는 공통적 분모를 통해 감동을 공유하고자 종조인 자장과 중흥조인 환성을 소환하여 개혁의 큰 지렛대로 삼았다. 일반적으로 근대 개혁의 배경은 '변화'이다. 사회적·시대적 변화와 동반하는 인식의 변화이며 관점의 변화이다. 이러한 변화의 시기를 놓칠 경우[73], 종교 내부의 마찰이 아닌 또 다른 거대한 사회와의 마찰을 감당해야만 한다. 구하가 자장·환성을 통해 대중화합을 우선시 한 것은 서로 간의 다툼을 최소화해야만 근대화를 나아감에 있어 장애가 최소화될 것이라는 기대 때문이었다.

셋째, 개혁의 최종 목표는 공생이었다. 가교가 바로 교육이다. 교육기반의 확립은 당시 많은 개혁 성향의 승려들이 추구하는 바였지만, 구하처럼 초·중·고등 교육의 기반 확립과 폭넓은 교육망 구축을 실천한 이는 드물다. 이를 통해 포교와 역경 등으로 영역을 넓혔고, 불교가 세상 모두와 공생할 수 있도록 노력하였다. 시대적·시기적 한계 때문에 경남 일대로 한정되었지만 당시는 획기적이었고 세계일화의 작은 실천이었다고 볼 수 있다.

이처럼 근대불교사의 일면에서 이루어진 구하의 개혁은 매우 성공적이었다고 볼 수 있다. 그러나 과정에서 오는 반의들의 공격은 오롯이 구하의 몫이었고, 대응이 아닌 '인내'와 '견뎌냄' 그리고 '포용'을 통해 성과를 이루고자 하였다. 자신 또한 인내에서 오는 고통은 그것이 존재함으로 즐거움이 있다고 하였다.

근대 대표적 개혁운동이 경허의 '정혜결사운동'인데, 이 운동 또한 불교의 자질 향상을 목표로 하였지만 결과적으로는 선의 중흥이라는

---

73 구하는 「20世紀 佛敎」에서 개혁의 때를 놓친 것은 오랜 세월 잠재된 습관 때문이라고 하였다. - 영축총림통도사(2008), 275.

이미지가 먼저 각인되어 버렸다. 그러나 구하는 처음부터 끝까지 '유신개혁'을 외치며 내부의 체질 개선부터 행하였고, 방법론으로 일관되게 '교육'을 통한 '포교'를 주문하였다. 그 성과는 통도사의 현재 모습에서 찾을 수 있으며 그 기반 확립을 마련한 것이라 할 수 있겠다. 친일이라는 오명 속에서도 한용운과 백초월을 만나고 김구를 만났으며, 윤현진과 서병오 등과 어울려 시를 지었다. 현재로서는 상상도 할 수 없지만 구하는 거리낌이 없었다. 이는 올바른 민족의식이 공유되었기 때문에 가능한 일이었다.

이처럼 경계선을 아슬아슬 넘나들고, 보는 이의 시각에 따라 달리 비춰지는 드라마틱한 인물을 근대 불교사에서 찾아 볼 수 있을까! 시와 글에서는 감동을 주고, 어색함 뒤에는 담대함이 있었으며, 과감함 뒤에는 따뜻한 정이 있던 구하의 삶이 개혁에만 치우치지 않고 기존 연구에서 나아가 이면에서 감내해야만 했던 고통과 희생을 제대로 살필 수 있다면 구하를 바라보는 극명한 시각차가 조금은 좁혀지지 않을까 생각된다. 그런 의미에서 이 연구가 조금의 마중물이 되었으면 한다.

04

구하의 문집과 통도사지 간행의
불교사적 의의

김순석* (안동국학진흥원 박물관장)

* 한국국학진흥원 유교문화박물관장

김순석 (안동국학진흥원 박물관장)

고려대학교 사학과를 졸업하고 동 대학원에서 석사학위와 박사학위를
취득하였다. 태동고전연구소를 수료하고, 독립기념관 연구원과 순천향
대학교, 고려대학교 강사를 거쳐 현재 한국국학진흥원 수석연구원으로
재직 중이다. 주요 저서로는『일제시대 조선총독부의 불교정책과 불교
계의 대응』,『한국 근현대불교사의 재발견』,『근대 유교개혁론과 유교의
정체성』,『불멸의 민족혼 되살려 낸 역사가 박은식』등이 있다.

Ⅰ. 들어가는 말

본고는 한말에 태어나 일제강점기를 거쳐 해방 이후 6·25전쟁과 4·19 등 격동의 시기를 살다간 근현대 불교계에서 큰 역할을 하였던 통도사의 고승 김구하金九河(1872~1965)의 문집인『축산문집鷲山文集』과 2020년에 발간된『신편新編 통도사지通度寺誌 : 한국 불교 근본도량 통도사 1375를 기록하다』[1](이하『신편 통도사지』로 표기함) 간행의 불교사적 의의를 검토한다. 통도사는 삼보사찰의 하나인 불지종찰佛之宗刹로 한국에 불교가 전래된 이래 불교계에 중요한 의미를 지니는 사찰이다. 그런 까닭에 이 두 책은 통도사라는 공통점을 가지지만 책의 내용과 체제는 이질적이다.『축산문집』은 김구하라는 승려의 문집인 까닭에 개인의 시문詩文과 사생활에 관한 기록이다.『신편 통도사지』는 통도사의 연혁과 전각, 산내 암자와 말사, 통도사에 주석하였던 승려들에 관한 기록이기 때문에 이질적이다. 그런 까닭에 이 글은 이질적인 두 주제를 통도사라는 공통점에 초점을 맞추어 전개해 보고자 한다.

『축산문집』의 초간본은 1973년 7월에 간행되었는데 한문으로 되어있어 가독성이 떨어졌다. 1998년 문도들은 뜻을 모아 번역본으로 새롭게 출간하였다.[2] 뿐만 아니라 같은 시기『축산문집』에 실리지 않

---

1 신편통도사지편찬위원회(2020).
2 月把(1998), 633-634.

은 그의 시집인『금강산관상록金剛山觀賞錄』도 함께 출간되었다.『금강산관상록』은 일제강점기인 1932년 김구하의 생전에 출간되었다. 이해는 그가 회갑을 맞는 때였는데 금강산을 구경하면서 지은 시를『금강산관상록』이라 이름하고 100권을 편집·인쇄하여 이름 있고 아는 사람들에게 누워서 금강산을 구경할 수 있도록 하기 위해 책을 발간하였다고 한다.[3] 이 시집은 한 번도 학계에서 검토된 바가 없기 때문에 한문학이나 국문학계에서 검토할 필요가 있다고 본다. 그렇지만 본고에서 따로 검토하지는 않는다.

불교는 우리 문화와 사상계에 중요한 위치를 가지고 있고, 모든 대학의 철학과에서 불교철학이 강의되고 있지만 정작 사찰의 사지寺誌 발간은 활발하지 못하다.[4] 불교학의 이런 중요성에도 불구하고 오랜 전통을 가진 사찰에서 조차 연혁과 활동을 정리한 사지가 정리되지 않은 까닭에 불교계뿐만 아니라 전통사회의 문화와 사상을 이해하는 데 어려움을 느끼게 한다.[5]

통도사는 역사가 1400년에 가까운 국지대찰國之大刹이고 한국 불교계의 상징적인 사찰임에도 대중들이 쉽게 읽을 수 있는 사지寺誌가 없었다. 2020년『신편 통도사지』가 발간된 배경은 이렇다. 1979년『통도사지通度寺誌』가 한국학문헌연구소韓國學文獻硏究所에서 발간된 바 있었다.[6] 이 사지는 당시 동국대학교 박물관장으로 재직하고 있던 장충

---

3 『金剛山觀賞錄』(1998).
4 채상식(1990), 70.
5 허흥식(1993), 788.
6 韓國文獻硏究所(1979).

식張忠植(1941~2005) 교수가 그때까지 전해오던 통도사에 관한 기록들을 모아서 편찬한 책이다. 이 사지는 통도사의 기문記文과 시문詩文들 그리고 탁본을 수록하였다. 이들 가운데 상태가 좋지 못한 것은 다시 필사하는 노력도 있었는데 간혹 글자를 잘못 읽은 것도 있을 것이라고 한다.[7] 그런데 이 책은 한문 필사와 탁본을 번역문 없이 그대로 전재全載함으로써 전문학자들 마저도 접근이 쉽지 않은 한계가 있었다. 통도사는 2018년 유네스코 세계문화유산으로 등재된 것을 계기로 시대변화에 부응하는 새로운 사지 편찬의 필요성을 느끼고 있었다. 이러한 시기에 2019년 6월 통도사 방장 성파와 주지 현문 등은『신편 통도사지』발간을 결정하고 실무자들에게 영축문화연구위원회의 구성을 지시하였다. 이후 연구위원들을 위촉 하고 이들은 사지편찬위원[8]이 되어 편찬 작업에 착수하여 2020년 12월『신편 통도사지』가 출간되었다. 이 과정에서 주도적인 역할을 하였던 것은 통도사에서 소임을 맡고 있던 광우 그리고 승가대학교의 자현과 같은 승려들과 동국대학교 교수인 이철헌 등이었고, 여기에 대학과 연구기관의 연구원들이 필진으로 참여하였다. 이 사지는 대중들이 쉽게 읽을 수 있도록 한다는 원칙을 가지고 한글을 전용하고 필요한 경우 한자를 병기하도록 하였다. 일반 독자들을 위하여 되도록 각주를 피하고 본문

---

7   張忠植(1979),「해제」,『通度寺志』, 3-9.
8 『신편 통도사지』편찬위원회의 구성을 살펴보면 이렇다. 증명 : 종봉성파(영축총림 방장), 위원장 : 현문(통도사 주지), 편찬 도감 : 광우(통도사 노전), 편찬 간사 : 송천(성보박물관장), 편찬위원(영축문화연구원 연구위원) : 덕문, 광우, 인해, 영산, 자현, 송천, 혜일, 윤영해, 김순석, 이철헌, 편찬원고 집필자 : 광우, 자현, 이철헌, 이병길, 한정호, 신용철, 최두헌, 통도사 성보박물관, 동국대학교 불교학술원, 동국대학교 불교기록문화유산아카이브 사업단.

속에서 설명하도록 하고 꼭 필요한 부분은 후주로 처리하였다. 『신편 통도사지』를 출간한 것은 불교계뿐만 아니라 한국문화계의 큰 경사라고 할 수 있다. 왜냐하면 불교계의 대표적인 사찰의 연원과 현황 그리고 소장 문화재를 세상에 알리는 것은 결국 우리 문화의 격을 높이는 것이기 때문이다.

그런데 김구하의 문집인 『축산문집』과 『신편 통도사지』를 한 편의 논문으로 구성하기에는 지면도 부족하고 내용도 이질적이어서 소화하기 힘든 면이 있다. 그런 까닭에 본고에서는 『축산문집』의 체제와 내용 분석에 중점을 두기로 하고, 『신편 통도사지』에 대해서는 구성을 소개하고 발간 의의 정도를 언급하기로 한다. 『신편 통도사지』에 대한 정치한 분석과 구체적인 내용 소개는 후일 이 사지 발간에 주도적으로 참여하였던 학자들이나 다른 전문가들의 심도 있는 논고를 기다리고자 한다.

II. 『축산문집』 구성과 내용

1. 『축산문집』의 구성과 내용

『축산문집』의 초간본은 1973년 김구하의 사제師弟인 경봉鏡峰이 서문을 쓰고 통도사에서 발간되었다. 그런데 이 문집은 한문을 그대로 실은 형태라서 대중들이 읽기가 어려웠다. 그런 까닭에 이 문집은 25년이 지난 후 번역을 거쳐 영축총림靈鷲叢林 통도사에서 발간되었다. 권두언은 경봉, 서문은 김구하의 맏상좌이며 당시 대한불교조계종 종정이었던 월하月下가 썼고, 발문跋文은 당시 주지였던 월파月把가 기록하였다.9

『축산문집』은 맨 앞에 김구하의 사진이 실리고, 그 다음 사제인 경봉의 영찬影讚과 권두언이 있고, 그 뒤에 월하의 서문이 있다. 책의 끝부분에는 월하 쓴 행장과 벽안碧眼이 찬撰한 비문, 제자와 손상좌의 이름이 실린 문도질門徒秩, 사제 경하鏡河의 발문과 장충식張忠植의 추도문인 「영축산의 큰 별 구하 스님」이 실렸고 맨 끝은 월파의 발문 순으로 구성되었다.

『축산문집』을 자세히 검토해 보면 일반 여타의 문집과 다른 점이 있다. 일반적으로 유학자들의 문집은 약간의 차이가 있기는 하지만

---

9   月把(1998), 앞의 「跋文」.

대체로 시詩·서書·잡저雜著·서序·기記·상량문上樑文·축문祝文·제문祭文·만사輓詞·행장行狀·발跋 등의 형식으로 구성된다. 『축산문집』은 승려의 문집이라서 유학자들의 문집과는 차이가 있기는 하지만 시·서·제문·축문·기·서·찬·잡·발문의 순으로 편제되었다. 그런데 문집 전체 쪽수가 633쪽인데 시詩가 488쪽으로 전체의 77%가 넘는다. 시는 총 278수이며, 편지인 서는 28편이고 나머지는 제문·축문·기·서·찬·잡·발문 등으로 구성되었다. 서도 28편 가운데 상좌인 월하에게 보내는 것이 19편으로 2/3정도가 된다. 왜 이런 현상이 발생하였을까? 그 답은 장충식의 다음과 같은 글 속에서 찾을 수 있다.[10]

스님의 대사회적 기능 가운데 가장 두드러진 양면성은 여러 차례에 걸쳐 상해 임시정부에 군자금을 보내어 일본 경찰의 감시를 받았는데 이를 무마하기 위하여 거짓 친일을 하기도 하였다는 점이다. 특히 당시 백산상회白山商會 안희재安熙載에게 거액의 독립자금을 주었고 그 외에도 백초월白初月·김상호金尙昊·양대은梁大隱을 비롯하여 동래의 정모鄭謀 등 여러 사람에게 수차례에 걸쳐 독립자금을 전달하였으며, 그 내용은 발우鉢盂의 설포 전대를 뒤집어 소상하게 기록해 두었다. 그러나 해방 직전 일제의 압박이 더욱 극심해지면서 유수한 이들의 책과 사물을 조사한다 하여, 제자 월하가 많은 자료를 직접 불태우고 말았으니 이는 참

---

10   張忠植(1998), 624-631.

필자 또한 비슷한 이야기를 현 통도사 주지 현문으로부터 들은 적이 있다. 현문은 당시 김구하를 시봉하고 있었는데 1965년 김구하가 입적하고 나자 상좌인 월하는 스승의 행적 가운데 많은 문건들을 며칠 동안 태우는 것을 목격하였다고 한다.12 이와 같이 김구하의 많은 1차 자료들이 소각된 까닭에 근현대불교사에서 중요한 역할을 하였던 그의 행적은 구전으로 전하게 되어 사료로서의 가치가 희석되어 안타까운 실정이다.

다음으로 『축산문집』의 내용을 살펴보기로 하자. 문집 가운데 3/4을 차지하는 시의 유형은 참 다양하다. 승려였던 까닭에 불교의 선禪과 교教의 경지를 읊은 내용이 많다. 안거의 결제와 해제에 대한 소회, 남의 시에 화답하는 화답시, 아름다운 풍경을 노래한 것들, 상좌인 월하에게 수행을 당부하는 내용, 지인들인 세상을 떠났을 때 느끼는 추억과 무상함, 일본을 방문하였을 때 놀라움, 조선불교혁신에 대한 소망, 나이듦에 대한 감상 등 참으로 다양하다.

김구하는 일상의 모든 일을 시의 소재로 삼았으며, 그 소재들에 희로애락喜怒哀樂의 정서를 담아 멋들어지게 표현하였다. 『축산문집』에 나타난 시의 소재들을 살펴보면 대략 이런 유형들로 나누어 볼 수 있다. 선교禪教, 불이不二, 생사生死, 인연因緣, 윤회輪回, 진아眞我, 무상無常,

---

11 위와 같음.
12 이 이야기는 2021년 4월 25일 11:00~12:00 통도사 주지실인 보광선원에서 주지 현문으로부터 직접 들은 이야기이다.

득도得道, 만시挽詩, 만남과 이별 등이다.[13]

이 단어들은 불교와 밀접한 관련을 가진다는 점에서 김구하의 시는 불교의 영역 안에서 이해되어져야 제대로 이해할 수 있다고 본다. 또한 그는 개항기부터 일본을 출입[14]하였고 1917년 30본사연합사무소위원장을 지낼 때 총독부의 지원을 받아 불교계 주요 인사들과 일본 시찰을 다녀왔다.[15] 한용운 또한 1908년 일본을 방문하여 조동종대학에서 6개월을 수학한 경험이 있었다.[16] 김구하와 한용운은 당시 일본에서 선진문화를 볼 수 있었는데 그것은 '질서와 발전'이었다.[17] 이러한 까닭에 김구하와 한용운은 밀접한 관계를 형성하였고 불교계 개혁에 주력하였다.

이러한 실례는 불교계 지도자들이 1917년 4월 일본 정토진종淨土眞宗 동본원사파東本願寺派 법주法主 오타니 고엔[大谷光演]을 만난 자리에서 드러난다. 이 자리에서 고엔은 "오늘 일본 불교계와 조선불교계가 서로 협력하여 포교에 힘써 조선불교가 고대에 크게 융성하였던 영광을 회복하기 바란다."는 취지의 발언을 하였다. 이 모임에는 김구하·강대련·한용운 등 다수의 승려들이 참석하였는데 한용운은 고엔의 이 발언에 대해 이런 요지의 발언을 하였다. "우리도 일본 불교의 왕성함을 본받아 일본과의 교류를 통해 발전을 도모하고자 한다."고 하

---

13   『鷲山文集』(1998).

14   碧眼(1998), 「傳佛心印扶宗樹教九河堂大宗師之碑」, 『鷲山文集』, 616-617.

15   이경순(2000), 51.

16   이경순(2000), 56.

17   이경순(2000), 68.

였다.[18]

　김구하는 조선총독부 학무국 주관으로 1917년 8월 31일부터 25일 일정으로 일본 불교시찰단의 단장 자격으로 일본을 방문하는 기회를 가진다. 일본 불교시찰단의 구성은 당시 30본산연합사무소 체제 하에서 유력한 본사 주지 6명[19]과 수반말사 주지 2명, 조선불교총보 기자와 안내를 맡은 총독부 일본인 촉탁 등 총 10명이었다.[20] 이들은 조선총독 하세가와 요시미치[長谷川好道]로부터 300원과 정무총감으로부터 100원의 지원금을 받았다.[21] 8월 31일 이들은 각황[覺皇] 교당 불전[佛前]에 예를 올리고 남대문역을 출발하여 같은 날 오후에 관부연락선[關釜連絡船]을 타고 일본으로 향하였다. 다음날 시모노세키[下關]에 도착하였다. 김구하는 일본 문물을 보고 감탄하였고, 어떻게 해서든지 일본 불교를 배워야 한다고 생각하였다. 이러한 그의 생각은 불교계 개혁으로 나타났고, 개혁을 이끌어갈 사람을 키우는 것이 대안이라고 생각한 그는 평생 인재를 키우는 교육사업에 헌신하였다. 이러한 그의 모습은 강원의 학생들을 지원하고, 서울로, 일본으로 유학생을 파견하였으며, 그들을 만날 때마다 당시로서 적지 않은 돈을 주었고, 격려를 아끼지 않았다.

　일제강점기 조선총독부에서 불교계 일본시찰단을 파견한 목적은

18　《每日申報》,「광연법주의 선승접견」, 1917, 4, 28.

19　1917년 일본 불교시찰단에 참여한 승려들은 다음과 같다. 金九河(通度寺 住持 겸 30본산연합사무소 위원장 단당), 李晦光(海印寺 住持), 姜大蓮(龍珠寺 住持), 羅晴湖(奉恩寺 住持), 郭法境(威鳳寺 住持), 金龍谷(梵魚寺 住持 후보자), 李智永(傳燈寺 首班末寺 住持), 金相淑(奉恩寺 首班末寺 神勒寺 住持), 權相老(朝鮮佛教叢報 記者), 加藤灌覺(조선총독부 학무국 촉탁)

20　〈시찰일속〉(1917, 11, 20),《朝鮮佛教叢報》제7호, 朝鮮佛教叢報社.

21　이경순(2000), 63.

일본 불교의 우수성과 사회적인 영향력을 보여주고, 조선불교가 열등하다는 인식을 불교계 지도자들에 게 심어주는 데 있었다.[22] 불교계의 일본시찰단은 시찰 이후 귀국하면 시찰기를 당국에 제출하고 강연회나 간담회를 통해 자신의 경험을 일반 민중에게 전달해야 하는 의무가 있었다.[23]

조선총독부가 이처럼 불교계 일본시찰단 파견에 적극적이었던 이유는 이를 통해 조선인을 '동화'시킬 수 있을 것이라 믿었기 때문이었다. 불교시찰단이 주로 시찰한 시설은 동화정책의 수행과 관련있는 종교 · 문화 · 교육시설들이었다.[24]

김구하는 1911년 11월 통도사 주지로 피선되어 1925년 8월 사임할 때까지 무려 15년이나 주지 소임을 맡았다.[25] 주지 자리에서 물러난 그는 나이가 들면서 세월의 무상함과 남은 삶에 대한 소회를 「노년시」라는 제목으로 이렇게 술회하였다.

過稀此世事何業　고희 넘긴 이 늙은이 무슨 일을 할 것인가.
護寺育英石火輕　절 지키며 인재 기름이 석화石火보다 가볍도다.
斂迹山門依我佛　산문 속에 자취 감추고 부처님께 의지하여
餘生都付一心經　남은 인생 모두를 한 편의 심경에 맡기네.[26]

22　김순석(2003), 104.
23　조성운(2007), 153.
24　조성운(2007), 174.
25　한동민(2005), 「'사찰령' 체제하 본산제도 연구」, 300.
26　『鷲山文集』(1998), 154.

김구하의 시에 대한 사랑은 자신의 만사까지 「자만自輓」이라는 시로 남겼다. 이 시에 그는 한평생 자신이 살아온 여정을 다음과 같이 술회하였다.

此身不願百年生　이 몸은 백 년의 삶을 원하지 아니하고
了達淸眞脫世俗　세정을 벗어나 청진淸眞을 요달코자 했도다.

··· 중략 ···

無去無來元體性　원래의 체성은 감도 없고 옴도 없나니
逍遙自得任縱橫　종횡으로 소요함을 임의대로 맡기노라. 27

이 시에서 김구하는 청정한 수행으로 불법의 요체를 깨닫고자 하는 바람을 잘 드러냈다. 그의 이러한 바람은 15년이라는 긴 세월 동안 통도사 주지를 지내야 하는 현실에서 제대로 이루어지기 어려웠다. 그러나 본산 주지라는 소임을 내려놓은 순간 그는 수행자의 신분으로 돌아가서 1947년 나이 75세가 되도록 수행에 전념하였다. 그해 동안거 해제를 맞이하여 「정해년 동안거 해제운解制韻」이라는 시를 통해 선수행에 정진하는 면모를 보였다. 28 그는 유언마저도 환언유훈還元遺訓이라는 시에 담았다.

眼光隨色無餘盡　안광은 색을 따라 남김없이 다하고

27 『鷲山文集』(1998), 475-476.
28 『鷲山文集』(1998), 477-478.

意識遂成大歇消   의식은 소리를 좇아 크게 쉬고

還元自此非凡事   본래 자리로 돌아감은 범상한 일이 아닌가

古往今來又一朝   과거 현재 미래가 또한 하루아침이로다. 29

뿐만 아니라 김구하는 장례 절차와 이후의 일처리를 상좌들에게 이렇게 당부하였고, 비록 세연世緣이 다해서 떠나지만 인연은 계속 이어짐을 다음과 같이 상징적으로 표현하였다.

一. 환원한 다음 승문僧門과 속가 친족은 곡읍哭泣을 하지 말라.

一. 외부인에게 부고를 띄우지 말라.

一. 많든 적든 부의賻儀를 받지 말라.

一. 영위靈位는 별당에 설치하고 49일을 엄숙히 보내도록 하라.

一. 49일 뒤에는 모든 일을 완전히 끊도록 하라. 30

掃踪滅跡除根蔕   발자취 쓸어 없애고 뿌리마저 제거하더라도

雪裡梅花處處開   눈 속의 매화는 어디에나 피어 있도다. 31

김구하는 자신의 마지막 가는 모습까지도 시로 표현하여 선승으

---

29 『鷲山文集』(1998), 487-488.

30 위와 같음.

31 위와 같음

로서의 면모를 보여주었다. 그리고 제자들에게 장례를 검소하게 치르고 조문객들에게 부의를 받지 말라고 당부하는 모습에서 널리 베풀되 주었다는 생각마저 가지지 말라고 한 무주상보시無住相布施의 실천하는 모습을 볼 수 있다. 그러면서도 인연은 단멸斷滅되는 것이 아니고 재재처처在在處處에 다른 모습으로 화현化現한다는 것을 말하고 있다.

일상생활에서 일어나는 모든 현상이 시의 소재가 될 수 있다는 것은 조선 시대 유학자들에게서는 흔히 볼 수 있는 모습이었다. 유학자들은 산수를 유람하면서 아름다운 풍광을 마주할 때마다 시를 지어 감회를 드러내었다. 고요히 앉아 사색에 빠질 때에도, 지인과의 만남과 이별 속에서 자신의 감정을 타인에게 보이고자 할 때도 시로써 표현하였다. 이처럼 조선시대 사대부에게 시는 생활 곳곳에서 일어나는 모든 일을 시로 표현하였다.[32] 이처럼 김구하에게 시는 일상생활의 한 부분이었으며 행주좌와行住坐臥 어묵동정語默動靜을 표현하는 하나의 수단이었다.

김구하는 이처럼 많은 시를 남겼지만 그의 가슴 속에는 언제나 통도사가 있었다. 그는 통도사를 유달리 아끼고 사랑하였다. 『축산문집』에는 통도사의 아름다운 8경을 읊은 「통도사 팔경」이란 시가 있는가 하면 통도사에서 발행한 잡지를 축하하는 시도 있다. 김구하가 꼽은 「통도사 팔경」은 아래와 같은데 지면 관계상 전문은 소개하지 않는다.

---

32 이미진(2021), 149.

1. 무풍교의 찬 소나무[舞風寒松]

2. 취운암의 저녁 종[翠雲晩鍾]

3. 안양암 동대[安養庵 東臺]

4. 극락암 영지[極樂庵 影池]

5. 자장암 동천[慈藏庵 洞天]

6. 비로폭포[毘盧瀑布]

7. 백운암 북소리[白雲 鳴鼓]

8. 단성의 낙조[丹城落照]33

김구하는 통도사의 아름다운 전경을 「통도사 전경」에서 다음과 같이 노래하면서 그 속에 깃들어 살고 있는 자신이 불법의 감화를 입은 것에 감사하고 있었다.

寺在千蒼萬翠林　비취빛 울창한 산림 속에 절이 있으니

松濤竹浪共相吟　소나무 파도 대나무 물결이 서로 함께 노래하누나

… 중략 …

高竿建塔藏師蹟　높은 당간 탑 세움은 자장율사 공덕이니

教化幾多緇素襟　교화 받은 승속들이 어찌 많지 않으리34

---

33 『鷲山文集』(1998), 120-125.

34 『鷲山文集』(1998), 203-204.

이러한 김구하의 통도사 사랑에 대하여 대중들은 그가 30본산연합사무소위원장이 되어 본산 사무를 정리하기 위하여 2개월 예정으로 본사로 돌아올 때 300여명의 승려들과 직원들이 60리나 되는 물금역까지 마중을 나가서 맞이하는 것으로 화답하였다.[35] 김구하는 통도사의 모든 행사와 작은 일까지도 관심을 가졌고 가능하면 참석하였다. 1920년 통도사에서 《축산보림(鷲山寶林)》이라는 불교 잡지를 발간하였을 때 김구하는 〈20세기 불교〉라는 글을 통하여 현하의 불교계 상황을 진단하고 향후 나아갈 길을 다음과 같이 제시하였다.

차제(此際)에 불교는 타(他)의 종교에 선(先)하야 구태(舊態)를 변하야 차시대의 요구에 적합케 하야 최대의 활동을 경영함이 금일 불교도의 급무가 아인가. … 일(一)은 종래의 불교는 염세적 경향이 위주나 이래(以來) 불교는 낙천적 위주로 변개(變改)할 사(事) 이(二)에는 종래의 불교는 출세간의 경향이 유(有)하나 금후의 불교는 세간법으로 발전케 할 사로다.[36]

위의 글에서 보이는 것처럼 김구하는 조선불교계가 발전하지 못하는 요인을 시대의 변화를 수용하는 것에 느리고 염세적 경향이 강한 것에서 찾았다. 이러한 경향을 신속하게 바꾸어야 한다. 불교는 염세적이지도 않고, 충분히 낙천적으로 해석할 수 있고, 출세간법에

---

35 《朝鮮佛教叢報》제2호(1917), 53.
36 《鷲山寶林》창간호(1920), 4-5.

서 세간법으로 전환할 수 있는 여지가 있다. 그런 까닭에 불교도들은 현실에서 보다 적극적으로 개혁에 참여해야 한다고 주장하였다. 한 때 불교계 수장을 지냈던 그는 제1차 세계대전 이후 세계정세는 민족자결주의, 공산주의, 민족주의가 경쟁하는 시대에 미래를 속단할 수 없는 시기이지만 이런 시기일수록 적극적이고 능동적인 대처가 필요하다고 역설하였다.[37]

다음은 『축산문집』에 나타난 서, 다시 말하자면 편지를 살펴보기로 한다. 앞서 언급한대로 서는 모두 28통인데 불교계의 대선배인 김경운金擎雲에게 보낸 편지가 2통이고, 양파陽坡 이중구李仲久[38], 장응상張鷹相[39]에게 보낸 편지가 있다. 그리고 오대산 방한암 선사에게 상원사에 불이 나서 위로하는 편지, 양산군수 현의섭玄懿燮이 산청군수로 전근할 때 보낸 편지, 김천수金千洙가 서창西倉 우편소장으로 취임하는 것을 축하하는 편지 등이다.

나머지는 19통은 월하에게 보내는 편지로 전체 서간문 가운데 2/3가 넘는다. 상좌 월하에게 보낸 서간문을 살펴보면 그리움이 절절하게 묻어나 있다. 그 가운데 대표적인 것을 선정하기가 쉽지 않지만 3통을 골라서 그 내용의 일부를 소개한다. 이 편지가 언제 쓰여진 것인지에 대해서는 발신 날짜가 밝혀져 있지 않아서 알 수 없는 것이 아쉽다. 먼저 동안거 중인 상좌에게 보낸 스승의 걱정이 담긴 편지

---

37 위와 같음.

38 이중구(李仲久 : 1881-1952) 경주 출신 유학자.

39 장응상(張鷹相, 일본식 이름: 德山喬厚, 1878년 1월 26일 ~ 1942년 9월 15일)은 대한제국과 일제 강점기의 관료 겸 교육자이다.

가운데 일부를 소개하면 이렇다.

수일 동안 선정에 든 몸은 맑고도 화목한지? 이곳에서 하루하루를 넘기며 세월을 보낸다네. 너를 생각함이 지극하지 않은 날이 없으니 이것 또한 인연일새 어찌하고, 어찌할꼬.[40]

들은 즉 근래에 크게 용맹정진하고 있다고 하니 감회가 가득하다. 마魔가 강하고 법이 약한 이때에 혹여나 병마가 생하지는 않았는지 걱정이 되는구나. 하여간 크게 정진한 다음이라야 가히 증득하여 볼 수 있으리니 원컨대 공안公案을 타파하여 우리 집안의 큰 대들보가 되기를 기대하는 바이다.[41]

여가餘暇에 단주短珠를 만들어 보내 주었구나. 네가 손수 만든 것이라 네 얼굴을 보는 것과 다를 바 없어 언제나 손에 쥐고 바라보노라.[42]

김구하가 제자인 월하에게 보내는 편지는 마치 사랑하는 연인에게 보내는 것처럼 자상하고, 애정이 넘치는 듯한 모습을 볼 수 있다. 김구하는 월하에게 보내는 편지에 부모가 자식을 아끼는 마음을 담았다는 것을 느낄 수 있지만 그 어디에도 훈계를 하거나 소홀히 대하

---

40 『鷲山文集』(1998), 508.
41 『鷲山文集』(1998), 514-515.
42 『鷲山文集』(1998), 524-526.

는 것을 찾아볼 수 없으니 그만큼 제자를 믿고 있었음을 알 수 있다. 나아가서 이러한 상좌에게 문중의 큰 대들보가 되기를 기대하는 스승의 가슴 뿌듯함을 느낄 수 있다. 월하가 스승인 김구하에게 보낸 답장을 구해 볼 수 없는 지금 스승과 제자 사이에 오고 간 내용을 정확하게 읽을 수는 없다고 하더라고 제자를 이토록 아끼는데 제자가 스승을 사모하는 마음이야 오죽했겠는가. 세상 일이 그렇게 되는 데는 반드시 원인이 있는 까닭에 월하의 스승에 대한 존경심을 미루어 짐작해 볼 수 있다. 사제지간에 이토록 애틋한 표현을 할 수 있다는 것이 놀랍다. 스승의 이러한 사랑을 받은 월하는 한국 근대불교계의 새로운 역사를 쓴 1994년 개혁종단에서 종정으로 추대되었으니 가히 그 스승에 그 제자라고 할 만하다.

『축산문집』에는 30본산 주지 소임을 살았던 곽법경郭法鏡·강대련姜大蓮·나청호羅晴湖·송만공宋滿空 등이 입적하였을 때 추모하는 제문과 언양 화장사華藏寺 재건 상량문, 주지 취임 축사 등이 있다. 그리고 통도사 종보라고 할 수 있는 「불조원류세보서佛祖源流世譜序」와 몇 편의 영찬影讚과 공덕비가 수록되어있다.

2. 김구하는 어떤 승려인가

김구하는 1872년 지금의 울주군 두동면 봉계리에서 출생하였는데, 부친은 한술漢述이며, 모친은 신씨申氏이다.[43] 법호는 구하九河이고, 법명은 천보天輔이며, 자호는 축산鷲山이고, 본관은 경주이다. 그는 13세 때 양산군 천성산千聖山 내원사內院寺로 입사하여 18세 되던 1886년 통도사 경월慶月 도일道一에게 사미계를 받고 '천보天輔'라는 법명을 받았으며, 범어사 의룡義龍에게 외전外典을 수학하였다. 1892년 통도사 해담海曇에게 서장書狀·도서都序·선요禪要·절요節要 등을 배우고, 1894년 예천 용문사龍門寺 용호를 찾아가 능엄·기신·반야·원각경을 수학하였다.[44] 1896년 통도사에서 만하萬下승림勝林을 계사로 구족계와 보살계를 받았다. 1900년 통도사로 돌아와 성해聖海남거南巨 화상의 전법 제자가 되어 '구하'라는 법호를 받고 산중의 크고 작은 소임을 맡았다.[45] 1906년 그는 일본 불교를 둘러보기 위해 도일渡日하여 견문을 넓히고 돌아왔다. 그때 총섭인 고산古山 화상의 도움을 받아 오늘날 하북초등학교의 전신인 명신학교明信學校를 설립하여 학감에 취임하여 후학을 양성하였다.[46] 그는 근대불교계 최초의 종단이었던 원종 종무원에 참가하여 중앙 무대에서 활약하였다. 1908년 원종 종무원이 창립될 때 주요 보직 승려들은 대종정에 이회광李晦光, 총무 김현암金玄庵, 교무부장 진진응陳震應, 학무부장 김보륜金寶輪·김지순金之淳, 서무부장 강대련姜大蓮, 감사부장 박보봉朴普峰·나청호羅晴湖, 재무부장 김용곡金龍谷, 고등강사 박한영朴漢永, 인사부장, 이회명李晦明·김구하

---

43 月下,「九河堂行錄」, 앞의 책,『鷲山文集』(1998), 596.

44 『신편 통도사지』(2020), 앞의 책, 247쪽.

45 위와 같음.

46 『신편 통도사지』(2020), 앞의 책, 247-248.

등이었다.[47]

일제강점기 김구하의 행적에 대해서는 항일과 친일로 나누어지고 평가 또한 상반된다. 그는 한때 친일 승려 논란에 휘말려 2005년에는 민족문제연구소가 발표한 '친일인명사전' 수록 예정자 명단에 실리기도 하였다. 통도사는 여기에 이의를 신청하고 방대한 자료를 제출하였다. 민족문제연구소는 이 자료들을 검토한 결과 "초기의 행적은 친일 인사로 분류할 수 있으나 당시 불교계의 특수 상황과 더불어 같은 시기 독립 운동을 지원한 사실이 확인되었고, 일제의 침략이 노골화되는 1930년대 이후 뚜렷한 친일 행적이 없었다."라고 밝혔다.[48] 이러한 연유로 김구하는 친일인명사전 수록에서 제외되었다. 친일문제를 연구하는 한 연구자는 김구하의 행적에 대하여 1994년에는 친일파로 단죄[49]하였다가 그간에 이런 일이 있고 나서는 「친일과 항일을 넘나든 비리 주지」라고 친일문제에 대하여 직접적인 평가를 유보하였다.[50] 김구하는 통도사 주지를 5차례에 걸쳐 연임하면서 15년 동안 역임[51]하였고, 1917년부터 1919년 1월까지 30본산연합사무소 위원장을 두 차례 연임[52]하였다. 30본산연합사무소 위원장은 오늘날 대한불교조계종 총무원장에 비견되는 자리이다. 그는 통도사 주지와 30본산연합사 무소위원장을 지냈던 시절 친일 행각을 하지 않을

---

47 李能和(1982), 937.

48 대한불교조계종 영축총림 통도사(2010), 455~459.

49 임혜봉(1994), 304-307.

50 임혜봉(2005), 128-156.

51 한동민(2005), 300.

52 한동민(2011), 23.

수 없는 상황에 처해 있었다. 사법에 명시된 본사 주지 선출 과정을 살펴보면 다음과 같다. 본사 주지는 본사와 소속 말사의 승적을 가진 승려가 선거를 통하여 최다 득표를 얻은 후보자가 주지로 선출된다. 그렇지만 이 후보자가 반드시 주지로 임명되는 것이 아니고, 당선자는 이력서를 첨부해서 조선 총독에게 취직 인가 신청서를 제출하여 승인을 얻어야 비로소 취임할 수 있었다. 본사 주지 임면 인가권이 총독에게 있었기 때문에 항일 의식을 드러나게 표현하는 승려는 본사 주지가 될 수 없었다.[53] 그런 까닭에 관청에서 본사 주지를 사전에 내정해 놓고 형식으로 승려들의 투표 절차를 거치는 경우도 가끔 있었다.

사람은 동전처럼 앞뒤 면만 있는 것이 아니고 수없이 많은 다면체적 존재이다. 그런데 그 가운데 한두 면만을 집중적으로 조명하여 그 인물을 평가한다면 그것이 제대로 된 평가라고 할 수 있을까? 김구하의 행적을 제대로 알기 위해서는 자필로 남긴 자료들을 발굴하여 많은 사람의 평가를 기다리는 것이 좋지 않을까? 공은 공으로 평가하고 과過는 과대로 기록하여 후학들의 엄정한 평가를 기다리는 것이 바람직하다고 본다.

김구하의 행적 가운데 빼놓을 수 없는 것은 1919년 상해에서 발표된 「대한승려연 합회 선언서」에 불교계 대표 12명 가운데 한 사람으로 참여하였다는 점이다. 이 선언서에 서명한 12명의 승려는 모두 가명을 사용하였지만, 그 가운데 유일하게 자호를 쓴 승려가 바로 김구

53 이능화(1982), 앞의 책, 1139-1141.

하이다. 「대한승려연합회선언서」는 국한문 혼용과 영문, 그리고 한문으로 발표되었고, 일본 고등경찰은 1920년 5월 6일자로 작성된 보고서에 「대한 승려연합회선언서」를 일본어로 번역[54]하여 사용한 까닭에 모두 4개 국어로 번역된 셈이다. 이 선언서는 불교계가 일제 식민 통치의 잔혹성과 독립의 정당성을 세계에 여론화하려는 의도가 담겨 있었다. 또한 이 선언서를 3개국 언어로 번역하여 파리 강화 회의에 제출하려 한 것은 일제의 식민 통치 잔혹성을 세계인에게 알림으로서 무장 투쟁이 아닌 평화적인 방법으로 독립을 성취하려는 간절한 염원이 담겼다고 보인다. 이 선언서는 대중운동을 선도하기 위한 것이라기보다 세계 여론에 호소하기 위한 외교 활동 목적에서 제작되었다고 보는 것이 좀 더 설득력이 있다. 왜냐하면 선언서가 발표된 곳이 상해였고, 대표자의 이름도 가명이었다. 국내에서 대중운동을 주도할 목적이었다면 선언서는 국내에서 제작되어야 했고, 굳이 3개국 언어로 번역할 필요도 없었다. 대표자의 이름이 가명인 점도 대중운동을 선도할 목적이었다면 그 효과는 반감되었을 것이다.[55] 가명으로 발표된 12명 승려의 명단을 살펴보면 오만광吳卍光·이법인李法印·김축산金鷲山·강풍담姜楓潭·최경파崔鯨波·박법림朴法林·안호산安湖山·오동일吳東一·지경산池擎山·정운몽鄭雲夢·배상우裵相祐·김동민金東旻이다. 이 가운데 오만광은 범어사 주지인 오성월, 이법인은 이회광, 김축산은 김구하, 강풍담은 강대련, 지경산은 김경산 등으로 추정한다.

---

54   김정명 편(1967), 400-401.

55   김순석(2013), 197.

이 가명 가운데 축산鷲山은 김구하의 자호인 까닭에 실명을 쓴 것이나 다름없다. 당대 불교계에서 김구하의 평가는 어떠했을까?

불교계 독립운동가인 백초월은 1932년에 김구하의 『금강산관상록』에 발문을 썼는데 평가를 이렇게 하였다.

> 구하 스님은 어린 나이에 출가하여 불전佛典과 외전外典을 두루 통달하여 격외선을 참구하여 일제강점기 오랜 기간 주지직을 역임하면서 많은 어려움을 무릅쓰고, 사찰을 중창하였을 뿐만 아니라 교육과 포교 사업에 힘써 통도사를 새롭게 바꾸어 놓았다. [56]

백초월의 평가처럼 김구하는 통도사 주지를 15년이나 역임하면서 갖은 어려움을 무릅쓰고 통도사를 중흥시킨 승려였다. 그의 이러한 행적은 향후 좀 더 구체적인 연구를 통하여 밝혀질 필요가 있다.

---

[56] 白最勝(1998), 「跋文」, 『금강산관상록』, 411.

Ⅲ. 『신편 통도사지』의 구성

1. 통도사의 역사

1) 창건과 신앙 및 사상

『신편 통도사지』의 구성을 살펴보면 상권 제1편은 통도사의 역사는 통도사의 창건 사상과 신앙, 중창과 현재, 통도사의 인연 고승 등으로 체제를 갖추었다. 제2편은 전각과 산내 암자 그리고 말사로 구성하여 영축산에 깃들어 있는 사찰들과 주변에 흩어져 있는 말사의 내력을 정리하였다. 제3편은 세계문화유산 통도사로 각종 무형·유형 유산과 국보·보물·사적·경상남도 유형문화재와 무형문화재·문화재자료·천연기념물·기념물 등을 소개하고 표로써 정리하였다. 하권 제1편은 영축총림 통도사로 통도사가 총림으로 지정될 수 있었던 배경과 신행단체 그리고 부설기관들을 소개하였다. 제2편은 통도사의 기록으로 각종 기문記文·비문·명문·상량문·소문·축원문·찬문·주련·시문·사료 등을 수록하였다. 그리고 경내에 있는 바위에 새겨진 암각의 내용도 소개하고 있다.

　제1장 통도사의 창건 사상과 신앙에 대해 이렇게 설명한다. 통도사는 646년 자장 율사가 언양 축서산(鷲捿山 : 현재 양산 靈鷲山)에 계단戒壇을 설치한 통도사를 개창하였는데 그 내용을 요약하면 이렇다. 자장

율사는 638년 중국의 통일왕조로 부상한 당나라로 구법 유학길에 오른다. 자장율사는 도선道宣의 영향을 받아 산서성 오대산으로 문수보살을 친견하기 위한 성지 순례에 나선다. 자장율사는 문수보살의 화신을 친견하고 세존의 가사와 정골사리頂骨舍利와 지골指骨사리와 육신사리 100과 등을 받아 신라로 모실 것을 부촉 받는다.[57] 귀국한 자장율사는 불교계 최고의 수장인 대국통大國統(혹 대승통)에 임명되어 분황사芬皇寺에 머물게 된다.[58]

또한 자장율사는 종남산에서 원향圓香 선사와 오대산 태화지太和池의 신인에게서 "황룡사에 9층 목탑을 건립하면 백제와 고구려 및 왜와 중국을 압도하는 통일국가를 건설하게 된다"는 조언을 상기하고 선덕여왕에게 탑을 세울 것을 추청한다. 황룡사 9층 목탑은 645년에 착공되어 이듬해 완공된다. 황룡사 9층 목탑이 완성되자 그 해 하반기에 자장율사는 통도사를 개창하여 중국에서 봉안해 온 성물과 세존의 가사를 봉안하였다고 한다. 그런 까닭에 통도사의 중심 신앙은 문수신앙과 사리신앙이 중심을 이룬다.

2) 통도사의 중창

통도사는 7세기에 창건된 이후 지금까지 얼마나 많은 새로운 전각

---

57 『신편 통도사지』(2020), 상권, 앞의 책, 28-29.
58 『신편 통도사지』(2020), 상권. 앞의 책, 29-30.

들이 세워졌는지는 알 수 없다. 고려후기 1305년부터 1369년 사이에 통도사에는 많은 건축물들이 창건되는데 이는 통도사의 가람배치를 이해하는 데 중요한 계기가 된다. 통일신라 말 당나라로부터 선종禪宗이 들어오면서 많은 사찰들이 평지가 아닌 산속에 지어졌다. 그러다 보니 자연스럽게 산을 오르면서 진입하는 구조가 되었고, 사찰은 여러 개의 문을 만들어 경계를 나누었다. 이 시기 통도사가 확장되면서 뒤에는 산이 있고, 앞에는 하천이 있어 부득이 옆으로 확장될 수밖에 없었다고 한다. 통도사의 확장을 계획하고 대광명전을 중심으로 세 건물이 모두 남향으로 지어져 진입체계가 남에서 북으로 이어졌는데 일주문一柱文·천왕문天王門·불이문不二門이 건립됨으로써 진입체계가 동에서 서로 이어지게 되었다.

고려시대 통도사는 많은 전각들이 세워졌지만 임진왜란으로 통도사는 거의 모든 건물이 불타는 참화를 겪게 된다. 지금 남아있는 건물들은 모두 임진왜란 이후의 건물들이다. 통도사의 2차 중창은 전쟁이 끝나자 의승장으로 활약했던 사명당에 의해 1641년부터 1693년까지 2차 중창 시기를 맞게 된다. 사명대사는 일주문·천왕문·불이문과 대웅전의 중수를 지시하였고, 이 명에 따라 통도사는 복원될 수 있었다. 사명대사에 의해 임진왜란 때 불타버린 전각들은 중창되었고, 17세가에 우운友懪진희眞熙의 노력으로 통도사는 예전의 모습을 되찾을 수 있었다.[59]

통도사의 인연 고승은 1375년 동안 통도사와 인연을 가졌던 수많

---

59 『신편 통도사지』(2020), 상권, 앞의 책, 131-158.

은 승려들은 다음과 같은 세 가지 분류에 따라 수록하였다. 첫째, 통도사에 승적僧籍을 가지고 주석하였던 승려들을 시대 순으로 수록하였다. 둘째, 통도사의 재적 승려는 아니지만 인연을 가지고 머물렀던 승려들을 정리하였다. 셋째, 일정 기간 통도사에 머무르면서 강원의 강사, 선원의 선객 등으로 몸을 담았던 승려들도 대상에 포함시켰다.

3) 통도사의 전각들과 암자 그리고 말사

통도사의 전각은 전경도를 앞 장에 실어서 한 눈에 볼 수 있도록 하였다. 통도사라는 절 이름의 유래는 "이 산의 모습은 인도의 영축산과 통한다此山之形 通印度靈 鷲山形"라는 해석이 가장 설득력을 가진다. 통도사의 전각은 상로전上爐殿・중로전中爐殿・하로전下爐殿으로 나뉘어져 있다. 상로전은 세존의 진신사리를 봉안한 금강계단과 대웅전이 있는 곳으로 창건의 근본이 되는 곳이다. 이곳은 응진전應眞殿・명부전冥府殿・삼성각三聖閣・산령각山靈閣・보광전普光殿・일로향각一爐香閣・설법전說法殿 등과 정변전・보광전 별당・보광선원 등이 있는 곳이다. 중로전은 대광명전大光明殿・용화전龍華殿・관음전觀音殿・개산조당開山祖堂・해장보각海藏寶閣・불이문・장경각藏經閣・전향각篆香閣・세존비각世尊碑閣・황화각皇華閣・영각影閣・감로당甘露堂・원통방圓通房・화엄전華嚴傳 등과 대몽각大夢覺・강사실講師室・원주실院主室・공양간 노공간・중로전 요사 등이 있다. 하로전의 전각들로는 영산전靈山殿・극락보전極樂寶殿・약사전藥師殿·만세루萬歲樓·범종각梵鍾閣·천왕문天王門·일주문·가람각伽藍閣·응향각凝香閣·금당金堂·명월료明月寮·육화당六和堂·중층곡루 등이 있다.

산내 암자로는 안양암安養庵·자장암慈藏庵·비로암毘盧庵·백운암白雲庵·축서암鷲棲庵·보타암寶陀庵·취운암翠雲庵·수도암修道庵·서운암瑞雲庵·사명암泗溟庵·백련암白蓮庵·옥련암玉蓮庵·극락암極樂庵·서축암西鷲庵·금수암金水庵·반야암般若庵·관음암觀音庵 등을 수록하였다. 그리고 이들 암자의 건립 경위와 변천 그리고 그 암자에서 보유하고 있는 문화재를 소개하고 있다. 통도사의 말사로는 양산시·울산시·창녕시·밀양시·의령군 및 기타 지역의 말사를 소개하고, 말사의 건립 경위와 변천 그리고 그 말사의 문화재를 소개하고 있다.

2. 세계문화유산 통도사

통도사는 대흥사·부석사·봉정사·법주사·마곡사·선암사와 함께 2018년 「산사, 한국의 산지승원」으로 유네스코 세계문화유산으로 등재되었다. 세계문화유산은 인류가 함께 공유하고 보존해야할 세계인의 유산으로 인류 보편적 가치를 지니면서도 독보적인 가치를 지닌 문화유산이다. 이들 사찰들은 1500여년의 유구한 역사를 지니면서 초창의 이념과 사원 구성의 큰 틀을 잃지 않고 잘 보존·계승해 온 사찰이었기에 등재가 가능한 것이었다. 통도사는 여러 가지 무형과 유형의 문화유산을 보유하고 있었기에 유네스코에서 세계문화유산으로 공인하였던 것이다.

통도사의 무형유산은 사찰의 일과가 그대로 무형유산으로 지정되었다. 매일 새벽 예불시간이 되었음을 대중들에게 알리는 도량석과 아침·저녁 예불 그리고 평소 일과 즉 참선·간경·염불·포행 등 일상 정진 등이 무형유산으로 지정되었고, 발우공양과 하안거·동안거 등이 포함되었다. 이러한 것들이 무형유산이 되는 것은 천 년이 넘는 세월 동안 반복되면서 그 속에 불교의 사상과 신앙 등이 깃들어 있고, 그것이 지금, 여기에 아직도 행해지고 있어 원형이 보존되고 있다는 것이 중요한 것이다. 해마다 행해지는 세시의례와 출가절·성도절·열반절·부처님오신날 법요식과 연등회 그리고 각종 기도와 법회 그리고 사찰에서 행해지는 각종 재의齋儀, 화엄산림華嚴山林과 각종 불사 또한 마찬가지이다.[60] 통도사의 유형유산도 일일이 소개하고 있지만 지면 관계상 그 집계만 살펴보면 다음 표와 같다.[61]

통도사 소장 국가 지정 유형문화재 현황 〈표1-1〉

총 계	국가지정문화재					
	소계	국보	보물	사적	천연기념물	무형문화재
89	27	1	26	0	0	0

※ 총계는 〈표1-1〉과 〈표1-2〉를 합한 것임

---

60 『신편 통도사지』(2020), 상권, 앞의 책, 469-534.
61 『신편 통도사지』(2020), 상권, 앞의 책, 535-601.

소 계	도지정문화재				
	유형문화재	기념물	민속자료	무형문화재	문화재자료
62	49	0	0	0	13

3. 영축총림의 성립과 통도사의 기록

현재 조계종단에서는 선원·율원·염불원·강원 등의 수행도량과 교육기관을 갖춘 곳을 총림이라고 한다. 하지만 선원·율원·염불원·강원이 종단의 정식 인가를 받은 도량은 통도사가 유일하다. 통도사의 선원은 1899년 7월 이전에 백운선원이 존재하였으며, 1899년 근대 최초의 선원으로 불리는 퇴설선원을 개설한 경허가 백운선원으로 와 1900년 보광선원을 개설함으로써 정혜결사定慧結社와 만일염불회萬日念佛會 활동이 전해졌다. 강원 또한 1906년 성해가 황화각皇華閣에 설립하여 후학을 양성하였고 1918년 불교전수부 대강당도 마련되었다. 불교전수부는 1941년 통도사 전수학원으로 전환되어 승려로서 필요한 교과목을 4년 동안 가르치는 중등학교 정도의 교육기관이었다. 뿐만 아니라 비구니 강원의 효시로 평가되는 니생강당尼生講堂을 설립하여 비구니에 대한 승려 교육도 선도적인 모습을 보였다. 통도사는 1915년 가을 율부律部도 신설하여 명실공히 삼학을 갖춘 수행도량이 되었다.

통도사의 기록으로는 각종 기문記文·비문·명문·상량문·소문·축원문·찬문·주련·시문·사료 등을 소개하였다. 이 가운데 중요한 몇 가지를 살펴보고, 암각에 새겨진 중요한 내용 몇 가지를 소개한다.
통도사의 대표적인 기록으로는 「통도사사리가사사적약록通度寺舍利袈裟
事蹟略錄」으로 일연의 삼국유사 등 고기古記를 윤색한 것으로 통도사에 봉
안된 불사리와 가사袈裟에 대한 연기緣起를 기록하고 있다. 이 문건은 통
도사 계단戒壇과 창사創寺 사실을 소개하고 있다. 특히 사리영이舍利靈異
에 대한 내용은 사리의 신기한 이적을 8가지로 나눠 설명하고 있다.

통도사 사방四方 산천비보山川裨補는 고려시대 통도사의 토지경제 규
모와 밀접한 관계가 있는 내용이다. 절의 사방 둘레 4만 7천 보步 지
점에 12장생長生을 설치하고 그 방위와 장소를 밝히고 있다. 사방 산
천의 비보裨補를 위하여 열 두 곳에 각각 장생표를 세웠다는 내용으
로, 이 장생표는 경계표와 비보의 구실을 한 것으로 보인다. 특히 절
을 중심으로부터 사방에 12장생을 설치한 것은 국명에 의해 이루어
진 것으로 기록하고 있어 매우 중요한 자료가 된다. 1809년에 쓰여진
「통도사 대법당 중수기重修記」와 1823년에 기록된 「금강계단 중수기」
그리고 1872년의 「사리탑 중수기」 등에는 이 유적들이 언제 어떤 연
유로 중수되었으며 주관자가 누구였는지를 밝히고 있다. 비문으로는
1603년 선교도총섭 휴정이 쓴 「사바교주석가세존금골사리부도비娑婆
教主釋迦世尊金骨舍利浮圖碑」를 비롯해서 「영축산통도사사적비靈鷲山通度寺事蹟
碑」와 「소요문인 우운당 진희대사비逍遙門人友雲堂 眞熙大師碑」 등 석가세존
과 인연이 있거나 통도사 역사에서 중요한 승려들의 사적을 새긴 비
문을 소개하고 있다. 이 밖에도 범종이나 대웅전 불단에 새겨진 명문
銘文들과 금당·명월료·극락보전 등 여러 전각의 중수상량문, 불보살
에게 올리는 소문疏文, 축원문 등이 있다. 이 밖에도 찬문贊文·주련柱

聯·시문詩文과 주요한 역사서 가운데『삼국유사』·『속고승전』·『신증동국여지승람新增東國輿地勝覽』·『지봉유설芝峯類說』·『오주연문장전산고五洲衍文長箋散稿』 등에 통도사에 관한 내용이 담겨 있는 부분을 소개하고 있다.

무엇보다도『신편 통도사지』에서 빼놓을 수 없는 것은 부록이다. 부록에는 역대 통도사 소임보록所任譜錄과 계파보록系派譜錄을 수록하고 있다. 소임보록에는 통도사의 창건자인 대국통 자장율사부터 15세기 주지 덕관德寬(1463)을 거쳐 일제강점기 구하九河천보天輔, 현대의 노천老天월하月下와 중봉中峰성파性坡 그리고 현임 이산怡山현문玄門에 이르기까지 계보를 밝혔다.

통도사 계파보록은 7세기 자장율사에서 시작하여 15세기 덕관 대사를 거쳐 청허淸虛휴정休靜에게 이어진 법맥은 편양鞭羊언기彦機에게 전해진다. 이 법은 17세기 환성喚惺지안志安을 거쳐 동명東溟만우萬羽에게 이어지고 다시 학송鶴松이성理性을 거쳐 축룡鷲龍태일泰逸에게 전해지며 태일의 법은 성해聖海남거南巨에게 이어진다. 성해의 법은 구하천보와 경봉鏡峰정석靖錫 그리고 경하鏡河달윤達允에게 전해졌다. 구하의 법은 노천월하에게 전해졌음을 이 보록은 밝히고 있다. 이러한 작업은 지극히 어려운 일이다. 왜냐하면 불교계의 법맥 전수는 여러 가지 이설이 있고, 그 이설은 나름대로의 근거를 가지고 있기 때문에 끊임없이 시비가 있어왔다. 그럼에도 불구하고 이 작업이 중요한 것은 이 결과물이 완성된 것이 아니고 얼마든지 수정될 수 있는 가능성을 내포하고 있기 때문이다. 역사는 이렇게 과감하게 내디딘 첫 발자욱을 근거로 하여 변화하고 발전할 수 있기 때문이다.

IV. 나가는 말
『축산문집』과『신편 통도사지』간행의
불교사적 의의

『축산문집』은 한말에 태어나 일제강점기를 거쳐 6·25전쟁과 4·19 시기를 거치면서 격동의 한국사를 몸소 겪은 근현대 불교계의 고승이었던 김구하의 시문집이다. 이 문집은 그간 김구하의 행적에 대해서 구전으로만 전해 오던 일제강점기 그의 행적을 새롭게 조명할 수 있는 자료이다. 그는 일제강점기 15년 동안 통도사 주지를 지냈으며, 30본산연합사무소 위원장을 두 차례나 지냈으며 일제말기 고문을 역임하는 등 불교계에서 그의 위상은 대단하였다.『축산문집』은 그 내용이 시에 치우쳐있어 아쉬운 점이 없지 않지만 그의 행적이 담긴 기록이므로 정밀한 연구가 필요하다.『축산문집』은 1973년 7월에 초간본이 간행되었지만 한문으로 되어있어 가독성이 떨어졌기 때문에 1998년 문도들이 뜻을 모아 번역하여 간행하였다. 시집인『금강산관상록』도 함께 출간되었는데 이 책은 일제강점기인 1932년 발간되어 배포되었지만 지금까지 연구되지 못했는데 향후 연구가 진행되었으면 한다.

김구하는 격동의 시기를 살면서 숱한 과제가 산적해 있었던 당시 불교계를 개혁하기 위하여 노력하였다. 특히 그는 젊은 인재들을 양성하는 데 주력하였다. 수시로 강원 학생들의 상황을 점검하였고, 능력 있는 인재들을 선발하여 서울로, 일본으로 유학을 보내고 그들의 학비를 지원하고 보살피는 데 주력하였다. 그는 1906년 통도사 명신학교 학감을 비롯해서 1917년 중앙학림장을 지내면서 청년학생들에게 굉장한 애착을 가지고 그들과 소통하려고 하였으며 물심양면으로 지원을 아끼지 않았다. 김구하는 공적인 일에 있어서는 엄격한 자세를 유지하였음에도 사적인 자리에서는 너무도 다정다감한 정서의 소유자이었음을 그의 편지 속에서 볼 수 있다.

『축산문집』에는 당시 일제강점기 불교계 상황을 잘 보여주는 여러 가지 모습이 보인다. 김구하는 남다른 친화력을 기반으로 일제강점기라는 위기의 시대에 불지종찰을 안전하게 수호할 수 있었고, 독립운동가들을 보호하는 은신처를 제공해 줄 수 있었다. 그의 민족의식 고취와 독립운동 지원 사실을 제대로 밝히는 것은 불교계의 위상을 정립한다는 점에서 중요하다. 그는 통도사에 남다른 애착을 가지고 있었음을 『축산문집』 곳곳에서 볼 수 있다. 향후 그에 대한 새로운 자료의 발굴을 통하여 그의 행적이 재조명되기를 기대한다.

『신편 통도사지』의 발간은 통도사로서는 자랑스러운 일이다. 왜냐하면 사지는 그 사찰의 자부심과 역량의 결집체이기 때문이다. 1979년 『통도사지』가 발간되었으나 한문 필사와 탁본 자료로 구성되어있었기 때문에 일반인들은 물론이고, 전문학자들 마저도 읽기가 어려운 책이었다. 오늘 역사를 편찬하는 것은 내일 또 다른 해석을 기대하는 일이므로 그 일이 결코 쉽지 않다. 1400년의 유구한 역사를 가진 통도사는 2018년 유네스코 세계문화유산으로 등재될 만큼 한국을 대표하는 불지종찰로서 그 위상이 매우 높다. 그런 까닭에 통도사의 움직임은 다른 사찰에서 보고 배우는 바가 적지 않기 때문에 사지 발간 작업 또한 신중하게 사계의 전문가들을 위촉하여 2년이라는 세월 동안 많은 정성과 노력을 들인 결과물이었다. 사찰은 지금까지 각 시대마다 문화·사상·예술의 온상이었으며, 사회적으로 자선과 봉사의 정신으로 대중들을 선도하여왔다. 오늘 그 역할의 중심에 있는 통도사는 새로운 사지에 그간의 행적을 정리하여 세상에 내놓음으로써 그것의 의미를 평가받는 기초자료를 제공한 셈이다. 여기에는 통도사의 창건에서부터 중창을 거쳐 오늘 새로 지은 건축물까지 망라하였다. 오늘이 있기까지 어떤 과정을 거쳐 왔으며, 시대마다 당면한 과제들을 누가 어떻게 헤쳐 나왔는지가 밝혀져 있다. 문화적으로는 어떤 일들이 어떻게 전개되어왔으며, 그것이 가지는 의미는 무엇인가를 제시하였다. 중심 사상은 현재 어떻게 계승되어왔고, 실천되고 있는가를 보여준다.

그 내용은 살펴본 바와 같이 옛 기록을 살피고, 현재의 새로운 내용을 체계적으로 서술하였다. 사지를 통해서 불교계를 들여다보는 만큼 사지는 당대의 불교사상과 문화를 체계적으로 담아내야 한다. 서술이 과학적이어야 하지만 신이神異한 요소를 배제해서도 안 된다. 이 두 가지 요소는 한계를 분명히 하고 서술하여야 한다. 왜냐하면 진리는 말로써 표현할 수 있는 것이 아니기 때문에 지극히 과학적이면서도 또한 극히 신묘한 부분이 있기 때문이다. 21세기 불교계는 초유의 현상들을 경험하고 있다. 이른바 디지털문명 속에서 전통문화의 보고인 통도사는 이 시기를 어떻게 대처할 것인가. 그 답은 거기에 하루 속히 적응하고 선도해 가는 것이다. 불지종찰의 역사를 책으로만 보급할 것이 아니라 디지털화해서 홈페이지에 탑재하고 세계문화유산을 세계의 모든 사람들이 통도사의 유적과 문화를 보고 공감할 수 있도록 해야 한다. 2600년의 전의 불교가 21세기 과학문명과 전혀 이질적이지 않은 합리적이고 정교한 종교라는 것을 세계에 알리는 계기가 되어야 한다.

05

6·25 당시 통도사의 야전병원과 호국불교 역할

이성수* (불교신문 편집국 부장)

* 불교신문 기자, 동국대 국어국문문예창작학부 겸임교수, 문학박사

이성수 (불교신문 편집국 부장)

동국대 대학원(고전문학)에서 박사학위를 취득하고, 불교신문 편집국
장, 한국불교기자협회장, 동명대 겸임교수, 한국불교종단협의회 연구위
원을 역임했다. 현재는 불교신문 편집국 부장과 동국대 국문과 겸임교
수로 활동하고 있다. 불교언론문화상과 한국불교기자대상을 수상했다.

Ⅰ. 들어가는 말

동족상잔의 비극인 한국전쟁이 발발한 지 72년이란 세월이 흘렀다. 1950년 6월 25일부터 1953년 7월 27일까지 만 3년간 이어진 한국전쟁은 전^全 국토를 초토화시켰다. 수많은 인명 피해와 재산 손실은 물론 문화재들이 파괴되었고, 민족 문화 유산인 사찰이 폐사 지경에 이른 곳도 상당수에 이른다. 사찰들은 징발徵發되어 군부대, 군병원 등 각종 군사 시설로 사용되거나, 북한군이나 빨치산의 거점으로 이용되기도 했다.

경남 양산에 자리한 통도사通度寺는 낙동강 전선에서 떨어진 후방 지역에 위치해 전투로 인한 피해를 직접 입지는 않았다. 그러나 전투가 치열해져 전사자와 부상자들이 증가하면서 사찰들이 군병원이나 영현英顯 시설로 수용되었는데, 통도사가 대표적인 사례이다. 한국전쟁 기간에 통도사에 육군병원(야전병원)이 설치됐지만, 이 같은 사실이 구전口傳으로만 전해지고 관련 자료가 발견되지 않아 존재 여부가 명확하게 증명되지 않았다.

통도사에 마련된 육군병원의 정확한 명칭은 '제31육군병원陸軍病院 통도사분원通度寺分院'이다. 현문 스님이 통도사 주지로 취임하여 2019년부터 다양한 자료와 증언이 발굴되기 전까지는 1951년 10월 24일자 동아일보東亞日報에 실린 기사가 육군병원 분원 사실을 전한 유일한 자료였다.

傷痍軍人에 洋말
李大統領이 贈與

李大統領은 지난 二十二日 第三一陸軍病院 通度寺分院에
靜養 中인 傷이장병들에게 양말 一千六百足을 大統領秘書室
로 하여금 同病院通度寺 分院長 張□□ 軍醫 中領에게 傳達하
게 하□다.[1]

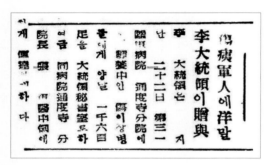

1951년 10월 24일 동아일보
상이군인에 양말 이 대통령이 증여

이 기사에 따르면 이승만 대통령은 1951년 10월 22일 통도사에 설
치된 제31육군병원 통도사분원에서 치료받고 있는 상이군인들에게
1600족足의 양말을 위문품으로 보냈다. 당시 통도사 분원장은 군의관
인 장□□ 중령이었다. 통도사에 설치된 제31육군병원은 일선 부대
의 대대장급에 해당하는 중령中領 계급의 군의관이 지휘하고 있었다.

1 「傷痍軍人에 洋말 李大統領이 贈與」, 1951년 10월 24일 동아일보.

이보다 앞서 1951년 1월 25일 자와 3월 3일 자 동아일보에는 부산에 '동래 정양원'이 개소되었으며, 이승만 대통령이 방문해 위문품을 전달했다는 기사도 나온다. 이후 통도사 분원에 이승만 대통령이 양말 1600족을 전달했다는 보도에 근거하면 통도사분원에 1500명~1600명의 부상병이 수용되었음은 분명한 사실이다.

앞서 언급한 대로 2019년 이전까지 동아일보 기사 외에는 통도사 육군병원의 존재를 증명하는 자료는 공식적으로 확인되지 않았다. 그렇지만 대통령이 위문품을 보낸 사실과 분원장인 군의관을 적시한 보도는 통도사 육군병원이 존재했을 가능성을 보여준다. 그러나 한 가지 자료만으로 통도사 육군병원의 실체를 자세하게 확인하는 데는 한계가 있었다.

한국전쟁 당시 언론보도 내용과 국가기록원, 국사편찬위원회, 국방부 군사편찬연구소, 국군의무사령부 등이 소장한 자료를 탐문하면서 통도사 육군병원 자료를 수집하였지만 큰 성과를 거두지는 못했다. 본고의 다음 단락에서 서술하겠지만 2019년 9월 25일 통도사 용화전 미륵불소조좌상에서 육군병원 존재 사실을 증명하는 연기문이 나온 이후 통도사 육군병원을 입증하는 후속 자료와 증언이 잇따라 나오면서 실체에 접근할 수 있었다. 자칫 역사의 뒤안길로 묻힐뻔한 통도사 육군병원의 존재를 확인했다는 점에서 다행스러운 일이 아닐 수 없다.

이번 연구에서는 31육군병원 통도사분원의 존재를 증명하는 각종 자료를 취합하여 소개하고, 군軍 당국의 후속 조치와 향후 과제 등에 대해 간단하게 기술하고자 한다. 또한 2021년 10월 28일 동국대 혜화관 고순청세미나실에서 열린 '영축산의 구하천보와 오대산의 한암 중원'이란 주제의 추계특별학술대회 이후인, 2021년 11월 1일 정부가 통도사를 현충 시설로 지정하고, 2022년 6월 18일 호국위령대재를 봉행한 내용을 보완했다.

영축총림 통도사는 자장율사慈藏律師가 창건하여 진신사리를 봉안한 불보종찰佛寶宗刹이며 국지대찰國之大刹의 위상을 이어오고 있다. 임진왜란과 일제강점기 등 국난國難을 겪을 때마다 통도사는 호국護國 호민護民의 역할을 수행했다. 특히 근대기에는 구하九河 대종사를 중심으로 교육기관을 설립하고 유학생을 파견하고, 상해임시정부에 군자금을 보내고 독립운동가인 만해 한용운 스님과 인연을 지속해 왔다. 통도사는 일제강점기에서 벗어나 근대 한국불교의 새로운 돌파구를 모색했다. 한국전쟁 당시 31육군병원 통도사 분원이 설치되어 사찰의 기능이 한시적으로 정지되고 피해를 감수한 것은 나라가 어려운 상황에 처했을 때마다 흔연히 나섰던 통도사의 호국호민護國護民 전통을 계승한 것이다.

Ⅱ. 병원 존재 증명 자료 및 증언

통도사 육군병원의 존재가 본격적으로 세상에 알려진 것은 2019년 9월 26일 용화전 미륵불소조좌상[2]의 복장유물[3]을 확인하는 과정에서 연기문이 나오면서다. 통도사는 주지 현문 스님을 비롯한 소임자와 문화재 전문가 등이 참석한 가운데 용화전 미륵불소조좌상의 복장물을 확인했다. 이날 복장물에서 1952년 9월에 작성된 '용화전 미륵존불 갱更 조성 연기'를 발견했다.

龍華殿 彌勒尊佛 更造成 緣記

佛紀 二千九百七十七年 庚寅 六月 二十五日 事變後 國軍傷痍兵 三千餘 名이 入寺하야 二千九百七十九年 壬辰 四月 十二日에 退去 則 寺刹 各 法堂 各 寮舍 各 庵 全部 頹敗는 不可形言中 龍華殿 彌勒佛은 永爲破損되야 不可見餘에 慈雲盛祐 律師와 月國 晶基 禪師가 曁募檀緣하고 寺中이 應助하야 新造佛像也

---

2 미륵불소조좌상은 높이 195cm, 폭 165m에 이른다. 미륵불소조좌상에서 나온 복장 유물은 통도사 성보박물관이 수장고에 보관하고 있다.

3 연기문 외에도 미륵상생경(목판인쇄), 일체여래전신사리보치진언(一切如來全身舍利寶齒眞言, 지본), 진언(지본), 오륜종자진언(지본), 화취진언(지본), 진언봉투(지본), 복장 봉투(지본 묵서) 등 8점이 함께 발견됐다. 미륵상생경을 제외하고는 모두 1952년에 조성된 것이다.

통도사 용화전 미륵불소조좌상

證明比丘 慈雲盛祐 大峯惟一

良工比丘 漢翁倫澤 會應尙均

監督比丘 椿皐澤彦 月湖學周

持殿 兼 都監比丘 月國晶基

化主 白月琮基

本寺三職 住持 大鵬善炯 總務 包光奇憲, 財務 鏡河達允

時 大衆 五百餘名

檀紀 四三八五年 九月

　영축산의 구하천보와 오대산의 한암중원

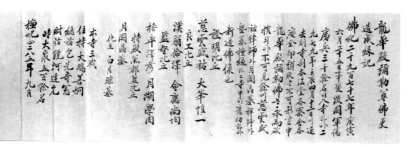

〈통도사 용화전 미륵불소조좌상에서 나온 연기문〉

연기문에는 "경인년庚寅年 6월 25일 사변 후 국군 상이병傷病兵 3,000
여 명이 입사入寺해 (불기) 2979년 임진壬辰 4월 12일에 퇴거했다."는 내
용이 기록돼 있다. 경인년은 1950년이고, 임진년은 1952년이다. 즉
1950년 6월 한국전쟁 발발 후 설치된 육군병원 통도사분원이 1952년
4월까지 약 2년간 운영되었으며, 이때 수용된 국군 상이용사는 3,000
명에 이르렀다. 육군병원 운영시 통도사의 법당, 요사채, 산내 암자
가 모두 수용되어 군병원으로 이용되었으며 사찰 시설은 피폐해졌
다. '不可形言中(말로 형언할 수 없다)'는 표현을 통해 확인할 수 있다. 이
때 용화전 미륵불도 크게 파손되어 육군병원 철수 후에 자운율사慈雲
律師와 월국선사月國禪師 등 500여 명의 통도사 대중이 불상을 새로 조
성했다. 연기문을 작성한 것은 단기 4385년, 서기 1952년이다.

31육군병원 통도사분원의 존재를 증명하는 자료가 추가로 나온 것은 2020년 3월 하순 통도사 대광명전[4]에서 한국전쟁 당시 낙서와 그림이 발견되면서다. 이병길 양산 보광중 교사가 통도사 스님들과 함께 확인한 대광명전 낙서 내용은 다음과 같다.

> "가노라 通度寺야 잘 있거라 戰友들아, 情든 通度를 두고 떠나랴 고 하려마는, 세상이 하도 수상하니 갈 수 밖에 더 있느냐."
> "전우야 잘 있거라 나는 간다"
> "통도사와 이별한다"
> "停戰이 웬 말?"
> "李昌奎, 陳基俊, 金貞禮, 金舜東"

한국전쟁 당시 당우堂宇를 그대로 유지하고 있던 대광명전 내외부의 벽면에서 퇴원, 전우, 정전 등 전쟁 관련 단어와 문장이 확인됐다. 군인 모자, 탱크, 트럭 등 전쟁을 상징하는 그림도 여러 개 발견됐다. 병원에서 치료받던 부상병들이 못, 연필, 칼 등으로 새긴 것이다. 대광명전은 한국전쟁 후 보수하지 않아 원형을 그대로 유지하고 있었기 때문에 낙서와 그림이 남을 수 있었다. 낙서 가운데는 '4384년'이란 구절이 있다. 4384년은 단기檀紀로, 서기 1951년인데 육군병원 주둔 시기와 일치한다. 또한 '정전'이란 단어가 등장한 것으로 보아 1951년 1·4 후퇴로 한국전쟁이 교착 상태에 빠지고, 그해 7월부터

---

4 3구역으로 나뉜 통도사 가람 배치 가운데 중로전中爐殿 중심 건물로 보물 1827호이다. 『통도사약지』에 따르면 창건 당시부터 있던 전각이다. 「대광명전삼성공필후현판大光明殿三成功畢後懸板」에 의하면 1756년 10월 화재로 전소된 후 1758년 9월 중건했다. 대광명전 내부 좌우측에는 화재를 막기 위해 항화마진언抗火魔眞言이 적혀 있다.

시작된 정전협상 시기에 육군병원이 통도사에 존재했음을 증명한다. 李昌奎, 陳基俊, 金貞禮, 金舜東 등의 이름은 부상병 당사자나 동료 또는 가족일 것으로 보인다.

용화전 미륵불소조좌상의 복장물과 대광명전 낙서를 확인한 이후 통도사는 사중寺中 차원에서 육군병원 존재 사실을 규명하기 위해 관련자들을 수소문하여 증언을 청취했다. 2021년 5월 31일 통도사 기획국장 지범 스님, 기획과장 혜덕 스님, 총무과장 정대 스님 등이 경남 합천군에 거주하는 유창수(94세) 씨를 직접 만났다. 유창수 씨는 1949년 군에 입대해 3사단 23연대 1대대 소속으로 한국전쟁 당시 영덕전투에서 부상을 당해 5육군병원을 거쳐 1951년 여름 31육군병원 통도사 분원(정양원)에 후송됐다. 3개월가량 치료받으며 요양하다 '전투 불능상태' 판정을 받아 1951년 839부대가 있는 부산의 경남여고로 이동해 제대했다. 통도사 스님들에게 전한 유창수 씨의 증언 내용은 다음과 같다.

"5육군병원에서 치료를 받아 재복무 능력이 있으면 다시 전쟁에 나가고 그렇지 않으면 정양원으로 가는데, 그곳이 바로 통도사였다. 통도사에 갔더니 스님들은 다른 데로 옮겨놓고 환자들만 있었다. 처음에는 대웅전에서 100m가 안 되는 거리에 있는 방에 거처했으며, 그 뒤에는 4~5명이 사용하는 방으로 옮겨 지냈다. 두 번째 거처는 통도사 감로당 인근 방으로 추정하는데 이때 최재봉 이등상사와 함께 방을 사용했다. 당시 통도사에 공비가 많이 내려와 항상 보초들이 서 있었다. 우리는 환자들이니까

정양하고 다른 군인들이 보초를 섰다. 중상 환자들이 많아 분위기가 무겁고 어두웠으며, 환자들 일부는 불상에 올라가기도 했다. 심하게 다친 환자들이 많아 서로 기피하는 분위기였다. 그래도 나는 거동이 힘들기는 했지만 통도사 안을 자주 산책하며 지냈다."

유창수 씨의 증언에 의하면 한국전쟁 당시 통도사에 주석하는 스님들은 기존 거처에서 나와 다른 곳에 머물고 있었으며, 스님들이 사용하는 요사채 등 전각은 부상병을 치료하는 병실로 사용한 것이다. 한 방에는 4~5명 정도 수용되었다. 그 무렵 통도사 인근에는 공비들이 자주 출몰하여 경비를 섰는데, 부상병들이 아닌 기간병들이 담당했다. 경상보다는 중상中傷을 입은 병사들이 대다수 수용돼 있었기에 병원 분위기는 침울하고 서로 대화를 나누는 분위기는 아니었다. 일부 부상병들은 불상에 올라가거나 경전을 태우는 등 문화재나 성보聖寶에 대한 의식이 희미했다. 결국 통도사는 군병원으로 수용되어 사찰 기능을 수행하지 못하고 다수의 전적典籍이 훼손되는 극심한 피해를 입었다.

한국전쟁 당시 학도병 1기로 군에 지원 입대한 박기수 씨도 2020년 7월 통도사 스님들을 만난 자리에서 부산 동래에 위치한 31육군병원 본원 군수과 위생병으로 복무하면서 통도사 분원을 방문한 사실을 증언했는데 다음과 같다.

"1951년도 봄 즈음에 통도사 31육군병원 분원이 생기고 군수

과에서 쌀과 다양한 물품을 지원했다. 저는 군수과 소속이었으
니깐 통도사분원에 쌀을 싣고 가는 역할을 했다. 통도사를 경비
중대가 지키고 있었으며, 공비의 공격이 잦았다. (해가) 넘어가면
경비중대가 전부 보초를 섰다. 공비가 얼마나 있는 줄 몰랐다.
쌀이나 부식을 통도사에 가져가며, (공비들은) 그걸 덮쳐서 뺏으
려고 했다. 그러다 어찌 잘못되어 (수송 차량에) 불이 난 적도 있
다. 통도사 31육군병원 분원장은 군의관인 김승곤 중령으로 전
역 후에 부산에서 만난 적도 있다."

박기수 씨 증언에 의하면 31육군병원 본원은 부산 동래에 있었고,
분원인 통도사에 쌀을 비롯한 식량 등을 지원했다. 통도사는 중대 규
모의 부대가 경비를 담당했다. 해가 지면 공비들이 출몰해, 본원에서
분원으로 수송하는 식량을 탈취하려는 시도도 있었다. 박기수 씨는
31육군병원 통도사 분원장이 김승곤 중령이라는 중요한 증언을 하고
있다. 이는 1951년 10월 24일 자 동아일보에 분원장이 장□□ 중령
(군의관)이라는 사실과는 다르지만, 김 중령과 장 중령의 근무 기간이
상이할 수 있다는 점에서 유의미하다. 육군병원 분원 책임자는 군의
관으로 대대장급인 중령이 맡고 있었던 것이다.
　이어 통도사는 2020년 7월 선친이 통도사 육군병원에 입원했던 고
성록·고해록 씨, 해동중학교 재학시절 통도사 육군병원을 목격한
김용길 씨를 직접 만나 증언을 청취했다. 김용길 씨는 통도사 주지를
지낸 설암 스님 등 여러 스님과 통도사 육군병원 분원 목격담을 전했
는데 다음과 같다.

"약사전에 (사무실이) 있었다. 종각 옆에, 거기에 간호사들이 출입을 많이 하고, 그때 우리가 소문을 듣기로는 군인들이 2,800명이라 하는데 일반 환자와 상처 입은 군인들이 있고 현역 군인들도 있고, 1952년 4월경 31육군병원 분원이 철수한 뒤 통도사를 보며 비참한 마음을 감출 수 없었다. (군인들이 떠나고 난 뒤에) 해동중학교 동기와 부락 사람들이랑 청소하러 올라가니깐 참 기가 막히더라. 경전들이 공양간에서 찢어져 엉망진창이 되어 있었고, 불에 다 탔다. 그때 얼핏 본 게 뭐냐면 통도사 주지 임명장, 총독부 허가권, 이런 게 다 기록돼 있었던 문서들이다. 통도사 역사가 기록된 자료들이었다."

김용길 씨 증언에 의하면 통도사 육군병원은 종각 옆 약사전을 사무실(분원 본부)로 사용하고 군의관뿐 아니라 부상병을 간병하는 간호사들도 근무했다. 통도사 경내에는 2,800명의 군인이 주둔했는데 부상병과 현역 군인을 합친 숫자로 보인다. 김용길 씨는 분원 철수 후 통도사를 방문했을 때 경전들이 훼손되거나 불에 탔으며, 통도사의 각종 자료도 없어졌다고 증언했다. 통도사가 국가를 위해, 또 국가의 요청(징발)으로 사찰을 병원으로 제공했지만 제대로 보호받지 못했다. 전쟁이라는 특수한 상황을 감안하더라도 아쉬운 일이다. 이제라도 정부 차원의 합당한 보상 및 후속 조치가 필요한 것은 당연한 일이다.

경성의학전문학교를 졸업하고 한국전쟁 시기인 1951년 2월 군의관으로 입대한 김진조 부산 김내과 원장도 31육군병원 통도사분원의 존재 사실을 증언했다. 통도사와 오랜 인연을 이어오고 있는 김진조 원장은 당시 상황을 이렇게 전했다.

"부산 제5육군병원으로 발령받아 일요일에 구하 큰스님께 인사 드리러 통도사를 방문했는데, 제31육군병원 분원이 주둔하고 있어 일반인 출입을 통제했다. 제31육군병원이 통도사에 들어와 스님들을 사찰에 머물지 못하게 했지만 일부 스님들은 남아있었다. 구하 큰스님에게 '산문 밖을 나간 스님들은 통원하여 부상 군인들의 수발 및 뒷바라지, 허드렛일을 하고, 사망한 군인들의 시신은 종교의식을 거쳐 장례를 치르는 역할을 했다'는 이야기도 들었다. (군의관 신분으로 경내에 들어가니) 밭(지금의 설법전 자리)에서 소를 잡고 있었으며, 각 전각은 병원 사무실, 치료실, 수술실 등 상이군인들의 요양 시설로 사용됐다. 군인들이 군화를 신고 법당을 드나들었고, 법당 안에 있는 경전은 부싯깃[5]으로 사용하고, 보물급 문화재 유물이 파손되거나 태워서 없어졌다."

김진조 원장의 증언에 의하면 육군병원이 설치된 상황에서 구하 스님을 비롯한 일부 스님이 사중寺中에 남아있었다. 군軍 시설로 바뀌었기에 일반인의 출입은 통제되었다. 경내에 남아있던 스님과 산문 밖으로 나간 스님들이 육군병원을 지원하는 활동을 전개했다. 간병과 장례 등의 일을 수행했던 것이다. 경내에 있는 전각들은 부상병들

5 부싯돌을 칠 때 불똥이 박혀서 불이 붙도록 하는 물건.

의 입원 공간이나 사무실, 치료실, 수술실 등으로 사용되었으며, 어느 정도 치료가 이뤄진 병사들의 요양 시설로 이용되었다. 그러나 군 당국의 사찰 보호 및 유지에는 관심이 없었다. 군화를 신고 법당을 드나드는 것은 물론 경전을 태우고 문화재를 파손하는 일이 적지 않았다. 이는 앞서 김용길 씨의 증언과 일치하는 대목이다.

한국전쟁 무렵 통도사 경내에는 보광중학교가 운영되고 있었다. 육군병원 분원이 설치되면서 보광중 역시 학교의 기능이 정지됐다. 그 당시 보광중에 재학하고 있던 졸업생들의 증언도 확인했다. 통도사 스님들과 이병길 보광중 교사는 안정철, 김학조, 김두형, 류득원 씨 등 양산에 거주하는 보광중학교 졸업생들의 증언을 청취했다.

1947년부터 1951년까지 보광중6에 재학한 안정철(1932년 생) 씨는 "통도사에 31육군병원 분원이 있었는데, 상이군인 가운데 위중한 환자들이 많았다. 천왕문에서 불이문 사이(하로전)의 영산전, 극락전, 약사전 등 전각마다 군인들이 가득 차 있었다. 만세루와 보광중 건물에는 환자들이 없었다. 학생들은 보광중 건물에, 스님들은 군인들이 사용하지 않는 법당에 있었다."고 증언했다.

1951년 보광중학교를 졸업한 김학조(1933년 생) 씨는 "군병원이 있는 통도사에 학생들이 출입하는 것을 금지했다. 위생병들이 시신을 들것으로 가져와 (보광중)학교 앞에서 차에 실어 통도사 화장장에 가서 나무로 태웠다."고 전했다.

1948년 7월1일부터 1951년 7월7일까지 보광중학교를 다닌 김두

---

6 통도사에서 설립한 명신학교(明新學校)를 계승한 통도중학교(通度中學校)의 후신으로 지금의 성보박물관 자리에 있었다.

형(1934년 생, 당시 중학교 2학년) 씨는 "통도사에 '31육군정양원'이 있었는데, 보광중 교실을 환자들이 차지했다. 갑자기 들이닥쳐 교실을 빼앗긴 학생들은 만세루와 명월료 등에서 수업을 할 수밖에 없었다."고 말했다.

1949년 9월 1일부터 1952년 3월 23일까지 보광중에 다닌 류득원(보광중 4회 졸업생) 씨는 "지금의 박물관 자리에 있는 학교에 어느 날 갑자기 군인들이 와서 환자(부상병)들로 꽉 찼다. 학생들은 보광전과 감로당 등에서 공부를 했고, 법당에는 전부 환자들이 있었다. 통도사와 무풍교까지 (경내를 흐르는) 하천에는 함안에서 온 피난민도 수천 명이 있었다."고 당시 상황을 전했다.

보광중 졸업생들의 증언은 대부분 일치한다. 공통된 증언은 통도사의 모든 전각을 군인(부상병)들이 사용했다는 사실이다. 일부 차이 나는 증언은 보광중을 군병원 시설로 사용했다는 이야기와 학생들이 사용했다는 점이다. 학생들이 만세루, 명월료, 보광전, 감로당에서 수업을 받았다는 증언도 있다. 여러 가지 상황을 종합하면 70년이란 세월이 지났기에 '기억의 차이'가 날 수 있다는 점을 고려할 필요가 있다. 학생들이 수업을 받은 시기가 육군병원 설치 당시와 철수 후의 상황을 혼동할 수 있기 때문이다. 그렇다고 통도사 육군병원의 존재 사실이 부정당하는 것은 아니다. 졸업생들의 증언 가운데 '군인들이 사용하지 않는 법당에 스님들이 있었고', '숨진 병사들의 시신을 통도사 화장장에서 장례를 치르고', '무풍교가 있는 하천에 피난민 수천 명이 있었던' 사실은 한국전쟁 당시 통도사 상황을 확인할 수 있는 중요한 증언이다.

이와 더불어 제31육군병원 통도사분원에서 치료받은 군인의 후손이 '대통령 소속 군사망사고진상규명위원회'에서 '진상규명 결정'을 받기도 했다. 1950년 8월 8사단 16연대 작전참모 보좌관으로 임명된 박규원 소위는 낙동강 영천지구 전투에서 부상을 당해 31육군병원 동래본원을 거쳐 통도사분원에서 치료를 받았다. 국방부는 2020년 3월 고故 박규원 소위를 70년 만에 전사자로 인정했는데, 유족들의 진상규명 요청을 받은 '대통령 소속 군사망사고진상규명위원회'가 군軍 기록을 확인하고 통도사를 답사하는 등 자료를 제출해 "전사자로 심사할 것을 국방부 장관에게 요청한다."는 결정에 따른 것이다. 박규원 소위 부인과 동생 등 가족들이 사하촌(하북면)에 머물며 통도사(육군병원)를 찾아 간호했다고 증언했다.

이상 서술한 용화전 미륵불상 연기문과 관련자들의 다양한 증언을 종합하면 한국전쟁 당시 통도사에 31육군병원 분원이 설치되어 운영된 것은 분명한 사실이다. 이 과정에서 통도사 스님들과 통도중(보광중) 교사 및 학생들은 사찰 밖으로 나와야 했으며 일부 스님만 경내에 남아있었다. 모든 전각은 육군병원 사무실, 치료실, 수술실, 입원실로 사용되었고, 통도사 화장장은 전사한 장병들의 장례를 치르는 공간이 되었다. 남아있던 스님과 마을로 내려간 스님들이 부상병들을 간병하고, 전사자들의 화장을 돕는 등의 활동을 전개했다.

그러나 육군병원은 종교 활동의 공간이며, 민족의 문화유산인 통도사를 제대로 보존하거나 보호하지 않았다. 오히려 부상당한 병사들이 경전이나 각종 자료를 불태우거나 문화재를 파손하여 심각한 피해를 입었다. 전쟁이라는 특수한 상황을 고려하더라도 안타까운 일이 아닐 수 없다. 정부 차원의 보상 및 후속 조치가 이뤄져야 할 것이다.

III. 국방부 등 관계 기관 반응

31육군병원 통도사분원의 존재에 대해 통도사 사중에서 적극적인 관심을 표명하고 불교신문을 비롯한 언론에서 집중적으로 보도하기 전까지 군 당국이나 정부의 반응은 미미했다. 전무全無했다고 해도 지나친 표현이 아니다. 국방부, 육군본부, 의무사령부는 당해 기관의 역사이며 민관民官의 유기적인 협조 관계를 입증하는 의미가 있음에도 불구하고 '자료 부족'을 이유로 수수방관했다.

통도사가 2019년 10월 31일 용화전 미륵불좌상 복장유물 '조성연기문'기록 보존 요청 공문[문서번호 통총 제2019 -494호]을 국방부, 국군의무사령부, 국가기록원, 수도통합병원에 보냈지만 회신이 없었다. 통도사는 2020년 1월 17일, 제31육군병원 통도사 분원 인정을 요구하는 공문을 발송했지만, 국방부와 육군본부는 '반송'하고, 국군의무사령부는 '관련 자료 없음[문서번호 정작과-972](2.26)'이라는 회신을 보내왔다. 통도사는 2020년 3월 2일에 육군 군사연구소장에게 정보공개[문서번호 군사연구지원과-660](2020.3.4)를 요청했다.

대한불교조계종에서 발행하는 불교신문에서도 국방부에 질의서를 [문서번호 불교신문 20-23] 2020년 7월 8일 발송했다. 내용은 다음과 같다.

(1) 국방부에서는 한국전쟁 당시 양산 통도사에 '31육군병원

(정양원)분원'이 설치되어 운영된 사실을 알고 있는지요? (2) 양산 통도사에 '31육군병원(정양원)분원'이 설치되어 운영된 의미를 어떻게 생각하는지요? (3) 양산 통도사 '31육군병원(정양원)분원'과 관련되어 국방부가 소장하고 있는 자료가 존재하고 있는지요? (4) 소장하고 있는 자료가 있다면 이를 열람하기 위한 절차는 어떻게 밟아야 하는지요? (5) 한국전쟁 당시 위기에 처한 나라를 구하기 위해 전선에서 싸우다 부상 당한 장병들을 치료하는 군병원에 공간을 제공(징발)한 통도사를 '국가보훈시설(현충시설)'로 인정할 수 있는지요? (6) 양산 통도사가 국가보훈시설(현충시설)로 인정받기 위한 절차는 어떻게 되는지요?

그러나 이에 대해 국방부는 2020년 7월 9일 (2)번부터 (6)번까지 답변은 하지 않고, (1)번에 대해 "31육군병원 분원의 설치와 운영 관련된 자료에 대해 현재 국방부군사편찬연구소에서 확인 중입니다."라고 회신했을 뿐이다.

통도사와 불교신문을 중심으로 지속적인 자료발굴과 요청이 이어지자, 국방부 군사편찬연구소가 그동안 알려지지 않은 자료를 수집해 공개했다. '양산 통도사 제31육군병원 분원 관련 조사 결과서'가 그것이다. 국방부 군사편찬연구소 조사 결과를 보도한 2021년 5월 13일 불교신문 기사는 다음과 같다.

한국전쟁 당시 양산 통도사에 설치된 제31육군병원(정양원)

분원의 실체를 증명하는 자료들이 확인됐다. 국방부 군사편찬연구소는 "조사 결과, 6·25전쟁 기간 양산 통도사가 제31육군병원 분원으로 사용되었음을 사실로 확인했다."면서 "2025년 발간 예정인 『6·5전쟁 의무지원사』 등 6·25전쟁사 책자에 적극 반영하겠다."고 밝혔다. 또한 조사 결과와 수집 자료를 영축총림 통도사(주지 현문스님)와 민홍철 국회 국방위원장에게 각각 송부했다. 군사편찬연구소는 2020년 9월~10월까지 전담 연구원을 배치해 국가기록원, 육군기록정보관리단, 의무사령부 군軍 내외 소장 자료를 조사해 통도사 야전병원 설치 여부를 확인했다. 『육군발전사』와 『의무부대사』에 따르면 1950년 12월 12일 대전에서 창설된 제31육군병원이 되어 1·4후퇴 직후인 1951년 1월 6일 부산 동래로 이동했으며, 1952년 6월 25일 제31정양병원으로 개칭했다.

이후 1951년 11월과 12월 국방부 장관이 이승만 대통령에게 보고한 자료도 확인했다. 1951년 11월 15일 자 '군병원 건물로 사찰건조물 사용에 관한 건'은 "양산 통도사 건물은 31육군병원 분동分棟으로 사용 중이며, 환자 1522명을 수용 중"이라는 내용이다. 1952년 12월 11일 자 '통도사 명도明渡에 관한 건'은 "대통령의 분부대로 육군참모총장으로 하여금 명도하도록 지시하였음"이란 내용을 담고 있었다. 명도는 건물, 토지, 선박 따위를 남에게 주거나 빌리는 것으로 육군병원으로 사용하던 통도사를 환원시키라는 지시였다.

이 같은 공문 내용은 2019년 9월 통도사 용화전 미륵불소조좌상 복장에서 나온 연기문과 일치한다. 1952년 9월 붓글씨로 쓴 '용화전 미륵존불 갱更 조성연기문'에는 "경인년庚寅年 6월 25일 사변 후 국군 상이병傷痍兵 3,000여 명이 입사入寺해 (불기) 2979년 임진壬辰 4월 12일에 퇴거했다"고 기록돼 있다. '불기 2979년 임진년'은 1952년이다. 자료를 종합해 보면 제31 육군병원 분원은 1952년 4월 12일 통도사에서 철수했으며 명도가 결정된 것은 그해 12월 11일이다.

육군병원은 대전에 있다 1951년 1·4 후퇴 직후인 1월 6일 부산 동래로 이전했으며, 병실이 모자라 통도사를 육군병원 분원으로 사용했음이 확인된다. 수용 인원은 1,522명이었다. 이러한 결과에 이르기까지 통도사는 지속적으로 자료를 수집하고 관련 사실을 선양하는 노력을 기울였다. 용화전 미륵불상 복장 연기문 발견과 더불어 관련 인사들의 증언을 청취하였으며, 국방부, 국회, 국가보훈처 등에 육군병원 존재 사실의 인정을 요구했다. 그러나 초창기 관계기관은 미온적으로 대처하였고, 국회의원들도 중요성을 제대로 인식하지 못했다. 통도사의 지속적인 요구와 언론의 보도가 이어지면서 입장이 조금씩 바뀌었다. 민홍철 국회 국방위원장은 2020년 10월 국방부 국정감사에서 "양산 통도사에서 야전병원 분원을 운영한 사항에 대해 연구할 것"을 질의하고, 앞서 통도사 육군병원에서 사망한 전사자, 의무기록, 군의관 기록 등 자료조사 당국에 요구했다. 민홍철 국방위원장은 통도사를 방문해 주지 현문 스님과 만나 육군병원의 실체 규명에 대한 의견을 교환하기도 했다. 양산갑 윤영석 국회의원과 양산을의 김두관 국회의원도 2021년 10월 불교신문이 보낸 '31육군병원 통도산 분원' 질의에 대한 답변서에서 "한국전쟁 당시 정부(군) 기록을

확인하는 노력과 더불어 자료와 증언에 근거해 실체를 인정받아야
한다."면서 "통도사가 정당한 평가를 받을 수 있도록 노력하겠다."고
밝힌 바 있다.[7]

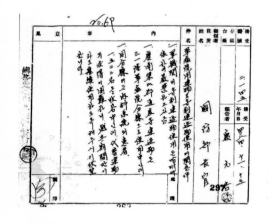

한국전쟁 당시
국방부의 군병원용 건물로
사찰건조물사용에 관한 건 공문

　　1951년 11월 15일 당시 국방부 장관은 통도사 육군병원 관련하여
이승만 대통령에게 '군병원용 건물로 사찰건조물 사용에 관한 건'이
란 제목의 공식 문건을 통해 △군기관의 사찰건조물 사용은 분부에
의하여 엄금하고 있음 △경남 양산군 통도사 건조물은 31육군병원
분동分棟으로 사용 중인데 △동同 분동에는 내과 계통의 환자 1522명
을 수용 중인데, 대체 건물의 구득求得이 곤란하니 월동越冬기간만이라
도 계속 사용하도록 해주시기 복망伏望합니다 라고 보고했다. 이같은
사실을 종합하면 한국전쟁 기간에 통도사에 31육군병원 분원이 운영
되고 있었으며, 1522명의 부상병이 수용되어 있었다.

7 「한국전쟁 31육군병원 통도사 분원 존재 '확인'」, 불교신문, 2021년 5월 13일

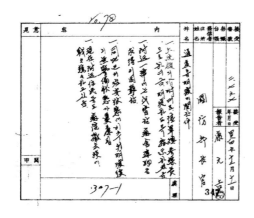

국방부 장관은 1951년 12월 11일 '통도사 명도明渡에 관한 건'이란 공식 문건에서 △대통령의 분부대로 육군총참모장으로 하여금 명도하도록 지시하였음 △부근 일대에는 대체할 병사病舍 건물을 구득求得키 곤란함 △동同 지구의 치안 상태에 비추어 명도 후의 무無경비상태가 우려됨. △현재 부근 주민들도 병원 철거 후에 전전긍긍戰戰兢兢하고 있음이라고 밝히고 있다. 명도明渡는 '건물이나 토지, 선박 등을 점유하고 있는 사람이 모든 권리를 넘겨준다'는 의미이다. 즉 통도사를 육군병원 분원으로 사용하고 있었음을 분명히 밝히고 있다.

이에 앞서 2020년 10월 통도사가 소재한 양산시의 지역구 국회의원인 윤영석 국회의원과 김두관 국회의원도 불교신문에 보낸 답변에서 '31육군병원 통도사분원'의 존재 사실을 인정하고 보훈시설 지정에 동의했다.

윤영석 국회의원은 "양산시민뿐 아니라 우리나라 전체를 놓고 보더라도 (31육군병원 통도사 분원은) 큰 의미가 있다. 이름 없이 생을 달리

한 병사들을 위로하기 위해서라도 국가 차원의 (육군병원) 분원 인정이 확정될 수 있도록 최선을 다하겠다. 사실을 입증하는 기록을 찾기 위해 관련 기관과 적극 협조할 것이다. 통도사가 '국가보훈시설(현충시설)'로 인정될 수 있도록 노력하겠다. 군과 사찰, 나아가 정부와 민간이 국난 극복을 위해 함께 노력한 소중한 사례로 육군병원 통도사 분원이 재조명받을 수 있도록 적극 협조하겠다."고 밝혔다.

김두관 국회의원은 "국방부와 국가보훈처에 한국전쟁 당시 통도사에서 운영된 육군병원 분원의 사실이 규명되도록 노력해줄 것을 요청했다. 통도사가 정당한 평가를 받도록 지원을 아끼지 않을 생각이다. 비록 지금은 전쟁 당시의 기록이 미비하여 근거자료가 없다고 하더라도 관계 당국에서 기록을 확인하는 진지한 노력을 더해야 할 것이다. 한국전쟁은 비교적 최근의 역사인데 기록물 관리가 제대로 이루어지지 않은 것이 안타깝다. 어려운 시기에 통도사에서 많은 젊은이의 생명을 구하는 데 앞장선 것에 대해 감사드린다."는 입장을 표명했다.

이상의 증언과 자료들을 종합할 때 한국전쟁 당시 통도사에 육군병원이 운영되었음은 명확한 사실이다. 통도사는 2021년 10월 울산보훈지청을 방문해 통도사를 '국가수호 현충시설'로 지정해 줄 것을 공식 신청했다. 이에 국가보훈처는 양산시 등 관계기관 의견을 청취하고 현지 실사와 심의를 거쳐 2021년 11월에 현충시설로 지정했다.

IV. 나가는 말

영축총림 통도사는 국가현충시설國家顯忠施設로 지정받은 것을 기념하고 전몰장병의 넋을 위로하기 위한 2022년 6월 18일 호국영령위령재를 성대하게 봉행했다. 이날 호국영령위령재에는 조계종 종정 성파 대종사와 통도사 주지 현문 스님, 조계종 총무부장 삼혜 스님, 통도사 전계사 혜남 스님, 유나 항조 스님, 강주 인해 스님, 육군군수사령부 정행 법사, 이준석 국민의힘 대표, 이진복 대통령비서실 정무수석, 신범철 국방부 차관, 임성현 부산지방보훈처장, 주호영, 윤영석 국회의원, 유가족 등 사부대중 1,000여 명이 참석했다.

이날 조계종 종정 성파 대종사는 "국가와 국민을 지키기 위해 목숨 바쳐 싸우다 장렬히 전사한 호국영령이시여! 값진 희생의 결과로 오늘의 대한민국이 있게 되었습니다. 정성을 모아 부처님 법대로 위령재를 봉행하오니 이제 가슴 아팠던 모든 인연과 원한 내려놓고, 묘법을 성취하시어 극락정토에 왕생하시기를 바랍니다."라는 내용의 법어를 설했다.

통도사 주지 현문 스님은 봉행사를 통해 "통도사는 6·25의 참화 속에 불단은 환자들의 병상이 되었고 귀한 경책은 군불을 지피는 불쏘시개로 쓰이며 묵묵히 시대적 소명과 함께했습니다. 긴 시간이 흘러 제31육군병원 통도사분원의 역사가 온전히 드러난 오늘, 전쟁에서 산화한 모든 호국영령의 넋을 위로하는 일이 통도사의 소명으로 남게 됐습니다. 통도사 사부대중은 이번 호국영령위령재를 통해 나라를 위해 산화한 무명의 용사를 위로하고 이 땅에 희생의 아픔이 되풀이되지 않기를 발원합니다."고 밝혔다.

조계종 총무원장 원행 스님은 총무부장 삼혜 스님이 대독한 추모사에서 "한국전쟁 중 통도사가 제31육군병원 통도사분원으로 쓰였다는 역사적 진실이 늦게나마 밝혀진 것은 참으로 다행입니다. 수많은 좌절을 딛고 지금의 대한민국을 만드는 데 밑바탕이 되신 호국영령을 깊이 추모하며 가슴속으로 국화꽃 한 송이를 헌향합니다."라고 전했다.

통도사는 자장율사가 창건한 이후 호국불교 호민불교 전통을 계승해 오고 있다. 삼국시대 분열된 민심을 수습하고 혼란을 극복하는 데 일조했으며, 임진왜란 당시에는 왜군에 의해 도량이 훼손되는 아픔을 겪기도 했다. 19세기 말 일본, 러시아, 중국 등 외세의 침략이 본격화되는 시기에는 불심佛心을 모아 팔만대장경을 인경印經하는 대작불사가 이뤄졌는데 그 주역이 용악혜견龍岳慧堅(1830~1908) 스님이며, 당시 인경된 대장경본이 현존하고 있다.

안변 석왕사 총섭總攝을 지낸 용악 스님은 66세에 대장경 인경불사 원력을 세우고 부처님 진신사리를 봉안한 양산 통도사에 왔다. 1897년 음력 1월 15일부터 통도사 적멸보궁에서 100일 기도를 하면서 팔만대장경 인경불사의 원력을 고告했다. 그해 4월 25일 100일 기도를 회향하고 해인사에 도착해 다시 100일 기도에 입재한 후 대장경 인경불사를 실행에 옮겼다. 용악 스님이 주도한 대장경 인경은 스님과 불자뿐 아니라 민관民官이 참여한 가운데 성공적으로 마무리했다. 인경한 대장경은 모두 4질이라고 전한다. 이 가운데 3질은 불보종찰 통도사, 법보종찰 해인사, 승보종찰 송광사에 봉안하고, 나머지 1질은 용악스님이 전생에 수행한 수암사에 모셔 독송하도록 했다고 한다. 그러나 해인사에 모신 대장경 인경본은 경판을 머리에 이고 기도하는 정대불사頂戴佛事 과정에서 일부 산질散帙 되었고, 송광사에 봉안한 것은 한국전쟁 시기에 도량이 전소되면서 모두 사라졌다. 통도사에 봉안한 대장경 인경본만 격동의 시대를 거치면서 온전히 보존되었다.

대장경 인경을 원만하게 회향한 용악 스님은 해인사에 머물지 않고 통도사로 돌아왔다. 대장경을 봉안한 장경전藏經閣 옆에 주석처를 정하고 『금강경』을 독송하며 수행하다 통도사에서 원적에 들었다. 용악스님을 극진하게 모신 구하九河 스님은 1901년 발간한 〈용악당 사고집龍岳堂私藁集〉 서문에서 '우리 스님'이라 칭하며 중생 구제의 원력을 실천한 분이라 찬탄했다. 서문의 일부는 다음과 같다.

"우리 스님은 관북 석왕사가 본사로, 생각이 무리 가운데 빼어나고 지혜가 대중 가운데 뛰어나셨으며, 금강경을 독송하는 것으로 일상의 공부를 삼으신 한 분의 거룩한 승보이셨다. 나라를 복되게 하고 세상을 도우며, 전쟁이 없어지고 재난이 영원히 사라져 온 백성들이 모두 즐거워하고, 때맞추어 단비가 내려 해마다 풍년이 들어 조정과 백성이 태평하고, 여러 관리가 제각기 맡은 직분을 다하여 온갖 물산이 풍요롭기를 바라서, 조정으로부터 물자를 도움 받아 해인사의 대장경을 인출하여 봉안하였다."

통도사 산문山門을 연 자장慈藏율사가 당나라에서 귀국할 때에도 대장경을 모셔오고, 용악 스님이 대장경 인경 발원을 했으니 영축산과 대장경의 인연은 비범하지 않다. 나라가 어려울 때마다 부처님 원력으로 극복한 염원이 담긴 통도사의 호국호민 전통은 코로나 19로 고통을 겪고 있는 현대인들에게도 희망으로 다가서기에 충분하다.

구하 스님 역시 나라를 구하고 백성을 지키는 호국호민을 실천했다. 근대기에 명신학교明新學校를 설립하고 국내외에 유학생을 파견하면서 교육을 통해 나라의 미래를 개척하였다. 또한 임시정부에 독립자금을 전달하는 한편 대한승려연합선언서大韓僧侶聯合宣言書에 서명하며 나라를 되찾는 데 앞장섰다. 통도사는 1919년 3·1운동에 참여하고 하북만세운동을 주도하였으며, 민족의식을 표출한 보광중이 강제폐교되는 등 호국불교 전통을 계승해 왔다. 조계종 종정인 통도사 방장 성파대종사가 도자대장경을 인경한 것도 이러한 전통을 현대적으로 발현한 것이다. 1991년 조국통일과 세계평화를 발원하며 시작한 도자대장경 조성은 2000년 9월 마무리했으며, 2021년 4월에는 도자대장경을 봉안할 장경각 건립을 완료했다. 해인사 대장경이 8만1천528장의 목판 양면인데 비해 통도사 도자대장경은 단면 제작해 도판이 16만3천56장에 이르는 대작이다.

이처럼 개산開山 이후 호국호민護國護民의 전통을 이어오고 있는 통도사가 한국전쟁 당시 31육군병원 분원으로 운영된 것은 의미가 있다. 한국전쟁에서 부상당한 장병들을 치료하고 전사자들의 장례를 치르는 등 국가수호공간의 역할을 이행했기 때문이다. 따라서 현충시설 지정은 당연한 일이다. 나라 사랑을 실천하고 민관이 협심하여 국난을 극복한 의미 있는 역사를 널리 알리는 것은 정부의 당연한 책무이다.

제 2 편

한암중원

漢巖重遠

方漢巖大宗師

영축산의 구하천보와 오대산의 한암중원

한암중원 행장

漢巖重遠 (1876~1951)

着火廚中眼忽明
착 화 주 중 안 홀 명

從玆古路隨緣淸
종 자 고 로 수 연 청

若人間我西來意
약 인 문 아 서 래 의

岩下泉鳴不濕聲
암 하 천 명 불 습 성

村尨亂吠常疑客
촌 방 난 폐 상 의 객

山鳥別鳴似嘲人
산 조 별 명 사 조 인

萬古光明心上月
만 고 광 명 심 상 월

一朝掃盡世間風
일 조 소 진 세 간 풍

부엌에서 불 붙이다 눈이 홀연 밝아지니,

이로부터 옛길은 인연 따라 청정하네.

만약 다른 사람이 내게 '(조사)서래의(祖師)西來意'를 묻는다면,

'바위 아래의 샘물은 소리에 젖지 않으며 운다.'고 하리라.

마을의 삽살개는 항상 객客을 의심해 어지러이 짖고,

산새는 사람들을 비웃듯 지저귀네.

만고萬古에 (변함없는) 마음의 완전한 달빛 광명,

일조一朝에 (더러운) 세간풍世間風을 모두 쓸어버리네.

오도송悟道頌

법명은 중원重遠, 법호는 한암漢巖이다. 본관은 온양 방方씨이다. 1876년 3월 27일 강원도 화천군 하남면 계성리에서 태어났다. 5세에 아버지로부터 천자문을 배우고 9세부터 서당에서 공부하며, 생사를 넘어서는 깊은 철학적 의문을 가졌다. 1894년 금강산 장안사 금월행름錦月行凜 스님을 은사로 출가했다. 신계사 보운강원에서 수학하다가 선수행으로 관점을 전환하고, 이후 청암사 수도암으로 경허 스님을 찾아갔다. 경허 스님이 『금강경』 법문을 하는데 "무릇 모든 형상은 모두 허망한 것이나니, 만약 모든 형상이 형상 아님을 본다면 곧바로 여래를 보게 되리라[凡所有相 皆是虛妄 若見諸相非相 卽見如來]."라는 구절에서 크게 깨달은 바가 있었다. 이어서 경허 스님을 따라 해인사 선원으로

가서 함께 동안거 수행을 했다. 1903년 28세에 경허 스님으로부터 인가를 받고, 1904년 통도사 내원선원의 조실이 되어 6년간 대중들을 지도했다.

1911~1912년 맹산 우두암에서 수도하다 최후의 완전한 깨달음(확철대오)을 얻었다. 1921년 건봉사 만일원 선원 조실을 거쳐 1923년 봉은사 조실로 있다가 1926년 51세에 "차라리 천고에 자취를 감춘 학이 될지언정 삼춘三春에 말 잘하는 앵무새의 재주는 배우지 않겠노라." 하면서 봉은사를 떠나 오대산 상원사에 들어가 입적할 때까지 머무셨다.

1929년 조선불교선교양종에서 교정, 1935년 선학원의 수좌대회에서 종정, 1941년 6월 4일 조계종 종정, 1948년 조선불교 교정으로 추대되었다. 1936년 강원도 유점사·건봉사·월정사 삼본사가 상원사에 삼본사연합수련소를 세워 새벽과 저녁에는 좌선을 하고 낮에는 경전을 강의했다. 이는 간화선을 우위에 두면서 조사어록과 경전 수학을 함께하여 선과 교를 함께 수행하는 최고의 인재를 양성하기 위함이었다.

스님은 일생을 선사로서만이 아니라 율사로서의 모습도 보여주었다. 계·정·혜 삼학 수학의 전통을 고수하면서도 불교 존립 기반인 사찰 운영에 필요한 승려를 배출하고자 했다. 그리하여 스님은 참선·간경·염불·의식·수호가람을 스님들이 지켜야 할 다섯(승가오칙)이라고 강조했다. 그리고 좌우명인 '계잠戒箴'을 지어 선정과 지계와 불방일의 각 여덟 가지 법을 실천해야 청정함을 얻을 수 있다며 지계를 엄격 강조했다. 한국전쟁 중 1·4후퇴 당시 북한군의 거점이 될 수 있다며 오대산 월정사 등을 소각하고 상원사도 불태우려고 하자 가사와 장삼을 입고 법당에 앉아 "승려는 죽으면 화장하는 것이니, 주저할 필요 없다."고 하여, 군인들이 문짝만 떼어 불을 질러 상원사가 불타지 않은 일화는 유명하다.

1951년 죽 한 그릇을 먹고 차 한 잔을 마신 뒤 가사 장삼을 입고 단정히 앉아 2월 15일 열반재일에 입적했다. 세상 나이 76세, 승려 나이 55세였다. 『한암선사법어』와 문집으로는 『일발록一鉢錄』이 있다. 1959년 3월 수제자인 탄허택성의 주도하에 상원사에 스님의 부도와 비가 세워졌다.

06

한암漢巖의 통도사 인연과
석담유성石潭有性

자현 (중앙승가대 불교학과 교수)

자현 (중앙승가대 불교학과 교수)

동국대학교를 졸업하고 동 대학의 불교학과와 성균관대학교 동양철학
과에서 각각 석사학위를 받았다. 성균관대학교 동양철학과(율장)와 동
국대학교 미술사학과(건축) 그리고 고려대학교 철학과(선불교)와 동국
대학교 역사교육학과(한국 고대사) 및 동국대학교 국어교육학과(불교
교육), 동국대학교 미술학과(고려불화)에서 각각 박사학위를 취득했다.
현재 중앙승가대학교 불교학부에서 교수와 불교학연구원장으로 재직
중이며, 월정사 교무국장과 문화재청 동산분과 전문위원, 《불교신문》
논설위원과 한국불교학회 법인이사 및 상하이 푸단대학교 객원교수 등
을 맡고 있다. 인도·중국·한국·일본과 관련된 180여 편의 논문을 한국연
구재단 등재지에 수록했으며, 『한국 선불교의 원류, 지공과 나옹 연구』
등 60여 권의 저서를 펴냈다. 영축문화대상(2019), 한암상(2020), 대원
상(2022) 등을 수상한 바 있다.

Ⅰ. 들어가는 말

한암중원漢巖[1]重遠(혹 한암寒巖, 1876~1951)은 금강산金剛山 장안사長安寺로 출가하지만, 금강산과의 인연은 깊지 않다. 한암의 가장 중요한 인연처는 26년간(1926~1951) 주석한 오대산 상원사이다. 그리고 다음으로 중요한 주석처는 만 6년(1904~1910)간 머물게 되는 통도사 내원암이다. 즉 한암에게는 출가 본사인 장안사보다도 더 중요한 곳으로, 오대산 상원사와 통도사 내원암이 존재하는 것이다.

한암의 상원사 시절은 인생의 만년에 해당하기 때문에 비교적 많은 자료가 남게 되며, 이를 통한 정리가 다양하게 진행된다. 그러나 한암의 내원암 시절과 관련해서는 필자와 이원석의 2020년 연구가 거의 전부라고 해도 과언이 아니다.[2]

한암이 맹산군孟山郡 우두암牛頭庵에서 확철대오廓徹大悟하는 것은 1912년이며,[3] 한암의 명성이 드러나기 시작하는 것은 1921년 건봉사乾鳳寺 만일원선원萬日院禪院의 주실籌室(조실)로 초빙되면서부터이다.[4]

---

1 초기의 寒巖이 漢巖으로 바뀌는 것은 1923년부터이다. 李元錫,「漢巖의 出家 過程과 求道적 出家觀」,『禪學』제50호(2018), 80-81쪽 ; 漢岩大宗師法語集 編纂委員會 編,「附錄-年譜」,『定本-漢岩一鉢錄 上』,(平昌: 漢巖門徒會・五臺山 月精寺, 2010), 496쪽.

2 廉仲燮,「漢巖重遠의 禪佛敎와 교육사상 연구」, (서울: 東國大 博士學位論文, 2020), 331-354쪽 ; 李元錫,「漢巖과 通度寺 內院庵」,『韓國佛敎學』제96집(2020), 193-220쪽.

3 漢岩 撰,「1. 一生敗闕」,『定本-漢岩一鉢錄 上』, (平昌: 漢巖門徒會・五臺山 月精寺, 2010), 269쪽.

4 漢岩 撰,「第一回 冬安居 禪衆芳啣 幷任員(橫順)」,『定本-漢岩一鉢錄 上』, (平昌: 漢巖門徒會・五臺山 月精寺, 2010), 185-186쪽 ; 漢岩 撰,「4部 資料編-寒巖禪師法語」,『定本-漢岩一鉢錄 下』, (平昌: 漢巖門徒會・五臺山 月精寺, 2010), 8・34-35쪽.

그러므로 이보다 빠른 한암의 출가 초기에 해당하는 부분은 상대적으로 추적이 어려운 점이 있다.

그러나 한암은 통도사 내원암內院庵과 관련해서, 석담유성石潭有性(출생: 1858~1863, 입적: 1934)을[5] 법사로 1904년 사법건당嗣法建幢한다. 또 이러한 통도사와의 인연으로 인해, 사촌 사형제가 되는 구하천보九河天輔(자호는 축산鷲山, 1872~1965)・경봉정석鏡峰靖錫(1892~1982)과 돈독한 관계를 갖추게 된다. 즉 한암의 통도사 내원암 시절은 남은 자료는 제한적이지만, 한암에게 있어 매우 중요한 시기인 것이다.

본고는 한암의 통도사 인연과 석담과의 관계 변화를 밝힌 것이다. 이를 위해서 먼저 한암이 「일생패궐一生敗闕」을 저술하면서까지 사법을 천명하고자 했던 경허와의 관계를 정리했다. 한암과 경허의 관계는 경허로 인해 통도사와 인연이 된다는 측면에서도 중요하다. 그러나 시기적으로 본다면, 한암은 경허와 헤어진 이후에 석담을 만나 건당하며, 이로 인해 석담의 영향 하에 있던 내원암을 주관하며 만 6년을 보내게 된다. 이는 한암과 석담의 관계가 경허와는 또 다른 측면에서 무척이나 중요했음을 의미한다.

그런데 한암과 석담의 관계는 내원암 주석의 마지막쯤에 소원해지는 것으로 판단되는데, 이후 한암의 경허에 대한 경도가 나타나게 된다. 즉 한암에게는 석담과 경허의 연결 및 대비가 강하게 존재하는 것이다. 그럼에도 흥미로운 것은 한암과 석담의 관계가 끊어지지 않고 이어지며, 한암의 석담에 대한 관점이 점차 변모한다는 점이

---

5 廉仲燮, 「漢嚴重遠의 禪佛敎와 교육사상 연구」, (서울: 東國大 博士學位論文, 2020), 29쪽.

다. 이러한 한암과 석담의 관계 정리를 통해, 한암과 석담 및 한암과 통도사의 관계에 대한 보다 정확한 판단에 접근해 볼 수 있다는 점에서, 본고의 연구의의는 확보된다고 하겠다.

II. 한암의 스승과 경허성우鏡虛惺牛

1. 한암의 세 분 스승

한암은 1894년(19세) 금강산 장안사로 입산入山하여 3년여의 행자 생활을 거쳐 1897년(22세)에 금월행름錦月幸(혹 行)凜을 은사恩師로 득도得 度한다. 한암은 행름의 둘째 상좌였다.[6] 행름은 한암의 삭발사削髮師지 만, 특별히 지도를 받거나 한 것 같지는 않다. 즉 두 분이 함께한 기 간은 거의 없으며, 한암은 이후 금강산 신계사神溪寺의 보운강회寶雲講 會(강원講院)에 들어간다.[7]

1899년(24세) 한암은 보운강회에서 보조普照의 『수심결修心訣』을 보 다가 선수행으로 마음을 돌려, 음력 7월 15일 해제 직후에 김천 청 암사青巖寺 수도암修道庵으로 가서 경허성우鏡虛惺牛(1849~1912)를 친견한 다. 1912년(37세)에 찬술된 것으로 추정되는 한암의 자전적인 구도기 인 「일생패궐一生敗闕」에 의하면,[8] 한암이 사법嗣法을 천명한 일관된 스 승은 경허다. 그리고 한암과 경허의 인연은 이때(1899년 7월 하순)부터 1903년(28세) 가을까지의 약 4년이다.

---

6 漢岩大宗師法語集 編纂委員會 編,「栗峯門譜」,『定本-漢岩一鉢錄 下』, (平昌: 漢巖門徒會 · 五臺山 月 精寺, 2010), 104쪽, "參考, 漢巖스님은 錦月幸凜의 2번째 제자임. 첫째는 運虛錦鉉임."
7 漢岩 撰,「1. 一生敗闕」,『定本-漢岩一鉢錄 上』, (平昌: 漢巖門徒會 · 五臺山 月精寺, 2010), 267쪽.
8 尹暢和,「漢岩의 自傳的 求道記 〈一生敗闕〉」,『漢岩思想』제1집(2006), 205-209쪽.

226

끝으로 한암과 통도사의 인연은 1901(26세) 백운암白雲庵의 하안거 결제에 참석하는 것으로 시작된다. 그러나 본격적인 주석은 1904년 (29세)부터 1910년(35세)까지 만 6년간이다. 이때 한암은 통도사가 아닌, 양산시 하북면 천성산에 위치한 내원암內院庵(혹 내원선원內院禪院)에 주석했다.[9] 내원암은 통도사의 산내 암자가 아니다. 그럼에도 '암'자를 사용하는 것은, 이 절이 본래는 대원사의 암자였기 때문이다.

내원암 시기에 한암은 석담石潭에게 입실건당入室建幢한다. 건당이란, 사법嗣法의 법사法師를 정하는 것으로, 그 시기는 1904년 정도로 추정된다.[10]

건당으로 인해 한암의 승적은 장안사와 통도사의 두 곳에 존재한다.[11] 통도사의 승적으로 인해 한암은 1917년 통도사에서 실시된 법계고시法階試驗에서 대선사大禪師에 품수되고,[12] 1925년에는 통도사 주지 후보에 오르는 모습이 확인된다.[13]

---

9 漢岩 撰, 「1. 一生敗闕」, 『定本-漢岩一鉢錄 上』, (平昌: 漢巖門徒會・五臺山 月精寺, 2010), 269쪽 ; 金呑虛 撰, 「現代佛敎의 巨人, 方漢岩」, 『定本-漢岩一鉢錄 下』, (平昌: 漢巖門徒會・五臺山 月精寺, 2010), 164쪽(金呑虛의 글은 新丘文化社 編, 『韓國의 人間像3-宗敎家・社會奉仕篇』, 서울: 新丘文化社, 1965에 수록되어 있음) ; 李載昌 撰, 「五臺山의 맑은 연꽃, 漢岩스님」, 『定本-漢岩一鉢錄 下』, (平昌: 漢巖門徒會・五臺山 月精寺, 2010), 239쪽(李載昌의 글은 법정・서경수 外 著, 『늘 깨어 있는 사람들』, 서울: 홍사단출판부, 1984에 수록되어 있음).

10 李元錫은 筆者와 달리 漢巖의 建幢 時期를 1904~5년으로 조금 더 폭넓게 추정하고 있다. 李元錫, 「漢巖과 通度寺 內院庵」, 『韓國佛敎學』 제96집(2020), 204쪽.

11 漢巖門徒會・金光植 編, 『寶鏡』, 『그리운 스승 漢岩스님(韓國佛敎 25人의 證言錄)』, (서울: 民族社 2006), 86쪽, "노스님은 通度寺 僧籍이 있었거든요. 僧籍이 日政 때 두 군데 있었어요. 入山 本寺인 長安寺에 있으시고 通度寺도 있으셨지요. 長安寺는 入山 本寺이고, 通度寺는 法畓이 있으셨어요."

12 「彙報-兩本山의 法階」, 『朝鮮佛敎叢報』 제3호(1917. 5), 54쪽, "慶南 大本山 梁山郡 通度寺 法階試驗은 左와 如ᄒ니 禪宗에는 大禪師에 金九河, 朴幻潭, 方寒岩"

13 徐南賢 編輯, 『鷲山 九河大宗師 民族佛敎運動 史料集 下』, (梁山: 通度寺, 2008), 196-197쪽.

이렇게 놓고 본다면, 한암에게는 세 분의 스승이 존재했다는 것을 알게 된다. 이를 간략히 정리하면 다음과 같다.

한암중원 ┬ ① 은사: 금월행름 / 함께한 기간: 1년 미만
　　　　├ ② 사법 천명: 경허성우 / 함께한 기간: 약 4년
　　　　└ ③ 법사: 석담유성 / 함께한 기간: 만 6년

한암의 법사는 석담이다. 그러나 한암이 스스로 사법을 천명한 것은 경허다. 특히 한암은 만공과 달리 경허에게 완전한 인가를 받지 못했다. 이는 한암이 3차로 확철대오廓徹大悟하는 함경남도 맹산군孟山郡의 우두암牛頭庵에서의 깨침이 1912년(37세)인데, 이때 경허는 삼수갑산三水甲山으로 잠적한 상태였으며 1912년 음력 4월 25일에 입적한다.[14] 즉 한암은 1903년 이후 경허를 만나지 못했고, 확철대오한 직후에 경허가 입적하여 인가의 가능성을 상실한 것이다.

실제로 한암은 「일생패궐」의 말미에서, 다음과 같이 기록하며 이를 한탄하고 있다.

　　말엽末葉(말세)을 당하여 불법의 쇠폐衰廢가 심하여 명사明師의 인증印證(인가印可)을 얻기가 어려웠다. (경허)화상은 장발에 유복儒服으로 갑산甲山 강계江界 등지를 왕래하다가 이 해(1912)에

14　홍현지, 「鏡虛의 三水甲山과 償債」, 『大覺思想』 제18집(2012), 321-323쪽.

입적하시니 여한가기餘恨可旣로다!15

위의 인용문은 어떤 의미에서 「일생패궐」의 또 다른 핵심이기도 하다. 「일생패궐」은 1899년(24세) 7월부터 1912년(37세) 봄의 확철대오까지 총 13년에 걸친 한암의 구도를 기록하고 있다.16 이런 점에서 「일생패궐」은 1922년(47세) 봄에 프린트본으로 간행되는 『한암선사법어寒岩禪師法語』와17 더불어 한암을 이해하는 1차 자료이자 가장 중요한 자료가 된다. 특히 「일생패궐」이 자전이며 한암의 깨달음 여정을 직접 적시하고 있다는 점에서 본다면, 『한암선사법어』보다 무게 비중은 더 크다.

그러나 자신이 직접, 그것도 전후 상황까지 구체적으로 기록해서 남긴다는 것은 동아시아의 겸양 문화 구조 속에서는 매우 이례적이다. 이러한 특수한 상황과 관련해서 주목되는 기록이 위의 인용문이 아닌가 한다. 즉 한암은 경허에게 최종적인 인가를 받지 못한 부분에 대한, 사법 천명의 방어기재를 「일생패궐」을 통해서 전개하고 있는 것이다.

「일생패궐」의 주된 골자는 '한암의 깨침 과정'과 '경허와의 인연'으로 축약될 수 있다. 그리고 이는 최종 인가가 없는 상황에서 '한암의

---

15 漢岩 撰, 「1. 一生敗闕」, 『定本-漢岩一鉢錄 上』, (平昌: 漢巖門徒會 · 五臺山 月精寺, 2010), 269쪽, "時當末葉하야 佛法衰廢之甚하야 難得明師印證이라. 而和尙은 長髮服儒하야 來往於甲山江界等地라가, 是歲사寂하시니 餘恨可旣로다."

16 廉仲燮, 「漢巖重遠의 禪佛教와 교육사상 연구」, (서울: 東國大 博士學位論文, 2020), 92쪽.

17 寒岩 撰, 尾友 李礎 編, 『寒岩禪師法語』, (1922, 프린트본) ; 廉仲燮, 「漢巖重遠의 禪佛教와 교육사상 연구」, (서울: 東國大 博士學位論文, 2020), 5쪽.

경허에 대한 사법 천명'으로 귀결된다고 하겠다.

한암의 공식적인 사법 스승(법사)은 석담이다. 또 석담에게 건당하는 것은 경허와 인연이 끝나는 1903년 이후인 1904년이다. 즉 경허를 분명하게 인지하고 있는 상황에서 석담에게로의 건당이 이루어지는 것이다. 그런데도 1912년에 찬술되는 「일생패궐」에는 경허와의 관계만 언급될 뿐 석담에 대한 내용은 전혀 없다. 이는 매우 중요하다. 왜냐하면 여기에는 한암의 커다란 심경 변화를 인지해 볼 수 있기 때문이다.

실제로 한암은 「일생패궐」에서 석담과 보낸 내원암 시절을 "병 또한 고치지 못했다. (그리고) 인연(석담)을 따라서 (내원암에서) 6년 세월을 보냈다."라고 간략히 언급하고 있다.[18] 이 기록은 전체적인 느낌으로 봤을 때, 헛되이 6년을 보냈다는 후회가 서린 석연치 않은 내용을 담고 있다. 즉 위의 경허에 대한 인용문과는 완전히 결을 달리하는 것이다.

한암의 내원암 기간에 대한 비판적인 기록은 석담에 대한 언급이 없는 것과 관련해 내원암 기간이 한암에게 긍정적이지 않았음을 추론케 한다. 즉 마지막 석담과의 관계가 소원해졌을 개연성이 환기되는 것이다.

실제로 한암은 26년간의 오대산 상원사 시절에도 석담에 대한 공식적인 언급이 없었으며, 석담의 임종과 대상(탈상)에도 참석하지 않

---

18 漢岩 撰, 「1. 一生敗闕」, 『定本·漢岩一鉢錄 上』, (平昌: 漢巖門徒會·五臺山 月精寺, 2010), 269쪽,
    "而病亦不愈라. 隨緣度了六年光陰하고,"

았다.[19] 또 상원사에서 석담에 대한 추모제를 등을 모신 정황도 전혀 존재하지 않는다. 즉 경허와 석담에 대한 인식이 극명하게 대비되는 것이다.

그러나 분명한 것은 스승의 인연이 시간 순서상 '경허 → 석담'이라는 점, 또 석담과의 인연은 만 6년으로 이는 경허와 안거를 중심으로 함께한 1년 남짓한 기간과는 세월의 길이와 밀도 면에서 비교될 수 없다는 점이다. 이를 고려한다면, 한암과 석담 사이에는 분명하지는 않지만, 관계가 소원해지는 모종의 사건이 존재했을 개연성이 충분하다.

그렇다고 해서 한암과 통도사의 관계가 완전히 끊어진 것은 아니다. 한암은 석담의 사형인 성해남거聖海南居(1854~1927)의 두 제자인 구하천보九河天輔 · 경봉정석鏡峰靖錫과 특별히 돈독했기 때문이다. 이 중 16세 연하의 경봉은 한암을 스승처럼 존경했던 인물이다.

이해의 용이를 위해, 축용태일鷲龍(혹 취룡)泰逸에게서 시작되는 법계를 간략히 제시해 보면 다음과 같다.

19 漢岩 撰, 〈書簡9〉, 「1. 鏡峰스님에게 보내는 書簡文(24편)」, 『定本·漢巖一鉢錄 上』, (平昌: 漢巖門徒會 · 五臺山 月精寺, 2010), 300쪽 ; 같은 책, 〈書簡10〉, 303쪽.

한암漢巖의 통도사 인연과 석담유성石潭有性   231

한암에게 있어서 통도사는 고향 같은 곳이었으며,[20] 사촌 사형제인 구하나 경봉과 교류가 있었음에도 석담에 대해서만 거리를 있는 모습이 존재한다.

또 한암이 내원암 시기에 받은 맏상좌 오해련이 통도사에 있었고, 한암은 오해련에게 둘째 상좌인 조용명을 보내 강원 공부의 뒷바라지를 부탁하기도 했다.[21] 이는 한암이 석담의 존재를 숨기거나 하려는 의도가 전혀 존재하지 않았다는 것을 의미한다.

이런 상황에서 한암이 석담에 대해 언급하지 않는 것은 의도적인 기피라고 밖에는 달리 추론될 수 있는 것이 없다. 즉 한암과 석담은 처음에는 뜻이 맞았지만, 내원암의 6년 기간 중 마지막쯤에 급격히 소원해진 것이다.

법사인 석담과 소원해진 한암의 입장에서는 경허에 대한 의지가 더 커질 수밖에 없다. 물론 여기에는 한암이 내원암을 떠나는 1910년부터, 맹산 우두암으로 들어가 정진하는 1911년 및 최후의 확철대오를 하는 1912년(37세) 봄 사이의 수행과정에서[22] 경허에 대한 존경과 그리움이 더 커졌을 개연성도 존재한다. 이는 이때의 확철대오가 청암사에서의 '경허에 의한 1차 개오 때와 같았다.'라는 언급을 통해서

---

20 漢巖門徒會・金光植 編, 「東星」, 『그리운 스승 漢巖스님(韓國佛教 25人의 證言錄)』, (서울: 民族社 2006), 170쪽, "'어디로 가시렵니까?' 하니, '금년도에는 나갈 일이 있어 나가야 하겠다. 가면 通度寺 로 가야지. 거기가 내 고향 같으니 그리 가야지.' 하셨어."

21 曹龍溪 口述, 善友道場 韓國佛教近現代史研究會 編, 『22人의 證言을 통해 본 近現代佛教史』, (서울: 善友道場出版部, 2002), 65쪽, "漢巖스님은 그 法番을 받아 가지고 吳海蓮 상좌에게 공부하는데 쓰라고 주었거든. 내가 通度寺 갈 때 漢巖스님이 吳海蓮스님한테 편지를 써서, '聲觀(曹龍溪)이가 가니까 돈을 대줘라.' 해서 吳海蓮스님이 내 洋襪값까지 대줬지."

22 廉仲燮, 「漢巖重遠의 禪佛教와 교육사상 연구」, (서울: 東國大 博士學位論文, 2020), 47-49쪽.

도 판단해 볼 수 있다.[23]

이상을 통해서 추론해 보면, 한암은 석담과 소원해진 이후의 수행 과정에서 과거의 경허에 대한 인식이 환기되고, 그 결과 석담을 대체하는 강력한 사법 천명이 발생했다고 하겠다. 이러한 결과가 바로 한암의 자전自傳인 「일생패궐」이라고 하겠다.

2. 한암의 통도사 인연과 경허

한암이 통도사와 인연을 맺는 것은 경허의 경상남도행(범어사 · 통도사)과 관련된다. 한암은 앞서 언급한 것처럼, 1899년(24세) 수도암에서 처음으로 경허를 만났다. 이때 경허에게 『금강경』 법문을 듣고 1차 개오開悟(해오解悟)한다.[24] 이것을 인연으로 한암은 1899년의 동안거를 해인사 퇴설선원堆雪禪院에서 경허를 조실로 모시고 함께 나게 된다. 당시 한암의 소임은 서기書記였다.[25]

1900년(25세) 동안거 해제(1월 15일) 후에 경허는 통도사와 범어사로 떠나지만, 한암은 병으로 인해 하안거도 서기 소임으로 해인사에서 나게 된다.[26] 이후 한암은 하안거 해제 후에 통도사로 가는데, 이

---

23 漢岩 撰, 「1. 一生敗闕」, 『定本-漢岩一鉢錄 上』, (平昌: 漢巖門徒會 · 五臺山 月精寺, 2010), 269쪽, "而翌年春에 同居▨梨가 包粮次出去로대, 余獨在廚中着火타가 忽然發悟하니 與修道開悟時와 少無差異라. 而一條活路가 觸處分明이라."

24 같은 책, 「1. 一生敗闕」, 268쪽, "參聽鏡虛和尙이 說, '凡所有相 皆是虛妄이니 若見諸相非相이면 卽見如來라.'하야는 眼光忽開하여 盖盡三千界하니, 拈來物物이 無非自己라."

25 佛學硏究所 編, 『近代 禪院 芳啣錄』, (서울: 大韓佛教曹溪宗 教育院, 2006), 40쪽.

26 같은 책, 41쪽.

는 남쪽으로 떠난 경허를 찾는 과정에서 이루어지는 사건이다.[27] 이 때 한암이 주석한 곳은 통도사의 산내 암자인 백운암이었고, 기간은 몇 달이었다.[28] 이것이 한암과 통도사의 기록으로 확인되는 첫 인연이다. 즉 한암의 통도사 인연의 시작은 경허와 관련된 셈이다.

이후 한암은 1900년 동안거는 범어사 안양암 선원에서 들었다.[29] 이 역시 한암이 통도사와 범어사로 떠난 경허를 쫓아 움직였을 개연성을 환기한다.

한암은 1901년의 하안거는 다시금 통도사 백운암에서 들었다.[30] 그런데 당시 청암사 조실로 하안거 중이던 경허가 편지로 한암을 청하자, 한암은 결제를 깨고 청암사로 달려가 경허와 함께 하안거를 마치게 된다.[31] 이는 당시 한암의 경허에 대한 경도와 의지가 얼마나 강력했는지를 알게 해준다. 왜냐하면 선원의 수좌로서 부득이한 상황이 아닌 상태에서 안거를 깬다는 것은 용납될 수 없기 때문이다. 그런데 한암은 이 사건을 「일생패궐」에까지 기록하고 있다. 즉 당시 한암에게 있어서 경허에 의한 가르침은 안거를 깨트릴 정도로 중요하고 부득이한 일이었던 것이다.

이후 한암은 1901년 동안거를 해인사 퇴설선원에서 난다. 이때 소

27 李元錫,「漢巖과 通度寺 內院庵」,『韓國佛教學』제96집(2020), 199쪽.

28 漢岩 撰,「1. 一生敗闕」,『定本-漢岩一鉢錄 上』, (平昌: 漢巖門徒會 · 五臺山 月精寺, 2010), 268쪽, "過夏後에 卽發程하야 到通度寺白雲庵하야 留數朔이라가,"

29 鄭珖鎬 編,『韓國佛教最近百年史編年』, (仁川: 仁荷大學校出版部, 1999), 244쪽 ; 漢岩 撰,「1. 一生敗闕」,『定本-漢岩一鉢錄 上』, (平昌: 漢巖門徒會 · 五臺山 月精寺, 2010), 268쪽, "而爲同行所牽하야 往梵魚寺安養庵하야 過冬하다."

30 漢岩 撰,「1. 一生敗闕」,『定本-漢岩一鉢錄 上』, (平昌: 漢巖門徒會 · 五臺山 月精寺, 2010), 268쪽, "翌春에 又到白雲庵하야 過夏次에,"

31 같은 책, "和尙住錫於靑岩寺祖堂할새, 馳書招余어늘 余卽束裝하야 進謁하여 過一夏하고,"

임은 지전知殿이었다.32 이후 1902년의 하안거도 퇴설선원에서 보내는데, 이때 소임은 전다煎茶였다.33 그러나 1902년 동안거에 대한 부분은 누락되어 확인되지 않는다.

그리고 1903년(28세) 하안거 때는 범어사에 주석하던 경허를 퇴설선원의 조당祖堂(조실)으로 모셔와 함께 결제에 든다. 이때 한암의 소임은 채두菜頭였다.34 해제 후 경허는 범어사로 갔고, 한암은 1903년의 동안거도 퇴설선원에서 보내게 되는데, 이때 소임은 열중悅衆이었다.35 열중은 선원의 규율을 담당하는 중요 소임으로 퇴설선원 내 한암의 위상이 크게 신장된 것을 알게 한다.

이렇게 놓고 본다면, 한암과 경허의 인연은 햇수로는 5년 정도지만 함께 안거한 것은 2안거 반 정도가 전부이다. 여기에는 경허가 한 곳에 오래 주석하지 않는 성격적인 특징과 한암이 질병으로 인해 경허를 따를 수 없었던 측면이 존재한다. 한암과 경허가 함께한 안거 내용을 정리해보면 다음과 같다.

	연도	장소	경허 소임	한암 소임
1	1899년 동안거	해인사 퇴설선원	조실	서기
2	1901년 하안거(반철)	청암사 선원	조실	안거 중간에 들어갔으므로 정상적인 소임은 아니었을 듯함
3	1903년 하안거	해인사 퇴설선원	조당(조실)	채두

32   佛學研究所 編,『近代 禪院 芳啣錄』, (서울: 大韓佛教曹溪宗 教育院, 2006), 42쪽.
33   佛學研究所 編,『近代 禪院 芳啣錄』, (서울: 大韓佛教曹溪宗 教育院, 2006), 44쪽 ; 漢岩 撰,「1. 一生敗闕」,『定本-漢岩一鉢錄 上』, (平昌: 漢巖門徒會 · 五臺山 月精寺, 2010), 269쪽, "秋에 又來海印寺 禪院하야 至癸卯夏에 自寺中으로 請邀和尙할새 和尙은 時在梵魚寺라가 來到하여 而禪衆二十餘人과 同結夏矣라."
34   佛學研究所 編,『近代 禪院 芳啣錄』, (서울: 大韓佛教曹溪宗 教育院, 2006), 46쪽.
35   같은 책, 47쪽.

「일생패궐」에는 경허와 함께한 1903년 하안거를 크게 부각해서 서술하고 있다. 이에 따르면 경허는 이때 한암에게 "원선화遠禪和(중원 수좌)의 공부工夫가 개심開心을 넘었다."라고 인정했다는 것이다.[36] 앞서 살핀 것처럼, 한암은 경허에게 인가를 받지 못했다. 이런 상황에서 경허의 사법을 강조하기 위해서, 경허와의 마지막 안거는 매우 중요한 필연성을 확보하게 된다.

실제로 한암에 대한 연구 중에는 이를 한암이 경허에게 인가받은 것으로 이해하는 것도 존재한다.[37] 그러나 '개심을 넘었다.'는 표현을 인가로 보기 어려울뿐더러, 같은「일생패궐」의 말미에 경허에게 인가받지 못한 것을 안타까워하는 내용이 기록되어 있으니, 이를 인가로 볼 여지는 없는 것 같다.

한암과 경허의 인연은 1903년 가을 퇴설선원에서 한암이 경허에게 〈전별사錢別辭〉와 〈전별시錢別詩〉를 받고, 한암 역시 〈이별시離別詩〉를 드리는 것으로 끝이 난다.[38] 경허는 〈전별사〉에서 한암을 '참다운 지기知己'이자 '원개사遠開士' 즉 중원보살重遠菩薩이라 존중한다. 그리고 자신을 알아주는 진정한 '지음知音'이라고 극찬했다.[39] 이런 점에서 경허 역시 한암을 매우 아꼈고, 한암이 한탄한 것처럼 확철대오한 이후

---

36 漢岩 撰, 「1. 一生敗闕」, 『定本-漢岩一鉢錄 上』, (平昌: 漢巖門徒會 · 五臺山 月精寺, 2010), 269쪽, "和尙이 翌日에 陞座하야 顧大衆曰, 遠禪和의 工夫가 過於開心이라."

37 尹暢和, 「鏡虛의 知音者 漢岩」, 『漢岩思想』 제4집(2009), 15-20쪽.

38 漢巖門徒會 · 五臺山 月精寺 編, 「1. 和鏡虛和尙錢別詩 · 2. 鏡虛和尙錢別(詩)」, 『定本-漢岩一鉢錄 上』, (平昌: 漢巖門徒會 · 五臺山 月精寺, 2010), 221-223쪽; 金呑虛 撰, 「現代佛教의 巨人, 方漢岩」, 『定本-漢巖一鉢錄 下』, (平昌: 漢巖門徒會 · 五臺山 月精寺, 2010), 161-164쪽.

39 漢巖門徒會 · 五臺山 月精寺 編, 「鏡虛和尙錢別辭(詩)」, 『定本-漢岩一鉢錄 上』, (平昌: 漢巖門徒會 · 五臺山 月精寺, 2010), 223쪽, "古人云호대 相識滿天下로대 知心能幾人고하니 旷라. 微遠開士면 吾孰與爲知(音)오; 尹暢和, 「鏡虛의 知音者 漢岩」, 『漢岩思想』 제4집(2009), 22-25쪽.

에 경허를 만났더라면 인가를 받았을 것이라고 자신하는 부분 역시 이해가 된다.

한암과 경허는 1903년 여름의 하안거 이후에도 함께 퇴설선원에 있었고, 〈전별시〉와 〈이별시〉를 끝으로 총 5년여의 인연은 끝이 난다. 이때 경허는 한암이 함께 떠나기를 원했지만, 한암은 병으로 인해 경허를 따라갈 수 없었다.[40] 이는 한암이 1904년 봄에 통도사로 가 병을 치료하는 배경이 된다.[41]

이렇게 놓고 본다면, 한암과 경허의 인연은 기간으로는 총 1년 남짓이므로 석담과 관련된 내원암의 만 6년에 필적할 수 없다. 그런데도 한암은 「일생패궐」에서 경허의 사법만을 강력하게 천명하고 있는 것이다.

---

40 廉仲燮,「漢巖重遠의 禪佛敎와 교육사상 연구」, (서울: 東國大 博士學位論文, 2020), 330쪽 ; 李元錫,「漢巖과 通度寺 內院庵」,『韓國佛敎學』제96집(2020), 201쪽.
41 漢岩 撰,「1. 一生敗闕」,『定本-漢岩一鉢錄 上』, (平昌: 漢巖門徒會・五臺山 月精寺, 2010), 269쪽, "甲辰(1904)坐通度寺하야 得錢治病이로대 而病亦不愈라."

III. 한암의 건당과 석담과의 관계

1. 한암과 석담의 인연과 내원암[內院庵] 시절

한암은 앞서 언급한 것처럼, 1900년의 해인사 하안거 해제 후 통도사 백운암에 머물게 된다. 또 1901년의 하안거도 백운암에서 들었다. 이러한 인연은 한암이 1903년 가을에 경허와 헤어지고, 병의 치료를 위해 해인사에 남았다가 동안거도 해인사에서 나게 된다. 그러고도 병에 차도가 없었던지 1904년(29세) 병의 치료를 위해 기존에 인연이 있던 통도사를 찾게 된다.

그런데 이때 찾은 통도사는 본사나 백운암이 아닌 내원암이다. 즉 1900년 가을부터 1901년의 하안거 사이에 통도사와 인연이 깊어졌고, 1904년 봄에는 석담과의 관계가 형성되어 있는 것이다.

이의 해당 기록이 「일생패궐」의 "갑진(1904)에 다시금 통도사로 가서 돈이 생겨 병을 치료했는데, 병 또한 고치지 못했다."라는 내용이다.[42] 여기에서 한암의 병 치료를 위해 금전을 제공한 인물은 전후의 관계를 고려해 봤을 때 석담으로 추정된다.

석담은 선수행을 강조하는 비구승으로 단편적인 내용만 전할 뿐

---

42 같은 책.

이다. 석담에 대해서는 2020년 필자가 일부 정리한 바 있으며,[43] 보다 구체적으로는 이원석의 2020년 연구가 있다.[44] 이에 따르면 석담의 확인 가능한 행적은 다음과 같다.

	연도	내용
1	1898년	송설우, 이퇴운, 조완해 등과 내원암 주석
2	1907년 하안거	해인사 퇴설선원 안거, 소임은 열중임
3	1917년	통도사 법계 시험에서 선사禪師 품수
4	1924년 1월 21일	제5대 통도사 주지 선거에 후보로 등장(득표 1)
5	1925년 11월	통도사 주지 후보로 등장
6	1926년 7월 29일	제6대 통도사 주지 선거에 후보로 등장(득표 1)
7	1926년 5월	내원암에서 백용성이 주도한 만일참선결사회萬日參禪結社會에 장로長老로 참여
8	1929년 5월	제7대 통도사 주지 선거에 후보로 등장
9	1934년 7월 말 ～ 8월 초	입적

위의 도표를 보면, 현재 살펴지는 석담의 행적은 1920년대가 주류로 대부분 주지 선거와 관련된 것임을 알 수 있다. 석담의 결과는 좋지 못했다. 그러나 지속적으로 주지 선거에 후보로 참여하고 있으며, 5대 주지인 김구하의 사숙이자 6대 주지인 송설우宋雪友와 친밀한 인물이라는 점에서[45] 상당한 위치의 유력자였음을 추정해 보는 것은 어렵지 않다.

한암이 석담을 법사로 모시게 되는 것은 한암이 지병으로 인해 돌파구를 찾기 어려운 현실과, 이런 한암에게 석담이 손을 내밀면서 이

---

43 廉仲燮, 「漢巖重遠의 禪佛敎와 교육사상 연구」, (서울: 東國大 博士學位論文, 2020), 331-354쪽.

44 李元錫, 「漢巖과 通度寺 內院庵」 『韓國佛敎學』 제96집(2020), 193-220쪽.

45 같은 논문, 205쪽.

루어진 것으로 판단된다. 물론 여기에는 한암과 석담 모두가 선수행에 관심이 있었다는 공통점이 작용했을 것이다.

동성東星은 한암의 건당과 관련해, 석담이 먼저 권유했다는 점과 법답法畓에 대해서 다음과 같이 진술하고 있다.

> 그럴 적에 통도사스님 한 분이 한암 스님에게 입실入室을 하라고 했어. 예전에는 입실할 때 법사 스님이 법답法畓을 주어요. 그래 입실해서 법답을 탔어요.[46]

한암이 석담에게 받은 법답의 규모는 언양에 있는 논 12마지기(혹 15마지기)였다.[47] 이 논은 벼가 스무 섬이나 소출되는 상당한 재화의 가치를 가졌다.[48] 한암이 「일생패궐」에서 "갑진(1904)에 다시금 통도사로 가서 돈이 생겨 병을 치료했는데, 병 또한 고치지 못했다."라고 한 부분 중 '돈이 생겼다'는 것에는 이 법답이 포함되는 것으로 판단된다. 그러므로 한암의 건당 연도는 1904년(29세)으로 보는 것이 타당하다.

한암이 통도사 본사에 머문 기록은 없다. 한암은 내원암에 주석했

---

46 漢巖門徒會 · 金光植 編, 「東星」, 『그리운 스승 漢岩스님(韓國佛敎 25人의 證言錄)』, (서울: 民族社 2006), 161-162쪽.

47 曺龍溟 口述, 善友道場 韓國佛敎近現代史硏究會 編, 『22人의 證言을 통해 본 近現代佛敎史』, (서울: 善友道場出版部, 2002), 65쪽, "그 (孫石潭)스님이 彦陽에 있는 벼 스무 섬 받는 논 12마지기 땅을 漢巖스님께 法畓으로 준 거야." ; 曺龍溟 口述, 「老師의 雲水時節 沒絃琴을 들어라」, 『佛光』제62호 (1979, 12), 42쪽, "그곳에는 우리 恩師스님이신 漢巖 祖室스님의 法畓이 열다섯 마지기가 있었다." 李元錫은 12마지기의 타당성을 더 높게 보았다. 李元錫, 「漢巖과 通度寺 內院庵」, 『韓國佛敎學』제 96집(2020), 204쪽.

48 曺龍溟 口述, 善友道場 韓國佛敎近現代史硏究會 編, 『22人의 證言을 통해 본 近現代佛敎史』, (서울: 善友道場出版部, 2002), 65쪽.

는데, 이는 내원암이 석담이 주도하던 사찰이었기 때문이다.[49] 한암과 석담의 관계는 초기에는 매우 돈독했던 것 같다. 이는 앞의 도표에서 언급한 것처럼 석담이 1907년 하안거를 해인사 퇴설선원에서 나는 것을 통해서 판단해 볼 수 있다. 즉 석담은 한암에게 내원암 살림의 전체를 주관하도록 하고 퇴설선원 안거에 들어가고 있는 것이다. 이 말은 1907년(32세)까지는 한암과 석담의 관계에 전혀 문제가 발생하지 않았다는 것을 의미한다.

한암의 출가는 1897년(22세)이다. 이런 점에서 본다면, 한암이 내원암에서 소임을 사는 1904년(29세)은 출가 뒤 7년째이다. 이는 내원암의 위상이 낮지 않았다는 점을 고려한다면, 석담의 한암에 대한 신뢰를 판단해 볼 수 있는 한 방증 자료가 된다. 물론 여기에는 한암이 출가 전부터 한학에 능통했기 때문에,[50] 사찰의 총괄자로서의 역할에 적합했던 측면도 존재했을 것이다.

한암이 내원암의 총괄자 즉 총무와 같은 책임자였다는 것은, 본사인 통도사와도 주기적인 왕래가 존재할 수밖에 없다는 것을 의미한다. 즉 기록에는 없지만, 한암과 통도사와의 관계를 추론해 보는 것역시 충분히 가능하다는 말이다.

또 한암의 책임자적인 위치로 말미암아 한암의 내원암 기간과 관련해서는 '조실설'과 '강사설'이 대립하게 된다. 이에 관해서는 기존에는 탄허가 제시한 조실설이 우세했지만, 현재에는 필자와 이원석의

49 李元錫,「漢巖과 通度寺 內院庵」,『韓國佛敎學』 제96집(2020), 202-217쪽.
50 李元錫,「漢巖 重遠과 呑虛 宅成의 佛緣-呑虛의 出家 背景」,『韓國佛敎學』 제79집(2016), 309-310쪽 ; 李元錫,「漢巖의 出家 過程과 求道的 出家觀」,『禪學』 제50호(2018), 80-83쪽.

2020년 연구로 인해 양자를 겸했을 가능성에 무게가 실리고 있다.[51] 이는 크게 다음의 세 가지로 정리될 수 있다.

　　첫째, 한암은 내원암에서 법사인 석담을 모시고 있었으므로 조실이 되는 것이 불가능하다는 점.

　　둘째, 한암이 1926년부터 주석하는 상원사의 선원 운영과 삼본사승려연합수련소三本寺僧侶聯合修練所(1936~1940)의 준비과정 및 운영에서 보여주는 강사로서의 역량이, 내원암 기간에서 축적된 것이 아니면 납득하기 어렵다는 점.

　　셋째, 한암이 내원암 시절에 받은 만상좌 오해련이 한암의 교육과 관련해서 통도사의 대강백이 된다는 점. 실제로 오해련은 최소한 1927년부터 1942년까지 25년간 통도사의 불교전문강원을 대표하는 강백이었다.[52]

한암은 석담을 모시고 내원암의 전체를 총괄하는 일종의 총무와 같은 위치에서, 선원 운영에 교학을 첨가하는 방식을 사용했던 것 같다. 선원에서 교학을 함께 한다는 것은 한암에게서만 살펴지는 독특한 교육관이다.[53] 이것이 가능한 것은 한암이 출가 이전에 유교와 관련된 한학을 수학했고, 당시 내원암의 대중들 역시 이의 필연성을 인

51　廉仲燮,「漢巖重遠의 禪佛敎와 교육사상 연구」, (서울: 東國大 博士學位論文, 2020), 337-348쪽 ; 李元錫,「漢巖과 通度寺 內院庵」,『韓國佛敎學』제96집(2020), 212-217쪽.

52　靈鷲叢林 通度寺 編,『靈鷲叢林 通度寺 近現代 佛敎史: 九河 · 鏡峰 · 月下 · 碧眼大宗師를 中心으로 上』, (梁山: 靈鷲叢林 通度寺, 2010), 159-160쪽.

53　廉仲燮,「漢巖重遠의 禪佛敎와 교육사상 연구」, (서울: 東國大 博士學位論文, 2020), 341-354쪽.

정했기 때문으로 이해된다.

이렇게 놓고 본다면, 한암의 내원암 기간은 "병 또한 고치지 못했다. (그리고) 인연을 따라서 6년 세월을 보냈다."라는 부정적인 짧은 자평과는 달리, 나름의 경험이 축적된 의미 있는 기간이었다고 하겠다.

한암의 내원암 기간의 말미에 발생한 것으로 추정되는 한암과 석담 사이의 사건이 무엇이었는지 전혀 기록된 것이 없다. 그러나 석담 측에서도 이후에 한암에게 연락을 취한 내용이 없다는 점. 특히 석담의 통도사 내 기록이 두드러지는 1920년대는 한암 역시 건봉사 만일원선원萬日院禪院(1921)과 봉은사 판전선원板殿禪院(1923) 그리고 오대산(1926)의 조실이 되고, 조선불교선교양종朝鮮佛敎禪敎兩宗에서 일제강점기 최초로 교정敎正으로 추대되던 시기(1929)이다.[54] 그런데도 두 분 사이에 이렇다 할 연결이 전혀 살펴지지 않는 것이다.

또 한암과 꾸준히 서신(현존 24통)을 교환하는 경봉 역시, 이 모종의 문제를 표면적으로 거론한 적이 없다. 즉 제삼자의 중재와 같은 노력도 전혀 존재하지 않는 것이다.

그런데 그렇다고 두 사람의 관계가 완전히 끝난 것도 아니다. 이는 이후에도 한암이 석담에게 받은 법답에서 발생하는 비용으로 오해련과 조용명의 교육비로 충당하고 있다는 점.[55] 또 석담은 한암이 떠난 자리를 오해련으로 채운 것으로 판단된다.[56] 이는 오해련이 통도사

---

54 같은 책, 512-513쪽.

55 曺龍溟 口述, 善友道場 韓國佛敎近現代史硏究會 編, 『22人의 證言을 통해 본 近現代佛敎史』, (서울: 善友道場出版部, 2002), 65쪽.

56 漢巖門徒會 · 金光植 編, 「東星」, 『그리운 스승 漢岩스님(韓國佛敎 25人의 證言錄)』, (서울: 民族社 2006), 162쪽, "(漢巖스님은) 通度寺 講師 자리를 上座에게 넘겨주고 떠났어. 그 上座가 通度寺에서

의 강백이 되는 초석이 된다. 특히 후자는 오해련의 역량도 있었겠지만, 석담의 입장에서 한암을 완전히 정리하려고 한 것이 아님을 알도록 해준다.

오해련은 통도사에 주로 주석했던 인물로 한암을 한 번 찾은 것과 2통의 서신이 남아 있는 것 외에는 이렇다 할 왕래 흔적이 살펴지지 않는다.[57] 즉 어떤 의미에서 오해련은 한암보다는 석담 쪽에 가까웠던 인물인 셈이다. 이렇게 놓고 본다면, 한암과 석담의 관계는 비록 소원해졌지만, 양자 모두에게서 완전히 끝난 상태는 아니었던 것이다.

이와 관련해서 주목되는 것으로, 한암이 1931년 음력 10월 4일에서 6일까지 통도사를 참배하는 측면이 존재한다.[58] 이는 한암이 입적 시까지 보이는 26년간(1926~1951)의 불출동구不出洞口 관점에서 볼 때, 매우 이례적인 경우에 해당한다.[59]

26년 사이에는 뒤쪽의 사건들이기는 하지만, 1941년 조선불교조계종의 종정 취임이나[60] 1942년 미나미[南次郞] 총독의 초치[61] 그리고 1950년의 한국전쟁이라는 재난상황도 존재한다. 그러나 이런 상황에

대를 이어 講師 활동을 하다 涅槃했어요."

57 漢岩 撰, 〈7. 答吳海蓮 禪榻(2편)〉,「제6장 書簡文」,『定本-漢岩一鉢錄 上』, (平昌: 漢巖門徒會·五臺山 月精寺, 2010), 346-349쪽 ; 漢岩 撰, 〈書簡17〉,「1. 鏡峰스님에게 보내는 書簡文(24편)」,『定本-漢巖一鉢錄 上』, (平昌: 漢巖門徒會·五臺山 月精寺, 2010), 316-317쪽, "日前 海蓮之來에 槪探 體節之安旺이오 … 甲申(1944년) 3月 14日 … 海蓮來에 不過二日郷行去에 來過夏於鄙院云이로되 而尙未到耳라."

58 鏡峰 著, 明正 編,『三笑窟日誌』, (서울: 맑은소리 맑은나라, 2014[1985년 초판]), 130-133쪽.

59 李元錫,「漢巖의 上院寺 移居와 시기 검토」,『淨土學硏究』제28집(2017), 178쪽.

60 〈方漢岩大禪師 宗正 推戴의 承諾〉,『佛敎時報』제69호(1941, 5, 15) ;〈大導師方漢巖禪師를 宗正으로 마지며〉,『佛敎時報』제71호(1941, 7, 15) ; 李能和 著,「朝鮮佛敎曹溪宗과 初代 宗正 方漢岩禪師」,『定本-漢岩一鉢錄 下』, (平昌: 漢巖門徒會·五臺山 月精寺, 2010), 94-95쪽.

61 漢岩大宗師法語集 編纂委員會 編,「13. 與政務總監大野綠一郎對話」,『定本-漢岩一鉢錄 上』, (平昌: 漢巖門徒會·五臺山 月精寺, 2010), 216-217쪽.

서도 한암은 불출동구의 소신을 굽히지 않았다. 이런 점에서 1931년의 통도사행과 경봉과의 일숙一宿은 시사하는 무게 비중이 적지 않다.

이와 관련해서 추론 가능한 것이, 석담의 임종을 보기 위한 것이라는 관점이다.[62] 석담의 입적은 앞서 언급한 1934년이다. 그러나 이즈음 병환이 위중했을 개연성이 있다. 그렇지 않다면 한암의 통도사행을 이해하기가 쉽지 않다. 또 이때 한암과 경봉 간에 석담의 장례와 관련된 논의가 있어야만, 이후 경봉이 석담의 장례에서 역할을 하는 것이 가능하게 된다.[63] 즉 한암의 생애에서 확인되는 삶의 태도와 경봉이 석담의 장례에서 역할을 하는 부분이, 한암의 통도사행과 관련되어 이해될 수 있는 것이다.

한암은 석담의 임종 및 초상 그리고 대상에 참석하지 않는다.[64] 표면상의 이유는 노환이었다. 실제로 석담이 입적하는 1934년에 한암은 59세였다. 이는 당시의 나이 기준이나 한암이 젊은 시절부터 지병이 있었다는 점을 고려한다면, 왕래가 쉽지 않은 상황이다. 또 한암은 원거리 이동에도 도보와 사찰 숙박만을 고집했는데,[65] 이는 한암이 부고를 받고 가더라도 상을 치를 수 없다는 것을 의미한다.

또 이는 누구나 예상할 수 있는 측면이라는 점에서, 통도사의 경봉에게 사전에 모종의 부탁을 했을 개연성은 충분하다. 그것이 필자는 한암이 석담의 임종을 보기 위해 통도사를 찾았던 1931년이었을 것

---

62 廉仲燮,「漢巖重遠의 禪佛教와 교육사상 연구」, (서울: 東國大 博士學位論文, 2020), 335쪽.

63 漢岩 撰, 〈書簡9〉,「1. 鏡峰스님에게 보내는 書簡文(24편)」,『定本-漢巖一鉢錄 上』, (平昌: 漢巖門徒會・五臺山 月精寺, 2010), 300쪽.

64 같은 책, 300-303쪽.

65 廉仲燮,「漢巖重遠의 禪佛教와 교육사상 연구」, (서울: 東國大 博士學位論文, 2020), 57-58쪽.

으로 판단한다. 즉 한암이 석담의 임종이라고 판단하고 갔으나 석담은 회복되었고, 대신 경봉과 함께 유숙하며 석담의 장례에 대해 논의했을 것이라는 말이다. 이는 한암이 경봉에게 서간을 보내 깊이 감사하는 마음을 전하는 것을 통해서 인지해 볼 수 있다.[66] 즉 단편적인 자료들에 의한 나름의 정합성이 확보되는 것이다.

그러나 한암은 석담의 입적 이후, 상원사에서 석담의 추모재 등을 전혀 진행하지 않는다. 이는 참석의 문제를 넘어서 두 사람의 관계가 완전히 회복되지는 않았음을 환기한다. 한암이 석담에게 보인 추모 행위는 사촌 사형인 구하에게, 석담의 영찬影讚을 부탁한 것 정도가 유일하다.[67]

그렇다고 하더라도 한암이 석담의 관계를 단적으로 평가하는 1912년 「일생패궐」의 부정적인 인식이, 한암이 통도사를 참배하는 1931년 이후에도 계속 유지되지는 않았을 것으로 판단된다. 「일생패궐」에는 한암이 내원암에서의 6년을 보내지 않았다면, 깨달음이 앞당겨져 경허에게 인가를 받을 수 있었을 것이라는 원망도 포함되어 있다. 이는 「일생패궐」이 내원암을 떠난 2년 후의 기록이라는 점에서 타당성이 확보될 수 있다. 그러나 약 20년이 경과한 1931년 한암이 석담을 찾았다는 것은 이러한 한암의 생각이 변화했음을 인지해 보도록 한다. 즉 한암과 석담의 관계는 '① 건당(1904)의 긍정 → ②「일생패궐」(1912)의 부정 → ③ 통도사 참배(1931)의 완화'의 총 3단계로

---

66 漢岩 撰, 〈書簡9〉, 「1. 鏡峰스님에게 보내는 書簡文(24편)」, 『定本-漢巖一鉢錄 上』, (平昌: 漢巖門徒會 · 五臺山 月精寺, 2010), 300쪽.

67 鷲山文集刊行委員會 編, 「石潭大禪師影讚」, 『鷲山文集』, (梁山: 靈鷲叢林 通度寺, 1998), 585-586쪽.

변모하는 것이다.

2. 한암과 경봉의 석담에 대한 논의 검토

한암의 석담에 대한 기록은 경봉과 관련된 2통의 편지를 통해서 살펴진다. 이는 1926년부터 오대산 상원사에 주석하면서 26년간 (1951년까지) 불출동구한 한암을 대신해, 통도사의 경봉이 석담과 관련해서 일정 부분 역할을 담당할 수밖에 없었기 때문으로 이해된다.

석담과 관련해서 먼저 살펴지는 것은 경봉에게 보내는 1934년 음력 9월 10일의 서간이다. 이 「답경봉화상서答鏡峰和尙書(9)」에서, 한암은 석담의 장례와 관련해 경봉과 통도사 주지(황경운黃耕雲)를 비롯하여 여러 문도에게 감사를 표하고 있다.[68] 이는 석담의 장례에 한암이 참석하지 못했고, 이런 상황에서 경봉의 역할이 상당했다는 것을 의미한다.

「답경봉화상서(9)」와 관련해서는 먼저 경봉이 석담의 입적 때 부고 내용을 서간으로 알렸을 것으로 판단된다. 그러나 앞서도 언급한 바와 같이, 부고를 받고 한암이 참석한다는 것은 불가능한 일이었다. 즉 사전에 미리 임종을 대기하는 상황이 아니라면, 상례의 주관은 불가능한 것이다. 이는 경봉의 역할이 필연적일 수밖에 없으며, 이에

---

68 漢岩 撰, 〈書簡9〉,「1. 鏡峰스님에게 보내는 書簡文(24편)」,『定本·漢巖一鉢錄 上』, (平昌: 漢巖門徒會 · 五臺山 月精寺, 2010), 300쪽, "弟之法傳主 入寂初終凡節에 對하야 一山中老少諸位大德과 門中諸德과 遠近間來臨諸氏의 多多勤勞護念하심은 伏感恒沙오니 豈可以筆舌可免也哉리요 專賴於吾兄與住持和尙의 另力周旋也오니 愈感僕僕이로소이다. … 甲戌(1934년) 5月 9日"

대한 한암의 사례는 당연한 측면이라고 하겠다.

석담과 관련해서 경봉에게 보내는 서간은 2년 후인 1936년(61세) 음력 6월 14일의 「답경봉화상서(10)」로 이어진다. 이는 석담의 大祥과 관련된 것이다. 이때 한암은 지병과 하안거로 인해 참석하지 못하는 것에 대해 경봉에게 간곡히 양해를 구하고 있다.[69]

이 서간은 경봉의 대상 참석 타진에 대한 한암의 답변으로 판단된다.[70] 왜냐하면 입적과 달리 대상 즉 탈상은 날짜가 사전에 정해져 있기 때문이다. 그런데 한암은 참석 불가를 회신하고 있는 것이다.

그런데 이때는 한암이 처음에는 참여를 생각하고 있었던 것으로 판단된다. 이는 "금년 여름에는 나의 법전주法傳主(법사) 대상大祥 날에 가서 참석하려고 하였으나, 이 병든 몸으로는 실로 원행遠行이 어렵습니다."라는 내용을 통해서 확인해 볼 수 있다. 즉 처음에는 대상에 참석하고자 했지만, 몸이 안 좋아지면서 부득이하게 포기한 상황으로 이해되는 것이다. 또 서간문을 보면, 한암이 대상에 참석하지 못하는 이유인 지병과 하안거의 두 가지 중 핵심은 지병에 있음도 드러난다.

이런 점에서 본다면, 한암과 석담의 관련해서, 불출동구의 소신을 깨트리고 1931년 통도사행을 단행하고 또 다시 통도사행을 감행하려고 했다는 것을 알게 된다. 이는 한암의 석담에 대한 판단이 만년

---

69 漢岩 撰,〈書簡10〉,「1. 鏡峰스님에게 보내는 書簡文(24편)」,『定本-漢巖一鉢錄 上』, (平昌: 漢巖門徒會·五臺山 月精寺, 2010), 303쪽, "今夏에 期欲進參於吾法傳主大祥之日矣이로되 以此病躬으로 實難遠行이라 不音라. 又有他會衆多惱하야 暫無此漢不得故로 未得逢誠하니 以此海燭后에 慈心善通于 山中諸德하야 恕照此無面目漢하야 幸勿退棄之地를 千萬切祝切祝이라 餘恐煩不備候禮. 丙子(1936년) 6월 14日"

70 李元錫,「漢巖과 通度寺 內院庵」,『韓國佛教學』제96집(2020), 203쪽.

에는 많이 변모하여 완화됐다는 것을 의미한다.

이후의 서신이 없어 석담의 대상과 관련된 구체적인 내용은 살펴지지 않는다. 그러나 한암이 참석하지 못하는 상황에게 경봉에게 서간을 보내고 있는 점을 고려한다면, 대상 때도 경봉이 한암을 대신해서 상당한 역할을 했다는 판단이 가능하다.

이 부분에서 흥미로운 것은, 당시 통도사에는 한암의 만상좌인 강주 오해련이 있었음에도 석담과 관련해서 경봉이 주된 역할을 담당하고 있다는 점이다. 이는 1950년 한국전쟁이 발발하기 직전의 상황에서 발생하는 피난 논의에서도 한암이 제자와 문도들을 오해련이 아닌 경봉에게 부탁하는 것을 통해서도 분명해진다.[71] 즉 한암과 경봉 사이에는 한암이 가장 힘들어한 석담에 대한 논의가 있고, 또 문도의 안위와 관련된 부촉이 존재하는 것이다. 이는 한암과 경봉의 관계가 매우 신뢰하는 두터운 관계였다는 것을 인지해 보도록 한다.

---

71 漢巖門徒會·金光植 編,「東星」,『그리운 스승 漢巖스님(韓國佛敎 25人의 證言錄)』, (서울: 民族社 2006), 170쪽 ; 漢岩 撰,「1. 答鏡峰和尙書(12)」,『定本-漢岩一鉢錄 上』, (平昌: 漢巖門徒會·五臺山 月精寺, 2010), 307쪽 ; 鏡峰 著, 明正 編,『三笑窟日誌』, (서울: 맑은소리 맑은나라, 2014[1985년 초판]), 348쪽, "(1949년) 7월 27일 금요일 맑음. 며칠 전 吞虛·谷泉 두스님이 와서 五臺山 사정을 말하므로, 谷泉과 大冶를 敎正 方漢岩 禪師를 海東修道院 宗主로 청하러 이날 보내다."

IV. 나가는 말

이상을 통해, 한암의 통도사 인연 및 석담과의 관계 변화에 대해서 검토해 보았다.

이를 위해 먼저 한암의 세 분 스승을 시기적인 관점에서, '행름 → 경허 → 석담' 순으로 정리하고 이 중 석담의 의미를 부각했다. 그런 뒤에 한암이 주체적으로 사법을 천명하는 경허와의 관계 및 기간을 정리하고, 경허로 인해 한암이 통도사와 인연을 맺게 되었음을 환기했다.

다음으로 한암이 지병으로 인해 경허와 헤어진 후, 1904년 석담에게 건당하고 내원사에서 만 6년 동안 지내는 부분을 정리했다. 이를 통해서 1912년에 찬술되는 「일생패궐」에서 부정적으로 축약된 내원암 시절과 석담과의 관계가 상당히 중요하다는 점을 보다 분명히 하였다. 이 중 내원암 시기와 관련된 중요점은 크게 세 가지로 정리될 수 있다.

첫째, 한암의 맏상좌인 오해련을 받는다는 점.
둘째, 구하와 경봉과의 관계가 정립되는 시기라는 점.
셋째, 한암만의 교육관인 선원에서 교학을 가르치는 방식이 이 시기에 정립된다는 점.

그리고 석담과의 관계와 관련해서는 「일생패궐」의 부정적인 기록은 1912년 석담과 소원해지고 경허에게 경도되어 있던 한암의 인식이 투영된 것으로, 이는 이후 변화한다는 점을 분명히 했다. 이러한 변화는 시대에 따라 '① 건당(1904)의 긍정 → ② 「일생패궐」(1912)의 부정 → ③ 통도사 참배(1931)의 완화'의 총 3단계의 변화를 겪고 있다는 것을 정리했다.

특히 한암이 1931년 통도사를 찾는 것이 석담의 병환 및 임종 가능성과 관련된다는 점. 또 대상 때인 1936년에 통도사를 가려고 했다는 점에서, 한암과 석담의 관계 완화는 뒤로 갈수록 진전되었음을 알게 된다.

이외에도 석담의 초상 및 대상과 관련해서, 한암은 오해련이 아닌 경봉에 의지하는 모습을 보이고 있다. 이는 한국전쟁 직전의 오대산 문도와 제자들의 피난과 관련해서도 살펴지는 양상이다. 즉 한암과 경봉의 관계는 상호 깊이 신뢰하는 매우 돈독한 관계였던 것이다.

07

한암중원의 조계종사 인식과
조계종의 회복

– 퇴경의 「조계종」과 한암의 「해동초조에 대하야」와 관련하여 –

고영섭 (동국대 불교학과 교수)

고영섭 (동국대 불교학과 교수)

동국대학교 불교학과와 동 대학 석사학위와 박사학위를 취득하였다. 이어 고려대학교 대학원 철학과 박사과정을 수료하였다. 고려대학교 민족문화연구원 연구교수를 거쳐 동국대학교 불교학과 교수로 재직하고 있다. 논저로는『한국불학사 1~4권』,『한국불교사연구』,『한국불교사탐구』,『분황 원효의 생애와 사상』,『원효탐색』,『삼국유사 인문학 유행』,『불학과 불교학』,『한국사상사』,『한국불교사궁구 1·2』,『한국의 불교사상』등 다수의 논저가 있다. 현재는 동국대학교 세계불교학연구소장 및 한국불교사학회 한국불교사연구소 소장을 맡고 있다.

I. 들어가는 말

불교 신행에서 수행 사단四段으로 불리는 신信-해解-행行-증證의 과정은 종파 형성의 과정과 긴밀하게 상응한다. 내 밖의 대상에 대한 우러름에 기초한 '신앙信仰'과 달리 내 안의 자신에 대한 깨우침에 기반한 신행信行은 진리에 대한 '확신'과 '이해'를 거쳐 진리의 '수행'과 '체증'의 과정으로 이어진다. 불교사상사를 살펴보면 대개 지식인들은 진리에 대한 '이해'를 거쳐 '확신'으로 나아간 뒤 '수행'을 통해 '체증'으로 나아갔다. 반면 일반인들은 진리의 '확신'과 '이해'의 과정 위에서 '수행'과 '체증'으로 나아갔다. 그리하여 진리에 대한 '이해'는 지식인들에 의해 학파學派 형성의 기반이 되었으며, 진리에 대한 '확신'은 일반인들에 의해 종파宗派 형성의 토대를 마련했다.

신라 하대의 전문 수업집단이었던 '업業'은 고려 중기에 이르러 일반 신행집단인 '종宗'과 공존하다가 최종적으로 '종宗'으로 정착했다. 문헌상으로 불교 교단은 고려의 11종[1] 혹은 12종[2]의 종명이 나타나

---

1   김상현, 「십이종(十二宗)」, 『한국민족문화대백과사전』, (2021년 10월 28일 검색). 고려 후기에 존재하였던 "소승종(小乘宗)·계율종(戒律宗)·자은종(慈恩宗)·유가종(瑜伽宗)·신인종(神印宗)·지념종(持念宗)·분황종(芬皇宗)·화엄종(華嚴宗)·천태종(天台宗)·소자종(疏字宗)·법사종(法事宗)·조계종(曹溪宗) 등이 그것이다. 이 중에서 화엄종·조계종·유가종·천태종 등은 고려불교를 주도하였던 대표적인 종파이며, 계율종·분황종·신인종·소승종 등은 고려 후기에 새롭게 등장한 군소종파이다. 『동문선』에는 하승단(河升旦)의 '소승업수좌관고(小乘業首座官誥)'라는 글이 보인다. 이로써 소승종이 있었음을 알 수 있다. 소승종이 뒷날 시흥종(始興宗)으로 바뀌었다는 견해도 있다." 퇴경 권상로는 '시흥종'을 '열반종'이라 비정하고 있는데 그렇다면 열반종은 소승열반종으로 보아야 할 것 같다. 또 천태종·소자종·법사종을 3종의 나열로 보면 12종이지만 이들을 천태 本宗의 支派인 천태소자종과 천태법사종으로 보면 11종이 된다고도 본다. 그리고 소자종은 백련사계를, 법사종은 묘련사계로 보는 견해도 있다.

2   (사)한국불교학회, 『2020년 한국불교학회 추계학술대회자료집』, 2020년 11월 18일(금) 조계사역사

고 있다. 조선 태종대에는 이들 종파를 7종으로 정비했고 세종 때에는 이들 7종을 다시 선교 양종으로 재정비했다. 그리고 연산군 때에는 선교 양종이 소멸되었고, 중종 때에는 통치의 기반이 되었던 법전法典의 '도승度僧' 조목조차 삭제했다. 중종 때에 문정대비에 의해 발탁된 허응 보우에 의해 15년간 선교 양종과 승과제 등이 복원되었지만 그의 입적 이후에는 선교 양종과 승과제 등이 다시 폐지되었다. 이후 대한시대(1897년~남북통일)[3] 초기인 1908년에 원종圓宗이 창종되었다. 하지만 해인사 주지이자 원종 종정이던 회광사선晦光師璿(1862~1933)이 1911년에 일본 조동종曹洞宗과 연합 체맹을 도모하자[4] 이에 구암사에 주석하던 박한영映湖鼎鎬(1870~1948)이 진진응震應慧燦(1873~1941) 한용운龍雲奉琓(1879~1944), 김종래金鍾來 등을 구암사로 불러 대응책을 논의했다. 그 결과 부산 범어사를 선찰대본산으로 삼고 임제종臨濟宗을 창종하였다.[5] 이후 1919년에 이르러 회광 사선이 일본 임제종과 다시 연합을 시도했으나 실패하였다.[6] 그러나 총독부의 사찰령 반포 이후 주

문화회관 지하의 전통공연장에서 열린 (사)한국불교학회 추계학술대회에서 '한국불교의 보편성과 특수성 I: 고려시대 11종의 통합성과 종합성과 관련하여'라는 제목으로 기조발제를 포함해 12인의 집중적인 발표가 있었다.

3 논자는 '대한시대'를 남북통일이 될 때까지의 시대구분으로 사용하고 있다. '대한시대'에는 대한제국기(1897~1910), 대일항쟁기(1910~1945), 해방공간기(1945~1948), 남북분단기(1948~남북통일)로 구성되어 있다.

4 당시 조선불교 원종의 초대 종정이었던 이회광(晦光師璿, 1862~1933)은 1911년에 일본의 曹洞宗과 합병을 획책하였다. 뒤늦게 이 사실을 알게 되었던 朴漢永, 陳震應, 韓龍雲 등이 맹렬히 반대운동을 펼치는 바람에 일단 물거품이 되었다. 하지만 1920년에 이회광은 이번에는 일본의 臨濟宗과 통합하려는 시도를 하였다. 이것 또한 한용운 등의 임제종 표방에 의해 실패하였다. 「불교개종문제(一)」, 〈동아일보〉 1920년 6월 2일; 이능화, 『조선불교통사』, 역주편찬위원회 편역, 『역주 조선불교통사』 (2010), p.311.

5 李能和, 『조선불교통사』, 역주편찬위원회 역편, 『역주 조선불교통사』(동국대학교출판부, 2010), pp.309~321.

6 강석주·박경훈, 『불교근세백년』(서울: 중앙일보사, 1980). 조선총독부는 1936년에 또 한 차례 조선

체적인 조선불교교무원과 친일적인 조선불교총무원으로 대립하다가 결국 조선불교총무원으로 통합되었다.

한암중원漢巖重遠(1876~1951)은 이러한 시기를 거쳐 1929년에 1월 5일에 열린 '조선불교 선교 양종 승려대회'에서 조선불교 선교양종의 '교정'(7명 공동)으로 추대된 뒤, 1935년에 재출발한 '조선불교 선종의' '종정'에 추대되었다. 그는 다시 1941년 7월 5일에 총본산 태고사에서 열린 종회와 총본산 태고사 초대 주지 및 조계종 종정 선거에서 '조선불교조계종'의 초대 '종정'으로 추대[7]되었고[8] 태고사 초대 주지를 겸하였다. 1948년에 당시 조선불교 교정이었던 영호(정호)가 입적

불교의 합병을 시도하였다. "1936년, 당시 한국에 진출한 조동종의 博文寺(현재 신라호텔 영빈관 자리) 주지 후산(夫山)이란 자가 …… 박문사를 조선불교 총본산으로 만들어 …… 불교 재산을 병탄하려고 조선불교 총본산 박문사 설치인가 신청서를 총독부에 냈다. 그러나 한국 승려들은 이러한 음모가 진행 중인 것을 전혀 모르고 있었는데 총독부 사회과장 金大羽씨가 李鍾郁 스님에게 이 사실을 은밀히 알려 주었다. 이종욱 스님은 곧 31본산을 돌면서 이 사실을 알리고 일이 중대함에 비추어 곧 본산 주지회의를 열어 이에 대처해야 하며, 하루 빨리 우리 손으로 총본산을 세워야 한다고 주장하였다." 이를 계기로 이종욱과 방한암은 1941년의 '조선불교조계종'의 회복을 위해 더욱 박차를 가할 수 있었을 것으로 짐작된다.

7 李能和, 「조선불교조계종과 초대 종정 방한암선사」, 《불교시보》 제72호, 1941년 7월 15일; 『정본 한암일발록』 하권(서울: 민족사, 1995; 1996; 2010), pp. 94~96. "조선불교 조계종 총본산 太古寺 寺法에 의하여 31본산 주지 등이 종회를 개최하고 총본산 태고사 초대 주지 즉 조계종 종정 선거에서 '輿論所在'와 '衆望所歸'로 오대산 상원사의 방한암 선사가 압도적 대다수의 득표로 피선되었으나, 한암선사는 不出山의 결심을 설명하고 취임을 거절하자 (마곡사 주지 安)香德和尙 (월정사 주지 廣田鍾郁, 마하연 주지 元寶山 화상) 등 3인은 할 수 없이 不出山을 조건부로 종정 承諾을 받아가지고 귀경하여 총독부 당국에 이 뜻을 上申하여 '不出山 하여도 좋다'라는 당국의 內命을 承受하였다"고 하였다. 또 이능화는 "한암선사가 不出山을 결심한 것이야말로 진정한 조계종 초대 종정의 자격이다"면서 "昔唐中宗 神龍元年에 황제가 勅使 薛簡을 조계산에 파견하여 육조 혜능대사를 요청하였으나, 육조는 질병을 이유로 하여 나오지 아니하자 설간 칙사가 復命하자 황제는 걱정하면서 조칙을 내려 육조를 襄美하였다"며, "지금 한암선사의 行履는 조계 육조와 똑같으니 이것이 조계종 종정의 자격이 아니고 무엇인가"라고 적고 있다.

8 金素荷(大隱), 「大導師 방한암 선사를 종정으로 맞으며」, 《불교시보》 제72호, 1941년 7월 15일; 『정본 한암일발록』(권하) pp. 97~99에서 한암이 조선불교의 宗務를 총괄하게 된 것은 '가장 時宜의 適宜를 얻은 바'일 뿐만 아니라 '조선불교를 중흥 진작하는 데 있어서 큰 영광을 얻은 바'이며, '조선의 人士도 선사에 대한 촉망이 多大하리라고 믿는 바'라고 적고 있다.

하자 그는 다시 '조선불교 교정'을 맡아 1951년 입적 때까지 소임을 다하였다. 이처럼 한암은 모두 두 차례의 교정 및 두 차례의 종정을 역임하면서 특유의 종조관과 종단관을 보여주었다. 그의 특유한 시각은 이후 1962년에 출범한 통합종단인 대한불교조계종(1962)의 형성과정에 일정한 방향을 제시해 주었고, 1994년 대한불교조계종 개혁회의의 종헌에도 반영되었다.

여타의 교정과 종정들이 있었지만 한암과 같이 종조관과 종단관을 또렷이 보여준 인물은 흔치 않았다. 그가 이렇게 또렷한 종조관과 종단관을 피력할 수 있었던 것은 평소 그가 강조해온 정혜쌍수定慧雙修와 선교융합禪敎融合의 사고방식과 삼학균수三學均修의 살림살이에 의해서라고 할 수 있다. 이러한 가풍은 보조지눌과 청허휴정 이래 선 수행 중심의 선교겸수의 전통을 계승하고자 하는 한암의 확고한 의지에서 생겨날 수 있었을 것이다.[9] 이 글에서는 1920년대부터 조계종명의 회복을 주장해온 퇴경 권상로와 포광 김영수(1884~1967)의 선진적 노력, 그리고 임석진과 권상로의 「조계종」에 일정한 영향을 받아 작성한 한암의 「해동초조에 대하야」[10]를 중심으로 한암의 조계종사

---

9 서정주, 「방한암 선사」, 『미당 서정주 전집 1 시』(서울: 은행나무, 2015), p.364. "난리 나 중들도 다 도망간 뒤에/ 노스님 홀로 남아 절마루에 기대앉다.// 유월에서 시월이 왔을 때까지/ 뱃속을 비우고/ 마음 비우고/ 마음을 비워선 강남으로 흘려보내고/ 죽은 채로 살아/ 비인 옹기 항아리같이 반듯이 앉다.// 먼동이 트는 새벽을 담고/ 비인 옹기 항아리처럼 앉아 있는 걸/ 수복해 온 병정들이 아침에 다시 보다."

10 한암의 「해동초조에 대하야」를 검토한 연구는 다음과 같다. 김호성, 「한암의 '도의-보조 법통설' - 〈해동초조에 대하야〉를 중심으로」, 『보조사상』 제2집, 보조사상연구원, 1992; 김광식, 「방한암과 조계종단」, 『한암사상』 제1집, 한암사상연구원, 2006; 김광식, 「대한불교조계종의 성립과 성격: 1941~1962년의 조계종」, 『선학』 제34집, 한국선학회, 2013; 염중섭(자현), 「한암의 해동초조에 대하여」, 『한국불교학』 제97집, 한국불교학회, 2021. 2.

인식에 따른 종조관과 법통관에 기초하여 조계종이 회복될 수 있었던 전후 과정에 대해 살펴볼 것이다.

II. 불교 법통과 조계 종통의 연원

1. 불교 법통의 연원

불법은 고타마 싯다르타가 생사 문제를 해결하기 위해 출가한 뒤
자기와의 싸움 끝에 중도 연기를 발견하여 해탈 열반의 길을 열면서
시작된다. 중도로 펼친 사성제와 연기로 펼친 십이연기의 가르침은
아난으로 이어지면서 교학 즉 교종의 법통을 형성하였다. '법통法統'은
말 그대로 '법' 즉 '불법'의 전통傳統이자 도통道通을 일컫는다. 한암에
어법에 의하면 '법왕의 심법心法 상수相授'를 말한다. 선종 이전에는 모
두 교종이 불교의 전부였고 법통 또한 교종의 '법통'이자 '도통'이었으
며 교종은 모든 교학을 통섭해 왔다.

이를테면 비담/구사학의 중현과 세친, 각천과 불타제바, 반야중관
학의 용수와 제바, 청변과 불호와 월칭, 성실학의 하리발마와 총법
사, 승민과 도장, 유가유식학의 미륵과 무착과 세친, 안혜와 호법, 후
기중관학의 적호와 연화계, 삼론학의 구마라집, 도생/승조/도융/승
예, 승랑-승전-법랑-길장/혜균-혜자/혜관/관륵, 열반학의 지도림-축
도생, 원광과 보덕, 지론학의 무착과 혜원과 의연, 섭론학의 무착, 밀
학의 선무외와 금강지-불공-혜초, 율학의 겸익과 도선, 법상학의 현
장-규기-혜소-지주, 기신학의 진제와 담연, 혜원과 원효, 천태종의 혜
문-혜사-지의-관정-담연, 화엄종의 두순-지엄-의상/법장-혜원/징관-

법선/종밀, 연종/정토종의 혜원과 도작, 가재와 선도 등이 9학 3종(선종 제외)으로 형성된 교종의 법통을 이었다고 볼 수 있다.

이와 달리 선종은 가섭을 거쳐 아난으로 법통이 이어졌고 반야다라를 거쳐 보리달마에게 도통이 이어졌다고 보고 있다. 보리달마의 가르침은 혜가-승찬-도신-홍인을 거쳐 북종의 신수와 남종의 혜능으로 이어졌다. 북종선은 신수神秀-보적普寂-지공志空으로 이어졌으나 당나라에서는 더 이상 지속되지 못했다. 대신 사조 도신에게 법을 전해 받은 신라의 법랑과 그와 지공에게 심인을 전해 받은 신라의 신행信/神/愼行 (704~779)과 그의 선법을 받은 준범遵範과 그와 마조도일 문하 창주신감滄州神鑑의 법을 이은 혜소惠昭(774~850)에 의해 법량法諒/혜은慧隱-도헌道憲-양부楊孚-긍양兢讓11으로 이어지면서 신라 사상계를 점차 북종으로 변화시켰다. 반면 혜능의 남종선은 남악 회양-마조 도일-서당 지장/백장 회해/남전 보원/마곡 보철/장경 회휘/창주 신감/염관 제안/대주 혜해/귀종 지상/대매 법상으로 이어져 임제종(황룡 혜남파/양기 방회파)과 위앙종이 대두하고, 청원 행사-석두 희천 계통으로 이어지면서 조동종과 운문종과 법안종이 파생되어 오가 칠종을 형성하였다.

한국의 법통은 붓다로부터 시작하여 도통의 이름으로 전해졌으나 점차 교종의 학통과 선종의 종통으로 구분되었다. 선종은 가섭과 아난, 반야다라와 달마를 거쳐 사조 도신의 문하였던 북종선의 법랑-신

---

11 靜眞 兢讓은 900년에 다시 입당하여 靑原 行思(?~740) - 石頭 希遷(700~790)의 제자인 谷山 道緣의 인가를 받아 924년에 귀국함으로써 희양산문을 남종선으로 바꾸고 청원 행사계의 법맥을 계승하였다.

행-준범-혜소-법랑/혜은-도헌-양부-긍양, 홍인의 문하였던 지선-처적-무상-무주/마조/(정중)신회의 정중선 계통, 혜능의 문하였던 남악회양-마조 도일-서당 지장/백장 회해/남전 보원/마곡 보철/장경 회휘/염관 제안/창주 신감 등으로 이어진 남악계와 청원 행사-석두 희천-곡산 도연-정진 긍양으로 이어지는 청원계의 남종선으로 이어졌다.

그 결과 한국의 법통 한 축을 이뤄온 교종은 학통으로 이어졌고, 선종은 북종선, 남종선, 정중선의 종통으로 이어졌다고 할 수 있다. 특히 무상의 정중선이 젊은 시절의 마조 도일의 선풍으로 이어졌다[12]는 점에서 구산선문 중 칠산 선문은 무상과의 접점을 확인할 수 있다. 그리고 고려 지눌의 선교일원의 확립 이후 종통은 법통을 대신하는 도통의 이름으로 이어졌다.

2. 조계 종통의 연원

'종통宗統'이란 '종가의 맏아들의 계통'을 뜻한다. 그런데 선종 확립 이후에는 법통이 학통으로 불리는 것과 달리 종통은 도통으로 불리고 있다. 한암의 어법에 의하면 '조사의 도법道法 상전相傳'을 말한다.[13]

---

12 高榮燮, 「무상선과 마조선의 동처와 부동처」, 『불교학보』제44집, 동국대학교 불교문화연구원, 2005.
13 漢巖은 法統을 '法王의 心法 相授', 宗統을 '祖師의 道法 相傳'으로 구분한 뒤 이들을 다시 '心法의 表準으로서 衣鉢 授傳'으로 통합해 논의하고 있다.

조계종은 육조 혜능(638~713)이 30여 년간 주석한 '조계산'에서 비롯된 것이다. '조계'는 고려의 조계종으로 이어져 종통의 연원이 되었다. 조계종은 1941년에 '조선불교조계종'으로 회복되었다. 그러나 사실은 신라 하대에 한반도에 전해온 마조계의 선풍에서 비롯되었으며, 보조 지눌의 '조계산' 명명에 의해 비로소 복원되었다고 할 수 있다.

신라 하대에 형성된 칠산 선문과 고려 초에 형성된 이산 선문은 조계종 형성의 기반이 되었다. 즉 마조 도일의 제자인 서당 지장을 이은 도의道義의 가지산문, 홍척洪陟의 실상산문, 혜철慧哲의 동리산문, 그리고 염관 제안을 이은 범일梵日의 굴산산문, 마곡 보철을 이은 무염無染의 성주산문, 남전 보원을 이은 철감澈鑒의 사자산문, 장경 회휘를 이은 현욱玄昱의 봉림산문, 운거 도응을 이은 이엄利嚴의 수미산문, 사조 도신을 이은 법랑法朗-신행信/神行-준범遵範-혜소慧昭-도헌道憲의 희양산문(백엄 양부-정진 긍양)이다. 이들 산문은 저마다 선풍을 진작하면서 한국선의 시원이 되었다.

이능화는 『조선불교통사』의 '보조 이후 처음 조계종이 시설되었다普照後始設曹溪宗'(1918)[14]라는 품제品題에서 '희종 즉위 이후 조계종 수선사로 이름을 고칠 것을 명해서 조계종을 설치한 것이 여기에서 비로소 보인다熙宗卽位以後 命改號爲曹溪山修禪寺 曹溪設宗 始見于此'[15], 또 '보조국사가 송광사에서 떨쳐 일어나 조계종을 또 별도로 세웠다普照國師 堀起松廣 曹

---

14 李能和,「普照後始設曹溪宗」,『朝鮮佛教通史』(서울: 신문관, 1918; 보련각, 1976), 譯註편찬위원회 역편,『역주 조선불교통사』(서울: 동국대출판부, 2010), pp.687~758.

15 李能和,『朝鮮佛教通史』하권, p.336.

溪之宗 又別立焉」[16]는 품제에서 이 사실을 보여주고 있다. 이능화의 주장은 단편적이고 부분적인 것이지만 조계종의 근거를 보조 지눌로부터 보는 실마리를 제공하고 있다. 이어 1920년에 송광사 주지를 역임한 금명보정錦溟寶鼎(1861~1930)은 『조계고승전』의 '서문'에서 보조종조론普照宗祖論[17]을 제기하였다. 이러한 '조계종 수선사' 내지 '보조종조론'의 실마리를 이어간 인물은 퇴경 권상로이다.

퇴경은 이능화의 제시에 대해 이러한 품제는 자신이 제기한 아홉 가지 이유에 근본적으로 매몰될 염려가 없지 않다고 했다. 그는 아홉 가지 이유를 통틀어 종합해 보면 조계종이 보조국사로부터 비롯하지 아니한 것은 사실이다마는 그 반면에 '조계종'의 칭호가 꼭 언제부터 되었는가를 지적하기가 어렵게 된 것만이 난결難決의 문제라고 하였다. 그러면서 선적종禪寂宗이라 부르던 것을 언제부터 조계종曹溪宗이라고 부르게 되었느냐[18]고 반문한다.

권상로는 1929년에 조계종의 연원에 대해 자세히 밝힌 「조계종」이란 논설을 발표하였다. 한암은 이 글을 접하고 큰 영향을 받았다. 이후 한암은 오대산으로 권상로를 불러 불교사를 공부하면서 불교사에 대한 인식을 확장하였고 1920년대부터 조계종의 회복을 주장해 온 권상로와 김영수의 주장을 참고해 자신의 관점에서 새롭게 정리해 1930년에 「해동초조에 대하야」[19]를 작성하여 발표하였다. 이 글은

---

16 李能和, 『朝鮮佛教通史』 하권, p. 501.
17 錦溟 寶鼎, 「序文」, 『曹溪高僧傳』(『한불전』 제12책, p. 381상).
18 權相老, 「조계종」, 『불교』 제58호, 1929년 4월.
19 漢巖, 「海東初祖에 대하야」, 『불교』 제70호, 1930. 4.

조계종사와 종조 문제 및 종단 인식에 대한 한암의 주장을 체계적으로 보여주고 있다. 이 때문에 우리는 이 논설을 통해서 한암의 종단 인식과 종조 문제에 주목하게 된다.

III. 조계 종조와 조계 종명의 계통

1. 퇴경의 「조계종」

퇴경은 화엄종, 염불종(정토종), 율종(남산종)에 이어 조계종에 관한 글을 연재하였다. 그는 이들 종파에 대해 기술하면서 특히 '조선에서 자립한 종파'라는 점을 강조하고 있다. 화엄종, 염불종, 율종의 종명은 중국과 일본의 그것들과 같아서 조선에서 자립한 색채가 얼른 띄어지지 않지만 조계종은 중국과 일본에는 없는 종파라는 점을 역설하고 있다.

퇴경은 이 글을 모두 아홉 단락으로 나누어 기술하고 있으며 서론(起句, ①②)과 본론(承句③④⑤+轉句⑥⑦⑧) 및 결론(結句⑨)으로 구분해 볼 수 있다. 여기서는 퇴경의 9가지 주장 중 각 단락의 핵심을 '요약'하고 이러한 '논지'에 대해 살펴보도록 하겠다.

　① 조선에서 자립한 종파 중 조계종을 소개하면서 아직 연구가 충분하지 못함에 대해 유감스럽고 부끄럽다.

　② 조계종의 '조계曹溪' 두 글자가 육조가 머물던 산명山名을 빌어서 종명으로 삼았다.

퇴경은 '서론'에서 조계종 소개 연구가 미진한 것에 대한 유감과 '조계' 두 글자가 육조가 주석한 산명에서 빌어 와서 종명을 삼았음을 밝히고 있다. 그러면서도 그는 본론에서는 선적종이 언제부터 달마 선종 내지 조계종으로 불렸는지에 대해 추적하고 있다.

③ 조계종의 설립된 정체를 선적종禪寂宗 즉 선종(혹은 達磨宗)이 그의 전신인 것은 말할 필요도 없이 일반이 아는 바이다.

④ 대각국사 의천이 중국을 다녀온 이후 현수성종賢首性宗·자은상종慈恩相宗·달마선종達磨禪宗·남산율종南山律宗·천태관종天台觀宗 등 오종의 묘지妙旨에 통달하였는데 여기의 달마선종이 조계선종으로 탈환脫幻시킨 것은 무슨 이유가 있는 것 같다.

퇴경은 '본론'의 '승구'에서 의천이 쓴 묘지명에서 오종의 묘지에 대해 통달하였다고 했는데 달마선종이 조계선종으로 '탈환' 즉 벗어나 변한 이유에 대해 문제를 제기하고 있다.

⑤ 달마선종達摩禪宗이 조계선종曹溪禪宗으로 변명된 이유를 김군수金君綏가 쓴 '승평부조계산송광사불일보조국사비명昇平府曹溪山松廣寺佛日普照國師碑銘'을 근거로 송광산 길상사를 지눌이 조계산 수선사로 바꾼 이유①로부터, 지눌의 저술에 조계로 바꾼 까닭이 보이지 않는 이유②, 조종저趙宗著가 지은 '송광사사원사적비松廣寺嗣院事蹟碑'에 일언반자도 조계종에 대해 연상할 만한 것

이 없는 이유③, 지눌의 비문에 '조계운손 종휘선사'로 적은 이유④, 최선崔詵이 지은 '대승선종조계산수선사중창기大乘禪宗曹溪山修禪社重創記'에 지눌 제자 수우가 옮긴 곳을 '조계曹溪'라고 지목한 의의가 어디에 있는가의 이유⑤, 이지무李枝茂가 찬술한 '대감국사비大鑑國師碑'에 대서특필한 '고려조계종굴산하단속사대감국사비高麗曹溪宗屈山下斷俗寺大鑑國師碑'에 '조계종曹溪宗' 3글자가 생긴 이유⑥, 이익배李益培가 찬술한 '자진국사비慈眞國師碑'와 김훈金曛이 찬술한 '원감국사비圓鑑國師碑'와 이제현李齊賢이 찬술한 '혜감국사비慧鑑國師碑'에 '조계산 제 몇세曹溪山第幾世'라는 의미로 쓰여 있고, '조계종 제 몇세'라고 쓰여 있지 않은 이유⑦, 최선이 찬술한 '대승선종조계산수선사중창기大乘禪宗曹溪山修禪社重創記'에 '조계종'을 새로이 '선종禪宗' 2글자로 쓴 이유⑧, 민지閔漬가 찬술한 '국존가지산하인각사주지원경충조대선사일연찬國尊迦智山下麟角寺住持圓鏡沖照大禪師 一然撰'이라고 적은 것처럼 '가지산하도의국사문하迦智山下道義國師門下'에도 '조계종曹溪宗'이라고 한 이유⑨까지 모두 아홉 가지 의문이다.

또 퇴경은 '본론'의 '승구' 전반부에서 선적종 즉 선종이 달마선종의 이름으로 이어오다가 후반부에서는 조계종으로 불리게 된 연유에 대해 여러 기문의 전거를 찾아 아홉 가지의 의문을 제시하고 있다.

⑥ 종래에 조계종은 보조국사가 개종한 것이라고 알고 있는 것과 이능화의 『불교통사』에서 '보조 이후 처음 조계종이 시설

되었다'는 품제로부터, '희종 즉위 이후 조계종 수선사로 이름을 고치라는 명에 의해 조계종이 시설되었음이 여기에서 처음 보인다'와, '보조국사가 송광사에서 떨쳐 일어나 조계종을 또 별도로 세웠다'라고 한 말은 근본적으로 이 아홉 가지 의심에 매몰될 염려가 없지 않다고 하면서 조계종의 칭호가 언제부터 선적종으로 부르게 되었는지 의문이 든다.

⑦ 선적종禪寂宗은 선종禪宗이라고 할 수 있는데 어떠한 이유로 '적寂'자를 덧붙였는지 알 수 없다면서 구산선문의 전거를 들면서 희양산 지증문하智證門下만이 사조 도신道信선사로부터 방출旁出되었지만 이몽유李夢遊 찬술의 '정진대사원오탑비靜眞大師圓悟塔碑'에 의하면 다시 지증국사로써 육조의 사세손을 만들었으니 이를 기준으로 보면 희양산문하도 육조의 후손이 아님이 없으며, 사굴산하 보조국사 이후에만 조계종이라고 할 수 없고 구산문이 통용하든 조계종이었던 것이 분명하다며 '보각국사일연普覺國師一然'의 비문碑文과 '삼국유사三國遺事'가 증명하는 바일 뿐이 아니다.

퇴경은 '본론'의 '전구' 전반부에서 희양산 문하도 결국 육조의 후손이며 사굴산 문하만이 조계종이라고 할 수 없고 구산문이 통용하든 조계종이었던 것이 분명하다며 「보각국사비문」과 『삼국유사』가 이것을 증명한다고 주장하였다.

⑧ '조계종'이란 명칭은 '가지산하도의국사문하'에서 수창首唱한 것이지만 전용한 것은 아닌가 하며, '조사예참문祖師禮懺文' 중에 '제삼십삼조사복발유암혜능대사第三十三祖師覆鉢庾岩惠能大師'를 적은 다음에 곧바로 '가지산조사해외전등도의국사迦智山祖師海外傳燈道義國師'를 써서 의상·원효·청진·지공·진감을 모두 도의국사의 다음에 쓰고 그 연후에사 비로소 범일·철감·무염·현욱·도헌·혜철·이엄·홍척·보조 이렇게 순서로 쓴 것은 일향一向에 가지산문하의 편술이라고 볼 수 없으며, 도의국사의 '가영歌詠' 중에 '공외문종상오대空外聞鐘上五臺 조계문선시수개曹溪門扇是誰開'라고 하였으니 조계종의 개창을 말함이 아닌가 라며 '대감국사비大鑑國師碑'에도 '조계종굴산하曹溪宗崛山下'라고 하여 산명 '굴산崛山'보다 '조계종曹溪宗'을 위에 두었으며 '삼국유사三國遺事'에도 '조계종가지산하曹溪宗迦智山下'라 하여 또한 산명 '가지산迦智山'보다 '조계종曹溪宗' 3자를 먼저 쓴 것이 구산문에 통용하든 종명宗名인 것을 사실 이상으로 증명하고 있다.

퇴경은 '본론'의 '전구' 후반부에서 조계종은 가지산문하의 편술로만 볼 수 없으며 조계종이라고 먼저 쓰고 산명을 썼듯이 조계종은 구산문에 통용하든 하지 않든 간에 종명인 것은 분명하다고 밝히고 있다. 나아가는 '조계종'이 보조 지눌에 의해 처음 사용되었다는 점과 이후 여러 기문에서 '조계종'을 사용한 근거를 제시하고 있다.

⑨ 앞에서 인용한 도의국사의 '가영歌詠' 중의 '조계문선시수

개曹溪門扇是誰開'의 7자에 집중하여 도의 · 혜철 · 홍척 삼사가 모두 서당 지장의 법인을 받아왔지만 최치원崔致遠 찬술의 '지증국사비智證國師碑'에는 도의를 머리로 추대하였고, 김영金穎 찬술의 '보림사보조(체징)선사비寶林寺普照(體澄)禪師碑'에는 '우리나라에서는 도의대사를 제일조로 삼았다'고 하였고, '보감국사비명寶鑑國師碑銘'에는 '저 심종을 구하고 바다 넘어 동으로 가서 아홉 개의 선문을 벌렸으니 도의가 그 머리가 되었다'[瓊彼心宗 逾海而東 厥派惟九 道義其首]고 한 것처럼 선종구산문 중에서도 오직 도의를 첫 손가락 꼽은 것도 일리가 있어 보인다며 '조계문선시수개曹溪門扇是誰開'처럼 서당西堂을 제除해 놓고 일 마디를 더해 위로 거슬러 올라가[遡上]하여 '조계문선'을 열었다[開]는 것은 의심 없이 개종을 지시함이라 한다고 하였다. '대감국사大鑑國師' · '보각국존普覺國尊'을 비롯하여 '임천대보광선사중창비林川大普光禪寺重創碑'에 '조계정종수력부曹溪正宗須力扶'라 하고 그 외에도 '보감국사비명寶鑑國師碑銘'(李齊賢 찬), '진각국사비명眞覺國寺碑銘'(李達衷 찬), '대지국사비명大智國師碑銘'(朴宜中 찬), '나옹왕사비명懶翁王師碑銘'(李穡 찬), '무학왕사비명無學王師碑銘'(卞季良 찬), '태고국사비명太古國師碑銘'(李穡 찬), '보각환암국사비명普覺幻庵國師碑銘'(權近 찬20)에도 모두 '조계종曹溪宗' 3자를 대서 특필하였고, 허응보우虛應普雨 · 청허휴정淸虛休靜 · 송운유정松雲惟政 등 여러 선사가 모두 '판조계종사判曹溪宗事'가 되었고 최근에 열반(입적)한 선사들도 십분지 팔구는 모두

---

20 퇴경은 '보각환암국사비명'(普覺幻庵國師碑銘)의 撰者를 찾지 못한 채 비워두고 있다. 논자는 이를 찾아 權近이 쓴 것을 확인하였다.

'조계종曹溪宗' 3자를 기입하였은 즉 '조계종파曹溪宗派'·'조계종행사曹溪宗行事'는 언제든지 전과 같아 왔었다. 최후로 간단하게 일언一言을 하는 것은 지금 우리들은 신라 때에 자립한 조계종이 오늘까지 상속부단相續不斷하야 왔으므로 이조(조선)의 법령에 의하여 '선교양종禪敎兩宗'의 간판을 부쳤을지언정 우리의 조파상祖派上·법계상法系上 오로지 조계종인 것만을 힘있게 부르짖어 둔다.21

퇴경은 "앞에서 인용한 도의국사의 가영 중에 '조계문선시수개曹溪門扇是誰開'의 7자가 압만하여도 유력하야 보인다."며, "그러나 이상 모든 문구와는 도저히 동일한 구법이 아님에야 엇지하랴!"고 한 뒤 "서당을 제除해 노코 일절一節을 소상하야 '조계문선'을 개開하였다는 것은 의심업시 개종을 지시함이라 한다."고 역설하고 있다. 퇴경은 '조계 집안을 누가 열었는가?'를 놓고 여러 전거를 제시하면서 자신의 논지와 주장을 수립하고 있다.

그런 뒤에 퇴경은 결론에서는 이 땅의 조계 종조는 남종선의 도의와 보조로 이어지고 있으며, 조계 종명은 보조가 처음 사용했기에 조파상이든 법계상이든 오로지 조계종인 것만 힘있게 부르짖어 둔다고 적고 있다.

---

21 권상로, 「조계종」, 《불교》 제58호, 1921. 1. pp. 2~10.

2. 퇴경의 조계 종명 제기

그런데 퇴경의 이러한 결론은 지눌이 이미 '조계종'과 '구산선문' 속에서 출가하고 승과고시에 응시하였다는 점을 고려하면 역사적 사실에 부합하지 않는다. 지눌은 이미 존재했던 조계종과 구산선문에 투신하였고 조계종의 승과고시에서 승과에 올랐기 때문이다. 이렇게 본다면 퇴경의 문제의식은 충분히 공감할 수 있지만 그러한 그의 문제의식이 역사적 사실과 일치하지 않는다는 점에서 문제가 없지 않다.

하지만 퇴경은 "그러나 명제의 본의인즉 조계종이 조선에서 자립된 것이라는 것을 설명하려고 하였던 것이 횡으로 굉장한 논결을 하였거니와 이에부터는 조계종이 조선에서 자립된 것이라는 것은 다시 중설重說할 필요업시 밝아졌다."고 단언한다. 이것은 조계종의 '해동' 즉 '조선' 자립설이라고 할 수 있다.

또 "그러한데 조계종의 종명을 사용하기는 썩 오래하였나니 예를 들 것 같으면 앞에서 인용한 대감국사·보각국존을 비롯하야 「임천대보광선사중창비」에는 '조계종정수역부'라고 하고 그 외 「보감국사비명」(이제현 찬), 「진각국사비명」(이달충 찬), 「대지국사비명」(박의중 찬), 「나옹왕사비명」(이색 찬), 「무학왕사비명」(변계량 찬), 「태고국사비명」(이색 찬), 「보각환암국사비명」(권근 찬)에도 모두 '조계종'이라는 3자를 대서大書 특서特書하였으며, 허응 보우·청허 휴정·송운 유정 등 여러 선가가 모두 '판조계종사'가 되었고, 최근에 열반한 선사들 영정에도 십분지 팔구는 모두 '조계종' 3자를 기입하였은즉, 오직 법령으로써 합종시킴에 의하여 조계종의 종명을 유지하였지마는 조계종파·조계종행사는 언제든지 이것과 같아 왔었다."고 하였다. 이는 조계 종명의 역사적 용례라 할 수 있다.

「임천 대보광선사 중창비」에서 거론한 '조계정종수역부'와 여러 비명에서 대서 특필한 '조계종'이라는 3자, 그리고 조선조 선가가 모두 '판조계종사'가 되었고, 최근 열반한 선사들 영정 10분의 8, 9에서도 '조계종' 3자를 기입하였으니 조계종은 이 땅에서 이미 언제나 조계 종파와 조계종행사와 같이 이루어져왔다는 것이다. 이처럼 퇴경이 제시한 여러 기문에서 '조계 종명'을 사용한 아홉 가지의 이유는 한암에게 큰 영향을 미쳤던 것으로 파악된다.

한암은 1930년대에 들어서면서 퇴경의 문제 제기에 대한 답변을 나름대로 찾으며 조계종과 조계종의 역사에 대해 새롭게 인식하고 있었다. 이때부터 그는 퇴경 등의 학자들이 주장하는 조계 종명 제기에 대해 지속적으로 주목하면서 시절인연이 도래하기를 기다렸던 것으로 파악된다.

때마침 총본산 건설 운동(1937)이 본격화되고 종명 개정의 여론이 확산되기에 이르렀다. 이에 힘입어 한암은 교단의 이러한 개종 의지들을 종합하여 이종욱智庵鍾郁(1884~1969) 등과 함께 1941년의 조선불교 조계종의 회복을 이끌어 냈던 것으로 이해된다.

3. 한암의 「해동초조에 대하야」와 조계종사 인식

한암의 「해동초조에 대하야」는 문장의 전형인 기승전결의 구조로

되어 있으며 퇴경의 논설처럼 크게 아홉 단락으로 나누어볼 수 있다. 한암이 퇴경의 아홉 단락을 의식했는지는 알 수 없으나 아홉은 동양에서 궁극의 수였기에 자연스러운 구조였다고 볼 수 있다. 여기서는 그의 전문 중 서론[起句]은 요약하되 본론(承句와 轉句)과 결론[結句]은 요약하지 않고 문장의 구성과 내용에 대해 살펴보기로 하자. 앞의 ①② 두 단락은 기구[起句], 다음의 ③④⑤ 세 단락은 승구[承句], 다음의 ⑥⑦⑧ 세 단락은 전구[轉句], 다음의 ⑨ 한 단락은 결구[結句]로 되어 있다.

① 붓다의 의발 전수 - 法王의 心法 相授 ┐ 心法의 表準으로서
② 조사의 의발 상전 - 祖師의 道法 相傳 ┘ 衣鉢 授傳[起句]

③ 달마의 東來
④ 혜능의 남종선 유통 ┐ 祖道의 東土 流轉과
⑤ 남악회양계를 이은 마조의 홍주종 확산 ┘ 남종선의 확대[承句]

⑥ 도의가 전해온 육조 이래 마조선
⑦ 도의에 의해 성립된 조계종 ┐ 도의의 남종선과
⑧ 보조의 조계종 중흥 ┘ 보조의 조계종 중흥[轉句]

⑨ 태고법통 비판과 한암 법통관 제시 ── 태고법통 비판과
도의와 보조 법통[結句]

기구起句인 ①붓다의 심법 상수[佛佛相授]22와 ②조사의 도법 상전[祖祖相傳]에 대한 부분은 논의를 일으키기 위한 일반론이다. 한암은 논설의 서론에 해당하는 이 부분은 통합해 심법心法의 표준標準으로서 의발 상수相授와 도법 상전相傳에 대해서 얘기하고 있다. 아래는 본론(전반부+후반부)과 결론에 해당하는 부분이다.

　③ 제삼 제사로 차제전수大第傳授하사 제이십팔대 달마조사達摩祖師에 지至하야 조도祖道가 동토東土에 유전流傳할 시기를 관찰하시고 진단〈으〉로 오시사 종지를 거양하시되 먼저 상相을 척斥하시고 바로 심心을 지指하시니 교법유구한 후에 미증유의 일대 변혁문제一大變革問題이라. 견자見者문자聞者가 다 경포驚怖하야 퇴퇴退退하는 자가 전부엿지마는 오직 혜가대사가 단비구법斷臂求法하사 언하言下에 지귀知歸하시고 필경畢竟 조사께서 소이所以를 언言하라 하시는 명령하에 삼배의위三拜依位하사 득수得髓의 인가하심을 받으사 진단震旦에 제이조가 되시고 달마는 초조가 되신지라.

　④ 제육조 혜능대사에 지至하야 문경오도聞經悟道하사 대장부

22　方寒巖, 앞의 글, p.847. 여기서 한암은 "이럼으로 我等本師 석가세존께서 사십구년간에 說法度生하시고 眞歸祖師께 받으신 祖師禪을 敎 밖에 별도로 전하사 摩訶迦葉에게 부촉하시고 겸하야 衣鉢을 전하사 三十三祖師가 代代相承케 하사 祖祖相傳의 意를 表示하시고 또 衣鉢을 부치사 가섭으로 하야금 가지고 鷄足山에 들어가 入定하얏다가 彌勒佛 出世時에 가젓든 衣鉢을 드리게 하세 佛佛相授의 意를 表示하시고 또 阿難으로 하야금 一代敎義를 聽受하야 多聞第一이 되게 하시고 畢竟 迦葉의 言下에 悟道케 하사 제이조가 되고 가섭으로 제일조가 되게 하셧스니 이는 곧 後來 學佛者로 하야금 먼저 敎義를 達한 후에 다시 祖門에 들어가 明心通宗하여 祖師의 淵源을 繼嗣하야 佛祖慧命을 永不斷絶케 하신 命義시니 뉘가 敢히 其間에 異議를 存하리오"라고 반문하고 있다.

천인사 불의 인가를 황매산 오조홍인대사께 받으시고 또 불법이 유여대행由汝大行이라 하시는 기기를 주시니 자차自此로 조문祖門에 들어와 심법心法을 학學하는 자가 도마죽위稻麻竹葦와 여如한지라 전법오도자를 불가승기不可勝記로대 이기중而其中에 남악양南岳讓과 청원사靑原思가 최고한 적자嫡子이오 기여其餘 혜충慧忠, 영가永嘉, 하택荷澤 등 제대사諸大師도 광대하게 정종正宗을 통달한 지식이라 이로부터 의발을 부전不傳하심은 다 각기 일방 종주宗主가 되야 조도祖道를 광양함에 대하야 뉘게 다 특별特別이 전할 수 없는 사실이오. 또 쟁단爭端이 되야 정법正法에 도리어 방해가 잇을까 예측하심이라.

⑤ 양讓의 하下에 마조도일馬祖道一선사가 출하시니 이는 곳 서천 제이십칠조 반야다라般若多羅 존자께서 달마의 동래東來함에 대하야 일마구一馬駒가 출하야 천하인을 답살踏殺하리라는 예기預記에 부합한 일대위걸의 인격이라. 기하其下에 팔십사인의 선지식이 동시배출하얏스니 서당西堂, 백장百丈, 남전南泉, 마곡麻谷, 귀종歸宗, 장경章敬, 염관鹽官 등 제대선사가 시야是也라. 자이自爾로 법화대창法化大暢하야 견자見者문자聞者가 다 관감흥기觀感興起하는 심心을 발發하나니 무상대법無上大法이 해외제국海外諸國에 유포하지 아니할 수 업는 시절인연時節因緣이 도래하얏다.

한암은 '본론'의 전반부承句에서 조도祖道의 동토東土 유전流轉과 남종선의 확대로서 달마의 동래東來, 혜능의 남종선 유통, 남악 회양계를 이은 마조의 홍주종 확산에 대해 서술하고 있다.

⑥ 기시其時에 신라 도의대사가 망풍서범望風西泛하여 서당지장
西堂智藏화상을 수알首謁하시고 법인을 득하여 동귀東歸하심이 전
기傳記가 소소昭昭하니, 그러면 달마가 진단震旦에 초조初祖됨과 여
如히 도의가 해동에 초조됨은 지자智者를 부대不待하고 가히 판정
할 것이 아닌가. 뿐만 아니라, 홍척 · 혜철은 동同 서당西堂에게,
범일은 염관鹽官에게, 무염은 마곡磨谷에게, 철감은 남전南泉에게,
현욱은 장경章敬에게, 득법한 선후는 차이가 불무不無하나, 다 동
일同一히 마조하 지식知識에게 심법을 득하여 왔은즉 동시同是육조
六祖의 오세손이라.[23]

⑦ 도의대사가 육조를 경앙하여 조계종曹溪宗이라 칭할 시에
홍척 · 혜철 등 제대사도 따라서 동심경앙同心敬仰할 것은 정한 이
치가 아닌가. 또, 《월보》제58호에 '퇴경화상의 조계종에 대한
변론'[24]을 간독看讀한즉, 『조사예참문祖師禮懺文』 중에 '가지산조사
해외전등도의국사迦智山祖師海外傳燈道義國師'라 칭한 거와 가패歌唄 중
에 '조계문선시수개曹溪門扇是誰開' 구와 『삼국유사』에 '조계종가지
산하曹溪宗迦智山下'라 칭한 등 문이 유력하게 증명한 것이 조금도

---

23 方寒巖, 위의 글, 위의 책, 1941, p.848.
24 권상로, 「曹溪宗 - 朝鮮에서 自立한 宗派의 其四」, 《불교》제58호, 1929. 4.1. 퇴경은 화엄종(其一),
    정토종(其二), 율종(남산종, 其三)에 이어 조계종에 대해 기술하였다. 여기서 한암이 말한 《월보》는
    일반명사로 월간 《불교》를 일컬은 것으로 이해하면 된다. '퇴경화상의 조계종에 대한 변론'도 월간
    《불교》에 분재한 퇴경의 「曹溪宗 - 朝鮮에서 自立한 宗派의 其四」를 가리킨다.

의문될 것이 없다. 서당이 기시其時 육조의 사세존인 즉 기문하에 득법한 자가 그 위대하신 조사의 성덕을 어찌 모열경애慕悅敬愛치 아니하였으리오. 모열경애하는 본심편편중本心片片中에서 조계종이라는 명칭이 자연히 용출하였다.[25]

⑧ 오호라. 성력聖曆이 창망滄茫하고 전사傳史가 진혼塵昏하여 중간연원은 수모수모誰某誰某가 계사繼嗣하였는지 상세히 변명할 수 없으나 보조국사가 범일의 후예로서 대법당을 송광사에 건립하사 최상종승을 개연開演하사 당세를 이익케 하시고 또 수심결, 진심직설, 간화결의, 원돈성불 등 직절경요直截徑要의 법문을 저술하사 장래를 보각普覺케 하시니 어시호於是乎에 조도대흥祖道大興하고 불일중휘佛日重輝한지라. 조지朝旨를 봉奉하야 산명山名을 조계曹溪로 개변하였으니, 이는 곧 멀리 육조를 경모하고 다시 해동海東제국사諸國師의 조계종 창립한 연원을 계승함이 아닌가. 불연不然하면 하필갱명조계何必更名曹溪하여 번폐煩弊케 하였으리오. 또 국사의 출가한 사실 동 비명에 '년보팔세年甫八世에 투조계운손投曹溪雲孫 종휘선사宗暉禪師 축발수구계祝髮受具戒'라 하였으니 종휘가 기시旣是 조계운손이라 하였은즉 연원이 단절하지 아니한 것도 가히 추상追想할지라. 자후自後로 진각眞覺, 자명慈明 등 십육국사가 계출하여 도통연원道統淵源의 광명정대함이 서천사칠西天四七과 당토오종唐土五宗에 비할지라, 혹 말하기를 국사 중에 모두 보조의

25 方寒巖,「海東初祖에 對하야」,《불교》제70호, 1941, p.848

직손直孫이 아니라고 하겠지마는, 차인此人은 조문祖門의 도통연원 道統淵源이 국가의 왕위계승王位繼承과 여如함을 부지함이라. 모파 원손某派遠孫을 막론하고, 왕위王位에만 오르면 곧 계통系統이 되나 니, 명심통종明心通宗하여 국사위國師位를 계봉繼封하여 제기세第幾 世 제기세第幾世 라고 혁혁하게 칭함에 대하여 어찌 직손直孫 아님 을 논의하리오, 여차한 탄탄대로坦坦大路를 버리고 방계곡경旁谿曲 逕으로 찾아가는 언설은 치지막론置之莫論할 것이로다.[26]

한암은 본론의 후반부[轉句]에서 도의의 남종선과 보조의 조계종 중 흥으로서 도의가 전해온 육조 이래 마조선, 도의에 의해 성립된 조계 종, 보조의 조계종 중흥에 대해 기술하고 있다.

⑨ 그런데 근래 문학상文學上에 태고보우국사로 해동초조를 정 함이 반반班班이 현로現露되니 이는 자위自違함이 너무 심한 듯하 다. 태고가 중흥조中興祖라 함은 혹 그럴지는 모르나 어떻게 초조 初祖가 되리오, 태고의 도덕이 비록 광대고명廣大高明하나 초조初祖 라는 초자初字에는 대단히 부적당하지 아니한가. 신라 제국사의 수입조문手入祖門하여 득법동귀得法東歸하신 것이 금일 태고가 초 조라는 문제하에 귀어허지歸於虛地 되었으니 어찌 가석可惜치 아니 하리오. 또 연원계통을 정직하게 변명할 것 같으면 금일 아등형

---

26 方寒巖, 위의 글, 위의 책, pp.848~849. 여기에서 주목되는 지점은 祖門의 道通淵源이 국가의 왕위 계승과 같다는 부분이다. 나아가 한암은 某派遠孫을 막론하고 王位에만 오르면 곧 계통이 된다고 하였다.

제我等兄弟가 태고연원이 아니라고 단언하고 싶다. 왜 그러냐 하면 구곡각운龜谷覺雲선사가 조계종 제십삼第十三 국사國師 각엄존자覺儼尊者의 손제자 됨은 분명分明이 이능화선생 소저『불교통사佛敎通史』에 기재되었는데, 태고국사의 손제자라는 문구는 고래 전기여비명傳記與碑銘에 도무都無하다 하였은즉 하何를 거據하여 태고로써 구곡의 법조法祖를 정할까 생각해 볼 것이다. 당당한 해동조계종海東曹溪宗 제십삼 국사의 손제자로서 다시 임제종 후손 석옥石屋에게 전법하여온 태고의 손제자가 될 필요가 무無하다. 그러면, 후인이 태고하太古下에 구곡을 계속한 이유가 무엇인가. 이에 대하여 좀 빙거憑據가 무無한 비량比量을 하여 보자. 고려 이허己墟하고 이조 초창初創에 고려시인高麗時人을 종앙한다면 모사某事를 물론하고 필연적으로 저훼沮毀할 것이요, 또 승려에게 압박을 내리는 시대라, 각종各宗을 선교양종禪敎兩宗으로 합종시킨 법령하에 다시 조계종曹溪宗이라 칭할 수 없는 사실이다. 혹 이렇게 말하리라. 허응虛應, 청허淸虛, 송운松雲 등 제선사諸禪師는 이조시인李朝時人이로되, '판조계종종사'判曹溪宗宗事가 되었다 하겠지만 그것은 다 아시는 바와 같이 오랫동안 압박을 내리는 끝에 '조계종曹溪宗' 3자를 첨입한들 무슨 그다지 흥미있는 것은 아니다. 그러나 종문중에서는 은근히 구일舊日, 조계종을 추모한 의사가 보인다. 그렇지 아니하면 판선종교종사判禪宗敎宗事라 아니하고 조계종종사曹溪宗宗事를 판한다는 언의言義를 표시하였으리오. 또 이조에서 더욱이 지나를 숭배한지라 승려가 지나支那연원을 계사繼嗣한다면 마치 유자儒者가 정주程朱를 사모하는 것과 여如히 국인이 혹이 위연或以爲然하여 승려행세에 좀 활동한 희망이 유有하여 그러한 것 같다. 또 고려 말에 태고·환암·구곡이 차제로 조계종 대선사로 봉하게 되었은즉 임제종 연원에부터 태고·환암을 사법하더라도 그다지 망발되지는 않을 줄로 생각한 것이다. 또 태고국사비명太古國師碑銘에 이태조께서 제자의 예에 올랐으니 잠깐 권위를 의뢰한 것도 같다. 이렇게 여러 가지로 추구推究해 보건대 후인이 시세時勢를 따라서 종맥宗脈을 변경하는 동시에 해동의 혁혁한 조계종이 없어지고 말았다. 또 벽계정심선사가 임제후손 총통摠統화상께 득법이래得法而來하여 다시 구곡을 원사遠嗣하여 조계연원을 부활케 하심은 사실이다. 불연不然이면 벽계가 태고로 더불어 동시 임제후손의 사법으로 다시 태고의 증손제자가 될 필요가 무엇인가. 이리 생각해보고 저리 생각해보드래도 아등我等 형제의 해동조계종 보조국사로부터 제십삼국사 각엄존자覺儼尊者의 직제자인 구곡선사와 구곡을 원사遠嗣하여 조계종을 부활케 하신 벽계碧溪선사의 연원이요, 태고의 연원은 아니라고 아니하지 못할 줄로 단언한다.[27]

그런즉 자금위시自今爲始하여 도의국사로 초조初祖를 정하고, 차에 범일국사로, 차에 보조국사로, 제십삼국사 각엄존자에 지하여 졸암온연拙庵溫然·구곡각운龜谷覺雲·벽계정심碧溪正心, 이렇게 연원을 정하여 다시 해동조계종海東曹溪宗을 부활復活하는 것이 정당正當합니다. 만일 그렇지 아니하여 고인古人이 이미 오랫동안

---

27 方寒巖,「海東初祖에 對하야」,《불교》제70호, 1941, pp.849~850.

시행한 것을 졸연猝然히 개정改正하기 난難하다 하여 태고국사를 계사繼嗣하더라도 초조初祖는 반드시 도의국사로 정하고 차에 동시득법이래同時得法而來하신 홍척·혜철·범일 등 제국사로, 차次에 보조국사로 내지 십육국사로 위수爲首하고, 차에 태고보우국사를 계속하여 태고·환암·구곡·벽계·벽송, 이렇게 계통을 정하여 해동 조계종 연원을 정당하게 드러내어서 첫째는 도의국사의 조계종을 수창首創하신 공덕을 찬앙하고, 둘째는 보조국사의 상승上乘을 개연하여 조도祖道를 광휘하고 후래에 이익을 주신 은의恩義를 경모하고, 셋째는 해동 조계종이 계승유통繼承流通케 하신 제대종사의 성덕을 포양하고, 넷째는 구곡을 원사遠嗣하여 조계종을 부활케 하신 본의本意를 발휘하여 억백세무궁토록 정법이 유통하기를 바라는 바이다.[28]

  한암은 결론[結句]에서 태고법통의 비판과 자신의 법통관을 제시하면서 태고법통 비판의 이유와 도의와 보조 법통의 주장에 대해 기술하고 있다. 한암이 '이렇게 여러 가지로 추구해 보건대' 내지 '이리 생각해 보고 저리 생각해 보드래도'라고 표현하고 있는 것처럼 그는 '이치로 미루어 생각해 보고'[推究] 이렇게도 저렇게도 생각하면서 도의 초조설과 보조 중천조설을 전제하면서 태고보우국사를 계속 사의嗣意할 수 있는 방안에 대해 깊이 사려하고 있다. 여기에서 우리는 한암의 조계종사 인식과 조계종의 회복에 대해 살펴볼 수 있게 된다.

---

28 方寒巖,「海東初祖에 對하야」,《불교》제70호, 1941, p.850.

퇴경의 「조계종」에 일정한 영향을 받은 한암은 「해동조계종에 대하야」에서 특히 조계 종조의 연원과 조계 종명의 계통에 대해 깊게 논의를 하고 있다. 그 결과 그의 논의는 '조계'의 계승과 '조계종'의 회복으로 이어지고 있다.

IV. '조계'의 계승과 '조계종'의 회복

1. 혜능의 주석처 '조계'의 계승

육조 혜능이 오조 홍인의 의발을 전수받고 강남으로 내려간 곳은 광동성 광주의 법성사 인종仁宗 화상의 『열반경』 회상이었다. 여기서 '깃발이 움직인다'[旛動]는 수좌와 '바람이 움직인다'[風動]는 수좌의 주장을 넘어 그는 그대들의 '마음이 움직인다'[心動] 법문을 제시한 뒤 광동성 소관의 조계산 보림사寶林寺29(현 南華禪寺)로 나아가 30여 년간 주석하였다. 그는 이곳에서 수행하다가 입적한 지 5년 뒤에 장경각 뒤편에 조성한 8각 5층 30미터의 영조탑靈照塔 안에 진신상으로 모셔져 있다가 도난이 염려되어 근래에 육조전六祖殿으로 옮겨졌다. 이후 선종에서는 혜능을 구심으로 법통을 기술하면서 그는 선종의 비조가 되었다.

북종의 선맥이 신수-보적-지공으로 이어지다가 8조에서 끊어진 반면 남종의 선맥은 지금까지 한국으로 이어져 오고 있다. 당시 신라에서는 혜능의 남종선을 이은 남악회양과 마조도일로 이어진 홍주종 선맥을 잇고자 노력하였다. 당시 신라의 김대비金大悲는 광동성의

---

29 보림사는 혜능이 지은 절이며 당시 황제가 '寶林寺'라는 사액을 하사하였다.

보림사에 잠입하여 육조 등신상의 목을 베어왔다고 하였다.[30] 신라에서는 하동 쌍계사에 금당金堂 안에 '육조대사정상탑六祖大師頂上塔'[31]을 세우고 남종선맥을 잇고 있다는 정신적 자부심을 지녀왔다. 이후 혜능이 머물렀던 광동성 소관의 조계산 보림사(남화선사)는 남종선의 성지가 되었고 상징이 되었다.[32]

그리하여 선종사의 최후의 승리자가 된 혜능이 머물렀던 '조계'는 그를 상징하게 되었고 주변 여러 나라의 불교계에서는 혜능의 선맥을 잇고자 적극적으로 노력하였다. 신라에서는 '조계' 혹은 '조계산' 또는 '조계종'의 명명을 통해 혜능과의 연루를 의식하는 노력을 기울였다. 그 결과 혜능 → 남악 → 마조 → 서당을 이어온 가지산문은 도의 → 염거 → 체징으로 이어지면서 혜능이 30여 년간 주석했던 산

---

30 鄭性本,「禪宗六祖慧能大師頂相東來緣起考」,『한국불교학』 제15집, 한국불교학회, pp. 185~211; 정병조,「金大悲」,『한국민족문화대백과사전』, (2021년 10월 26일 검색). "중국 선종(禪宗)의 육조(六祖)인 혜능(慧能)이 죽은 뒤 그의 목을 탈취하려 했던 인물이다. 이에 대해서는 중국측과 한국측의 기록이 각각 다르다. 중국측의 기록에 의하면, 혜능이 "내가 죽은 뒤 동방에서 온 인물이 내 목을 탈취하리라."고 유언함에 따라, 제자들은 이 말을 기억하여 육조대사의 목부분을 쇠로 감아서 탑에 모셨다. 그뒤 722년(성덕왕 21)에 괴한이 그 탑에 접근하자 붙잡아 문초하였는데, 그는 장정만(張淨滿)이라는 사람으로서 "홍주(洪州) 개원사(開元寺)에서 신라 승려 김대비에게 2만냥을 받았는데, 육조대사의 목을 얻어 해동에서 공양하게 함이라."고 대답하였다. 조정에서는 국법으로 다스리면 중죄가 되겠으나, 고승을 공양하려는 목적이었기 때문에 그 죄를 사면하였다고 한다. 이 기록에 의하면 육조대사의 머리는 중국에 있다. 그러나 우리나라의 기록에 따르면 김대비가 무사히 훔쳐서 신라로 귀국했고, 그것을 하동군 쌍계사에 봉안하였다고 한다. 최치원(崔致遠)의 비문에 의하면 이 곳에 육조영당(六祖影堂)이 있다고 하였으며, 김정희(金正喜)는 쌍계사의 탑전(塔殿)에 있는 육조정상탑(六祖頂上塔)이 바로 그것이라고 하였다. 사학자 이능화(李能和)도 이 점을 중시하면서 그 법당을 해체하여 사실을 확인하는 것이 마땅하지만, 그로 말미암아 외도(外道)들의 표적이 되는 일은 막아야 한다고 말하고 있다."

31 현재의 '六祖大師頂上塔'은 쌍계사 國師庵으로 올라가는 중간지점에 있던 塔殿의 탑을 1960년대에 金堂 안으로 옮겨온 것으로 알려져 있다.

32 현재 광동성 소관의 南華禪寺가 있는 절 앞의 개울 이름은 '曹溪'이고, 절 뒷산의 이름은 '曹溪山'이며, 남화선사의 산문 이름도 '曹溪門'으로 되어 있다. 광동성 광주 光孝寺에는 또 다른 육조대사의 상징인 '削髮塔'이 있다.

문의 절 이름을 따와 '보림사寶林寺'33라고 명명하였다.

이처럼 혜능이 주석한 조계산의 '조계'를 잇고자 하는 노력은 여러 차례 있었다. 대한불교조계종은 육조 혜능의 발심처였던『금강경』을 소의경전으로 하고 있으며, 혜능의 '조계'를 잇고자 했던 보조지눌 또한 늘『금강경』으로 전법할 것을 강조하였다. 지눌은 정혜결사를 확대하기 위해 제자 수우守愚가 찾아낸 '송광산 길상사'터를 '조계산 송광사'로 바꾸고 수선사를 이어갔다. 그리하여 혜능의 '조계'를 잇고자 한 지눌의 정신은 '조계종 수선사 제몇세' 국사로 명명한 16국사의 명칭으로도 계승되었다. 이 모두가 남종선의 고향이자 혜능의 주석처인 '조계산' 이름의 원용과 '조계'를 잇고자 한 지눌의 노력에 힘입은 것이었다.

2. 지눌의 '조계종' 이름의 복원

대한시대에 이르러 불교 원종圓宗이 창종(1908)되자 1911년에 당시 종정이었던 회광 사선이 일본으로 건너가 일본 조동종과 연합 체맹을 시도하였다. 일본 유학생을 통해 이 사실을 알게 된 국내의 박한영, 진진응, 한용운, 김종래 등이 강력히 반발하면서 새로운 본종으로서 부산 범어사에서 임제종臨濟宗을 창종하였다. 1919년에 이르러 회광 사선은 다시 일본 임제종과 연합 체맹을 시도하자 국내 임제종

---

33 전라남도 장흥군 유치면 가지산 보림사이다.

에서는 강력히 반대하여 이를 저지하였다. 그러면서 대한 불교계는 일본 불교계에 없는 새로운 종명을 찾기에 이르렀다.

종명은 일본 불교에 없는 종명을 사용함으로써 일본 불교와 분명하게 구별이 되면서 한국 불교의 전통과 특색이 드러나는 것이어야 한다는 취지에서 정하도록 하였다. 그렇게 함으로써 다시는 일본 불교가 대한 불교를 병탄하려는 생각을 하지 못하도록 하자는 것이었다. 그리하여 권상로, 김영수, 임석진, 김잉석 등 학자들에게 부탁하여 찾아낸 것이 오늘날 쓰이고 있는 '조계종'이었다. 31본산 주지회의는 이를 총독부에 인가 신청을 냈고, 1941년에 인가를 얻게 되어 그로부터 대한 불교계는 '조선불교조계종'을 사용하게 되었다. 이렇게 대한 불교계가 조계종으로 출범하게 되자 그 초대 종정으로 한암이 만장일치로 추대되었다. 한암은 그로부터 1945년 광복 때까지 종정으로 있었다. 그러나 그는 종정으로서 이름과 실제 모두 대한 불교를 대표하는 자리에 있으면서도 끝내 오대산 밖을 나온 일이 없었다.[34]

하지만 한암은 오대산에 산속에서만 안주하지 않았다. 그는 권상로, 김영수, 임석진, 김잉석 등의 학자들에게 부탁하여 일본 불교에 없는 종명을 찾아내게 하였다. 그것이 바로 조계종이었다. 당시 31본산 주지회의는 조선총독부에 '조선불교조계종'으로 인가 신청을 내어 1941년에 인가를 받고 조선불교조계종을 쓸 수 있었다. 조선불교조

---

34 이재창, 「오대산의 맑은 연꽃, 한암 스님」 『정본 한암일발록』하권(서울: 민족사, 1995; 1996; 2010) pp. 245~246.

계종은 조선불교의 자존을 지키는 종명이었으며 조계 종명의 독립선언이었다고 할 수 있다.

조계 종명은 육조 혜능이 주석하던 조계산에서 비롯된 것이지만 중국에도 없는 이름이었다. 이 때문에 한중일 삼국에서 조계라는 종명은 독자성을 지니는 이름이라고 할 수 있다. 조계라는 이름은 혜능의 남종 선풍을 이은 남악 회양계의 마조도일이 수립한 홍주종계 중심으로 전해져 왔다. 뿐만 아니라 운거 도응의 법을 이어온 이엄의 수미산문과 청원 행사계의 석두 희천을 거쳐 퍼져나간 곡산 도연의 법맥을 이은 정진 긍양의 희양산문[35]도 있었다. 결과적으로 이들 모두 남종 선풍을 이어 왔다.

고려 지눌은 송광산 길상사터를 조계산 송광사로 바꾸면서 본격적으로 '해동 조계종'의 깃발을 드높였다. '조계종'은 중국에 없는 본종이지만 '해동 조계종'이라 명명한 것은 혜능의 조계선풍을 이으면서도 해동의 독자적 선풍을 강조한 것으로 이해된다. 한암 또한 지눌의 이러한 정신을 계승하여 '해동 조계종의 부활'이란 표현을 사용하였다. 한암이 사용한 '해동 조계종'은 도의 이래 범일 등 구산선문의 선지식을 거쳐 고려 지눌과 16국사 등으로 이어진 선맥을 생각하고 헤아린 표현으로 이해된다.

35　靜眞 兢讓은 法朗 이래 賢溪 道憲의 제자였던 白嚴 陽孚의 북종 선풍을 이었지만 900년에 당나라로 건너가 靑原 行思계의 石頭 希遷의 문하였던 谷山 道緣으로부터 선법을 받아와 희양산문을 남종선풍으로 전환시켰다.

3. 한암의 '도의-보조-태고 법통설'의 비판과 수용

한암은 그의 논설에서 청허 휴정의 문하인 편양 언기 이래 확립된 임제-태고법통설에 근거한 태고 초조설을 비판하고 도의 초조설과 보조 중천설에 무게를 두었다. 그가 이렇게 도의 초조설을 강력히 주장하는 것은 고려 말 원나라에서 전해온 임제선 중심의 가풍에 앞서 보조 이전 이 땅에서 이루어진 해동 선법의 성취를 껴안기 위해서였다. 동시에 그것은 법통의 연원과 종통의 계통을 올바로 수립하기 위해서였다.

하지만 조선 중기 이래 한암 당시에도 여전히 태고 초조설은 주요 법통설로 전해져 오고 있었다. 당시 조선불교조계종 총본사 태고사 법에는 아래와 같이 되어 있었다.

제4조. 본종本宗은 태고 보우국사를 종조宗祖로 한다.[36]

여기에서 알 수 있는 것처럼 1941년 '조선불교조계종'의 창종을 통해 종명은 조계종이 되었지만 종조는 태고 보우가 되었다. 당시 총본산의 이름 또한 태고사(현재 조계사)였다. 조선불교조계종의 총본사가 태고사였기에 사법 또한 태고사법이었다. 이러한 현실에서 당시의 문학 즉 문장들에서 태고가 해동 초조임이 여러 차례 나타나자 한암은 '스스로 어긋남'[自違]에 대한 상당한 불편함이 있었던 것으로 짐작된다.

---

36 「朝鮮佛敎曹溪宗 總本寺 太古寺法」(1941).

근래 문학상文學上에 태고보우국사로 해동초조를 정함이 반반班班이 현로現露되니 이는 자위自違함이 너무 심한 듯하다. 태고가 중흥조中興祖라 함은 혹 그럴지는 모르나 어떻게 초조初祖가 되리오, 태고의 도덕이 비록 광대고명廣大高明하나 초조初祖라는 초자初字에는 대단히 부적당하지 아니한가. 신라 제국사諸國師의 수입조문千入祖門하여 득법동귀得法同歸하신 것이 금일 태고가 초조라는 문제하에 귀어허지歸於虛地 되었으니 어찌 가석可惜치 아니하리오. 또 연원계통을 정직하게 변명할 것 같으면 금일 아등형제我等兄弟가 태고연원太古淵源이 아니라고 단언하고 싶다. 37

그래서 한암은 태고 보우를 해동 초조로 정해 불협화음이 생겨나고 이로 인한 자기 위배自違가 너무 심하다며 곤혹스러워 했다. 그는 조계종의 연원과 계통을 정직하게 밝혀야만 한다. 태고는 조계종의 중흥조는 될지 모르겠지만 결코 초조가 될 수 없다고 하였다. 이러한 논의는 역사를 무화시켜 텅 빈 곳으로 돌아가게[歸於虛地] 하는 것이라고 역설하였다. 한암은 ① 도의가 서당 지장에게 법을 받아온 것이 조계종의 성립이며, 조계는 육조 혜능이고 육조-마조 계통의 선법의 전래가 곧 본종으로 성립된 것이라고 보았다. 그는 ② 조계종의 성립은 구산선문의 개조 및 개산조들이 심법을 전해 받고 함께 돌아왔던[得法同歸] 것이니 해동의 초조는 마땅히 도의라고 하였다. 그리하여 한암은 ③ 보조지눌은 조계종의 중흥주이며 태고 보우는 임제종을 수

---

37 方寒巖, 앞의 글, p.849.

입해 왔지만 그를 초조로 보는 것은 자기 위배가 너무 심한 것이라고 하였다.

후인이 시세時勢를 따라서 종맥宗脈을 변경하는 동시에 해동의 혁혁한 조계종이 없어지고 말았다. 또 벽계정심선사가 임제후손 총통摠統화상께 득법이래得法而來하여 다시 구곡을 원사遠嗣하여 조계연원을 부활케 하심은 사실이다. 불연不然이면 벽계가 태고로 더불어 동시 임제후손의 사법으로 다시 태고의 증손제자가 될 필요가 무엇인가. 이리 생각해 보고 저리 생각해 보더라도 아등我等 형제의 해동조계종 보조국사로부터 제십삼국사 각엄존자覺儼尊者의 직제자인 구곡선사와 구곡을 원사遠嗣하여 조계종을 부활케 하신 벽계碧溪선사의 연원이요, 태고의 연원은 아니라고 아니하지 못할 줄로 단언한다.[38]

그러면서 한암은 후인들이 그 당시의 형세나 형편에 따라 종맥을 변경하면서 해동의 빛나는 조계종이 없어지고 말았다고 안타까워하였다. 이에 그는 조선 초기의 벽계 정심선사가 임제 후손인 총통화상에게 가서 심법을 받아와 구곡을 원사하여 조계종을 부활시켰다고 하였다. 그러므로 해동 조계종의 보조국사로부터 제십삼국사 각엄존자의 직제자인 구곡선사와 구곡을 멀리 이어 조계종을 부활시킨 벽계선사가 조계종의 연원이지 태고는 연원이 아니라고 강조하고 있다.

한암의 태고법통에 대한 비판은 벽계 정심의 조계종 부활의 노력

---

38 方寒巖, 앞의 글, p.850하.

에서도 첨예하게 드러나고 있다. 그는 조계종의 연원은 임제 후손인 총통화상에게서 심법을 받아와 구곡을 원사(遠師)하여 조계종을 부활시킨 벽계 정심이라는 것이다. 이것은 임제 후손인 석옥 청공으로부터 심법을 전해 받은 태고 보우를 배제하고 보조로부터 이어진 제십삼 국사 각엄의 직제자인 구곡으로 법통을 이은 벽계 정심의 정통성을 부각시키는 것이다.

한암의 태고 초조설 비판은 도의를 통한 해동 조계종의 일원화와 내용적인 측면에서 보조를 높이기 위함이다.[39] 그는 사자상승을 강조하는 태고의 초조설을 "혹 말하기를 국사(國師) 중에 보조의 직손이 아니라고 하겠지마는, 차인(此人)은 조문(祖門)의 도통연원(道統淵源)이 국가의 왕위계통(王位繼統)과 여(如)함"[40]이라고 하여 왕위를 적장자를 통한 일계(一系)의 가통(家統)으로 상속하는 종법제(宗法制)의 구조로 운영되는 왕통론(王統論)을 원용하여 비판한다.

먼저 한암은 왕통론(王統論)을 원용하여 도의 초조설과 지눌 중천설의 수용 위에서 태고법통설을 받아들일 수 있다고 했다. 고대 이래 왕통론은 형제상속을 거쳐 부자상속으로 이어져왔다. 부자상속에서도 반드시 장자가 상속하는 것이 아니라 왕재(王才) 즉 왕의 재능이 있는 사람을 왕으로 옹립해왔다. 한암은 장자가 아닌 차자나 정비의 태생이 아닌 후비의 태생이라도 일단 왕으로 즉위하면 정통으로 자리매김되듯이 새로운 법통과 종통을 세우면 새로운 권위가 생긴다고

---

39 염중섭(자현), 앞의 글, 앞의 책, p. 303.
40 方寒巖, 앞의 글, p. 849상.

하였다.

　그리하여 한암은 "모파원손母派遠孫을 물론하고 왕위王位에만 오르면 곧 계통繼統이 된다"[41]고 주장하고 있다. 이것은 새로운 도통과 종통의 재구성에 대한 당시 사람들로부터의 불필요한 저항을 방지하기 위한 장치로 이해된다. 한암이 도통연원에서 이러한 왕통론을 원용한 지점에서 조선 후기 유교의 족보학의 발달과 예송논쟁과의 연속성을 확인할 수 있다. 그 또한 유학을 섭렵하고 출가한 이력이 있기에 왕통론과 도통론의 원용에 따른 이해는 자연스러운 것이었다.

　그런데 당시 한암은 종명 회복과 종조 확정에 관한 강력한 의지는 있었지만, 그가 1941년에 총본산을 태고사 이외의 '장소'로 바꾸거나 태고사 이외의 '사명'으로 바꾸지 않고 그대로 태고사로 결정한 것은 그에게 태고 보우 국사의 법맥 계승의식이 있었던 것으로 볼 수 있지 않을까. 동시에 불교계가 직면한 정치 경제 사회적 여러 상황을 고려하여 총본산의 '장소'와 총본산의 '사명'에 대한 사항들은 대중들의 화합과 불교교단의 통합 차원에서 수용했던 것으로 볼 수 있지 않을까.

　이러한 측면은 벽계 정심에서 보보조로 거슬러 올라가 도의까지 소급하면서 조계종의 정통성을 재확립하고자 하는 종정으로서의 애종심에서 확인되고 있다. 법통과 종통의 연원을 강조해온 한암의 애종심은 해동 조계종의 부활과 법통과 종통의 재구성으로 이어진다.

41　方寒巖, 앞의 글, p.849상.

V. 조계종의 부활과 법통과 종통의 재구

1. 법통과 종통의 재구

한암은 대한시대 대일항쟁기를 살면서 불교의 법통과 종통의 재구성을 커다란 과제로 인식하였다. 이 때문에 그는 「해동초조에 대하야」에서 특히 법통의 '연원'과 종통의 '계통'을 강조하였다. 그래서 그는 도의를 연원으로 하여 구산의 개(山)조와 보조 지눌 및 16국사 그리고 각엄 존자 → 졸암 온연 → 구곡 각운 → 벽계 정심으로 이어지는 계통을 강조하고 있다.

한암은 종래의 태고 법통설을 강력히 부정하면서 조계 법통과 종통을 재구성할 것을 제안하고 있다. 그러면서도 그는 '옛 사람이 오랫동안 시행한 것을 갑자기 개정하기가 어렵다 하면 태고의 계통을 잇더라도 초조는 반드시 도의로 정하자'고 역설한다. 그는 도의에 이어서 마조 문하에서 동시에 선법을 얻은 홍척, 혜철, 범일 등 제 국사로 이을 것을 제시한다. 그 뒤를 보조 내지 16 국사를 앞세우고 이어서 조계종 대선사를 봉한 차례의 순서로 태고를 계속하여 환암, 구곡, 벽계, 벽송 이렇게 계통을 정하여 해동조계종의 연원을 정당하게 드러내자고 하였다. 그러면서 그는 네 가지로 자신의 생각을 정리하고 있다.

첫째는 도의가 조계종을 앞장서서 주장한 공덕을 찬앙하고, 둘째는 보조의 상승上乘을 개연開演하여 조사의 도를 환하게 빛내고[光輝] 장래에 이익을 주신 은혜와 의리[恩義]를 존경하고 사모하며[敬慕], 셋째는 해동조계종이 계승 유통케 한 여러 대종사의 성덕을 기리고 드날리며, 넷째는 구곡을 멀리 이어 조계종을 부활케 한 본의를 발현하여 억백세 무궁토록 정법이 유통하기를 바란다고 마무리 짓고 있다.

한암이 주장한 이들 네 가지는 불교 법통의 연원과 조계 종통의 재구를 위한 제안으로 이해된다. 그는 붓다의 가르침을 계승한 조계 혜능을 거처 마조의 선풍을 이어 조계종을 창수한 도의의 공덕을 찬양하여 도의를 초조로 하자고 하였다. 또 범일의 선풍을 계승한 보조의 상승을 개연하여 조사의 도를 환하게 빛내고 장래에 이익을 주신 은혜와 의리를 경모하여 보조를 중천조로 하자고 했다.

그는 다시 또 해동조계종이 계승 유통케 한 여러 대종사의 성덕을 포양하여 법통을 새롭게 선포하고 널리 알리자고 하였다. 나아가 구곡을 멀리 이어 조계종을 부활하게 한 본의를 발현하여 억백세 무궁토록 정법이 유통하기를 바란다고 했다. 그리하여 끊어진 조계종의 법통을 이은 구곡의 본의를 드러내어 오래도록 정법이 유통되게 하자고 하였다. 한암은 이렇게 된다면 조계 법통은 새롭게 구축되고 조계종단은 안정될 것으로 보았다.

불교가 잘 되려면 붓다의 법통이 바로 서야 하고, 조계종이 잘 되려면 조계의 종통이 바로 서야 한다. 한암이 논설의 서론에서 심법을 전수하려고 할 때 반드시 '의발'로서 표준으로 삼아 두 곳에 전해주는 것이니 하나는 '전불이 후불에게 서로 주는 것'이고, 다른 하나는 '법왕이 멸도 후에 조사와 조사가 서로 전해' '도법이 끊어지지 않게 하는 것'이라고 한 까닭도 이 때문이다. 이처럼 그가 논설에서 보여준 주장과 논지는 오늘의 한국불교와 대한불교조계종에 시의성과 적절성을 함께 주고 있다.

2. 해동 조계종의 부활

한암은 구산선문의 형성 이래 이 땅에 해동의 조계종을 부활하는 것을 주요 임무로 여겼다. 이 때문에 그는 많은 공력을 들여 장편 논설 「해동초조에 대하야」를 작정하고 썼다. 한암이 이 논설에서 법통의 '연원'과 종통의 '계통'에 대해 역설한 것은 중국과 일본에 없는 해동의 조계종 회복을 도모하기 위해서였다. 그는 가지산문의 도의를 연원으로 하면서 구산의 개조와 보조 지눌 및 16국사 그리고 각엄 존자 → 졸암 온연 → 구곡 각운 → 벽계 정심으로 이어지는 계통을 강조하였다.

한암은 고려 말 임제종의 초조로서 태고의 초조설을 강력히 부정하였다. 그러면서 그는 도의를 초조로 하고 이어서 범일 등을, 이어서 보조를, 이어서 제13 국사인 각엄 존자에 이르러 졸암 온연 → 구곡 각운 → 벽계 정심으로 연원을 정하여 다시 해동조계종을 부활하는 것이 정당하다고 하였다. 이를 위해 그는 종래의 태고 초조설을 강력히 부정하면서도 현실을 인정하는 방안을 제시하였다.

한암은 초조를 도의로 하고 중흥조를 보조로 할 때 비로소 여러 종파諸宗를 포섭한 태고를 수용할 수 있다고 하였다. 그것이 아니라면 그는 태고를 초조로는 수용할 수 없다고 했다. 대신 한암은 '고인이 오랫동안 시행한 것을 갑자기 개정하기 어렵다고 한다면' 초조는 반드시 도의로 정하고, 그와 동시에 법을 얻어온 홍척, 혜철, 범일 등 제 국사를 이어 보조 내지 16 국사를 으뜸으로 하고 태고를 차서次序로 계사繼嗣하여 태고, 환암, 구곡, 벽계, 벽송 이렇게 계속 정하여 해동조계종의 연원을 정당하게 드러낸다면 태고의 계통을 이을[繼嗣] 수 있다는 유연한 방안을 제시하였다.

한암의 이러한 방안은 1994년 조계종 개혁회의가 개정한 대한불교조계종의 종헌과 부합하는 것이라는 점에서 그의 선견지명을 보여주는 대목이라고 할 수 있다.

제1장 종명宗名 및 종지宗旨

제1조. 본종本宗은 대한불교조계종大韓佛教曹溪宗이라 칭한다. 본종은 신라 도의국사가 창수唱首한 가지산문에서 기원하여 고려 보조국사의 중천中闡을 거쳐 태고보우국사의 제종포섭諸宗包攝으로서 조계종曹溪宗이라 공칭公稱하여 이후 그 종맥宗脈이 면면부절綿綿不絶한 것이다. 42

개혁회의 당시 일부에서는 조계종의 개조를 도의국사로, 중천조를 보조국사로, 중흥조를 태고국사로 했다고 해서 '임시 봉합'이란 비판이 있었다. 도의는 창수唱首 즉 '앞장서서 주창했고'[首唱], 보조는 중

---

42 「대한불교조계종 종헌」(1994는 개정). 조계종 개혁회의는 1994년, 1995년, 1997년의 세 차례에 걸쳐 종단분규를 주도하였다.

천中闡 즉 '가운데서 펼쳐냈고', 태고는 제종 포섭[包攝] 즉 '여러 종을 껴안았다'. 여기서 '수창'과 '중천'과 '포섭'은 이들 세 국사가 조계종사에서 어떠한 역할을 했는가를 의식한 표현이다. '시원始原의 수창'과 '개화開花의 중천'은 궁극적으로 '결실結實의 포섭'으로 이어지고 있다. 그리고 이들의 가풍은 한국불교의 통합성 혹은 종합성에도 부합하는 것이라고 할 수 있다.

따라서 한암의 조계종사 인식은 해동조계종 부활의 필요성을 제기하였고 결과적으로 '조선불교조계종'(1941)의 시설始設과 '조선불교'(1948) 이후 정화시대 내지 분규시대(1954~1962)를 거쳐43 통합종단인 '대한불교조계종'(1970)으로 현실화되었다. 통합종단 이후에도 일정한 갈등이 있어 한국불교태고종으로 분종되었고 여타의 종단들도 생겨났다. 이러한 과정 속에서 대한불교조계종은 개혁종단(1994)을 거쳐 개조 도의국사, 중천조 보조국사, 중흥조 태고국사를 종헌에 담아냄으로써 법통의 연원과 종통의 계통을 바로잡을 수 있었다. 바로 이 점에서 한국불교의 과거와 현재와 미래에 대한 한암의 선견지명은 탁견이었다고 평가할 수 있다.

---

43 1951년에 한암에 이어 조선불교의 2대 교정이었고 1954년에 다시 종명을 회복한 조계종의 종정이었던 曼庵 宗憲은 종조인 太古(보우)를 普照(지눌)로 바꾸려는 일련의 시도를 '換父易祖' 즉 '아버지를 바꾸고 할아버지를 바꾼다'며 비판하였다. 이후 문경 희양산 봉암사 결사(1947.10~1950.3)를 靑潭 淳浩(1902~1971)와 함께 주도한 退翁 性徹(1912~1992)은 자신의 『한국불교의 법맥』에서 普照(지눌)을 文字法師이자 知解宗徒라고 비판하고 太古(보우)가 조계종의 종조임을 강력히 주장하였다.

VI. 나가는 말

　한암은 조선불교조계종의 종정 취임(1941)을 전후로 하여 일제의 조선불교 체맹과 연합 시도에서 벗어나기 위해 불교 법통의 연원과 조사 종통의 계통에 대해 깊이 천착하였다. 그는 퇴경의 논설인 「조계종」(1929)에 일정한 영향을 받으며 그 답변 형식으로 「해동초조에 대하야」(1930)라는 논설을 발표하였다. 여기에서 한암은 붓다 법통의 연원과 조사 종통의 계통에 대해 조목조목 밝히며 자신의 조계종사 인식과 조계종 회복에 대해 피력하고 있다.

　한암은 해동 조계종을 부활하기 위한 여러 가지 방책을 모색하였다. 그는 종래의 태고 초조설을 강력히 부정하면서도 현실을 인정하는 방안을 제시하였다. 한암은 도통의 연원을 제시하기 위해 왕통론王統論을 원용하여 초조를 도의로 하고 중흥조를 보조로 할 때 비로소 제종을 포섭한 태고를 수용할 수 있으며, 태고-환암-구곡-벽계-벽송의 계보를 받아들일 수 있다는 유연한 방안을 제시하였다. 이것은 새로운 도통과 종통의 재구성에 대한 당시 사람들로부터의 불필요한 저항을 방지하기 위한 장치로 이해된다.

　한암은 도의를 연원으로 하여 홍척·혜철·범일·무염·철감·현욱 등 구산의 개(산)조와 보조 지눌 및 송광사 16국사 그리고 태고-환암-구곡-벽계-벽송으로 이어지는 종통의 계통을 수립하고 있다. 그 결과 벽송 이후에는 부용-청허/부휴의 계보를 받아들이도록 하였다.

그런데 당시 한암은 종명 회복과 종조 확정에 관한 강력한 의지는 있었지만, 그가 1941년에 총본산을 태고사 이외의 '장소'로 바꾸거나 태고사 이외의 '사명'으로 바꾸지 않고 그대로 태고사로 결정한 것은 그에게 태고 보우 국사의 법맥 계승의식이 있었던 것으로 볼 수 있지 않을까. 동시에 불교계가 직면한 정치 경제 사회적 여러 상황을 고려하여 총본산의 '장소'와 총본산의 '사명'에 대한 사항들은 대중들의 화합과 불교교단의 통합 차원에서 수용했던 것으로 볼 수 있지 않을까. 그리하여 법통의 연원을 밝히고 종통의 계통을 수립한 한암의 제안은 이후 대한불교조계종의 종헌에 수용되어 도의의 수창, 보조의 중천, 태고의 제교포섭으로 나타났다.

혜능의 주석처인 '조계'의 계승과 지눌의 '조계종' 이름의 복원 그리고 한암의 '도의-보조-태고 법통'의 비판과 수용은 조계종의 법통과 종통의 수립에 큰 영향을 미쳤다. 특히 권상로, 김영수와 임석진 그리고 한암이 강조한 법통과 종통은 대한불교조계종의 종조관과 종단관으로 이어져 수행의 이념과 수행의 방법에 일정한 영향을 미쳐오고 있다. 결과적으로 한암의 조계종사의 인식은 조계종의 회복으로 이어졌고 법통관과 종통관은 대한불교조계종의 과거와 현재 및 미래의 지남으로 수용되고 있다.

08

한암漢岩과 경봉鏡峰의
서간문 법거량

윤창화 (민족사 대표)

윤창화 (민족사 대표)

민족사 대표. 논문으로는「漢岩의 자전적 구도기 一生敗闕」(『한암사상』
1집),「無字話頭 十種病에 대한 고찰」(『한암사상』3집),「경허의 지음자
한암」(『한암사상』4집),「탄허의 경전번역의 意義와 강원교육에 끼친 영
향」(『한국불교학』66집, 2013) 등이 있고, 저서로는『근현대 한국불교
명저 58선』(민족사, 2010),「경허의 주색과 삼수갑산」(불교평론 52호,
2012년),「성철스님의 오매일여론 비판」(불교평론 36호, 2008, 가을호),
『당송시대 선종사원의 생활과 철학』(민족사, 2017)이 있다.

Ⅰ. 들어가는 말
법거량(선문답)의 세계

"무엇이 부처인가?[如何是佛]".
운문선사가 대답했다.
"간시궐乾屎橛".
수행자는 그 말에 깨달았다.

공안이나 화두, 선수행에 대하여 스승과 제자, 혹은 선승들이 주고받는 방외方外의 대화를 '법거양(량)', 혹은 '선문답禪問答'이라고 한다. 이러한 문답問答은 논리적인 대화가 아니다. 불이(不二. 一如), 공空, 중도, 진공묘유眞空妙有 등 법의 관점에서 전개되는 비논리적인 대화다.

법거량은 공안 즉 불조佛祖의 말씀과 과거 선승들의 오도기연悟道機緣(오도 동기), 그리고 목전目前(눈앞)에서 펼쳐지고 있는 여러 가지 현상들(현성공안)을 통해서 수행자 자신의 본래면목, 오성悟性을 자각케 하는 것이 바로 법거량, 선문답이라고 할 수 있다.

법거량, 선문답은 즉문즉답으로 이루어진다. 그것은 기봉機鋒, 선기禪機 지혜의 대결이며, 선의 논리를 바탕으로 전개하는 '격외의 대화'다. 곧 분별심, 통속적, 분석적인 사고, 고정 관념 등 중생심을 제거하기 위한 지혜의 수행으로, 이는 선불교 특유의 오도悟道, 수승修證 방법인 동시에 납자 제접(지도) 방법이기도 하다. 선문답에 대하여 장

로종색의『선원청규』제10권「백장규승송百丈糾繩頌」과『전등록』6권 백
장회해 장章에 수록되어 있는「선문규식禪門規式」에는 다음과 같이 정
의하고 있다.

"납자[賓]와 방장[主]이 서로 묻고[問] 답[酬]하여 종요宗要를 격양
시키는 것은 법에 의거하여 주住하고 있음을 나타낸 것이다.[賓主
問酬, 激揚宗要者, 示依法而住也]"1

선종에서 납자[賓]와 방장[主]이 문답을 주고받는 것은 그 목적이 불
법의 요체를 고양시킴과 동시에 항상 진제眞諦와 정법 속에 머물고 있
음을 나타낸 것, 번뇌 망념의 생사 속에 타락하지 않고 있음을 나타
낸 것이라고 정의하고 있는데, 문답이 활발하게 이루어진다는 것은
곧 선이 자신의 문제를 해결하기 위한 치열한 탐구정신의 발로라고
할 수 있다.

---

1 『重雕補註 禪苑淸規』제10권, 百丈糾繩頌.『전등록』6권, 백장회해 장(章)「禪門規式」(대정장 51권,
   p. 250c).

II. 법거량, 선문답의 기능

선문답이나 법거량은 여러 가지 기능을 한다. 그중에서도 가장 큰 기능은 깨달음을 이루게 하는 오도悟道의 기능이라고 할 수 있다. '언하대오言下大悟'에서도 알 수 있듯이, 수행자는 의식의 전환을 이루게 하는 선사의 일전어一轉語에 고정 관념이나 통속적인 생각, 분별, 분석적인 사고 등 의식의 벽을 허물고 중생에서 부처로 탈바꿈한다.

또 법거량, 선문답은 상대방의 경지가 어느 정도인지, 그 심천深淺을 가늠, 간파하고, 깨달음 여부를 점검, 파악하는 역할을 한다. 깨달음을 검증하는 데 어떤 정해진 공식적인 모범답안이 있는 것이 아니다. 그것은 오로지 정견과 정안을 갖춘 선사, 방장만이 가능한데, 그 검증 방법이 법거량, 선문답, 오도송 등이라고 할 수 있다.

또 법거량이나 선문답은 선에 대한 자신의 견해, 공부 상태, 참선 수행 등을 점검하는 역할을 하며, 수행자 상호 간에 선의 안목禪眼을 나누고 교환하는 절차탁마의 역할을 한다. 선지식과의 문답, 도반道伴과의 대화를 통해서 자신의 수행상태를 점검, 고증, 고찰해 볼 수 있는 등 선수행의 여러 가지 기능을 하고 있는 것이 법거량, 선문답이다.

실제 『전등록』에 수록되어 있는 옛 선승들의 오도기연悟道機緣을 살펴보면 의외로 좌선하다가 깨달았다고 하는 선승은 찾아보기 드물다. 언하대오言下大悟에서도 알 수 있듯이 대부분 법거량이나 선문답에서 깨달았고, 또는 영운도화靈雲桃花나 향엄격죽香嚴擊竹과 같이 사물의 변화와 만나는 순간 깨달았음을 알 수 있다. 이는 법거량 등 문답이 선에서는 오도의 중요한 기능을 한다는 것을 말해 준다고 할 수 있다.

III. 법거량, 선문답의 성격과 유형類型

법거량, 선문답에는 여러 가지 유형이 있다. 송고頌古 문학을 개척한 송초의 선승 분양선소汾陽善昭(947-1024)는 선문답, 법거량의 유형을 열여덟 가지로 구분했다. 선원총림에서는 이것을 '분양십팔문汾陽十八問'이라고 하는데, 『인천안목』(晦巖智昭 撰, 1188)과 『오가종지찬요五家宗旨纂要』(권상) 등에 수록되어 있다.[2]

분양십팔문은 선객이나 수행자들이 방장 화상에게 질문한 것을 유형대로 분류한 것이다. 수행자가 무엇을 질문하는지. 방장으로서는 그 질문 의도를 파악해야만 일침의 처방전을 줄 수 있고, 병통(선병)을 치료하여 깨달음으로 이끌 수 있기 때문이다. 질문자의 병통(선병, 문제점)을 파악하지 못하면 그 법거량(선문답)은 무의미한 법거량이된다. 동시에 납자로서는 시간을 낭비한 것이 되고, 특히 방장으로서는 제접, 지도능력이 부족한 것이 된다.

분양십팔문 가운데 선객, 수행자들이 가장 많이 하는 질문형태는 탐발문探拔問이다. 상대방의 경지를 탐색해 보기 위한 질문으로 이는 사대부들이 시詩 한 수나 운자韻字를 던져서 상대방의 실력을 가늠해보는 방식과도 같다고 할 수 있다.

---

2 「汾陽十八問」. "請益問, 呈解問, 察辨問, 投機問, 偏僻問, 心行問, 探拔問, 或曰驗主問, 置問問, 故問問, 不會問, 擎擔問, 借事問, 實問問, 假問問, 默問問, 明問問, 審問問, 徵問問." (晦巖智昭, 『人天眼目』2권, 대정장 48권, p.307c).

탐발문을 험주문驗主問이라고도 한다. 험주문은 선객들이 선원총림의 방장[主]이나 조실의 실력을 테스트해 보기 위한 질문인데, 선객이나 수행자들의 입장에서는 과연 방장화상이 납자지도능력, 제접 능력을 갖고 있는지? 그리고 바른 안목(정안)을 갖고 있는지에 대하여 궁금하지 않을 수 없다. 그래서 역으로 방장을 테스트하게 되었다고 할 수 있다.

당송시대 선승들은 대부분 10년 정도 행각수행을 떠나는데, 사실 이것은 천하의 방장들과 만나서 법거양(량), 법전法戰을 통하여 실력을 향상시키기 위한 행각이다. 방장들을 만나서 한수를 배우는 것이라고 할 수 있는데, 때론 선기禪機 지혜, 반야지혜가 없는 방장들에게는 일착자一着子(한 수)를 가르쳐 주기도 한다.

그 밖에 여하시불如何是佛과 같이 진심으로 스승에게 지도편달해 주기를 바라는 청익문請益問이 있고, 다음에는 수행자가 자신의 수행상태나 견해를 점검받기 위하여 묻는 정해문呈解問이 있고, 자신의 견해로는 가리기 어려워 스승에게 변별辨別을 구하는 찰변문察辨問이 있다. 또 수행자가 자신의 기질과 사가師家의 기봉機鋒과 투합되는지, 알아보기 위하여 묻는 투기문投機問, 자신의 소견을 가지고 스승이 어떻게 답하는지 묻는 경담문擊擔問 등 모두 열여덟 가지가 있다.

이 글에서 고찰하게 될 한암과 경봉의 법거량 역시 주로 탐발문 등 위의 몇 가지에 속한다.

IV. 한암과 경봉의 선문답

한암(1876-1951)과 경봉(1892-1982)은 근대 한국선을 대표하는 지성적인 선승이다. 한암 선사(이하 존칭 생략)는 선禪·교敎·율律을 모두 갖춘 사표적師表的인 선승으로, 조계종 창종 당시 초대 종정(1941.6), 3대 종정(1949)을 역임했고, 건봉사·봉은사·오대산 상원사 선원의 조실로 많은 납자들을 지도했다.

또 경봉 선사(이하 존칭 생략)는 통도사 주지, 조선불교중앙선리참구원朝鮮佛敎中央禪理參究院(지금의 선학원) 이사장(1941), 그리고 극락선원 조실로 영남의 선禪을 리드했다. 특히 그는 묵墨(書道)에 독특한 고졸미古拙美를 넣었던 예술성이 깊은 선승이기도 했다.

한암과 경봉의 관계는 한암이 16세 연상이다. 그러나 두 선승은 20여 년 동안 24편이라는 비교적 많은 서간을 주고받았는데, 그것은 두 선승이 모두 한문에 능한 지식층이었고 선에 대해서도 각자 일가견을 갖고 있어서 의기가 상통했기 때문이라고 할 수 있다.

또 한암이 29세 때부터 35세까지 약 6년 동안 통도사 인근 말사인 내원암(오늘날 내원사) 선원에서 수선 안거했고, 그 무렵 내원암을 선원으로 만든 통도사 고승 석담유성石潭有性(?-1934) 선사에게 건당한 통도사 문중의 일원이었다는 점도 작용했을 것으로 본다. 3

---

3 한암은 1904년 29세 봄부터 35세까지 봄까지 6년 동안 통도사와 인근 말사인 내원암(내원사)에서 머물렀다. 한암은 당시 내원암을 선원으로 만들었던(1898) 통도사 石潭 스님(?-1934)에게 건당한 적

한암과 경봉이 왕래한 서간은 모두 24편[4]이다. 그 가운데 법거량과 관련한 서간이 6-7편, 선수행과 관련한 서간이 4편 정도, 그리고 나머지 14편은 사찰의 일 등 일상과 관련된 서간이다.

이 글에서는 두 선승이 나눈 법거량에 대하여 일별해 보고자 한다.[5] 두 선승의 법거량은 내용과 형식 등에서 매우 격조 있는 법거량이다. 한국 근대선의 깊이와 척도를 가늠해 볼 수 있는 문답이다. 이러한 법거량을 언어문자로 고찰한다는 것은 난센스라고 할 수 있다. 그러나 말이 있으면 뜻도 있게 마련, 어설프지만 글자 해석 정도에서 고찰해 보고자 한다. (연도순 고찰)

법거량 〈1〉

(1928년 한암 53세 〈만52세〉, 경봉 37세)

한암과 경봉의 첫 서간 법거량이다. 한암이 경봉에게 물은 법거량으로 당시 한암은 53세(만 52세)로 상원사 조실이었고, 경봉은 37세로 극락암에 주석하고 있었다. 한암과 경봉의 법거량 7편 가운데 한암이 경봉에게 물은 것은 이 한 편뿐이다. 나머지 6편은 모두 경봉이 한암

이 있다. 한암의 내원암 거주, 그리고 통도사 문중과의 인연관계에 대해서는 이원석, 「한암과 통도사 내원암」,『한국불교학』96집 pp,191-223(한국불교학회, 2020. 11.30)이 있다. 석담유성(石潭有性, ?-1934)은 경봉의 은사인 성해남거(聖海南巨, 1854-1927)의 사제가 된다.

4 24편은 모두 한암이 경봉에게 보낸 답장이다. 현재 극락암에 잘 보존되어 있다.

5 한암과 경봉에 대한 연구는 근래 많이 이루어졌다. 한암에 대한 연구는 김호성, 김광식, 자현, 이원석, 윤창화 등이 쓴 여러 편의 글이 있고, 경봉에 대한 연구는 서왕모(정도)의 글 등이 있다. 이 글에서는 연구사에 대한 정리나 또는 발표된 글에 대하여 일일이 열거하지 않고자 한다.

에게 물은 것이다. 1928년 음 8월 14일에 보낸 것이다.

> [한암 問] :
>
> 古人의 頌에 이르기를, "길에서 道를 통한 사람을 만나면 어
> 묵語默(말이나 침묵)을 가지고 대하지 말라."고 하였는데, 말로도
> 대하지 말고 침묵으로도 대하지 말라면 무엇을 가지고 대해야
> 합니까? 한마디 해 보시기 바랍니다.[古人頌云, 路逢達道人,
> 不將語默對라하였사오니, 旣不將語默對, 則將何而對耶. 唯願
> 一言擲示焉].[6] (1928년 음 8월 14일)

이 물음은 분양18문 가운데 치문문置問問(고인의 말을 인용하여 묻음)에
속한다.

달도인達道人이란 도를 깨달은 사람 즉 각자覺者이다. 달도인은 사량
분별심 등 중생적인 요소를 모두 끊은 사람이다. 감정이나 이성적인
사고 등 일체의 정식情識(이성과 감정)을 끊은 石人, 木人, 木石과 같은
사람이라고 할 수 있는데, 이런 무정물과도 같은 사람을 만났을 때는
무슨 방법, 무슨 수단으로 상대해야만 될까? 달도인은 불佛의 세계에
있으므로 중생적인 사고로는 불통이다. 속수무책이 가장 상책이라고
할 수 있다.

『장자』달생편에 보면 木鷄(나무로 만든 닭) 이야기가 나오는데, 달도
인은 바로 이 木鷄와 같은 사람을 말한다고 할 수 있다.

---

6 한암문도회 편, 『정본 한암일발록』상권, p. 281. 오대산 월정사.

'路逢達道人, 不將語默對'는『무문관』36칙 五祖法演의 '路逢達道' 공안과『벽암록』82칙 大龍堅固法身 공안의 송[頌], 그리고『설봉의존어록』등 여러 곳에 나온다.

"오조법연이 말했다. 길에서 도를 깨달은 사람을 만나면 말이나 침묵을 가지고 상대하지 말라고 하였는데, 자. 말해 보시오. 그렇다면 무엇을 가지고 대할 것인가? 무문이 송했다. 만약 여기서 친절(합일하는)한 말 한마디를 할 수 있다면 매우 경쾌한 일이겠지만, 만일 그렇지 못한다면(맞는 답을 하지 못한다면) 모름지기 일체처에서 다시 눈을 부릅뜨고 참구해야만 할 것이다. '路逢達道人 不將語默對'라고 하였는데, 나는 그(달도인)를 만나면 그의 얼굴을 주먹으로 후려칠 것이다. 그런 다음 그의 반응을 보면 (그의 견처를) 즉시 알 수 있을 것이다."[7]

무문은 "나는 그(달도인)를 만나면 그자의 얼굴을 주먹으로 후려치겠다."고 하였는데, 경봉은 한암에게 어떻게 답을 했을까?

참고로 '얼굴을 후려친다[攔腮劈面拳]'는 것은 달도인의 존재 자체를 인정하지 않는 것으로, 백장회해가 제시한 정병[淨瓶]을 걷어 차버린 위산의 척도정병[趯倒淨瓶][8]과도 같은 기용[機用]이라고 할 수 있다. 상대적

---

7   五祖曰, 路逢達道人. 不將語默對. 且道. 將甚麼對. 無門曰, 若向者裏. 對得親切. 不妨慶快. 其或未然. 也須一切處著眼. 頌曰, 路逢達道人. 不將語默對. 攔腮劈面拳. 直下會便會."(『선종무문관』36칙. 『대정장』48권, p. 297 b. CBETA 電子版 No. 2005, p. 11).

8   潙山和尙. 始在百丈會中. 充典座. 百丈將選大潙主人. 乃請同首座. 對眾下語. 出格者可往. 百丈遂拈淨瓶. 置地上. 設問云. 不得喚作淨瓶. 汝喚作甚麼. 首座乃云. 不可喚作木也. 百丈却問於山. 山

인 존재, 대상對象이나 경계를 의식하지 않는 대기대용의 선기지혜禪機智慧라고 할 수 있다.

한암의 물음에 대한 경봉의 답이 매우 궁금하지만 경봉의 답은 전해 오지 않는다. 분명 답을 했을 것으로 생각되지만 그 서간이 남아 있지 않다. 추측건대 단순한 답은 아니었을 것이다. 일갈一喝의 성격을 띤 답이 아니었을까 생각한다.

법거량 〈2〉

(1929년 한암 54세〈만53세〉, 경봉 38세)

경봉이 한암에게 보낸 서간 법거량이다. 서간 원본은 전해 오지 않으나 경봉 선사의 『삼소굴일지』 1929년 5월 27자 일기에 '며칠 전 한암선사에게 세 가지를 물었다'는 제목으로 수록되어 있다. 당시 한암은 상원사 조실로 54세(만53세)의 노숙老宿이었고, 경봉은 38세로 천하의 선승들과 법거량을 펼치던 기개 넘치는 선승이었다.

[경봉 問]:

1. 하늘을 찌르는 기상을 가진 대장부는 불조佛祖가 간 곳[行處]은 따라가지 않는다[不行]고 하였는데 (그렇다면) 어느 곳으로 가야만[行] 마땅합니까[可當乎]?

乃趯倒淨瓶而去. 百丈笑云. 第一座輪却山子. 也因命之爲開山.(『선종무문관』 40칙. 『대정장』 48권, p.298a. CBETA 電子版 No. 2005,p.12)

2. 형주兄主의 행처行處는 어느 곳입니까?

3. 형주兄主께서는 매일 무엇을 하고 있습니까?

[一, 衝天之氣를 가진 대장부는 佛祖의 行處를 不行이라 하
니 何處를 行하여야 可當乎잇가. 二, 兄主(사형)의 行處는 何處
乎잇가. 三, 兄主(사형)께서 每日 무엇을 하고 있나이까?]⁹

모든 수행자들, 납자들의 이상향은 여래나 부처, 조사가 갔던 길이
다. 여래, 불조가 갔던 길은 그들이 증득했던 대오처로 그 길은 곧 정
도正道인 동시에 모든 수행자들의 목적지이기도하다. 그런데 경봉은
그 길은 놔두고 다른 향상일로의 길을 요구하고 있다.

'丈夫自有衝天氣 不向佛祖(如來)行處行'¹⁰은 당말 오대 동안상찰
同安常察(?~961, 조동종 선승) 선사가 지은 「십현담十玄談」 가운데 네 번째
게송인 塵異에 나오는 말이다. 그 뜻은 대장부는 하늘을 찌르는 기상
을 가지고 태어나는데, 그런 대장부는 남을 의존하거나 남의 신세를
지지 않고 독자적으로 출세, 성공한다는 뜻이다. 즉 부처가 간 길이
라고 해서 그 길을 무조건 쫓아가거나 따라가지 않는다는 뜻이다. 더
확대하면 살불살조, 초불월조와 같은 뜻이기도 하다. 이 게송은 강원
사미과 교재인 『치문경훈』 초우당 서문(변영세 序)에도 나와서 널리 알

---

9 경봉대선사 일기 『삼소굴일지』 56쪽, 1929년 5월 27일 일기(극락선원, 1992). '며칠 전 한암선사에게
   세 가지를 물었다'는 제목으로 수록되어 있다.
10 同安常察禪師玄談十首. 塵異. "濁者自濁淸者淸. 菩提煩惱等空平. 誰言卞璧無人鑒. 我道驪珠到處
   晶. 萬法泯時全體現. 三乘分別強(假)安名. 丈夫皆(自)有衝天志. 莫(不)向如來(佛祖)行處行."(『전
   등록』 29권. 『대정장』 51권, p,455 b.)

려진 게송이다.[11]

두 번째 질문은 한암의 행처行處에 대해서 묻고 있다. 즉 한암 사형/. 당신의 행처, 삶을 말해 보라는 것인데, 기실其實은 질문 1과 같은 말이다. 선승의 행처, 귀결처는 진공묘유이고, 입전수수이며, 백척간두진일보가 행처라고 할 수 있다. 경봉의 질문은 한암의 본래면목, 궁극처를 제시해 달라는 뜻이기도 하다.

이 법거량은 분양18문 가운데 一은 치문문置問問(고사나 고인의 언구를 인용하여 묻는 것), 二는 탐발문探拔問(상대방의 경지 탐색), 三은 징문문徵問問(따지는 형식의 질문)에 속한다고 할 수 있다. 한암은 경봉의 三問에 대하여 다음과 같이 답했다.

[한암 쫌] :

"하늘을 찌르는 기상에 두 가지가 있으니 邪와 正입니다.

어떤 것이 邪인가 하면 대장부는 본래 하늘을 찌르는 기상을 갖고 있는 것이니 불조佛祖가 갔던 길은 따라가지 않는 것입니다.

또 어떤 것이 正인가 하면, 대장부는 본래 하늘을 찌르는 기상을 갖고 있는 것이니 佛祖가 갔던 길은 따라가지 않는 것입니다."

어떤 사람이 나와서 묻기를, "그대가 오히려 아직도 邪와 正에 걸려서 벗어나지 못하고 있다."라고 말한다면, 나는 그에게

---

11 蓋衆生之根欲性殊, 若一以論之, 恐非得旨也. 故, 丈夫自有衝天志, 不向如來行處行, 是也. 非佛之言不言, 非佛之行不行, 亦是也.(『緇門警訓』序. 草牛堂 卞榮世)

"내가 걸렸는가? 그대가 걸렸는가?"라고 반문하겠소이다.

두 번째, 세 번째 물음은 첫 물음에서 벗어나지 않습니다. 거듭 답할 필요가 없고 번거로워 줄이니 모름지기 살피옵소서.

[三問에 對하야 一, 衝天氣가 有二하니 曰邪와 正이라 如何是邪오 丈夫自有衝天氣, 不向佛祖行處行이라. 如何是正고. 丈夫自有衝天氣하니 不向佛祖行處行이니이다. 有人이 出來云 汝尙未離邪正所碍라하면 只向他道호대 我碍아 汝碍아 호리이다. 二問三問은 不出於一問中消息이오니 不必重陳하야 以煩提也오니 大須審細하시옵쇼셔.][12]

한암은 "충천지기衝天之氣에는 '邪와 正'의 두 가지가 있다고 구별하고는 답은 모두 "丈夫自有衝天氣 不向佛祖(如來)行處行"이라고 하여 글자 하나도 틀리지 않고 똑같은 답을 하고 있다.

한암은 '邪와 正'이라는 두 개의 함정, 즉 분별심의 관문을 질문자인 경봉에게 제시하고 있는데, 한편으로 이것은 서슬 퍼런 漢岩의 活句소식이기도 하다. 분별심은 조사, 간화선 수행에서 넘어야 할 최대 관문이다. 한암의 답은 매우 날카롭다. '임제할', '덕산 방棒' 같은 기봉機鋒을 풍기고 있다.

대장부는 남의 신세를 지지 않는 법이다[不向佛祖行處行]. 자신의 능력으로 정정당당하게 출세出世(출세간)하여 부처의 경지를 증득證得해야

---

12 한암문도회 편, 『정본 한암일발록』 상권, p. 284. 오대산 월정사. 이 답장 서간은 己巳(1929년) 음력 2월25일에 보낸 것이다.

한다. 독탈무의獨脫無依한 무위진인無爲眞人의 경지를 이루고자 한다면 타인에 의존하면 안 된다.

법거량 〈3〉

(1934년, 한암 59세〈만58세〉, 경봉 43세)

한암과 경봉의 세 번째 법거량이다. 이 선문답은 경봉의 서간이 현존하지 않아서 질문 내용을 잘 알 수 없다. 한암의 답을 바탕으로 유추해 보면 아래와 같이 두 가지를 질문했다고 보여진다.

[경봉 問] :

(1) 이것이 무엇인지 이름을 붙여서 이곳으로 돌려 보내 주십시오.

(2) 이 물건은 용처用處가 있습니까, 없습니까?

[한암 答] :

주신 편지를 자세히 읽어 보니 아직도 광풍狂風이 쉬지 않았습니다. 한 물건一物이라고 해도 틀렸거늘, 어찌 하물며 다시 이름을 붙일 수 있겠습니까? 본래 거래가 끊어졌는데, 어느 곳으로 돌려보낸다는 것입니까? 用不用이여, 그것은 오직 스스로 알 뿐, 유무有無를 가지고 어지러이 헤아리거나 분별하지 마소서. 분별하지 않을 때는 어떠합니까. 돌장승石人이 밤에 나

무 닭[木鷄]이 우는 소리를 듣고 있소이다. 알겠습니까? 자, 아래의 註脚을 보시오. ○

[細讀惠翰하오니 尙今狂風未息이요 一物도 猶非어던 何況更名가? 本絶去來어니 何逶何歸리요. 用不用兮只自知니 莫將有無亂度量하시요 不度量時還如何오 石人夜聽木鷄聲이니 會麼아 且聽下文註脚하시요. ○]13

경봉이 한암에게 어떤 물건을 보내서 그 물건에 이름을 붙여서 다시 극락암으로 보내 달라고 한 것 같다. 무엇을 보냈는지는 경봉의 서간이 없어서 잘 알 수는 없지만 편지 속에 동봉했으므로 큰 것은 아닐 것이다.

한암은 경봉의 서간 법거량을 받고 "아직도 광풍이 쉬지 않았다[尙今狂風未息]"고 일갈하고 있다. (참고로 한암은 경봉보다 16세 위다. 이때 한암은 59세, 경봉은 43세였음). 一物不中이고, 무거무래임에도 불구하고 이름을 붙여 보라는 등 질문을 하고 있기 때문인데, 역시 분양18문 가운데 탐발문, 험주문 성격의 법거량이라고 할 수 있다.

선어록이나 공안집에는 '石人夜聽木鷄聲'과 같은 말들이 많이 나온다. '木人吹玉笛, 石人舞出玄關', '石人吹處木人歌', '石人點頭, 露柱拍手' 등등.

---

13 한암문도회 편, 『정본 한암일발록』 상권, p. 298. 오대산 월정사.

여기에 나오는 石人, 木人, 木雞, 露柱[14]의 공통점은 모두 정식情識이 없는 무정물無情物(중생심, 분별심이 없는 상태)을 뜻한다. 무정물은 이성이나 감정, 분별심 등 모든 사량분별심이 끊어진 무심의 경지를 뜻한다.

한암의 石人夜聽木雞聲은 마음의 광풍, 즉 분별심이 사라진 무심의 상태[不度量]를 말하는 것 같다. 치구심이 사라진 내심무천內心無喘의 상태를 강조한 것이 아닐까 생각한다. 또 석인石人과 목계木鷄가 무심의 경지에서 계합契合한 것(소리를 듣다)이라고 할 수 있다.

선종에는 무정설법無情說法이라는 말이 많이 있다. 혜충 국사의 무정설법이다. 무정물이 법을 설한다는 것으로 소동파의 계성변시장광설溪聲便是長廣舌(계곡의 물소리 부처님의 유창한 법문)이 곧 무정설법이다. 불가사의한 해탈의 경지를 뜻하는 말인데, 무정물이 설법하는 그 소리는 심안心眼이 열린 사람만이 들을 수 있을 것이다.

서간 끝부분의 圓相(○)은 선의 요체를 간결하게 나타낸 것으로 위앙종의 앙산혜적 선사가 납자 지도 수단으로 널리 사용했다고 한다. 또 원상은 오도悟道의 세계로 곽암의 십우도 가운데 마지막 10圓인 입전수수도入廛垂手圖이기도 하다.

선문답, 법거량은 비논리적인 방식의 문답이다. 그러나 이 비논리적인 방식을 통하여 논리적 사고나 고정 관념, 치구심 등 마음의 결박 상태를 풀어준다고 할 수 있다.

---

14 露柱에 대해서는 두 가지 설이 있다. (1) 대웅전 앞에 燈籠(自明燈)과 함께 나란히 서 있는 탑모양의 석조물. (2) 대웅전 기둥.

법거량 〈4〉

(1935년 한암 60세〈만59세〉, 경봉 44세)

　한암과 경봉이 나눈 네 번째 법거량이다. 그런데 이 법거량 역시 경봉의 서간이 남아 있지 않다. 그러나 한암의 답 속에 경봉의 물음이 그대로 드러나 있다. 경봉은 한암에게 다음과 같이 3가지를 물었던 것 같다.[三問]

> [경봉 問] : 운수납자들을 무엇으로써 粮道를 삼습니까?
> [한암 答] : 막莫.
> [問] : 무슨 言句로 납자들을 提接을 합니까?
> [答] : 막莫.
> [問] : 門弟도 가서 있을 處所가 있습니까?
> [答] : 막莫.

　이 세 개의 '莫' 가운데 一莫은 온 천지를 덮고, 一莫은 明月淸風이며, 一莫은 高山流水니, 만약 이 소식을 분명히 안다면 적양화摘楊花 적양화摘楊花올시다.[15]

15　한암문도회 편, 『정본 한암일발록』 상권, p.305. 오대산 월정사.
　　"雲水衲子를 무엇으로 粮道를 하느냐구요. 莫. 有何言句로서 提接하느냐구요. 莫. 門弟도 가서 있을 處所가 有함입니까요. 莫. 此三箇莫中 一莫은 蓋天蓋地요 一莫은 明月淸風이요 一莫은 高山流水오니 若辨得出하면 摘楊花 摘楊花올시다."

경봉의 삼문三問은 모두 청익문에 속한다고 할 수 있다. 한암은 경봉의 세 가지 물음에 대해 모두 '莫' 자를 써서 답하고 있다. 莫은 일자一字 공안이다. 일자공안으로 유명한 선승은 운문 선사이다. 그는 납자들의 질문에 普, 顧, 鑑 등 한 글자로 답했는데, 이것을 一字禪, 一字關이라고 한다. 운문의 납자 제접방법이기도 하다.

莫은 절대 부정사이다. 따라서 한암의 莫은 '사량 분별하지 말라'는 뜻이라고 생각한다. 동시에 '할喝'이나 '방棒'과 같이 분별심을 없애는 活句의 역할을 한다.

그런데 한암은 '莫' 자를 써서 답한 다음, 그 '三莫'에 대하여 낱낱이 착어를 붙이고 있다. 착어는 촌평寸評, 코멘트인데, "무엇으로 운수납자들의 식량으로 삼느냐?"는 질문에, "莫"이라고 답한 후에 '蓋天蓋地'라고 착어를 붙이고 있고, "무슨 말로 운수납자들을 제접하느냐?"는 물음에 역시 "莫"이라고 답한 뒤에 "明月淸風"이라고 착어를 붙이고 있고, "門弟(경봉)도 가서 있을 처소가 있느냐?"는 물음에 대해서도 역시 "莫" 이라고 답한 후에 "高山流水"라고 착어를 붙이고 있다.

개천개지蓋天蓋地는 온 천지에 가득해 있다는 뜻이다. 운수납자(수행자)의 식량은 법法, 도道이다. 처처處處가 불佛 아님이 없는데 식량을 걱정할 필요는 없다는 뜻이기도 하다. 물론 경봉의 질문도, 한암의 답도 먹는 식량을 뜻하는 것은 아니다. 明月淸風은 번뇌 망념(구름)이 한 점도 없는 부처의 세계, 진여자성의 세계이다. 이곳 상원사 선원의 납자들은 이미 모두 明月淸風의 경지가 되었다는 뜻이기도 하다. 이 말은 곧 지도할 것이 없다는 뜻이기도 하다. '高山流水'는 청정한 도량(오대산)이다. 또 지음자를 뜻하기도 하는데, 경봉 선사가 오대산에 와서 주석한다면 더없이 기쁜 일이라는 뜻이다.

한암의 답은 부정과 긍정의 구조이다. 막莫은 부정구이고, '蓋天蓋地' 등은 긍정구라고 할 수 있는데, 이는 곧 공空과 불공의 구조, 진공과 묘유妙有의 구조이기도 하다.

선문답에서 처음으로 '莫'을 쓴 선승은 천복승고薦福承古(?~1045) 선사이다.

어떤 僧이 천복 선사에게 물었다. "원숭이는 새끼를 안고 청장봉 뒤로 돌아가고, 새는 꽃을 물어 碧巖 앞에 떨어뜨리네. 이것은 협산 夾山(善會禪師)의 경계이고, 천복승고 선사의 경계는 어떤 것입니까?" 승고 선사가 답했다. "莫." 그 僧이 또 물었다. "어떤 것이 경계 속의 사람입니까?" "莫."16

이렇게 하여 어떤 僧과 천복승고 사이에는 무려 여섯 번이나 '莫'이 오고 갔는데, '사량 분별하지 말라', '부질없이 천착하지 말라'는 뜻이라고 생각한다.

한암은 이 법거량의 맺음말로 "若辨得出하면 '적양화摘楊花' '적양화摘楊花' 올시다."라고 했는데, 무슨 뜻일까? '적양화摘楊花' '적양화摘楊花'는 『조주어록』에 나오는 유명한 공안으로 우리나라 근현대 선승들의 법어에도 자주 등장한다.

---

16 "僧問. 猿抱子歸靑嶂後, 鳥啣花落碧岩前. 此是夾山境, 那个是薦福境. 師云, 莫. 進云, 如何是境中
人. 師云, 莫. 問, 知師久蘊囊中寶. 今日當筵略借看. 師云, 莫. 進云, 豈無方便. 師云, 莫. 問, 大善知
識出世, 將何爲人. 師云, 莫. 進云, 恁麼則 有問有答去也. 師云, 莫."(『신찬속장경』126책, p.437b).

다음은 조주趙州와 어떤 수행승의 대화이다.

해제가 되었다. 조주의 도량에서 공부한 어떤 수행승이 타 선원으로 가 볼 생각으로 하직 인사를 했다. 조주 선사가 물었다. "어디로 가려고 하는가?" 수행승이 "제방(혹은 남방)의 선원으로 가서 불법(선)을 배우고자 합니다."

조주가 불자를 세우면서 훈계의 한마디를 했다.

"부처가 있는 곳에는 머물지 말고(有形의 부처가 어디에 있는가? 佛이라는 언어에 속박되지 말라), 그리고 부처가 없는 곳에는 속히 지나가라(부처가 없는 곳은 반야지혜가 없는 중생의 세계이다. 故로 無佛處에는 잠시도 머물 필요가 없다). 삼천 리 밖에서 타인을 만나거든 불법에 대하여 잘못 이야기하지 말라(개구즉착. 금을 보지도 못하고 金을 말하려고 하네)."고 하였다. 참고로 ( )속은 필자의 해석 겸 코멘트이다.

수행승은 즉시 조주 선사의 말을 알아차렸다. 그리고는 "그렇다면 (제방으로) 가지 않겠습니다(여기서 계속 참선하고자 합니다)."라고 했고, 이에 조주 선사가 "적양화摘楊花 적양화摘楊花"[17]라고 한 것이다.

적양화摘楊花는 '버들 꽃[楊花]을 따다[摘]'라는 말이다. 양화楊花를 '유서柳絮'라고도 하는데, 조주가 있는 하북성에는 봄이 되면 양화 즉 '하얀 솜 같은 버드나무 꽃'이 민들레 홀씨처럼 날려 온 하늘을 눈처럼 덮는다고 한다. 아이들은 주처住處없이 둥둥 떠다니는 유서를 붙잡기 위하여 이리저리 뛰어다니기도 하고, 또 누가 유서를 붙잡는 '유서 놀이'를 하기도 한다고 한다.

---

17 "趙州因僧辭。師曰。甚處去。曰。諸方學佛法去。師豎起拂子曰。有佛處不得住。無佛處急走過。三千里外。逢人不得錯舉。曰。與麼則不去也。師曰。摘楊花。摘楊花"(『오등회원』 4권. 신찬속장경, p.92a).

양화나 유서는 무애자재함, 공空을 뜻한다고 본다. 봄바람에 주착住著함도, 집착함도 없이 이리저리 바람이 가는 대로 떠도는 것, 운수납자처럼 살아가는 것, 곧 공의 삶을 의미한다고 본다. 일체의 속박에서 벗어난 독탈무의獨脫無依한 절대 자유인, 임제가 말한 무위진인을 의미하는 것이 아닐까? 응무소주 이생기심應無所住而生其心(집착함 없이 그 마음을 가져라=空)의 이치와도 상통한다고 할 수 있다.

한암 선사가 "막莫"에 이어 "蓋天蓋地, 明月淸風, 高山流水"라고 착어한 다음 "만일 분명히 이 소식을 안다면[若辨得出] '적양화摘楊花' '적양화摘楊花'올시다."라고 했는데, 정리한다면 "만일 이 소식을 안다면 일체의 계박繫縛에서 벗어난 독탈무의獨脫無依한 존재, 곧 무위진인無位眞人될 것이다"라는 말이 아닐까?

참고로 조주趙州는 오늘날 하북성河北省 조현趙縣으로 베이징(북경)의 바로 밑에 붙은 지역인데 이 지역은 봄이 되면 하얀 솜 같은 양화, 유서가 눈처럼 하늘을 뒤덮는다고 한다. (요즘도 베이징에는 봄이 되면 유서 경보가 내릴 정도라고 한다) 우리나라에도 봄이 되면 수양 버드나무가 있는 강가에는 양화가 흩날린다.

법거량 〈5〉

(1939년 한암 64세〈만63세〉, 경봉 48세)

한암 선사와 경봉 선사가 나눈 다섯 번째 법거량이다. 이 법거량서간은 경봉 선사가 1939년(己卯) 7월 11일에 보낸 것인데 서간문 원본은 전해 오지 않는다. 그런데 경봉 선사 서간집『삼소굴소식』425쪽에 '漢岩和尙前 問法書簡'이라는 제목으로 수록되어 있다. 주제는 산운해월의 정취이다. 맺음말은 '봄은 짧고 여름은 길다'이다.

[경봉 問] :

오대산은 첩첩산중 山雲海月의 정취를 다 말하기 어렵습니다. 산이여 달이여. 山雲이라고 해야 할지 海月이라고 해야 할지. 산운과 해월을 우리 사형에게 일임하니 잘 살피시어 言語文字와 聲色動靜을 떠나서 한번 법을 보여 주십시오. 지극히 빌고 지극히 빕니다.

(게송)

지난해 꽃 한 송이를 심었더니
올해에는 꽃이 무성하게 피었네.
한암 사형 꽃동산의 아름다움을 회상해 보소서.
만 송이 꽃 울긋불긋 반쯤 피었소.
이咦. 봄은 짧고 여름은 길다.

[漢岩和尙前 問法書簡. 五臺山疊又重疊, 難盡山雲海月情. 山兮月兮, 山雲是耶, 海月是耶. 只與山雲海月一任吾兄, 好爲看取看來, 而言語文字聲色動靜外, 一度示法. 至禱至禱. 我植去年一種花, 今年枝葉盡參差. 吾兄回憶園中妙, 萬朵靑紅半掬

芽. 嚔. 春已過 夏日長]18

이 법거량은 한암의 경지를 떠보기 위한 탐발문인 동시에 경봉 자신의 見處를 노정露呈하고 있는 정해문呈解問이다. 시험문제는 산운해월山雲海月의 정취인데, 산운해월은 속진俗塵을 벗어난 진외塵外의 풍경, 탈속한 풍경을 나타내고 있는 선어이다.

산운山雲은 봉우리 위에 둥실 떠 있는 흰 구름이다. 장자莊子의 소요유逍遙遊처럼 집착 없이 소요한다. 그래서 선승을 운수납자雲水衲子라고 한다. 구름처럼 물처럼 집착 없음을 뜻한다. 해월海月은 바다에 비친 달빛이다. 해인삼매도 그런 뜻이다.

산운과 해월은 모두 다 속진俗塵을 떠난 세계를 가리킨다. 경봉은 산운해월의 정취를 짐짓 둘로 나누어(山雲과 海月), 그 가운데 어느 것이 더 정취가 아름다운지 묻고 있다. 다만 전제 조건은 言語文字와 聲色動靜을 떠나서 말해 달라고 한다. 경봉은 만법은 하나[萬法一如]이고, 不二임을 알면서도 짐짓 분별심의 관문을 만들어 한암에게 제시하고 있다. 한암은 경봉의 그물에 걸렸을까?

이어 경봉은 지난해 극락암에 꽃 한 송이를 심었는데 올해 울긋불긋 만발했다는 게송 한 구를 보내고 나서 "이嚔. 춘이과 하일장春已過 夏日長"라고 쓰고 있다. 경봉의 법거량은 '山雲海月情', '嚔(이)' '春已過 夏日長'으로 모두 3중 공안이다. 격조 있는 우아한 법거량이다.

선구禪句나 선시에는 아름다운 꽃들이 종종 등장한다. 중국선은

---

18 경봉이 己卯(1939년) 7월 11일에 한암 스님에게 보낸 서간 내용. 『삼소굴소식』 425쪽(극락선원, 1997)에 「漢岩和尙前 問法書簡」이라는 제목으로 실려 있다.

『화엄경華嚴經』의 영향을 크게 받았다. 화엄은 비로자나 법신불의 세계를 설하고 있는 경전으로 여기서 '華(花)'는 '법, 진리'를 가리킨다. 『화엄경華嚴經』이라는 경명도 그런 의미를 갖고 있다. 이후 선시에서 꽃이 등장하는데, 활짝 핀 꽃은 비로자나 법신불의 세계를 의미한다. 선시에서 꽃이 등장하는 것은 화엄경의 영향이라고 할 수 있다.

'이噫'는 감탄사로 고함 소리, 놀라는 소리(오/) 등이다. '春已過 夏日長'은 '봄은 금방 지나가고 여름은 길다'는 말인데, 무슨 뜻일까? 사실 이 말은 특별한 말이 아닌 지극히 보편적인 말이다. 여름과 겨울은 길지만 봄과 가을은 짧다. 그중에서도 봄은 더욱더 짧다[春已過 夏日長]는 뜻이다.

선시나 선승들의 어록에는 '산고수심'山高水深(산은 높고 물은 깊다), '유록화홍柳綠花紅(버들은 푸르고 꽃은 붉다)', '산시산, 수시수山是山 水是水(산은 산, 물은 물이다)' 등 지극히 당연한 말이 특별한 선어처럼 등장한다. '이대로가 곧 진리(법신불의 세계)', '현상 그대로가 곧 진리', 또는 '제법은 자연 그대로'라는 '법이자연法爾自然' 등을 가리키는 말이다. 삼라만상이 모두 부처(진리) 아님이 없다는 말과 다른 말이 아니다.

선어에는 一二三四五六 등 지극히 평범하고도 당연한 말이 자주 등장한다. 우리는 이것을 '평범한 것이 곧 진리[平常心是道]'라는 관점에서 파악하려고 하지 않고, 아주 심오하게 깊이 파악하려고 하는 업業(분별심, 분석적 사고)을 가지고 있다. 이로부터 호리격차毫釐隔差, 즉 중생과 부처가 나누어진다고 할 수 있다.

경봉의 산운해월정에 대한 한암의 답은 이렇다.

[한암 答] :

(경봉 화상께서) 山雲海月의 情을 말씀하였는데, 몇 명이나 (산운해월情에서) 잘못되었으며 몇 명이나 속진을 떠난 산운해월정을 성취하였습니까? 또 言語·聲色·文字·動靜 외에 한 번 법을 보여 달라 하였는데, 一言 二語 三聲 四色 五文 六字 七動 八靜이올시다.

티끌 같은 불찰佛刹이 모두 공화(空花, 헛것),
한 생각 일으키는 즉시 크게 어긋나네.
극락암에는 울긋불긋한 꽃이 많이 피었다 하지만,
어찌 이곳의 뿌리 없는 싹 만이야 하리오. 돌咄

[就告示中에 山雲海月情하니 誤着幾箇人이며 成着幾箇人고. 又言語聲色文字動靜 外에 一度示法云하시니 答 一言二語三聲四色五文六字七動八靜이로다. 微塵佛刹總空花, 一念纔生便大差. 貴處靑紅雖萬朶, 爭似這裡無根芽. 咄]19

한암은 "몇 명이나 속진을 떠난 산운해월정을 찾아 헤매다가 인생을 버렸으며, 몇 명이나 진정으로 성취하였소(깨달았소?)"라고 반문하고 있다. 속진俗塵, 속제俗諦를 떠난 산운해월을 찾는 것은 진정한 입전수수, 진제眞諦가 아니라는 의미인 것 같다.

---

19 한암문도회 편, 『정본 한암일발록』 상권, p. 313. 오대산 월정사. 참고로 경봉은 한암의 답장을 받고 다시 반박성격의 답서를 보냈다. 지면상 수록하지 못함. 경봉, 『삼소굴소식』, 429-430쪽. 극락선원.

한암은 言語文字와 聲色動靜을 떠나서 답해 달라는 경봉의 법거량에 대하여 역逆으로 낱낱이 숫자를 붙여서 '一言 二語 三聲 四色 五文 六字 七動 八靜'이라고 답하고 있는데, 이는 단적으로 한암의 경지를 볼 수 있는 장면이라고 할 수 있다. 언뜻 보기에는 그저 평범한 대답 같지만 이 평범함 속에는 번개같이 번쩍이는 禪智를 발견할 수 있다.

한암이 경봉에게 보낸 4구의 게송은 시정詩情과 선지禪智/禪旨가 절묘하게 조화를 이루고 있는 게송, 선시다. 특히 3, 4구에서 "극락암에 핀 울긋불긋한 꽃들, 어찌 이곳의 뿌리 없는 싹만[無根芽] 하리오."는 정말 기막힌 대답이다. 동시에 이것은 공안의 성격을 띠고 있는데, 명명한다면 한암의 '무근아無根芽' 공안이라고 할 수 있다.

극락암 뜰에 만개한 화엄의 세계는 더없는 화장華藏세계지만, 이곳 상원사의 불가사의한 무근아無根芽(뿌리 없는 싹) 풍경도 더없이 아름답다고 한암은 읊고 있다. 시정詩情과 선이 모두 격조를 이루고 있는 한암의 시선일여詩禪一如의 세계를 볼 수 있다.

무근아無根芽는 무공적無孔笛, 무저선無底船과 같은 말이다. 뿌리가 없는데 싹이 나오고, 구멍이 없는데 피리 소리가 나는 불가사의한 세계, 그 세계가 바로 불佛의 세계, 화엄의 세계이고, 언어가 닿지 못하는 세계(언어도단)이다. 언어의 강 저쪽 세계를 한암은 4구의 선시禪詩 속에 함축적으로 담고 있다.

법거량 〈6〉

(1939년. 한암 65세〈만64세〉, 경봉 49세)

경봉 선사가 보낸 여섯 번째 법거량이다. 이 서간 역시 경봉의 서간 원본은 남아 있지 않다. 그러나 다행히도 경봉서간집인『삼소굴소식』431쪽에 '方漢岩和尙前 問曰'이라고 하는 제목으로 수록되어 있다. 세 가지를 물었다. 경봉 법거량의 특징은 한 번에 세 가지를 묻는 삼문三問이 형식이 많다.

[경봉 問] :

1. 세존께서는 설산에서 6년 동안 고행하신 후에 설산을 떠나셨는데 화상은 무슨 애착 때문에 오대산을 떠나지 못합니까?
2. 김운파, 백용성 두 스님이 입적하셨는데 지금 어느 곳에 있습니까?
3. 무엇이 화상의 涅槃路頭의 일입니까?

方漢岩和尙前 問曰.

一. 世尊 雪山苦行六年後, 移於雪山, 和尙以何愛着, 不離五臺山耶.

二. 金雲坡 白龍城 兩師入寂 今在何處耶.

三. 如何是和尙涅槃路頭之事耶.

如此問之矣. 和尙 封套之內, 白紙一枚送之故, 其紙面上 ○ ○○噓噓. 早天莫道無田穀四月南風大麥黃. 噁. (이렇게 물었더니 화상이 봉투 속에 백지 한 장을 보내 왔기에 내가 그 종이

위에 ●●● 이렇게 그려 놓고 '허噓 허噓'라고 하다.

(게송)
가뭄이라고 곡식 없다 하지 마오.
사월 남풍에 보리가 누렇게 익었소. 악嚗.20

[한암 쯉] :
백지 한 장[白紙一枚]

경봉의 물음 세 가지에 대하여 한암은 一字도 답하지 않고 봉투 속에 白紙 한 장을 넣어서 보냈다. 백지는 무엇을 뜻하는 것일까? (1) 이 백지에 스스로 답을 써 보시오. (2) 무언無言의 의미. (3) 공호, 무상無相의 의미. (2)나 (3)의 뜻이 아닐까 생각한다.

경봉의 게송 "가뭄이라고 곡식(눈 밝은 사람) 없다 하지 마오. 사월 남풍에 보리가 누렇게 익었소."는, "눈 밝은 사람 없다고 말하지 마오. 선안禪眼이 있는 사람(경봉)이 있다."는 뜻이다. 경봉 선사의 기개는 하늘도 찌를 것 같다. 근대에 이 정도의 법거량을 할 수 있는 선승은 드물다고 할 수 있는데, 한암과 경봉 두 선승의 법답에서는 당송시대 선승들의 격조와 풍모를 엿볼 수 있다.

백지공안白紙公案은 현사사비(835~908)의 공안인 현사백지玄沙白紙가 있다. 현사가 제자를 시켜서 설봉의존(822~908)에게 편지를 보냈다.

---

20 경봉 선사 서간문『삼소굴소식』, 극락선원, 1997, p.431. 참고로 여기엔 날짜가 없는데, 백용성 스님의 입적일이 1940년 2월 24일이므로 그 이후의 서간이라고 보여진다.

설봉이 편지를 열어 보니 달랑 백지 3장만 있었다. 설봉은 그 납자와 대중들에게 "이것이 무슨 뜻인지 알겠는가?"라고 물었다. 모두가 모르겠다고 대답하자 설봉은 "君子千里同風"[21]라고 했는데, 군자君子는 천리千里나 떨어져 있어도 마음이 상통하다[同風]는 뜻이다. 선어禪語로는 千里同風이라고 하는데, 동심同心 즉 선의 機用과 悟心이 잘 상통하고 있음을 뜻한다.

현사玄沙와 한암의 백지白紙는 같은 백지다. 그러나 설봉과 경봉이 파악한 백지는 전혀 다르다. 설봉은 마음이 하나 즉 동심同心, 동도同道로 파악했고, 경봉은 한암의 백지 위에 "●●● 噓噓. 早天莫道無田穀 四月南風大麥黃. 噁. (눈밝은 사람 없다고 하지 마십시오. 누렇게 익은 사람(경봉)도 있다)"라고 했다.

질문 3은 한암의 열반노두의 일[涅槃路頭之事]을 물었는데, 열반노두는 생사노두生死路頭, '안광낙지시 여하眼光落地時如何'와도 같은 말로, '죽으면 어디로 갈 것인가'라고 묻는 말이다. 어느 날 예고도 없이 염라대왕이 찾아오면 만날 자신이 있느냐는 말이기도 한데, 이것은 곧 그대의 본래면목을 찾았느냐고 묻는 말이기도 하다.

열반노두는 시달림 시식문施食文에도 나온다. "대중들에게 묻노니, 금일 영가의 열반노두는 어디에 있는가?[敢問大衆, 今日靈駕, 涅槃路頭, 在甚麼處]"[22] 천도재에 참석한 대중들에게 죽은 영가의 가는 곳[去處], 향방向方

21　玄沙令僧馳書上雪峯. 峯上堂開見, 白紙三幅, 乃示衆云. 會☒. 僧云. 不會. 峯曰. 君子千里同風. 僧回擧似師. 師云. 山頭(雪峯)老漢 蹉過也不知.『경덕전등록』18권 현사장.『연등회요』23권,『현사사비선사어록』중.『선문염송』23권 987칙.

22　"新圓寂 某靈駕 妙覺現前. 禪悅爲食, 南北東西, 隨處快活. 敢問大衆, 今日靈駕, 涅槃路頭, 在甚麼處."

에 대하여 묻는 것이지만, 사실 이것은 우리 모두에게 묻는 말, 현성공안이기도 하다. 죽으면 어디로 가는 것인가?

선종 오가 가운데 위앙종을 개척한 위산영우溈山靈祐(771~853) 선사는 임종에 즈음하여 제자들이 묻자 "아랫마을의 물소[水牯牛]가 될 것"이라고 했는데, 참으로 선승다운 말이 아닐 수 없다. 이것이 위산이 열반노두를 앞두고 대중들에게 남겨 준 '말후일구末後一句 즉 최종적인 한마디라고 할 수 있다. 위산의 수고우水牯牛 공안이다.

또 열반노두는『무문관』48칙 건봉일로乾峯一路 공안에도 나온다.

> "어떤 남자가 건봉乾峯 화상에게 물었다.
> '시방의 모든 부처님은 오직 하나의 길인 열반의 경지를 체득하였다고 하는데, 그 열반의 길은 어디에 있는 것입니까?[十方薄伽梵. 一路涅槃門. 未審. 路頭在甚麼處]. 건봉 화상이 주장자로 허공에 한 획을 긋고 이르기를 '이 속에 있다'고 했다."[23]

『무문관』48칙에 나오는 일로열반문一路涅槃門은 '오로지 하나의 길인 깨달음의 길'을 뜻한다. 경봉이 한암에게 물은 열반노두도 방법과 언어는 달라도 결국 같은 의미일 것이다. 그리고 경봉의 세 가지 물음은 모두 탐발문 즉 험주문驗主問의 성격을 띠고 있다.

---

23 무문혜개,『무문관』48칙 乾峯一路. "乾峯和尙, 因僧問. 十方薄伽梵, 一路涅槃門, 未審. 路頭在甚麼處. 峯, 拈起拄杖, 劃一劃云. 在著裏." 또『종용록』61칙에도 나온다.

법거량 〈7〉

(1931년 10월4일 56세〈만55세〉, 경봉 40세)

　이 법거량은 서간을 통한 법거량은 아니다. 두 선승이 직접 만나서 나눈 법거량이다. 그래서 별도로 맨 뒤에서 고찰하게 되었는데, 1931년 10월 한암 선사는 통도사를 방문했다. 무슨 일로 통도사를 방문했는지는 알 수 없지만, 저녁때 비로암에서 경봉 스님과 함께 유숙하면서 남전참묘南泉斬猫 공안을 가지고 나눈 법거량이다.

　　경봉 선사가 한암 선사에게 물었다.
　　조주 선사가 신발을 머리에 이고 문밖으로 나간 뜻이 무엇입니까?"
　　한암 선사가 답했다.
　　"부처와 조사가 함께 두 손을 마주 잡은 것이오."
　　다시 경봉 스님이 물었다.
　　"그러면 무엇이 부처와 조사입니까?"
　　한암 선사가 良久(默默),

　　경봉 스님이 다시 말했다.
　　"사량분별은 귀신굴에 들어가는 것이니 빨리 이르시오."
　　한암 선사가 돌아보며 말하였다.
　　"이미 보지 못했는가?"
　　경봉 스님이 말하였다.

"아무쪼록 뒷 자취를 거두시오."

한암 선사 良久(무언).

경봉 스님이 또 물었다.

"만일 한암사형이 남전이 칼로 고양이 목을 벨 때[南泉斬猫]있었다면 무어라고 답을 했겠습니까?"

한암 선사가 답하였다.

"남전이 본래 고양이를 벤 사실이 없노라."

경봉 스님이 말하였다.

"누가 그런 말을 전합디까?

한암 선사가 말했다.

"본래 고양이 목을 벤 일 없으므로 전할 말도 없소."

경봉 스님이 말하였다.

"이제 비로소 (남전이 고양이 목을 벤 것을) 들었습니까?"

한암 선사가 "이제 들은 것도 없노라."

경봉 스님이 말하였다. "이제 들은 것도 없다고 하는 이는 누구입니까?"

한암 선사가 말하기를 "말이 많음은 법을 희롱함[戲論法]이니라."

경봉 스님이 말하였다. "사형님이(한암 스님) 오히려 법을 희롱하는 것에 걸려 있습니다."

한암 선사 '良久(無對)'.

(이번에는 똑같은 공안을 한암 선사가 경봉 스님에게 물었다.)

"조주 스님이 신발을 머리에 이고 밖으로 나간 뜻이 무엇인가?"

경봉 스님이 답하였다.

"가로 누우니 발이 하늘을 가리킵니다."

한암 선사 '良久(無對)'.

한암 스님이 다시 물었다.

"요즘 어떻게 공부하고 있는가?"

경봉 스님이 답하였다.

"한 티끌이 눈에 들어가니 허공 꽃이 어지러이 떨어집니다."

한암 선사가 물었다.

"한 티끌이 눈에 들어가니 허공의 꽃이 어지러이 떨어지는 뜻이 어떠한고?"

경봉 스님이 말하였다.

"사형님께서는 내일 아침에 차 한잔을 드십시오."

한암 선사 '良久(無對)'.

[余(鏡峰)가 問曰, 趙州禪師, 戴履出門之意志如何오하니. 岩師答曰, 佛祖拱手之處라 하거늘, 余(鏡峰)가 問하되 如何是佛祖오하니 (漢岩) 答曰默默故로 余謂岩師曰 思量分別은 入鬼窟이니 速道速道하시오. 岩師回視曰, 不見耶아하는지라 余答曰, 幸收後踪하시오 하니, 無對러라. 余又問曰, 萬若岩兄이 在於南泉斬猫當時면 如何히 答之耶오. 岩師答曰, 南泉이 本來斬猫한 事가 無也라. 余問誰爲傳言고.하니 岩師曰, 本來斬猫가 無하니 傳言也

無也라. 余問曰, 今聞耶아하니. 岩師曰, 今聞也無也로다. 余曰, 今聞也無也라함은 是誰也오하니 岩曰 多言이면 戲論法이로다. 余曰, 兄이 猶滯在於戲論法이로다하니 岩師無對러라.

岩師問曰, 趙州戴履義如何오하거늘. 余曰, 橫臥足指天이니라. 岩師無對러라. 岩師問曰, 近日如何히 做工夫耶아 하거늘 余答曰, 一翳在眼하면 空花亂墜니라. 岩師가 問曰, 一翳가 在眼, 空花亂墜意如何오. 余曰, 兄은 明朝에 好喫一盞茶하소하니 岩師無對러라.]24

남전참묘南泉斬猫 공안은 『벽암록』 63칙, 『무문관』 14칙, 『종용록』 9칙, 『선문염송』 207칙 등에 나온다.

동서 양당의 납자들이 고양이 한 마리를 두고 서로 자기네 고양이라고 다투자 그 모습을 본 남전 선사는 매우 실망했다. 납자들이 본분사는 망각하고 고양이를 가지고 싸우고 있다니, 남전은 고양이를 들고 누구든지 한 마디를 일러 보라고 했다. 못한다면 고양이 목을 치겠다고 했으나 대답하는 납자가 없었다. 남전은 하는 수 없이 고양이 목을 쳤다. 부득불 살생을 하게 되었는데, 저녁때 제자 조주가 외출 후 돌아오자 낮에 있었던 일을 이야기했다. 이에 조주는 짚신을 머리에 이고 밖으로 나갔다. 남전은 말했다. "그대가 있었더라면 고양이를 살릴 수 있었을 텐데."라고 하였다고 한다.

---

24 경봉 선사 일기 『三笑窟日誌』, pp. 102-103. 1931년 10월4일 일요일. "오전에 극락암에 가서 차를 마신 뒤 방한암 兄이 비로암에 왔기에 함께 자다"에 이어 '夜半에 問答이 如左'라는 제목 하에 실려 있다. 한암의 통도사를 방문은 1910년 35세 때 통도사 내원암을 떠나온 지 21년 만의 일이다. 이 법거량은 저녁때 비로암에서 일숙하면서 나눈 법거량이다.

이 법거량은 매우 길다. 선문답이 길면 일반적인 대화가 될 가능성이 크다. 그래서 한암은 "말이 많으면 법을 희롱하는 것[戱論法]이 된다."라고 말한 것이 아닌가 생각한다.

법거량은 간결해야만 시사하는 바가 크고, 커야만 의식의 대전환을 이룰 수 있다. 구자무불성, 간시궐, 마삼근, 정전백수자 등을 보면 모두 짧다. 여기에서의 경봉의 물음과 한암의 물음은 모두 상대의 경지를 탐색해 보고자 하는 탐발문이라고 할 수 있다.

V. 나가는 말

이상과 같이 근현대 한국선을 대표하는 두 선승의 법거량을 고찰했지만, 분별심에 의한 사구적死句的인 해석에 지나지 않는다. 어느 한 편도 자신이 없다. 언어적, 문화적, 사상적으로 선어에 대한 접근이 용이하지 않고 또 실참한 것도 없기 때문이다.

〈1〉

한암과 경봉 두 선승은 모두 일곱 번의 법거량을 주고받았다. 1편은 한암이 경봉에게 물은 것이고, 6편은 경봉이 한암에게 물은 법거량이다. 그 가운데 직접 대면하여 나눈 법거량은 1회이고 나머지는 모두 서간으로 주고받은 법거량이다. 양적量的으로 경봉의 물음이 훨씬 더 많은데, 이것은 한암이 경봉보다 대선백大禪伯이었기 때문이다.

두 선승의 법담은 격조 높은 법거량이다. 근대 이 정도의 법거량을 할 수 있는 선승은 드물다고 할 수 있는데, 한암과 경봉 두 선승의 법담에서는 당송시대 선승들의 풍모를 엿볼 수 있다. 정안과 정견, 그리고 선에 대한 안목이 없으면 차원 있는 법거량은 어렵다.

경봉의 질문 방식은 법거량 〈2〉, 법거양 〈4〉 등에서 볼 수 있는 것처럼 한 번에 세 가지를 묻는 삼문三問 형식이 많다. 이것은 분별심을 유도하는 방법으로, 답을 하는 입장에서는 함정에 빠지기 쉽다.

또 실제 내용적으로 경봉의 질문(법거량) 방식은 분별심을 유발하는 성격의 질문(법거량 5 등)이 많다. 즉 두 가지를 제시하여 양자 택일을 요구하는 형식인데, 이것은 유무^{有無}, 미오^{迷悟}, 거래^{去來}, 범성^{凡聖} 등 분별심의 관문, 함정을 만들어 상대방의 경지를 가늠해 보기 위한 것으로, 분양십팔문 가운데 탐발문, 즉 험주문에 속한다.

한암의 답은 막^莫, 백지^{白紙} 등에서 볼 수 있듯이 주로 상대방의 분별심을 타파하기 위한 것이 많다. 『금강경』의 즉비^{卽非}의 논리, 개구즉착^{開口卽着}의 관점에서 답을 하고 있고, 때론 광풍미식^{狂風未息} 등과 같이 준엄하고 또 겸손하고 자상한 답이 많은 편이다. 한암의 인간선적^{人間禪的}인 모습의 일면을 볼 수가 있다.

〈2〉

법거량, 선문답은 분별심, 분석적 사고 등 번뇌망상을 제거하여 깨달음을 이루게 하는 선불교의 오도^{悟道} 시스템이다. 또 수행자들을 제접, 지도하는 방법인 동시에 인가방법이다. 그리고 상대방의 경지에 대하여 그 심천^{深淺}을 파악, 가늠하며, 정견, 정법안 등 선의 안목^{禪眼}을 교환하는 선불교 특유의 짧은 대화를 통한 수행방법이라고 할 수 있다.

법거량, 선문답은 반야지혜의 대화, 격외^{格外}, 방외^{方外}의 대화로, 동문서답 형식의 격외구를 통하여 고정관념 등 통속적인 사고나 가치관에 결박되어 있는 수행자들의 마음에 붙어 있는 '혹', 정신적인 '암'을 제거해 준다고 할 수 있다. 심병^{心病}(병통)을 제거하여 깨달음을 이루게 하는 것이 법거량, 선문답이다.

법거량, 선문답은 부정 논법인 즉비^{卽非}(그것은 아니다)의 논리, 일체

를 부정하는 이사구 절백비離四句 絶百非(일체 부정)의 논법을 통하여, 고
정관념, 분별의식 등 결박에서 벗어나 心身의 해탈을 얻게 하는 선불
교 특유의 수행방법이라고 할 수 있다.

09

한암 · 탄허 · 희찬의 어록 및 증언록 간행의 불교사적 의미

이성운 (동방문화대학원대 불교문예학과 교수)

이성운 (동방문화대학원대 불교문예학과 교수)

동국대학교 철학박사, 현재 동방문화대학원대학교 불교문예학과 교수, 서울특별시 무형문화재 전문위원, 신행학술단체 [사]세계불학원 연구소장으로 활동하고 있다. 『불교의례, 그 몸짓의 철학』, 『한국불교 의례 체계 연구』, 『천수경, 의궤로 읽다』등의 책을 썼고, 「의식과 의궤의 불리성」, 「영산재와 수륙재의 성격과 관계 탐색」, 「'현행' 천수경의 구조와 의미」, 「현행 수륙재에 대한 검토」, 「한국불교 생전예수재의 특성」등 다수의 논문을 썼으며, 불교의례문화와 언어문법에 깊은 관심을 가지고 연구하고 있다.

Ⅰ. 들어가는 말

이 글말은 "한암 탄허 법어집과 삼화상 구술 증언록 간행의 불교사적 의미"를 탐색해보는 데 목적이 있다. 한암과 탄허의 법어집과 한암 탄허 희찬의 오대산 월정사에서 불사를 일군 삼화상의 수행과 가르침을 인연 있는 이들의 구술을 엮은 증언집 간행이 갖는 불교사적 의미를 탐색하는 작업의 시작은 아무래도 먼저 '불교사'라는 역사학으로서의 '불교사'에 관해 먼저 논의해 보아야 할 것 같다.

글말에서 다뤄야 하는 한암과 탄허 및 희찬의 삼화상이 활동한 시대를 근현대라고 통칭하고 있으며, 이 시기의 불교 연구와 그 기술에 대한 담론이 불교학계에 있었으므로,[1] 그것들을 간과하고 논의를 진행하는 것은 천편일률적인 기술로 흐를 수 있기 때문이다. 무슨 의미인가. 국내 불교학계의 일반적인 근현대불교사 기술이 '민족주의적인 역사 기술'에 근거해서, 항일적인 민족의식과 전통 수호를 통한 한국불교 정체성 확립을 근대한국불교사 기술의 주요 모티프로 삼고 있다는[2] 지적이 그것이다.

이와 같은 역사 기술의 문제는 비단 근대불교사만의 문제라고 할 수는 없을 것이나, 국권을 잃어버린 일제강점기 때 한국불교를 지키

1 　조성택, 「근대한국불교사 기술의 문제: 민족주의적 역사 기술에 관한 비판」, 581~620.
2 　조성택, 「근대한국불교사 기술의 문제: 민족주의적 역사 기술에 관한 비판」, 581.

기 위해서 정통불교를 수호하는 제일 요건을 승단 내에서 친일적인 (?) 대처의 배제만이 항일이라고 봐야 하는지와 같은 문제도 한 번쯤 되짚어볼 필요는 있을 것이다. 이 작은 글말에서 불교사 서술을 위한 사관의 문제와 관점의 문제를 포괄하는 논의를 전개하는 것은 그리 간단한 문제는 아니다. 하지만 어록과 증언집 간행의 불교사적 의미를 찾아보려면 문집과 증언집 내용도 의미 있지만 우선 거기 담긴 사상事象에 대한 평가를 전제해야 가능할 것이 아닐까 생각한다.

1917년 권상로의 『조선불교사』와 이능화의 『조선불교통사』를 필두로 최근 대한불교조계종 포교원의 『한국불교사』까지 한국불교계에는 적지 않은 불교사가 출판되었다. '한국불교사'에 대한 의미를 분석하기 이전에 한국불교사서를 사학의 입문서로서의 성격을 중심으로 분석하여 시기별로 그 간행을 나눠보면, '1. 佛敎史料의 集成期, 2. 佛敎史學의 定礎期, 3. 佛敎史話의 滿發期'로 분류할 수 있으며, 각 시기에 나타난 불교사 입문서들의 차이를 보면, '1. 事話 選定과 그 距離, 2. 主體 復元과 그 距離, 3. 通史 推究와 그 距離'로 나눌 수 있다.[3] 여기서 논자가 이와 같이 한국불교사학의 입문서로서의 불교사를 분류한 것을 언급하고 있는 것은, 간행의 의미를 찾아보려면 그 각도와 측면이 수반되어야 한다고 생각하기 때문이다. 불교사적 의미를 탐색하려면 불교사에 대한 분석이 수반되어야 할 것이다. '불교사'라고 할 때 불교사 또한 역사라고 한다면 불교사회의 발전과 관련된 의미 있는 과거 사실들에 대한 인식과 기록이라고 정의할 수 있을

---

3   이성운, 「불교사학 입문서 간행의 현황과 분석—觀點과 그 距離를 中心으로—」, 139~180.

것이다. 여기서 지금까지의 불교사가 일반 역사서 서술에서 언급되는 발전과 관련된 인과적인 사상을 논의하고 있는지를 생각하지 않고 불교사 서술을 논하기 어렵다고 할 수 있다.

그렇게 불교사를 볼 때 앞에서 언급한 논자의 '1. 事話 選定과 그 距離, 2. 主體 復元과 그 距離, 3. 通史 推究와 그 距離'와 같은 사서 기술의 기준에서 보지 않고는 어록이나 증언집의 불교사적 의미를 논의하기 어렵다고 생각한다. 그래서 문집과 증언집의 불교사적 의미를 탐색하기 위해서는 어떤 관점으로 불교사를 서술할 것인지에 대한 사관이 정립될 필요가 있다. 일반적으로 역사 기술의 사관은 "목적론적 역사철학으로서의 사관", "역사법칙으로서의 사관", "사학이론으로서의 사관"[4]이 논의되고 있다.

불교는 자신의 완성과 사회의 완성을 추구하는 종교로서의 목적을 분명하게 가지고 있다. 그런 까닭에 불교사는 이와 같은 불교의 역사役事를 행하는 불사佛事의 기록이라고 할 수 있다. '불사의 기록'이 불교사를 구성하지만 '한국불교사'에서 일어난 불사의 하나하나를 기록하는 것을 불교사라고 할 수는 없을 것이다. 한국에 불교가 전래되고 변천되는 각 과정의 인과적인 측면들을 유의미하게 다룰 때 불교사는 완성될 수 있을 것이다.

글말에서 다룰 문집과 증언집은 근현대 한국불교 오대산 월정사를 중심으로 수행과 교화의 불사佛事를 일구었던 3인의 출가 승려들의 기록과 증언을 수집 정리한 것이다. 기록은 일반적으로 자신의 불

---

4 車河淳, 『史觀이란 무엇인가』, 9~34.

사를 스스로 적은 기록이 있고, 타자의 불사를 기록한 것이 있다. 수행기와 같은 것은 자신이 직접 자신의 불사에 관해 적은 것이고, 증언록은 타자가 기록하거나 타자의 구술을 통해 제삼자의 불사를 적은 것이다.

오늘날 '어록'은 주로 '법어집'이나 '설법집'이라는 이름으로 출판되고 유통된다. 그렇지만 전통적으로 '어록'으로 적혀왔으므로 전통적인 인식에 의지해 이 글말에서는 어록이라고 지칭하고자 하나 어록만이 있는 것이 아니고 문(文, 序文, 記文 등)들이 있어 통괄하여 '문집'이라고 칭하고자 한다. 문집은 '법'어 등을 편 이의 기록을 모은 것이라고 할 수 있다면, 증언집은 당사자의 기록이 아니라 당사자에게 직접 또는 간접으로 들은 이야기를 구술한 증언을 모은 것이다. 그러다 보니 자연 증언집은 그것의 진위와 역사성을 점검할 필요가 있다. 왜냐하면 기억이라는 것은 사람에 따라 큰 차이가 있을 수 있고, 기억하고 싶은 것만 기억하거나 자신과의 이해 여하에 따라 기억이 자신도 모르게 변형될 수 있기 때문이다. 역사 이전의 선사시대는 구술문화의 시대를 넘어 문자를 사용하며 기록하는 문자문화의 역사시대에 접어들면서 인간의 역사는 비약적으로 발전하게 된다.[5]

이 글말에서 다루는 문집이나 구술증언집의 화자 내지 설주인 삼화상은 근현대 오대산 월정사를 중심으로 활동하였고, 자료들은 그분들과 인연 있는 이들의 증언으로 최근에 성립되었다. 자료들은 문집이나 증언집의 주체자들과 특수한 관계에 있으므로 부지불식간에

---

5   월터 J. 옹 지음, 이기우 · 임명진 옮김, 『구술문화와 문자문화』, 1~301.

주관적인 관점이 투영될 수밖에 없다고 볼 수 있다. 그래서 각 증언의 정확도와 신빙성, 역사성에 대한 냉철한 평가가 뒷받침될 때 자료들은 그 가치를 더욱 발휘할 수 있을 것이다.

한국 근대불교학을 개척했다는 평가를 받는 김광식은 「근·현대 불교 연구 성과와 과제」에서 근현대 불교 연구를 맹아기(1973~1992), 개척기(1993~2000), 심화기(2000~)로 나누고, 해당 시기별로 그 성과를 소개하고 있다.[6] 김광식의 글에 의하면 이 글말에서 다루게 되는 '문집'과 같은 문집은 해당 시기에 17종, 22종, 25종 정도가 간행되었고, 구술증언집은 심화기에 주로 등장하며 10여 편이 간행되었음을 알 수 있다. 이 글말에서 다룰 오대산 삼화상의 어록은 근대불교 연구사 시기로 볼 때 맹아기와 개척기에 주로 간행이 되었지만 증언집은 2000년 이후 심화기에 간행되었다. 이것은 여러 요인이 있겠지만 그 이전은 현대 한국불교가 처한 환경이 격변하여 선사의 행적을 기록하고 정리할 수 있는 형편이 되지 못했기 때문일 것이다.

해서 이 글말은 논의의 대상은 한암과 탄허 '문집'들의 구성과 그 간행의 불교사적 의미를 2장에서 다루고, 삼화상 증언집들의 구성과 그 간행의 의미는 3장에서 살펴보도록 할 것이다. 앞에서 언급하였지만, 논의를 위해서는 한국불교사, 나아가 근대불교사 기술의 차원을 유념하며 각 문집과 증언집에 담긴 내용에 대해 간행의 불교사적 의미를 톺아보도록 하겠다.

---

6 김광식, 「근 · 현대 불교 연구 성과와 과제」, 529~562.

Ⅱ. 한암 · 탄허 문집의 구성 및 의의

1. 한암 문집의 구성과 그 간행의 불교사적 의미

한암漢岩重遠(1876~1951)은 20대 초반 불문에 입문한 이래 철저한 수
행과 엄격한 계율로 후학과 중생들을 제도하며, 견성오도의 경지의
수행에 철저하였고,[7] 20세기 중반 한국 전쟁의 소용돌이 속에서 오
대산 불교를 지켜내기 위해 산화하신 근대 한국불교를 대표하는 선
승禪師이다.[8] 선사는 허명을 멀리하고 난설亂說을 경계하여 저술과 그
흔한 법어집 하나 세상에 남기지 않았다.[9] 그래서 선사 입적한 지 40
여 년이 지나서야 선사의 수행과 행화를 그리워하는 후인들에 의해
한암 선사의 문집이 세상에 그 모습을 하나 둘 드러내기 시작한다.
그 첫 작품은 통도사 극락선원의 명정明正에 의해 간행된『한암집』이
다.[10] 명정의『한암집』간행은 한암문도회의『한암일발록』의 간행을
이끌어내게 된다.『한암일발록』은 1995년 초판을 간행한 다음해에
곧바로 수정증보판을 출간하였다. 하지만 저술이든 편찬본이든 책자
의 간행은 다양한 의견을 일으키게 한다. 한암문도회와 한암월정사

---

7 김현해,『한암일발록』, 10.
8 윤창화,「한암선사와 봉은사」, 1.
9 김현해,『한암일발록』, 10.
10 釋明正,『漢岩集』, 1~293.

는 2010년 정본『한암일발록』을 세상에 내놓게 된다. 이 작업의 방점은 아무래도 '정본定本'에 있을 것이다. 한암문집이 간행되니 다양한 의견이 수렴되고 자료가 집성되게 되면서 오탈자를 비롯해 어문의 진위에 대한 판정이 필요하게 되었기 때문일 것이다. 3~4차에 걸쳐 간행된 한암 문집의 이력은 한암의 사상과 행화를 바르게 세상에 드러내는 노정이라고 할 수 있다. 간행 순서별로 각 문집의 구성과 그 특징을 훑어보자.

1) 문집 간행의 발단: 『한암집』

1990년 통도사 극락선원의 명정明正은 『한암집』을 간행해서 세상에 내놓았다. 한암의 후손들인 문도회가 아닌 곳에서 『한암집』이 먼저 간행된 것이다. 통도사 극락선원의 명정은 '후학'이라는 관점에서, 극락선원에서 주석했던 경봉 화상이 한암 선사와 교류한 간찰을 전해 받아 국판 293쪽 양장 책으로 엮은 것이다. 이 책의 표제 서체를 한암의 경허집 필사본에서 '한암집'을 채자하고 그 모습을 증명하기 위해 한암의 필사본 『경허집』의 해당 부분을 흑백 화보로 제시하는 노력을 기울이고 있다. 이 책의 편제를 보면 통도사 월하 방장과 조계종 종정을 지낸 서옹의 서문과 편자의 발문 사이에 287편의 법어와 논설 서간 등을 싣고, (중간의 경봉의 한암 추도문 제외) 다음에 제자나 인연 있는 후학들의 비문, 찬문, 연보를 정리해서 내놓은 것이다. '일진화一塵話'에서 월곡 선자禪子에게 준 게송까지가 한암의 글월이라고 할 수 있다. 먼저 제목을 일별해보자.

一塵話, 惡氣息, 參禪에 對하여, 揚於家醜, 年年更有新造
在하야 惱亂春風卒未休라, 描捕鼠, 吾人修行이 專在於決心成
辦, 元旦著語, 頌 金剛杵, 卷頭言, 金剛般若波羅蜜經 重刊緣起
序, 高麗國 普照禪師語錄 纂集重刊序, 先師 鏡虛和尙 行狀, 海
東初祖에 對하여, 與滿空禪師 書信法談, 鏡峯禪師와의 往復書
信, 〈鏡峯스님의 漢岩스님 追悼文〉, 呑虛스님께 보낸 漢岩스
님의 答, 昔珠스님에게 答信, 曹溪宗 霽山淨圓禪師 碑銘並序,
曹溪宗 退雲圓日禪師 碑銘並序, 江原道蔚珍郡 天竺山 佛影寺
事蹟碑記, 佛影寺 修禪社 芳啣錄序, 以泡雲號之 贈元明禪師 仍
示以一偈, 以古松號之 贈宗協師, 以寶鏡號之 贈孫佐 喜泰, 月
谷善子 求偈於余 以此塗糊[11]

이 외에 탄허의 '大韓佛敎曹溪宗宗正漢岩大宗師浮屠碑銘幷序', 용
명의 '현대불교의 거인', 이재창의 '오대산의 맑은 연꽃'과 연보와 역
주자 명정의 발跋로 이뤄져 있다. 두 편의 서문 가운데 서옹의 서문은
이후 간행되는 『한암일발록』에 전재되고 있다. 이 『한암집』은 한암의
글월에 대한 분류를 하지 않고 있으나 '일진화'와 '악기식', '참선에 대
하여'를 앞부분에 놓아 선사로서의 한암의 정체성을 드러내려는 의
도를 보여주고 있다. 뒤이어 서문과 게송들을 편집하고 있다. 무엇보

---

11 釋明正, 『漢岩集』, 1~233.

다 『한암집』의 제일 장점은 한암의 문집을 처음으로 세상에 내놓았다는 것이다. 이를 필두로 한암의 사상을 일목요연하게 살필 수 있는 문집 간행의 발단을 제공해 준 것이 이 책의 제일 큰 공이라고 할 수 있을 것 같다.

2) 문집 간행의 전개: 『한암일발록』

『한암집』이 간행된 지 5년 뒤, 1995년 한암문도회는 드디어 한암의 문집 『한암일발록』을 내놓는다.[12] 혜거 화상이 편찬위원장을 맡아서 주도한 것으로 보이는 한암 대종사 문집편찬위원회의 면면은 당시 조계종 종정 월하, 전 종정 서옹, 봉암사 조실 범룡, 월정사 조실 비룡을 증명으로 시작해 문도회 운영위원장 현수, 월정사 주지 현해, 주무 삼지, 현수를 비롯한 24인이다. 출가·재가의 편집위원이 참여하고 있다. 또 한암대종사문도회와 제4교구 본말사암 주지 일동이 후원하고, 5인의 윤문·교정자들이 참여하는 위원회를 구성해 본격적으로 문집 편찬을 하였음을 알 수 있다. 『한암집』의 1인 편집에서 대형 편찬으로의 전환은 그 결과도 양질의 면에서 비약적으로 확대되었다. 국판 300쪽도 되지 않는 책자에서 46배판 판형으로 502쪽의 본문과 30면의 자료로 나타났다.[13] 단순히 자료의 확장에 그친 것이 아니라 문집의 내용을 대분류하기 시작한다. 그 구성은 다음과 같다.

---

12 漢岩大宗師文集編纂委員會, 『漢岩一鉢錄』, 1~502; 1~30.
13 본문은 좌철의 형식이나 자료는 우철로 본 책의 뒤쪽부터 30면에 실려 있다.

열세 편의 법어를 담은 제1장 법어. 열아홉 수의 게송을 담은 제2장 게송, 여섯 편의 서간을 실은 제3장 서간문, 열두 편의 서간 및 사적 비기와 같은 글월의 제4장 행장 및 기타, 직절법문直截法門을 담은 제5 장 별록, 그리고 제6장 부록으로 구성되었다. 사실상 제5장까지가 한 암의 어록과 문집이라고 할 수 있다.

28편의 어록과 글월을 담은 『한암집』에 비하면 자료의 양이 늘어 나고 있음을 볼 수 있다. 문집 간행을 찬탄하는 서문은 한암집에 비 해 2편이 늘어났는데, 서옹의 서문은 『한암집』의 그것과 같지만 월하 는 서문을 국한문 구결체로 다시 쓰고 있다. 이를 우리말로 번역하여 싣고 있는데 다시 서문을 쓴 것은 아마 현직 종정으로 전직 종정 문 집 간행을 대하는 것이 달라야 했기 때문이라고 보인다. 서옹의 서문 은 『한암집』에는 한문과 우리말 순서로 실으며, 서기序記를 경오년 6 월 23일이라고 분명히 밝히고 있으나,14 『한암일발록』에서는 우리말 과 한문의 순서로 옮겨 실으면서 서기를 삭제하고 있다. 그렇지만 범 룡과 석주의 서문은 서기를 싣고 있다.15 책을 간행하게 된 연유를 밝 히는 '간행사'와 발문 '편집을 마치면서'는 편집 의도를 잘 알려주고 있다. "한국불교의 발전과 종단의 앞날에 등불이 되"고, "수행납자의 귀감이 되고 말세 불교의 지표를 세우"16고자 하는 데 목적이 있다는 것임을 알 수 있다.

『한암일발록』이 한암 문집 간행의 본격적인 전개라고 할 수 있는

---

14 釋明正, 『漢岩集』, 10~11.

15 漢岩大宗師文集編纂委員會, 『漢岩一鉢錄』, 1~502; 4~8.

16 漢岩大宗師文集編纂委員會, 『漢岩一鉢錄』, 11; 발문.

것은 멀리 있지 않다. 위에서 언급한 간행사나 발문(편집을 마치면서) 외에도 "해제"를 싣고 있는 점이다. 해제는 혜거 문집 편찬위원장 명의로 되어 있는데, 문집 간행의 전모를 자세히 밝혀주고 있으며, 문집의 개요를 밝혀놓고 있다. '해제'라는 글의 특징상 편찬 의도와 중요도를 짐작할 수 있게 한다. 첫째 간단한 생애와 사상을 소개하며, 두 번째는 승가오칙과 선원규례를 통해 선사의 철학을 보여주고 있다. 셋째는 선문답 21조와 넷째 종조확립과 불법수호, 다섯째 직절법문, 여섯째 오대산의 학으로 정리하고 있다. 해제 그대로 책이 구성되지는 않고 있지만 편찬 의도와 직결되고 있다고 할 수 있다.『한암집』이 경봉에게 받은 자료를 중심으로 편찬하다 보니 자료의 한계가 있었다고는 하지만 그 자료 가운데 선구 법어를 제일 앞에 편집하였지만『한암일발록』은 제1장 법어의 첫 자리를 '승가오칙'에 놓고 그 다음을 '산원규례'를 시설하고 있다. 이것은 수행자의 본분사가 무엇인지, 대중이 어떻게 살아야 하는지에 대한 한암의 사상과 철학을 중시하는 편찬 철학을 보여주고 있다고 할 수 있다. '승가오칙'에 대해서는 그간 연구자들의 주목을 받았는데[17] 그것은 한암이 '선사'라고 해서 '선'만을 강조하지 않고 '염불 · 간경 · 의식 · 사찰 수호' 등도 등한히 인식하지 않았음을 강조하고자 하는 의도를 드러내려고 하지 않았을까 하는 생각이 든다.

『한암일발록』은 한암 문집 간행은 초판이 나온 이듬해 1996년 곧

---

17 김광식, 「오대성지의 중창주, 만화 희찬: 僧伽五則의 계승과 실천」, 185~212; 김종두, 「天台에서 본 漢岩스님의 선사상」, 163~192; 고영섭, 「조계종의 戒定慧 三學 修行 전통 - 龍城 · 映湖 · 漢巖 · 慈雲을 중심으로」, 171~202; 염중섭, 「漢巖의 〈僧伽五則〉 대한 검토」, 385~411; 이원석, 「강원도 삼본사 수련소의 설립과 운영」, 143~176.

바로 '수정증보판'으로 이어지고 있다. 해서 이 책이 갖는 불교사적인 의미는 지대하다고 할 수 있다. 역사는 사람이 창조하는 것인데 불교사는 그것을 불사佛事라고 할 수 있다. 불교의 '제일불사'는 도중생度衆生이라고 할 수 있다. 도중생을 하려면 불사를 펴야 한다.[18] 그렇게 해야 중생을 제도할 수 있다. 제도해야 하는 중생, 곧 윤회의 고통에서 벗어나지 못한 중생들을 위한 불사는 교육과 방편으로 나타난다. 불사를 위해서는 수행으로 깨쳐야 하고 그 깨침을 활용하여 깨닫지 못한 이들을 인도하기 위해 방편을 펴는 것이다. 방편을 펴는 것이 곧 불사이다. 그러므로 불사의 기록은 불교사를 형성하게 된다. 그렇게 보면 『한암일발록』은 '한암'이라는 근대 한국불교의 위대한 한 선사의 오도와 교화라는 불사를 기록하고 있으므로 한국 근대불교사를 이루는 자료로 손색이 없다고 할 수 있겠다.

한암은 스스로 법어나 문집을 남기지 않았고, 세상에 남기는 것을 '군더더기'라고 이해하였다고 보이는데 그것은 붓다의 모습과 다르지 않다. 해서 후손들은 문집을 내면서도 송구스러워하면서도 부득불 문집을 출간하게 된 것은 오로지 한암이 사바세계에 남기신 환영幻影의 족적足跡 또한 법자法子나 법손法孫에게는 더없이 소중한 것이기 때문이라고 아뢰고 있다.[19] 하지만 그것은 한암의 법자와 법손에 한정

---

18   智還 集, 『天地冥陽水陸齋儀梵音刪補集』의 中位勸供 이후에 "悉皆受供發菩提 施作佛事度衆生"(『한불전』 11, 481상)이라고 기원하는데 이는 중위의 존재에 해당하는 출가 승려의 본분을 드러내고 있다고 할 수 있다. 불교의례의 종합판이라고 할 수 있는 수륙재회에서 상위의 삼보와 중위의 승보 권공, 하위의 고혼시식에서 중위의 신중은 승보로 나타났다. 하지만 현재는 그 모습이 보이지 않는다. 그렇지만 불사를 펴서 중생을 제도하는 것은 승가의 본분이라고 할 수 있다.

19   漢岩大宗師文集編纂委員會, 『漢岩一鉢錄』, 20.

되지 않고 한국불교의 더없는 자산이라고 할 수 있을 것 같다.

3) 한암 문집의 절정: 정본 『한암일발록』

한암 문집 간행의 절정은 2010년 간행된 '정본 『한암일발록』'(이하 정본으로 약칭)이라고 할 수 있다. 서명에 '정본定本'이라고 관형사를 더해 놓았기 때문이다. 정본定本은 고전의 이본을 비교 검토하여 원본과 가장 가깝다고 판단된 표준이 되는 책이라는 의미로 볼 때 한암 문집의 표준본이 간행되었다는 것을 증명해주고 있다고 하겠다. 그럼 정본의 구성과 서지적 편집적 특징 등을 살펴보자. '정본'이라고 하였으니 비교 교감을 하였다는 것은 당연하다. 제일 먼저 시선을 잡는 것은 상·하권 2책으로 간행되었다는 것, 책자 크기는 『한암일발록』과 같은 판형을 택하고 있는데, 『한암집』과 『한암일발록』에 비해 본문 글자 크기가 많이 커져 12p를 택하고 있다. 독자들의 가독성을 위한 조치라고 보인다. 상권은 '법어편'이고 하권은 자료편인데, 상권 법어편은 다음과 같이 구성되었다. '열아홉 편의 제1장 법어, 두 편의 제2장 선론禪論, 열세 편의 제3장 선문답, 열여섯 편의 제4장 게송·시詩·가歌, '일생패궐'을 담은 제5장 자서구도기, 열다섯 편의 제6장 서간문, 여섯 편의 제7장 법호게문, 다섯 편의 찬·영찬, 다섯 편의 제9장 서문, 다섯 편의 제10장 기문·비문, 스승 경허 화상의 제11장 행장'이 한암의 문집이다. 책자 후반부에 비명碑銘 등 다섯 편의 글월을 부록으로 싣고 있다.

정본은 『한암일발록』의 6편 분류의 두 배에 해당하는 12편으로 한암의 '문서'를 상세히 분류하고 있는데, 무엇보다 이전의 문집과 가장 큰 특징은 4편의 한암의 오도와 관련된 게송을 싣고 있는 점과 새로 발굴된 자전적 구도기 '일생패궐'을 싣고 있다는 점이다. 또 정본이 정본임을 자신하는 또 하나의 특징은 편찬의 의도를 '일러두기'로 정리하고 있다는 점이다. 여섯 항목으로 이뤄진 일러두기의 내용은 대략 이렇다. "첫째 사료적 가치가 높은 것만을 엄선하여 수록하였다는 것, 둘째 『한암일발록』의 초판(1995)과 증보수정판(1996)의 오탈자와 착간 등을 수정·보완하였다는 것, 셋째 새로 발굴된 자료를 증보했다는 것, 넷째 정본에서는 해설은 각주로 처리했다는 것, 다섯째 정본에서는 자료의 출처를 최대한 밝혔다는 것, 여섯째 한암의 글이 아닌 구본의 글을 삭제했다는 것"[20]이다. 이전의 본에는 일러두기가 없지만, 일러두기를 통해 편찬자의 의도를 드러내고 있는 점은 정본이 구본(『한암일발록』)보다 정본이 될 수 있는 자격이 충분하다는 것을 증명하고 있다고 할 수 있다.

정본은 초판의 편찬위원회를 소개하며 정본 편집위원과 실무간사만을 소개하고 있다. 편집위원 외에는 크게 달라지지 않았다는 것을 의미할 것이다. 초판에는 26인이 소개되고 있으나 정본에는 19인의 명단이 보인다. 초판 편집위원 가운데 정본에는 10인(守中, 玄雨, 三德 등)이 보이지 않고, 초판에 보이지 않는 3인(大愚, 宗悟, 玄機)이 정본에 참여하고 있음을 알 수 있다. 초판의 재가자 편집위원은 모두 빠져 있는데, 이는 아마도 수정 보완 및 '정본화' 작업이라 출가자들이 중

---

20   漢岩大宗師文集編纂委員會, 정본 『漢岩一鉢錄』, 20.

심이 될 수밖에 없었기 때문이라고 보인다. 또 5인의 윤문 교정자에 실무 간사라고 하여 석지현, 김광식, 윤창화가 등재되어 있다.[21] 이는 실제 정본화 작업에 참여한 실무자들이라고 보이는데, 실무 간사로 전문학자와 출판자가 참여함으로써 양과 질의 두 측면에 문집의 수준이 높아지게 원인이라고 할 수 있을 것 같다.

정본의 역사성은 초판의 서문이나 간행사에 정본 간행사를 더하고 있다는 것이다. 이 같은 편찬 태도는 16세기 중반 지선智禪이 편한 『오종범음집』(1661)에서도 확인된다. 임진년 그러니까 1652년 벽암 각성이 서문을 써서 판각하던 중에, 자료를 새로 발견하여 "법회의 규범 등에 대해 일찍이 윤색潤色하고 수식修飾해야겠다는 간절한 뜻이 있어서 스승과 벗들에게 질문한 것을 가지고 편집하여 1질帙의 책을 만들어 기궐剞劂씨에게 부탁해 놓은 지가 오래되었다. 그리고 다시 스스로 사념思念해 보니 그 의의意義가 혹 미진未盡한 곳이 있으며, 판본版本도 또한 손상되어 결함된 곳이 많았다. 그래서 다시 이에 추가하고 보완했다. 혹 나중에 지혜 있는 이를 기다리는 것이 이 중의 소원이다."라고 하며 1658년 다시 서문을 부탁해 추가하고 있음을 볼 수 있다.[22] 이와 같은 편찬 모습을 정본도 보여주고 있는 것이다. 정본의 간행사에서 정념은 이전의 문집 간행이 자료수집에서 한 걸음 나아가 한암의 가르침이 '오대산 가풍'을 형성하였다는 데 방점을 찍고 있다. 또 간화선을 최고의 수행법으로 삼고 '승가오칙'을 제정하여 수

---

21 漢岩大宗師文集編纂委員會, 정본『漢岩一鉢錄』, 531.

22 智禪 編,『五種梵音集』(『韓儀叢』2, 181). 이 판본에는 서문 2종이 있으나『한불전』12(동대출판부, 1988)에는 서문이 실려 있지 않다.

행과 일상생활이 일체화된 수행규범을 제창하여 실천하여 오대산 가풍을 형성하게 되었다고 술회하는 것을[23] 볼 수 있다.

해서 정본이 양과 질적인 측면에서 개선된 것은 분명하다. 『한암일발록』 게송에는 3편의 무제 게송이 있는데, 정본에는 두 번째 무제는 싣지 않고 있는데, 한암의 작품이 아니라고 해서 그런 것인지 별도의 주해는 보이지 않는다. 첫째 셋째의 무제를 "구름과 공空은 서로를 취하지 않는다", "일체중생 모두 성불하소서"라는 제목을 달고 있다. 제목을 더하고 있는 데서 더 나아가 번역도 새로 하고 있다. 첫째 게송의 번역만을 간단히 비교해 보자.

"산은 높고 물은 깊은데
구름은 시방허공에 청정하네.
뜬 구름은 허공을, 허공은 뜬 구름을 취하지 않으니
원래 하나의 일도 마음에 걸림이 없네."

– 『한암일발록』, 177.

"어찌하여 산은 높고 물은 흐르는가
이 둘은 시방의 허공 속에 떠 있네.
뜬 구름은 허공을, 허공은 뜬 구름을 취하지 않으니
본래 한 일도 마음에 걸림이 없네."

– 정본 상권, 225.

---

23 漢岩大宗師文集編纂委員會, 정본 『漢岩一鉢錄』, 11~12.

영축산의 구하천보와 오대산의 한암중원

3구를 제외하고는 조금 달리 해석하고 있음을 볼 수 있다. 무엇이 더 정확하게 번역되었는지를 논할 수는 없을 것이다. 다만 정본의 실무 간사 석지현이 주목된다. 그는 선시 해석에 독특한 경지를 터득했다고 할 수 있는데 그의 참여로 해석의 변화가 일어나지 않았을까 한다.

정본에는 자전적 구도기, 낭패를 본 인생이라는 의미의 '일생패궐'을 비롯하여 적지 않은 한암의 저술이 실려 있다. 이를 '법어집', '어록'이라는 이름으로 간행하지 않았을 뿐이다. 해서 단순히 선사로만 한암을 이해하는 것은, 우물 안 개구리가 세상을 보는 것과 같음을 알 수 있다. 오대산에 한 번 들어온 이후 다시 산문을 나가지 않음으로써 불법을 지켜낸 한암의 수행과 교화는[24] 회통적이다. 선에 치우치지 않고 경학과 교학을 따로 나누지 않고 가르쳤기 때문이다. 한암의 서문 가운데 〈금강경중간연기서〉에서 볼 수 있듯이 금강경 독송의 새로운 바람을 일으켜 세운 것도 의미 있는 한암의 업적이다.[25] 15세기 이래 『육경합부』가 지속적으로 간행된 한국불교의 경전독송 신행전통에서[26] 금강경 독송 위주의 신행을 새롭게 확립하는 계기가 되었다고 할 수 있다.

법어편과 자료편 상하 2권으로 간행된 정본은 한암의 문집을 완성한 데 머물지 않고 한국불교의 근대사를 정리하고 엄밀하게 해석하

---

24 이성운, 「한암과 지암의 호법 관」, 309~338. 논자는 이 글에서 한암의 불출산을 '還歸本源的 護法觀'으로 이해하고 있다.

25 오대산 상원사 장판, 『金剛般若波羅蜜經』(元寶山, 傳燈寺 刊行, 1937.8).

26 전통적으로 한국불교의 경전염송의 전통은 『육경합부』라고 할 수 있다. 15세기 이후 줄기차게 간행되었다. '금강경, 아미타경, 보문품, 능엄주, 보현행원품, 관음예문'이라고 할 수 있는데, 이 가운데 한암은 금강경을 단독 간행 유통하여 금강경 독송을 일반화하는 데 기여했다고 할 수 있다.

는 데 도움을 줄 수 있는 자료라고 하겠다.

2. 탄허 문집의 구성과 그 간행의 불교사적 의미

    탄허吞虛宅成(1913~1983)[27]는 대한시대(1897~)를 대표하는 선승이자 학승이다. 그는 불교계의 울타리를 넘어 동양철학계와 한국의 대중 사회에까지 널리 알려진 인물로 산악신앙의 계승자, 오대산문의 확립자, 전통복원과 인재양성자, 과거로 본 미래의 예지자로 널리 알려져 있다.[28] 특히 탄허의 미래를 예언하는 지혜는 불교계 밖 일반인들에게까지 탄허의 이름을 알게 하는 데 역할을 하였다.[29] 하지만 탄허 또한 한암과 같이 자신의 사상을 직접 펼친 법어집과 같은 저술은 많지 않다. 그렇지만 『대방광불화엄경』을 위시해 수많은 경서를 번역하였다. 탄허는 "다언多言은 사자士子의 병이 되고, 번문煩文은 도가道家의 해가 된다. 도를 밝힌 말이라도 다언과 번문은 병이 되고 해가 되거늘 하물며 도를 밝히지 못한 산설散屑의 잡화雜話야 말할 것이 있으랴. ~ 하지만 여러 사람으로 더불어 문답 또는 강연한 것을 원고화하여 일반 학생들에게 일람하게 한다고 하여 부득이 간행을 허락한다."[30]고 있는 데서 탄허가 저술을 외면한 이유를 알 수 있다. 탄허

---

27   탄허불교문화재단, 『吞虛 大宗師 年譜』, 1~686.
28   고영섭, 「탄허 택성의 생애와 사상」, 45~69.
29   김성철, 「탄허 스님의 예지, 그 배경과 의의」, 171~208.
30   탄허 대종사, 『부처님이 계신다면』, 1.

의 문집, 곧 법어를 위시한 저술로는『방산굴법어』(오대산 월정사 2003),
『부처님이 계신다면』(탄허불교문화재단, 1979), 『피안으로 이끄는 사자
후』(교림, 1997/2000), 두 책을 합본한『탄허록』(휴, 2012) 등을 들 수 있
다.[31] 탄허의 대표적인 문집이라고 할 수 있는 법어집은『부처님이
계신다면』과『피안으로 이끄는 사자후』라고 할 수 있다. 먼저 두 권
법어집의 구성과 의미를 간략히 살펴보자.

1) 깨친 자의 예지, 『부처님이 계신다면』

『부처님이 계신다면』의 초판은 1979년 탄허불교문화재단에서 간
행되었다. 이후 1980년 예지각에서 간행되었고, 도서출판 교림에서
는 '탄허 큰스님 법어1집'이라는 표제어 아래『부처님이 계신다면』
을 1979년에 초판을 간행한 이래, 1993년 1차, 2005년 2차 개정 이후
2010년 중판을 간행하였다. 대부분의 불교 법어집들은 비매품으로
초판 간행으로 끝나기 일쑤이지만 탄허의 법어집들은 연이어 간행되
고 있는 것을 볼 때 꾸준한 판매가 이뤄지고 있음을 알 수 있다.『부
처님이 계신다면』(교림, 2010년 중판)의 서지·구성·내용은 대략 이렇
다. 책자의 판형은 신국판 무선철이고 본문 373쪽에 전체 3부로 구성
되었다. '제1부 스님에게 듣는다, 제2부 스님에게 묻는다, 제3부 종교
의 본질과 성격'이다. '스님에게 듣는다'의 제1부에는 책머리의 서문
을 위시하여 '지행합일, 불법, 80년대의 변화와 종교, 마음은 우주의

---

31 고영섭, 「탄허 택성의 생애와 사상」, 46. 주 3) 참조.

본체, 화신불, 불교의 핵심-참선, 현대 불교의 거선 방한암, 도로 살아야 삶과 죽음'의 9편이 실려 있다. '제2부 스님에게 묻는다'에는 '후천세계의 한국의 미래, 부처님이 계신다면, 석가탄지 룸비니, 부처님은 오고 가는 것이 없다, 생사를 자유로이, 시공이 끊어진 곳, 한국불교는 세계의 중심이다, 불교와의 인연, 20년간 써 내린 원고 6만 2천 장, 스님의 법시로, 물이 곧 물결이요'의 11편의 문답이 실려 있다. '제3부 종교의 본질과 성격'에는 '현대의 고뇌, 성인과 범부, 인심과 도덕, 범부는 묻힌 금과 같은 존재, 생의 의미와 죽음의 초극, 헌옷과 새옷 사이에 있는 존재, 추호도 어김없는 인과법칙, 현대의 종교 상황과 특성, 종교를 부정하는 사상들, 미래의 종교'의 10편이 실려 있으며, 후미에 발문과 연보가 실려 있다.

『부처님이 계신다면』이 주는 특별한 의미는 탄허의 사상을 볼 수 있는 법어에 있겠지만 편찬 의도와 달리 발문에서도 언급하고 있듯이 '탄허의 예지'라고 할 수 있다. 탄허는 역학의 원리로 한국은 후천세계의 새로운 주역이라고 하며 북빙하의 빙산이 완전히 녹으면 대양의 물이 불어서 하루에 440리의 속도로 흘러내려 일본과 아시아 국가들을 휩쓸고 해안 지방이 수면에 잠기게 된다고 하거나 "중·소 전쟁과 중국 본토의 균열로 인해서 만주와 요동 일부가 우리 영토에 포함되고, 일본은 독립을 유지하기에도 너무 작은 영토밖에 남지 않기 때문에 한국의 영향권 내에 들어옥 되며, 한·미 관계는 더욱 더 밀접해질 것이라는 것 등"을 다룬 '후천세계의 전개와 한국의 미래'[32]

---

32 탄허 대종사, 『부처님이 계신다면』, 101~137.

와 같은 글월은 세인의 주목을 받기에 충분하였다고 할 수 있다.

대표적인 예지로는 '6·25사변 직전 그의 스승 방한암 스님의 만류도 뿌리치고 양산 통도사로 남하했던 이력, 울진·삼척 지방에 무장공비가 몰려들기 직전 화엄경 번역 원고를 옮겼던 이력' 등이 언급된다. 그러나 탄허 사상과 예지의 매력은 더욱 깊은 곳에 있다. 지구에 잠재하는 화질火質이 북방의 빙상을 녹이기 시작한 것은 지구의 규문閨門이 열려 성숙한 처녀가 되는 과정이라고 비유하는 것이다. 지구의 초조初潮 현상은 소멸이 아니라 성숙의 모습이라는 낙관론이다. 그는 또한 민중의 시대가 도래할 것을 믿는다. 땅의 민중이야말로 핵을 극복하는 원동력이 되리라는 것을 역학의 산리算理로 헤아려 내는 것이다.[33]

법어·문답·논설로 이뤄진 『부처님이 계신다면』은 탄허 생시에 출판된 것으로 탄허의 승낙 속에서 이뤄졌으므로 탄허의 사상과 철학을 제대로 드러냈다고 할 수 있다. 물론 예지적인 측면은 탄허의 전부가 아니다. 그는 선을 바탕으로 역경을 통해 중생을 제도한 인류의 스승이다. 책머리의 '다언은 병이다'라는 그의 일갈과 지행합일, 도로 살아야, 삶과 죽음 등의 글의 법어는 그것을 증명하고 남는다. 『부처님이 계신다면』의 간행은 불교 수행자가 세상의 어떤 학문이나 수행자와 그 결이 다름을 보여주는 증좌라고 할 수 있다. 거기서 간행의 의미는 드러난다.

---

33 탄허 대종사, 『부처님이 계신다면』, 366.

2) 『피안으로 이끄는 사자후』(교림, 1997/2000)

『부처님이 계신다면』이 대중의 사랑을 받으며, 꾸준히 읽혀지자 탄허불교문화재단에서는 탄허 대종사 법어록 편찬실을 구성해서 1997년『피안으로 이끄는 사자후』를 내놓았다. 이 책은 앞의 책과 마찬가지로 신국판 무선철 275쪽으로 보급의 편의성을 추구하며 간행된 것이라고 할 수 있다. 책머리에 "동·서양의 종교 철학사상을 비교 해석 정리하면서 문제의 핵심이 무엇이고 이를 해결할 수 있는 길이 무엇인가를 밝힌 탄허 대종사의 말씀을 모아 꾸민 것"[34]라고 안내하고 있으며, "동양사상에 대한 체계적인 이해를 위해서는 탄허의 역저 77권을 통해 연구하는 것이 바람직하지만 ~ 현대인들에게 간편하게 동양사상에 대한 일반적인 지식과 인생의 참다운 지혜를 가져다줌과 동시에, 자기 정립을 통한 인간성의 재발견에 크게 작은 도움이나마 주기 위해서"[35] 간행되었다고 밝히고 있다.

간행 취지에 부합하는 편제를 볼 수 있는데, 다섯 마당의 장으로 구성된 문집은 첫째, 둘째, 셋째 마당까지는 "큰스님께 듣는다" 시리즈로 '1. 부처님께서 만리부인에게 술로써'를 시작으로 '58. 남이 나를 비방할 때'까지의 58조목으로 질문자가 묻고 탄허가 대답한 것을 모은 문답들이고, 넷째 마당은 '오늘을 생각한다.'와 다섯째 마당은 '큰스님을 생각하며'인데, 각 일간지 또는 주간지와 탄허 대종사가 대

---

34 재단법인 탄허불교문화재단 탄허대종사법어록편찬실, 『피안으로 이끄는 사자후』, 3.
35 탄허대종사법어록편찬실, 『피안으로 이끄는 사자후』, 5.

담한 자료이거나 또는 이것을 지상에 직접 기고 게재한 것만을 모아 편찬한 것이다.[36]

첫째 마당에서 셋째 마당까지의 문답에는 불교와 동양의 사상과 문화에 대한 해박한 탄허의 지식과 해석을 만날 수 있다. "탄허 스님은 같은 분이 나올 수 없"[37]다고 증언이 허언이 아님을 확인하는 데 무리가 없다. "불립문자라는 문자가 쓸데없단 말이 아니다. 다시 말하면 문자를 주장하지 않는다는 말이지 문자가 필요 없다는 말이 아니다."[38]라거나 여래선과 조사선의 탁월한 해석과[39] 같은 불교의 지식은 물론이고, 둘째 셋째 마당에서 주로 다루고 있는 동양의 역사문화에 관련된 탄허의 비유와 설파는 독자들의 교만심을 절로 조복하게 한다. 공자의 제자 민자건의 효, 진시황의 분서갱유 이야기, 강태공과 주매신의 전 부인 이야기, 진시황과 만리장성, 한말 근세조선의 마지막 왕사 이야기, 공자의 진채절량, 율곡의 생이지지, 공자의 삼인사 이야기, 소강절 선생 이야기, 공자가 자로를 얻고 한 이야기, 거북이와 뽕나무 이야기, 소동파 이야기 등은 재미도 있고, 잘 알려지지 않은 이야기로 불교적, 동양적 사유와 수행을 이끌고 있다. 이 책의 편찬 목적이라고 밝힌, 독자들에게 인생의 참다운 지혜를 가져다주는 데 있다는 것을 잘 실현하고 있다.

넷째 마당의 '오늘을 생각한다'는 주로 대담으로 이뤄졌다. 1. 자

---

36 탄허대종사법어록편찬실,『피안으로 이끄는 사자후』, 7.

37 월정사 · 김광식,『방산굴의 무영수』하, 409.

38 탄허대종사법어록편찬실,『피안으로 이끄는 사자후』, 18.

39 탄허대종사법어록편찬실,『피안으로 이끄는 사자후』, 18~20.

기를 정립해야 한다(조선일보, 선우휘, 1977) 2. 자신을 회복해야 한다(조선일보, 선우휘, 1978) 3. 유불도의 대가인 탄허 큰스님을 찾아서(강원대, 최승순, 1982) 4. 이 한 잔 물이 동해물이 될 것이오(마당지, 조갑제, 1963) 5. 역사의 가치는 모방 아닌 창조에(조선일보, 이준우, 1980) 6. 상생 속에 상극, 상극 속에 상생이(한국일보, 최노석, 1980) 7. 아집과 독선 버려야(불교신문, 문모기자, 1978) 8. 지도자 역량이 국운의 방향타(주간종교, 1981) 9. 먼저 따라야 할 자기정립(박종일) 10. 인촌문화상의 발자취(동아일보, 1975.10.21.) 등 언론인과의 대담이 많다. 조갑제 기자는 "허공을 삼킨 쇠붙이 김탄허 스님", "현존하는 우리나라 최고봉의 선학승"이라고 탄허를 대담기사의 서두에서 소개하며 "우주가 내 뱃속에 있으니 내 아들 아닌 사람이 없다."라고 농담하는 사람으로 그에 대한 여러 갈래의 평가에도 한 가지 일치하는 점이[40]라고 평하고 있다.

다섯째 마당의 '큰스님을 생각하며'는 탄허에 대한 다섯 편의 회고기라고 할 수 있다. 경기대 고준환 교수의 '1. 잊을 수 없는 나의 스승'(주간불교, 1986.6.10.), 동아일보 임연철 기자의 2. 특강법회(동아일보, 1983.1.7.), 병상에서 하신 법문 '3. 남북통일 결코 요원하지 않아요'(경향신문, 1983.3.25.), '4. 해탈과 열반 사이'(불교신문, 1980.7), '5. 단군사상과 불교'는 1961년 3월 하신 강의를 우담이 정리한 것이다. '남북통일 결코 요원하지 않아요'는 붓다 열반일을 맞아 입적 두어 달 전 병상에서 하신 법문으로 예지력 뛰어난 탄허는 우리나라의 밝은 미래를 예

---

40 탄허대종사법어록편찬실, 『피안으로 이끄는 사자후』, 158.

견하고[41] 열반하신 것을 알 수 있다.

3. 『方山窟法語−呑虛大禪師法語集』

이후 탄허의 문집은 탄허문도회에서 2003년 다시 정리되어『방산굴법어』라는 이름으로 오대산 월정사에서 간행되었고, 2013년에는 그 증보판이 나왔다. 증보판은 46배판의 판형에 선철 양장본 636쪽인데, 본문 차례는 다음과 같다.[42] 두 편의 序頌과 간행사를 필두로 '1. 上堂法語 10편, 2. 大衆法語 19편, 3. 偈頌 13편, 4. 書簡文 14편, 5. 序文 18편, 6. 碑銘 및 墓文 14편, 7. 記文 11편, 부록(1) 대담 7편, 부록(2) 비문 3편, 부록(3) 弔詞 · 年報 · 門譜 8편'이 본문을 이루고 마지막에 인사말이 편집되었다.

이전까지는 탄허불교문화재단 차원에서 문집 간행이 이뤄졌다고 한다면『방산굴법어』는 오대산 월정사 차원에서 이뤄지고 있다. 탄허의 법어와 각종 문장과 대담이 일목요연하게 정리되어 탄허 연구의 의미 있는 자료로 집성되었다고 할 수 있다.

---

41 탄허대종사법어록편찬실,『피안으로 이끄는 사자후』, 267.
42 탄허문도회,『方山窟法語-呑虛大禪師法語集』, 1~636.

III. 삼화상 증언집의 구성 및 의의

증언자의 기억과 구술에 의해 성립된 증언록은 대표적인 구술문화라고 할 수 있다. 옹은 구술문화에 입각한 사고와 표현의 특징을 아홉 가지로 제시하고 있다. "(1) 종속적이라기보다는 첨가적이다, (2) 분석적이라기보다는 집합적이다, (3) 장황하거나 '다변적'이다, (4) 보수적이거나 전통적이다, (5) 인간의 생활세계에 밀착된다, (6) 논쟁적인 어조가 강하다, (7) 객관적 거리 유지보다는 감정이입적 혹은 참여적이다. (8) 항상성이 있다, (9) 추상적이라기보다는 상황의존적이다."[43]라는 것이다. 첨가되고 집합되는 다변적일 수밖에 없고, 그 속성상 보수적이고 전통적일 수 있으나, 생활세계에 밀착되는 점은 증언록이 어록과 다른 특징으로 문화사를 기술하는 데는 불가결한 요소라고 할 수 있다. 그렇지만 논쟁적인 어조가 강한 것은 증언자의 입장과 무관하지 않은 것이다. 그 결과 다분히 감정이입이 일어나고 사건에 참여하게 된다. 그래서 항상성을 유지하면서도 상황의존적이게 되는 것이다.

이 글월에서 '삼화상'은 근현대 오대산 월정사를 중심으로 수행과 교화의 불사를 일구며 사자상승한 한암(1876~1951) · 탄허(1913~1983) · 희찬(1922~1983)을 지칭한다. 사실 '삼화상'이라는 표현은 그리 적합한

---

43 월터 J. 옹 지음, 이기우 · 임명진 옮김, 『구술문화와 문자문화』, 60~92.

표현이라고 할 수는 없다. '세 화상'이라는 일반적인 표현이기 때문이다. 또 '오대산 삼화상'이라고 해도 적절할 수 없다. 그럼에도 불구하고 근현대 오대산 월정사에 주석하며 불사를 일군 삼화상의 업적을 기리고 한암과 탄허의 문집과 함께 세 화상에 대한 증언집 간행의 불교사적 의미를 탐색해보려다 보니 삼화상이라는 지칭을 사용하게 되었다. 삼화상의 증언집은 한암에 대해 한국불교 25인의 증언을 담은 『그리운 스승』, 탄허에 대해 증언을 모은 『방산굴의 무영수』, 만화 희찬 선사의 수행과 가르침에 대한 증언을 담은 『오대산의 버팀목』이 있다.[44]

1. 『그리운 스승 한암 스님』

'한국불교 25인의 증언록'이라는 부제에서 볼 수 있듯이 한암과의 인연을 증언한 이들에게 '한국불교 25인'이라고 그 격을 높여놓고 있는 것만 보아도 이 증언집은 예사롭지 않다. 한암문도회와 김광식이 공동 저자로, 오대산 월정사에서 2006년 간행하였다.[45] 책의 크기는 신국판 선철 장정으로 되었고 본문은 410쪽이고 정가는 15,000원이다. "여기, 참다운 스승이 있다, 그 스님은 한암 큰스님이시다"라고 후기의 제목은 한암의 위격을 압축해준다. 그럼 본문 목차를 중심

---

44 이 외에도 『탄허 허공을 삼키다』나 『만화희찬 스님 시봉 이야기』와 같은 오대산 삼화상에 대한 생애와 사상을 다룬 저술이 있다.

45 한암문도회 · 김광식, 『그리운 스승 한암 스님』, 1~410.

으로 그 구성을 보도록 하자. 여느 책자가 그렇듯이 서문에 해당하는 종정 법어, 총무원장의 치사, 한암문도회 회장의 봉행사, 간행사 등이 이 책의 무게를 시작부터 보태주고 있다. 본문에 앞서 '한암 선사의 생애와 사상'을 편저자 김광식이 정리한 다음 25인의 증언이 이어지고 있다.

"서릿발처럼 엄하면서도 자비로웠던 스님(범룡); 인과를 철저히 알고 사리에 밝았던 스님(도원); 사리에 밝으신, 전무후무한 스님(보경); 선지식이고, 도인입니다(화산); 우리가 본받아야 할 한암 스님의 중노릇(도견); 근검절약에 철저하셨던 분(설산); 생불生佛이었던 한암 스님(천운); 선견지명에 밝았던 스님(동성); 큰 일과 대의명분을 위해서 자신을 희생시킨 분(현해); 참선, 간경, 염불, 의식, 가람수호를 승가 5칙으로 삼으신 분(혜거); 철저하고 무섭게 수행하신 스님(무여); 계정혜 삼학을 실천하신 큰스님(봉석); 사람은 껍데기에 불과하다(황수영); 당당하고 거침이 없으셨던 분(김충열); 시주 은혜를 잊지 말라고 강조하신 스님(창조); 적게 먹고, 강력하게 정진해야 한다(뇌묵); 한암 스님은 도인입니다(경희); 대중화합을 으뜸으로 삼으신 스님(진관); 도인이면서도 자비로운 모습(법련); 중노릇을 제대로 하라고 가르치신 큰스님(권태호); 오후불식을 한 종정 어른(방진성); 공과 사를 엄격히 구분하셨던 분(방문성); 철저한 수행자인 율사(덕수); 도인으로 유명하였던 스님(정희도); 상원사를 지킨 수호 보살(이강호)"

이상 25인의 증언에 이어 방한암 대종사 연보와 후기로 증언집이 끝나고 있다. 한암의 법화 행리를 증언하려면 한암과 인연 있는 상좌나 동문수학한 이들이라고 할 수 있으나 한암 사후 50년이 지난 뒤의 증언이므로 증언자들이 최소한 그보다 더 연로한 이들이라고 할 수 있다. 증언의 제목만으로도 한암이 범상한 수행자가 아님을 알 수 있다. 증언의 제목은 한암이 수행에 철저했다는 것을 가장 잘 보여준다. 인과를 깨치고 사리에 밝으면서도 승가의 5칙 실천을 중시한 모습은 불교 수행자의 삶의 표준을 제시하고 있다고 할 수 있다. 계율을 지키고, 오후불식을 실천하며, 적게 먹고 강력하게 정진하는 것이 결국 '중노릇을 제대로 하는' 것이라고 가르치는 모습이다. "중노릇 제대로 못해서 견성하지 못하면 너는 놀고, 얻어먹는 그 업보를 어떻게 갚을 것인가? 네가 견성하지 못하면 이 세상에서의 빚을 어떻게 할 것이냐? 그 빚을 갚으려면 다음 세상에 소나 개로 태어날 수밖에 없지 않느냐?"[46]하는 말씀을 법문 때마다 하고 있는 것이다. 한암이 스승 경허의 법문집 육필본인 『경허집』에는 〈중노릇 제대로 하는 법〉이 실려 있다. "중노릇하는 것은 부처 되어 살고 죽는 것을 면하고자 하는 일이니, 부처 되려면 내 몸에 있는 내 마음을 찾아보아야 하는 것이니, 내 마음을 찾아보려면 몸뚱이는 송장으로 알고 ~ 세상 일을 다 잊어버리고 항상 내 마음을 궁구하되 보고 듣고 일체 일을 생각하는 놈의 모양이 어떻게 생겼는고."[47]라고 설하신 선사의 가

---

46 한암문도회 · 김광식, 『그리운 스승 한암 스님』, 348.
47 『한암선사 육필본 경허집 영인본』, 155.

르침을 후학들에게 전하고 있는 것임을 알 수 있다.

결국『그리운 스승 한암 스님』은 한암의 삶을 여실히 알려주고 있다고 할 수 있다. 단순히 사상가로서의 면모만 있는 것이 아니라 교육자이자 실천가의 모습을, 증언을 통해 확인할 수 있는 것이다. 봄가을로 상궁들이 오대산 한암을 찾는 모습, 불교 선사로서 예불에 빠지지 않고 참석하였다는 증언,[48] 시주의 은혜를 잊지 말라고 가르치는 모습,[49] 대처승에 관해 결코 비판적인 언사를 하지 않았다는 증언,[50] 그렇다고 수좌들을 배척하지 않은 것들은[51] '대처'를 항일/친일의 잣대로만 인식하지 않았고 '선·교'를 이분법적으로 나누지 않았으며, 중노릇 하면서 부처님 밥을 내려 먹으려면 예식을 배워야 한다고 강조하시는 것으로 볼 때[52] 참선을 강조하시지만 한편 염불과 의식을 가볍게 여기지 않았음을 알 수 있다. 해서『그리운 스승 한암 스님』의 가치는 불교 수행과 신행 문화를 정리하는 데에 더욱 유의미한 정보를 담고 있다고 할 수 있다.

2. 『방산굴의 무영수』

탄허는 1983년에 입적하였으니, 입적한 지 그리 오래되었다고 할

---

48 한암문도회 · 김광식,『그리운 스승 한암 스님』, 350.
49 한암문도회 · 김광식,『그리운 스승 한암 스님』, 271.
50 한암문도회 · 김광식,『그리운 스승 한암 스님』, 273.
51 한암문도회 · 김광식,『그리운 스승 한암 스님』, 272.
52 한암문도회 · 김광식,『그리운 스승 한암 스님』, 116.

수는 없다. 해서 선사의 육성법문을 듣거나 함께 수행한 상좌와 제자들이 동시대를 살아가고 있다고 할 수 있다. 탄허의 행화를 증언한 증언집『방산굴의 무영수』상·하권은 월정사와 김광식이 엮고 오대산 월정사에서 2013년에 사철 양장 방식의 변형 판형으로 간행하였다. 탄허의 탄생 100주년을 기념하는 증언집으로 상·하권의 2책 1질이다. 상·하권의 연속성을 전제로 보면 다섯 부류의 인연 있는 이들과의 대담 형식으로 구성되었다. 상권의 목차는 다음과 같다. 축사와 치사 간행사에 이어 본 대담이 시작되고 있다. '1장 탄허 큰스님과 도반·법제자'에는 11인의 대담이, '2장 탄허 큰스님과 문도 직계제자'에는 9인의 대담이, '3장 수도원 시절 인연'에는 6인의 대담이, '4장 탄허 큰스님과 비구니 제자'에는 9인의 대담이 담겨 있다. 뒤편에 탄허 대종사 연보와 문보가 더해져 본문 479쪽이다. 하권의 목록은 다음과 같다. '1장 탄허 큰스님의 재가 인연'에는 15인의 대담이, '2장 탄허 큰스님과 재가 제자들'에는 15인의 대담이 실려 있다. 하권의 성격상 뒤편에는 후기가 실려 있다. 하권의 본문은 414쪽으로 상·하권 도합 893쪽에 달하는 노작이다. 삼화상 증언집 가운데 가장 뒤에 간행되어서인지 장정과 편집의 짜임새가 돋보인다.

상권의 1장에 실린 대담자들의 면면은 한암의 그것에 뒤지지 않는다. 석주, 범룡, 각성, 통광, 무비, 시몽, 연관, 일장, 동수, 성파, 법산 등 11인의 대담이 참여하였는데 대체로 유불선을 통달하고 역경사에 획은 그은 분이며, 한암의 정맥을 이은 이라고 탄허의 위치를 증언하고 있다. 직계제자 현해, 인보, 혜거, 각수, 삼보, 부동, 정념, 정광, 원행 등 9인이 대담에 참여해 탄허가 한암의 사상과 가풍을 이어받은 스님으로 유불선을 회통한 교학과 활발발한 선풍을 겸수한 철인이고 성인이라고 증언하고 있다. 또 수도원 시절 인연으로 도원, 도문, 월주, 정무, 활안, 법등 등 6인이 대담에 참여하여 선교를 겸한 철저한 수행자이자 유불선에 능통한 '종합적인 도인'이라는 증언을 들려주고 있다. 9인이 대담에 참여한 비구니 제자들 또한 중노릇 잘하라는 말씀과 학문적으로 자주정신이 강한 어른으로 기억하며 대선사이자 삼장법사이며 불교의 보배라고 증언하고 있다.[53]

하권에는 재가 인연과 재가 제자들의 증언인데, 무궁무진한 탄허의 학식에 대한 경탄으로 시작된다. 탄허의 학문을 교육학으로 보고 있으며, 세계적인 사상가, 천하의 보물이자 인생의 스승, 민족정신을 강조하시고, 학승과 선승을 초월한 우리 민족의 영원한 지도자, 최소한 10년을 공부해야 한다고 가르쳤고, 자기의 소명의식을 가졌던 분으로 스님의 추억을 잊을 수 없다는 소탈한 스님으로 그리워하고 있다.[54] 하권의 2장에는 재가 인연보다 더욱 가깝다고 할 수 있는 재가 제자들의 대담이 이어진다. 제목을 나열하면 이렇다. "버리는 공부를 일러준 스님; 내 인생에 이정표 역할을 하신 분; 스님과의 만남은 필연이었습니다; 자유자재로 진리를 찾고, 전달한 도인; 유불선 모든 분야에서 대종사이었죠; 행동으로 증명된 대도인; 제 인생의 위대한 스승; 스님의 가르침으로 불사를 했어요; 유불선을 회통한 사상가; 종지宗旨가 없으면 죽은 학문이지; 나의 불교운동의 지주; 선교를 회

---

53 월정사 · 김광식, 『방산굴의 무영수』상, 16~464.
54 월정사 · 김광식, 『방산굴의 무영수』하, 8~174.

통한 큰스님; 진리와 도의 입장에서 영원히 살아 있을 분; 인재양성을 실천한 스님; 이제는 탄허 스님 같은 분이 나올 수 없어요"[55]이다. 증언에 나선 재가 인연이나 재가 제자들의 면면 자체가 현대불교사를 일별하는 것 같은 생각이 든다. 이동식, 김종서, 최창규, 최승순, 박재원, 김희옥, 김의정, 이영자, 박금규, 진민자, 전보삼, 채원화, 최정화, 이동형, 권영채, 박용렬, 전창열, 명호근, 고준환, 서우담, 김문환, 김동건, 박명혜, 장화수, 송찬우, 여익구, 박완식, 심백강, 윤창화, 최옥화 등 30인이다.

간행사에는 탄허를 대선지식, 유불선 회통자, 역경가, 교육자, 사상가, 철학가 등으로 정리하고 있다.[56] 증언들은 그것을 증명해주고 있다. 결국 증언집은 탄허가 오대산 불교의 중심이라는 것, 탄허의 정체성을 재인식하는 자료집, 수행결사의 자료집, 고승에 대한 재평가와 재조명을 제공할 수 있는 자료이며 한국불교의 정체성을 음미할 수 있는 자료집이라는[57] 김광식의 정리는 의의가 있다. 고승과 한국불교의 정체성을 재조명하지 않고 특정적인 측면만을 의지해 그것을 정의하면 바른 해석이라고 할 수 없을 것이다. 특히 불립문자에 대한 기존의 해석을 그대로 수용하지 않고 강하게 비판하였다는[58] 증언을 볼 때 그렇다. 그런 점에서 이 증언집은 역사성 있는 자료라는 것을 증명하고도 남는다고 하겠다.

---

55 월정사 · 김광식, 『방산굴의 무영수』하, 176~410.
56 월정사 · 김광식, 『방산굴의 무영수』상, 9~10.
57 월정사 · 김광식, 『방산굴의 무영수』하, 412~414.
58 월정사 · 김광식, 『방산굴의 무영수』하, 408.

3. 『오대산의 버팀목』

희찬^{萬化喜贊}(1922~1983)의 생애와 사상 등 불사를 증언한 자료집『오대산의 버팀목』의 명칭은 희찬의 삶을 한마디로 정의하고 있다. '오대산의 버팀목'이라, 오대산 월정사도 아니고 오대산의 버팀목이라는 서명으로 희찬의 생애와 삶은 수식이 끝났다고 보인다. 상좌 현해는 서문에서 "오대산의 법맥은 근대 최고의 선지식인 한암 대종사로부터 현대불교의 선지식인 탄허 대종사로 이어졌고, 탄허 대종사의 법통은 만화희찬 선로 이어졌"[59]다고 선언하고 있다. 한국 근현대불교의 상징적인 한암과 탄허의 법통을 이었다고 하지만 선대의 한암과 탄허의 명성에 비해 희찬은 불교계 내외에 크게 알려지지 않았다고 할 수 있다. 그렇지만『오대산의 버팀목』은 그간 대중에 잘 알려지지 않은 통념을 여지없이 무너뜨리고 있다. 그동안 "고승[큰스님]을 사상적·이념적 측면에서 도인, 깨달은 선사로만 인식하는 경향이 있었다. 그러나 큰스님은 기존의 그런 스님뿐만 아니라 강사, 율사, 역경가, 독립운동가, 포교사, 문학가, 가람 수호자 등과 같이 불교에 헌신[爲法忘軀]하면서 보살의 행보를 실천한 스님들에게서 찾아야"[60] 한다는 관점에서 보면 새로운 큰스님의 반열에 희찬이 당당히 그 자리를 찾을 수 있지 않을까 한다. 이 증언집에서도 희찬을 '오대산의 중창주'라고 증언하고 있지만 희찬을 시봉한 제자 원행은 시봉 이야기를 정

---

59 월정사 · 김광식,『오대산의 버팀목』, 20.
60 김광식,「큰스님론」, 13~17.

리하며 속표지에서 "오대산 월정사 중창주"[61]라고 희찬을 분명하게 자리매김해 놓고 있다. 제자였기 때문에 스승을 현창하기 위해서 극존하는 것이라고 가볍게 단언할 수만 없는 것이 『오대산의 버팀목』의 증언들은 확인해주고 있다.

『오대산의 버팀목』은 월정사와 김광식이 엮어 2011년 오대산 월정사에서 선철 양장본(비매품)으로 간행되었는데 본문은 화보를 포함 6부와 부록으로 구성되었고 806쪽에 달하고 있다. 월정사 회주의 서문과 주지의 간행사가 본문 앞에, 후기는 마지막에 싣고 있다. 본문의 여섯 부 가운데 6부는 논문이므로 희찬에 대한 증언은 다섯 부에 걸쳐 있다. '제1부: 승가의 표상으로 남으신 어른'은 6인의 원로 스님들의 증언과 회고이고, '제2부 오대산의 법통을 이은 중창주'는 10인의 문도 스님들의 증언과 회고이다. '제3부 가슴에 남아 있는 등불, 은사 스님'은 13인의 직제자 스님들의 증언과 회고이고, '제4부 오대산의 푸른 솔이 되신 스님'은 3분의 재가 제자들의 증언과 회고이며, '제5부 오대산 전나무로 살아 계신 거목'은 8인의 재가 인연들의 증언과 회고로 이뤄졌다. 희찬과 인연 있는 각 다섯 부류 40인이 증언하고 있는 증언의 제목만으로도 희찬의 생애와 사상은 어느 정도 드러난다고 할 수 있다.

제1부 증언으로는, '자기 자신보다 오대산 걱정이 앞섰던 스님'(도광), '신심이 투철한 자비보살'(월탄), '오대산의 중창주'(재덕), '옳은 일을 추구하는 분'(등각), '오대산의 공로자'(동수), '정진하면서 불사를 하

---

61 원행, 『만화 희찬 스님 시봉 이야기』, 1~474.

신 스님'(경덕)이 있고, 제2부에는 '오대산의 정신을 지키려 분투하신 분'(인보), '사제지간의 표본을 보이신 스님'(혜거), '오대산의 중창불사를 위해 태어나신 스님'(각수), '한암 스님 가르침대로 대중에게 모범을 보이다'(삼지), '일생을 오대산을 위해 바치신 분'(삼보), '모든 일을 스스로 책임지겠다는 집념의 스님'(일봉), '생활 자체가 공심이었던 스님'(난승), '모든 일을 법당 중심으로 하시다'(무이), '그대로 불보살'(뇌묵), '서운할 정도로 냉정해 자립의 결심을 하게 만든 스님'(묘행) 등이 법통을 이은 중창주임을 증언한다. 제3부에는 '보살의 화현'(현해), '수행자의 본보기를 보여주신 스님'(월면), '초심을 잃지 않고 사신 스님'(현보), '오대산의 가풍을 전하신 스님'(현각), '모든 책임을 지고 참아낸 인욕보살'(원행), '한암 스님 가르침대로 실천하신 스님'(선혜), '배운 것을 오대산을 위해 다 바치신 분'(도완), '월정사의 진달래'(현기), '한암 스님의 가풍을 계승하신 스님'(정념), '아상을 버리신 스님'(화광), '삼학겸수 사상이 삶 속에 녹아 있던 스님'(일관), '회초리에 실린 스님의 가르침'(행담), '근검절약하며 불사를 이루신 스님'(현풍)이 실려 있는데 은사 스님에 대한 긍지와 자부심이 넘치고 있다. 제4부에는 '사홍서원을 몸으로 이루신 분'(현종 거사), '스님이 계셨기에 오대산이 중창되었다'(현덕 거사), '보살사상을 실천한 구도자'(창화 거사)라고 재가제자들이 증언하고 있다. 제5부에는 '진짜 스님을 보려면 월정사로 가세요'(덕운 거사), '효상좌로 오대산을 중창한 스님'(희묵 거사), '여법히 하라는 그 말씀 기억합니다'(우담 거사), '은사이신 탄허 스님을 지극정성으로 모신 스님'(명호근 거사), '마음 좋고 인정이 많은 스님'(정희도 거사), '혼신의 힘으로 불사에 매진한 스님'(김영철 거사), '월정사 옛 모습을 복원시키겠다는 그 생각뿐'(장길환 거사), '인자하고 자비스런 스님의 배려'(이부길 거사)의 여덟 편 증언에는 희찬의 인간적인 면모가 주로 담겨 있다.

40인의 증언이 들려주는 희찬에 대한 기억은 대체로 오대산 월정사의 중창주에 무게가 주어지고 있으나 수행자로서도 그 삶이 여법하였고, 회초리를 드는 등[62] 제자 교육에도 엄격했음을 알 수 있다. 해서 '보살의 화현'이라는 찬사가 단순하지 않게 들린다. 그간 '한국불교'는 사상이나 이념 등을 중심으로 불교사가 기술되었고, 실제 중생제도나 가람수호와 같은 종합적인 불사에 대해서는 그다지 관심을 가지지 않아서였다고 할 수 있다. 그것은 기록의 부재나 자신의 역할이 공명심을 드러내지 않은 무상심無想心 때문이라고 할 수 있다. 해서 증언집의 특장은 본인은 드러내지 않았던 것들을 드러내서 실제 한국불교가 존재할 수 있게 된 사실들을 찬찬히 들려주고 있다는 데 있을 것 같다. 가람을 수호하지 않고는 한국불교도 존재할 수 없다는 평범한 사실이 기록 부재로 전해지지 못하고 단지 사찰 창건이나 중생교화의 불사들이 전설들로만 들려왔던[63] 그간의 역사를 새로 인식하게 하고 불교사를 기술하는 데 한 관점을 이 증언집은 의미 있는 단서를 제공할 수 있다고 생각된다. 특히 불교 신행과 불교문화사 등을 기술할 때 증언집들은 크게 공헌할 수 있을 것이다. 증언집 간행의 불교사적 의미는 여기서 더욱 분명해진다고 하겠다.

---

62 월정사 · 김광식, 『오대산의 버팀목』, 410.

63 사찰 중창 불사에 대한 대표적인 설화로는 화엄사 각황전 중창 이야기 등이라고 할 수 있을 것 같다. 정두석, 『불교설화전서』, 560~565.

Ⅳ. 나가는 말

　불교사의 기술은 불사의 기록이라고 할 수 있다. 그렇지만 종래 불교사는 사상과 이념이 중심이라고 할 수 있다. 그렇지만 불교가 불교일 수 있는 것은 불교를 통해 나와 남이 불교의 목적을 달성하였을 때이고, 불교사는 그것의 인과적 기록으로 역사를 읽는 이들에게 지남이 되어야 할 것이다.

　한암과 탄허의 문집과 근현대 오대산 불교의 전통을 잇고, 사자상승하는 한암·탄허·희찬에 대한 구술증언집 간행의 불교사적 의미를 톺아보았다. 진여의 본질적인 가치를 중하는 경향이 있는 불교 전통은 수행의 증득을 우선하고 문자를 통한 저술을 경계하였다. "다언多言은 사자士子의 병病이 되고, 번문煩文은 도가道家의 해害가 된다."는 탄허의 설파는 이를 잘 설명해준다. 하지만 아직 깨달음에 이르지 못한 일반 범부들은 말씀과 문자를 반복 학습하면서 그 경지를 조금씩 다가갈 수밖에 없다. 해서 법자나 후손들은 스승의 가르침과 불사를 문자로 남겨 교훈으로 삼는다.

　이 글월에서 살펴본 한암과 탄허의 문집과 희찬을 포함한 근현대 삼화상에 대한 구술증언집은 그간 잘 알려지지 않은 삼화상의 수행과 교화의 불사를 잘 보여준다. 문집과 증언집은 오대산 불교라고 하는 특수성도 있지만 단지 오대산 불교로만 한정할 수 없는 보편성도 잘 보여주고 있다. 그 기록들이 후일이지만 채집된 것은 한국불교사의 큰 수확이라고 할 수 있다. 문집의 간행은 문도회 중심으로 이뤄졌고, 구술증언집은 근대불교를 전공한 김광식 선생에 의해 주도되었다. 근대불교 연구자로서 김 선생의 노고는 당대와 후학의 귀감이 되는 데 부족하지 않을 것이다. 다만 이 문집이나 기록은 그 상좌나 제자들의 증언으로 이뤄졌으므로 객관적인 평가가 이뤄지면 더욱 빛날 수 있을 것이다.

논자는 문집과 증언집을 통해 수행과 교화라는 불사를 통해 자신의 완성과 사회의 완성을 위해 헌신한 오대산 삼화상의 생애와 삶은 보살의 삶이라는 것을 확인하는 데 조금도 부족하지 않다고 생각한다. 마지막 열반의 모습으로 오대산을 지켜낸 더할 수 없이 바람직한 선사의 길을 간 한암, 선사로서 최고의 교학을 완성하고 교육한 탄허, 스승의 가르침을 받는 한편 오대산 월정사의 사격을 원만히 복원해낸 희찬의 삶은 그대로 불사의 과정이라고 할 수 있을 것이다.

해서 사상과 이념의 소지자 중심의 불교사에서, 이념이나 사상에 경도되지 않고 그 실천과 완성을 이끈 이들이 중심이 되어 펼치는 인과적인 역사 기술이나 문화사 기술로의 대전환에, 근현대 오대산 삼화상의 가르침과 문장이 담긴 문집과 124인의 증언으로 이뤄진 증언집은 참으로 유의미한 자료라고 할 수 있을 것 같다.

10

경봉과 탄허의 인연과 서간문

정도 (동국대 선학과 교수)

정도 (동국대 선학과 교수)

동국대 선학과를 졸업하고 동 대학원에서 「함허의 선사상 연구」로 석사학위를, 「경봉선사 연구」로 박사학위를 받았다. 주요 논문으로는 「한암과 경봉의 오후보림悟後保任에 대한 연구」, 「단경에 나타난 무념의 의미에 관한 소고」, 「백운경한白雲景閒의 선사상」, 「불교수행법」, 「결사문에 나타난 보조지눌의 삼학관 고찰」 등이 있으며, 현재는 동국대 종학연구소장과 한국선학회 회장을 맡고 있다.

Ⅰ. 들어가는 말

한국불교학회에서 영축총림 통도사 구하천보 스님(1872~1965)과 오대산의 한암중원 스님(1876~1951) 그리고 그 문도들에 대한 학술대회를 개최하게 되었다. 논자는 여기서 탄허 스님의 서간문과 통도사 인연이라는 주제로 글을 부탁받고 준비하였다.

우선 개인적으로 이런 훌륭한 법석에 함께 하게 되어 기쁜 마음으로 참여하게 되었다. 잘 알려진 바와 같이 통도사와 월정사를 창건하신 분은 자장 스님(590~658)이다. 통도사는 646년(선덕여왕 15)에, 월정사는 643년(선덕여왕 12)에 자장 스님이 창건하였다.

그런 면에서 통도사와 월정사는 창건주가 같기 때문에 한 집안이라고 볼 수 있다.

최근 법보신문에 통도사 방장 성파 스님의 글 내용을 보면 이런 내용이 있다.

"통도사를 창건한 자장 스님은 율사이면서 『화엄경』의 대가였습니다. 기록에 의하면 자장 스님은 당 태종 때 국빈으로 초청돼 황실에서 『화엄경』을 설했다고 합니다. 통도사 화엄산림 전통은 어쩌면 자장 스님 때부터 이어졌다고 볼 수 있습니다. 일제강점기 때도 구하 스님이 화엄산림법회를 열었다는 기록이 있습니다. 다만 해방과 한국전쟁이라는 격동기를 거치면서 중단됐습니다. 그러다가 경봉 스님이 한국불교의 쇄신을 위해 화엄산림법회를 열면서 오늘날까지 이어지고 있습니다. 통도사 화엄산림법회는 출재가를 떠나 모든 사부대중이 부처님 말씀을 익힘으로써 본성을 찾자는 의미가 담겨 있습니다. 부처님 근본 가르침으로 돌아갈 때 비로소 한국불교가 변화할 수 있는 것입니다. 상월선원 회주 자승 스님이 이끄는 삼보사찰 천리순례도 엄밀히 보면 불교의 근본정신으로 돌아가자는 의미가 담겨 있습니다. 부처님과 역대 조사들의 삶과 사상이 담긴 성지 곳곳을 참배하고 그 가르침을 새기면서 각자의 화두를 챙겨 본성을 찾아가자는 것입니다. 이번 삼보사찰 천리순례가 원만하게 회향된다면 향후 한국불교의 새로운 수행문화로 자리매김할 수 있을 것입니다.”[1]

최근 ‘삼보사찰 천리순례’의 통도사 회향과 ‘통도사 화엄산림법회’가 가지는 신행문화에 대한 기자의 질문에 답변한 내용이다. 통도사를 창건하신 자장 스님과 근현대 스님으로 성해남거聖海南居(1854~1927) 스님 문하에 구하천보九河天輔(1872~1965)스님, 경봉정석鏡峰靖錫(1892~1982) 스님, 경하달윤鏡河達允 스님, 재하법성齋河法晟 스님이 있다.

월정사를 창건하신 자장 스님과 근현대 스님으로 한암 스님漢岩(1876~1951), 탄허呑虛(1913~1983) 스님도 『화엄경』과 많은 인연이 있음

<hr />

1 1600호 / 2021년 9월8일자 법보신문(http://www.beopbo.com)

을 볼 수 있다. 이 논문에서는 그 중에서도 경봉 스님과 탄허 스님의 사상을 살펴보고, 경봉 스님과 한암 스님의 서간문, 경봉 스님과 탄허 스님의 서간문을 통해 통도사와 월정사 간의 교류는 어떤 의미가 있는지를 살펴보고자 한다.

경봉 스님은 현대를 대표하는 선사로 간화선으로 깨달음을 얻었으며, 통도사를 중심으로 가람수호와 교화에 뛰어난 업적을 남겼고, 근현대 불교개혁 과정에서 중심적인 역할을 하였으며, 당대 선승들과의 서신과 법거량을 통하여 독자적인 선풍을 남겼다.

경봉 스님의 속명은 용국鏞國이며 법명은 정석靖錫, 호는 경봉鏡峰, 시호諡號는 원광圓光이다. 경상남도 밀양에서 아버지 김영규金榮奎와 어머니 안동권 씨 사이에서 태어나 7세 때 밀양의 한학자 강달수姜達壽에게 사서삼경을 배웠으며 15세에 어머니를 여의고 난 뒤 세상의 무상함을 느껴 16세인 1907년 6월 양산 통도사 성해聖海 스님에게 출가하였다.[2]

경봉 스님은 통도사 불교전문강원에서 "종일토록 남의 보배를 세어도 반 푼어치의 이익도 없다."는 구절에 큰 충격을 받고, 이후 전국의 선원을 찾아다니며 참선 공부를 하였다. 그리고 통도사 극락선원에서 21일간 화엄산림법회華嚴山林法會를 개설하여 용맹정진하던 중, 1927년, 36세 11월 20일 새벽, 방안의 촛불이 일렁거림을 보고 확철대오하였다.[3] 견성한 후 화엄산림법회를 통해 직접 화엄경을 강설하

2 정도(2013), 49.
3 서왕모(2014), 46.

였으며, 주인공으로서의 삶, 평상심시도와 선교겸수, 유심정토를 강조하며 출가자, 재가자에게 폭넓은 가르침을 펼치며, 화엄산림 법회 개설과 포교 그리고 불교혁신을 위해서 활발하게 활동을 하였다.[4]

탄허 스님은 현대 한국의 대표적인 선승이자 학승으로, 속명은 김금탁이고, 자는 간산이며, 본관이 경주이다. 전라북도 김제에서 출생하여 22세에 오대산 상원사로 출가한 이래로 조계종 초대 종정을 지낸 한암 스님의 지도로 용맹정진하여 정혜쌍수와 삼장(경율논)에 정통하였다. 탄허 스님은 전통 불교의 재정비와 불교정화운동을 배경으로 불교의 인재양성과 대중화를 위해 오대산수도원 등에서 교육을 하였고, 『화엄경』, 『능엄경』, 『금강경』 등 각종 경전을 번역하였다.

탄허 스님은 유가와 도가 등의 동양사상도 공부를 하였고, 『도덕경』, 『장자』, 『주역』 등을 번역 출판하여 불교를 중심으로 유교와 도교를 통섭하였으며, 1983년 월정사 방산굴에서 세수 71세(법랍 49세)로 입적하였다.

탄허 스님은 "다언多言은 사자士子의 병이 되고 번문煩文은 도가의 해害가 된다. 도를 밝힌 말이라도 다언과 번문은 병이 되고 해害가 되거든 하물며 도를 밝히지 못한 산설의 잡화야 말할 것이 있으랴. 나는 (중략) 고인의 난서부화라는 훈계를 잠시도 잊지 않고 저술보다는 사소, 사소보다는 좌망을 노력해 왔다. 그리하여 단편적인 문자도 남겨 놓은 것이 없었던 것이다."[5]란 견해로 교재, 서문, 전통양식의 글, 법

---

4 서왕모(2009), 4.
5 탄허(1981), 17.; 탄허문도회(2013), 210, 299. 탄허는 납자의 제점, 정화불사 따위를 티끌이나 쭉정이로 간주하였고, 번역에 독창적인 자신의 견해를 덧붙이지 않았다.

어집(『부처님이 계신다면』) 등을 남겼다.

본고는 경봉 스님과 탄허 스님의 사상을 검토하고 탄허 스님과 통도사와의 인연에 대하여 탄허 스님의 서간문을 중심으로 고찰할 것이다.

Ⅱ. 경봉 스님과 탄허 스님의 선사상

1. 경봉의 선사상

경봉 스님은 16세에 통도사 성해^{聖海} 스님에게 출가하여 1908년
(17세)에 청호학밀^{晴湖學密}에게서 사미계를, 1912년(21세)에 해담^{海曇} 스
님으로부터 비구계와 보살계를 받고 강원에 입학하여 1914년(23세)
에 수료하고 전국의 선원에서 참선수행을 하고 1916년(25세)에 통도
사에 돌아와 정진하였다. 1927년(36세)은 극락암에서 화엄산림을 진
행하던 중 벽이 무너지며 시야가 트이면서 천지간에 일원상이 나타
나는 경험을 하였고, 1929년(38세) 새벽에 촛불이 흔들리는 것에 득
도하여 오도송⁶을 지었다. 1930년~1932년(39~41세)은 통도사 불교전
문강원의 원장, 1935년(44세)에 통도사 주지와 1941년(50세)에 조선불
교선종 선회에서 의장, 1945년(54세) 조선불교중앙선리참구원(현 선학
원) 이사장, 1946년(55세)에 불교혁신 결성대회 집행부 의장, 1953년
(62세)은 극락호국선원 조실로 추대되었다. 경봉 스님은 해방 후에는
일제 잔재청산과 불교 정화개혁운동에 적극 가담하였고, 선원의 확
장과 선사들의 참정권 강화, 강원의 기초교육에서 3년 동안 선원 안

---

6 경봉, 명정(1985), 11. "내가 나를 온갖 것에서 찾았는데, 눈 앞에 바로 주인공이 나타났네, 허허, 이
   제 만나 의혹 없으니, 우담발화 꽃 빛이 온 누리에 흐르누나 我是訪吾物頭 目前卽見主人樓 呵呵逢
   着無疑惑 優鉢花光法界流"

거 의무화 등 선생활을 강화하였다. 1954년(63세)부터 극락암 조실로서 30여 년을 주석하면서 사부대중을 향한 경전 보급, 법회 개최, 포교와 장학사업으로 인재양성의 기틀을 마련하였고, 1960년 후반에는 극락암을 선객들이 가장 많이 모이는 도량으로 발전시키면서 1971년(80세)까지 극락암에서 주석하다가 1982년(91세) 입적하였다.[7]

경봉 스님은 '법이란 생각이 나기 전에 이미 있는 것이며 우주의 삼라만상 가운데 모두 존재하는 것'이라 인식한다. 일상의 모든 생활 속에 선이 존재하며 생활 자체가 선의 세계라 말한다. 이것은 "법문은 아무 말도 하지 않은 가운데 있고 종사가 법좌에 오르기 전에 법문이 있고 법문을 듣는 사람이 자리에 앉기 전에 있고 종사가 무엇을 말하려는가 하는 생각 일어나기 전에 있는 것이다."[8]라는 법문과도 같은 의미이다. 이러한 경봉 스님의 선리관은 종밀 스님의 선종의 분류에 의거하면 직현심성종直顯心性宗[9]의 입장이라고 할 수 있다.

경봉 스님은 법문하기를, 일상생활 속에 불법이 그대로 담겨있음을 설하는 내용이 자주 나온다. 통도사 극락암에서 매월 첫 일요일 정기 법회가 열렸는데, 90세의 노구를 이끌고 천여 명의 청중을 향해 법문을 하였던 사실에서도 일상생활 그대로 도임을 보여준다 하겠다.

법좌에 올라 시자를 불러 일주청향一炷淸香을 사르게 하고 이르시기를, 오늘 법문은 시자를 시켜 향로에 향을 하나 꽂게 한 그곳에 다해

---

7 김광식(2011), 65-107.; 서왕모(정도)(2008), 186-193.

8 경봉, 명정(1978), 65.

9 심성을 곧장 드러내는 종파로서 유(有)이거나 공(空)이거나 모든 법은 오직 진성(眞性)이라고 보는 것으로, 홍주종과 하택종이 있다.

마친 것이다. 여기에 모든 법문과 팔만장경의 이치가 다 들어 있는 것이다.

이 선원禪院은 인생대학이다. 아무리 훌륭한 사람이라도 누구든지 자기에게 있는 자성自性자리를 못 밝히면 아무 가치도 없는 것이다. 나의 자성자리를 밝히고, 나의 주인공을 밝히고, 나한테 있는 부처자리를 밝히는 이 일을 하는 곳이 선원이다. 향 하나 꽂는 데 아무런 의미도 없는 것 같아 보이지만 여기에 깊은 의미가 있는 것이다.

> 밤엔 물소리와 소스락거리는 댓잎 소리
> 낮엔 앞산에 피어오르는 흰 구름자락
> 도인이 마주보고 껄껄 웃으니
> 봄 새가 녹수 사이에서 재재거리네.[10]

팔만대장경에 많은 내용이 담겨있지만 시자를 불러 향로에 향을 하나 꽂게 한 그곳에 다 담겨있다고 할 수 있다.

스님은 일상생활에 그러한 내용이 담겨있다는 법문을 다음과 같이 하고 있다.

댓잎이 와스락거리며 흔들리는 소리, 구름이 피어오르는 정경, 여기에 모든 것이 넉넉하게 꾸려져 있으니 도 닦는 이들은 이러한 살림살이를 음미해 볼 만한 일이다.

우리가 서울로 부산으로 어느 곳이든 다니더라도 실은 조금도 움

---

10 정도, 『경봉선사연구』 운주사, 2013. pp. 192-193. 경봉, 명정편역, 『니가 누고』 pp. 198-199. 재인용.

직인 것이 아니다. 몸이 움직인 것이지 이 마음자리는 움직인 것이 아니기 때문이다. 하루 종일 오고 가고 해도 일찍이 오고 감이 없고 하나도 본 것이 없다. 왜 하루 종일 봐도 본 것이 없다고 하는가. 진리를 모르면 이 말이 잘 납득이 가지 않는다. 하루 종일 웃어도 웃은 것이 없고, 하루 종일 들었어도 들은 것이 없고, 하루 종일 알았어도 앎이 없고, 하루 종일 즐거운 일이 있더라도 즐거움이 없고, 하루 종일 앉아 있어도 앉은 적이 없다. 하루 종일 보고 들어도 보고 듣는 이 당체當體자리는 본래 보고 들음이 없는 것이다.

봄이 와서 날이 따뜻하고 바람이 화창한 것은 수도인의 가풍이요, 버들이 푸르고 복사꽃이 붉은 것은 수도인의 수용하는 곳이다. 문을 거쳐서 들어오는 것은 참된 보배가 될 수 없다.[11] 과연 우리는 하루 종일 보고 듣고 할 때 보고 듣고 한 것이 없는가? 스님 말씀대로 '보고 듣는 이 당체는 본래 보고 들음이 없는 것이다'라고 하였다. 결국 깨닫고 깨닫지 못함의 차이에서는 '일상생활이 도'라고 똑같이 말한다 하더라도 결코 같은 말은 아니라고 보인다.

결국 한바탕 목숨을 건 정진이 필요한 것이다. 그러한 노력은 사과 맛을 꽉 깨물어 맛을 본 자와 그렇지 못한 자의 차이가 있게 한다. 사과 맛을 똑같이 '사과 맛은 이런 거야' 라고 하더라도 사과를 먹어본 사람과 그렇지 못한 사람에게 어떤 차이가 있을 것인지는 명확하다.

경봉 스님은 선의 세계, 즉 선리禪理에 대한 내용을 직접 언어로써 설하지 않는다. 그것은 언어를 통하여 말하려 한다면 이미 논리에 떨

---

11 『니가 누고』 pp. 198-199 재인용

어져 진리성을 파괴하고 말기 때문이다. 다만 이전의 세계로 주위를 돌리고 있을 뿐이다. 그러기에 법좌에 올라 법을 설하기 전에 항상 다음과 같은 말로 시작하였다. "법좌에 올라 주장자를 한 번 치고 이르기를, 오늘 일을 논하려니 말을 붙일 수도 없는 것이다. 시자가 향을 사르는 것도 오히려 일이 많도다."[12]

경봉 스님은 소소영영昭昭靈靈한 자리, 즉 밝고 밝아 신령스럽게 나는 그런 자리가 법이고 마음이고 부처라고 다음과 같이 설한다. "선을 선이라 하면 선이 아니요, 법을 법이라 하면 법이 아니요, 부처를 부처라 하면 부처가 아니다. 왜 그런가 하면 부처나 법이나 이 전부가 일체의 명名과 상相이 끊어졌다. 여러분의 몸을 끌고 다니는 것이 마음이다, 정신이다 하지만 어디 마음이라 쓰여져 있나, 일체 이름과 모양이 떨어진 자리다. 여러분이 눈을 감고 가만히 소소영영한 자리를 반조해서 돌이켜 생각해보면 어디 있으며 법이 어디 있나, 일체의 명상이 떨어진 자리이다."[13]라고 하며 경봉 스님은 소소영영한 자리를 반조해서 돌이켜보면 마음과 법을 찾을 있다고 한다.

경봉 스님은 선의 궁극적인 세계인 언어도단 심행처멸言語道斷 心行處滅에 대하여 분명한 인식을 가지고 있었다. 스님은 일체 모든 세계가 불법의 세계라는 일체개진一切皆眞의 홍주종의 입장을 계승하면서도 심역心域에 있어서는 하택 스님과 보조 스님의 영지靈知를 받아들여 소소영영한 자리를 강조하였다. 경봉 스님은 이러한 진리관을 저술

---

12 경봉(1978), 5.
13 경봉(1978), 69-70.

이 아닌 법설과 선문답을 통하여 드러내었고, 수많은 시詩로써 진리의 세계를 그려내고 노래하였다.[14]

경봉 스님은 간화선을 주요 수행법으로 삼았다. 스님은 선사상을 체계화한 선학자가 아니라 스스로 간화선 수행을 통하여 깨달음을 얻고 제자들에게 간화선을 지도하였던 선사이자 선수행자였다. 경봉 스님은 수행자의 능동적인 자세와 적극적인 현실참여를 강조하였고 불교개혁과 불교정화에 적극적으로 참여하였는데, 이것은 입처개진 수처작주立處皆眞 隨處作主의 임제선의 전통을 계승하고 있는 것으로 대혜 스님의 정신과 상통하는 부분이다.[15]

경봉 스님의 간화선은 화엄산림법회 중에 '이뭣고' 화두를 참구하여 깨달음을 얻었지만 깨달음의 방편으로서만 화두참구를 강조하는 것은 아니며, '공안'을 통하여 자신의 깨달음을 점검하고 많은 선남자를 제접하였다. 경봉 스님의 제자 교화, 일상생활, 선지식과의 법거량, 교단의 불사에 등 모든 것이 선수행이었으며, 이것은 바로 돈오 후의 점수행과 자비행을 하는 간화선수행인 것이다.[16]

경봉 스님은 법어집에서 자신만의 화두를 제시하여 간화선을 대중화하고 현대화하였다. "경봉 스님께서 법좌에 올라 주장자로 법상을 치고 이르시기를, 주장자 머리에 눈이 있는데 밝기가 태양 같고

---

14 서왕모(2010), 112.; 경봉(1985), 12. 하늘의 달빛 천추에 빛나는데 달팽이 뿔같은 헛된 이름 어이 구할까. 창해도 몰라 주고 산과도 못하니 꽃다운 두엉에 소나 먹이리라 長天此月照千秋 角功名豈 得求 瘡海不知山不語 花林芳草牧斯牛

15 서왕모(2010), 116.

16 서왕모(2010), 119.; 경봉(1978), 242. 공부는 참으로 깨달은 뒤에 있는 것이다. 단련하고 단련해서 천 번 단련하여 마음이 순금 보검과 같고 연꽃과 같아서 모든 때가 없고 오욕과 팔풍에 물들지도 않고 동하지고 않아 크게 걸림 없는 경지 이르러 비로소 인연을 따라 중생을 교화하는 일에 나아가는 것이다.

순금은 불에 넣어봐야 알 수 있도다. 옛사람이 이르기를, 길에서 도를 통달한 사람을 만나면 말이 필요 없다고 했으니, 여러 대중은 무엇으로 이 도인을 대하겠는가?

마음의 꽃을 피우자면 죽자 사자 고생을 하고 애를 써야 되는 것이다. 매화가 찬 눈 속에 피우자면 죽자 사자 고생을 하고 애를 써야 되는 것이다. 매화가 찬 눈 속에 피면 향기가 그윽하게 짙고, 수행인이 신고辛苦 끝에 도를 알면 마음의 광명이 온누리를 비춘다. 진리는 말로써 표현하기가 어려운 것이다. 어떻게 도를 말로 표현할 수 있겠는가?

고기는 천 강물에 뛰놀고 용은 만 리 구름 위를 오르네." 이러한 경봉 스님의 경지는 법어의 게송으로 나타나고 있으며, 모든 게송이 하나의 화두이며 법문인 것이다. 그러므로 경봉 스님은 중생의 세계가 고기라면 도인의 세계는 용의 세계이기 때문에 말을 떠나 용의 세계에서 노니라고 한다.[17]

또한 경봉 스님은 간화선 수행의 구체적인 방법을 제시하였는데, '무자화두 참구하는 법과 병통을 가림, 화두의 간택과 화두 의심에 걸리지 않는 이유, 화두를 수행하는 도중에 나타나는 장애, 명안 종사를 찾아 점검을 받는 것 그리고 오후보림'에 대하여 자세히 설하였고, '참선의 이익' 대하여 다음과 같이 설한다.

"1. 위의가 정숙해지고 몸이 고요해지며 맑은 마음이 현저하게 나타난다. 2. 마음이 경계를 대하면 자비심이 생기고 남을 해

---

17 서왕모(2010), 121-122

롭게 하는 마음이 없어진다. 3. 몸과 마음이 고요해지는 동시에 욕심과 성내는 마음과 일체 번뇌가 일어나지 않는다. 4. 몸과 마음이 모든 경계에 부딪쳐도 동하지 않고 물들지도 않는다. 5. 참선에 힘을 얻으면 도덕의 힘으로 음식에 애착이 떨어진다. 6. 마음이 일념으로 나아가 적묵해지면 모든 산란심이 쉬어지고 일체 애욕의 경계에 물들지 않는다. 7. 참선의 공덕을 얻고 진공의 진리를 얻어서 영원히 없다는 공에 떨어지지 않는다. 8. 일체 마구니들의 생사 그물을 여의고 모든 번뇌망상의 얽매임에서 해탈이 된다. 9. 무량한 지혜를 계발하고 깊은 법의를 통달하여 자연히 부처님의 지견을 밝게 알고 마음과 마음이 적멸하여 부처님 경계에 머물게 된다. 10. 해탈이 성숙해져서 일체 악업이 요란할 수 없게 되고 걸림 없는 해탈을 원만하게 얻게 된다. 11. 인생의 처세를 하는데 모든 기억력이 좋아지고 경거망동하는 일이 점점 없어진다. 12. 무리한 애착이 없어지고 사람의 몸에 병고가 차차 감소한다. 13. 삿된 마음이 바른 마음으로 변하고 모든 일에 인내력이 생긴다. 14. 사대육신의 동작이 순서를 얻고 얼굴이 윤활하여진다. 15. 잡된 생각이 없으면 마음이 항상 안락하여진다. 16. 마음에 생멸심과 몸이 나고 죽는 데서 자유를 얻는다."[18]

이와 같이 경봉 스님은 참선의 구체적인 이익을 제시하여 모든 사람들이 선수행을 하도록 독려하면서 간화선 수행을 중시하였다.

---

18 서왕모(2010), 132-133.

경봉 스님의 사상은 첫째, 사바세계를 무대로 멋있게 살라는 것으로, 이것은 누구든 자신의 소임에 원력심을 가지고 충실하게 사는 것을 말한다. 경봉 스님은 선승으로서 통도사와 선학원 소임 역할을 하고, 1926년(35세)에 극락암에서 시작한 염불만일회를 1953년(62세)에 성공적으로 회향하였고, 1927년(36세)에는 화엄산림 법회를 시작하여 선교일치의 보림을 구현하였다. 또한 통도사의 총림화에 헌신적으로 소임을 완수하면서 불교 정화개혁운동과 일제의 잔재청산 등에도 힘을 기울이는 등에도 충실하였다. 둘째, 평상심시도平常心是道로써 경봉 스님에게 설법이란 종사가 법상에 오르기 전에 그리고 대중이 자리에 앉기 전에 이미 마친 것이었다. 이것은 석두희천石頭希遷 (700~790) 스님의 제자였던 약산유엄藥山惟儼(751~834) 스님과 해인사 인곡 스님의 묵언법문과 바로 상통하는 것이다. 셋째, 선교겸수禪敎兼修의 선사로서 화엄산림과 불경 번역 보급 등에 힘을 기울였다. 넷째, 유심정토唯心淨土 사상으로 타방정토他方淨土도 인정하지만 선사로서 유심정토를 강조하였다. 이러한 염불만일회, 화엄산림, 선교겸수, 타방 및 유심정토 사상 등은 지눌 스님을 거쳐 조선 중기 서산 스님에 의해 재정립되어 백파긍선 스님, 경허성우 스님 등으로 이어지는 한국불교사상의 큰 맥락과 함께 하는 것이다. 이와 같은 경봉 스님의 사상을 김광식은 '원융상圓融相'으로 개념화[19]하고 있다.[20]

---

19 김광식(2011), 69.
20 김광식(2011), 69-103.; 서왕모(정도)(2008), 198-208.

2. 탄허 스님의 선사상

탄허(1913~1983) 스님은 현대 한국의 대표적인 선승이자 학승이다. 탄허 스님은 유학儒學을 시작으로 도교에서 도를 구하다 1934년 22세에 불교에 귀의하여 3년간 묵언참선과 7년간의 교학이력을 겸수하며 불교 수행을 하는 과정에서 노장학을 자득하고 의문을 타파하였다.[21] 탄허 스님은 한암 스님의 문하에서 불교의 각종 경론을 섭렵하였으며 월정사와 상원사 및 영은사에서 문수보살의 지혜를 몸으로 체화하였고 『화엄경』을 기반으로 여러 불교전적들을 강론하고 현토를 역해하였다.[22]

출가 이전의 탄허 스님의 유학은 화담 서경덕(1489-1546), 토정 이지함으로 이어지는 처가의 학맥과 면암 최익현, 간재 전우에서 이극종으로 이어지는 학풍을 물려받았고, 증산교 계통의 보천교 지도자였던 부친의 영향으로 독립정신과 민족정신이 투철했으며, 유불선이 향후에 통합되는 회통사상에도 깊은 영향을 받았다.[23]

탄허 스님은 22세 되던 1934년 9월 5일에 오대산 상원사에 주석하고 있던 한암 스님을 은사로 출가했다. 도학을 좀 더 깊이 배우기 위

---

21 권기완(2018), 6.

22 고영섭(2012), 49.

23 권기완(2018), 19-21.; 김탄허(2001), 215. 탄허 스님은 자신의 도를 닦는 정신은 유교에 대한 공부가 출가 후에 확대된 것이라고 하였다. 그는 항상 젊은 유학자 시절에도 '도가 무엇인가'하는 근본자리에 대한 의문과 향념을 지녔다. 노장학에서 '문자 밖의 소식'인 도(道)에 막힌 탄허는 오대산으로 출가를 하게 되는데 이 무렵 공부했던 『노자』·『장자』는 향후 탄허 스님의 회통사상의 주된 기틀을 형성하였다. 이 당시 탄허 스님은 기독교의 성경을 한문본으로 공부했기 때문에 출가 전에 이미 사교회통의 기반은 충분히 조성되고 있었다.

해 부인에게 잠시 오대산에서 공부하고 오겠다며 떠난 것이 영영 출가의 길이 되었다. 입산 당시 한암 스님은 탄허 스님에게 글을 보지 말고 3년 동안 묵언참선할 것을 지시하여 상원사 선원에서 3년간 말 한마디 하지 않고 참선수행을 했다고 한다. 그런 뒤 선정의 체험을 통해 그간 막혔던 내용들이 환해졌다고 한다. 이젠 글을 보지 않겠다고 하니 한암 스님은 "너는 글을 좀 봐도 된다."고 하면서 불교 경전을 순서대로 섭렵할 것을 권하여 탄허 스님은 7년 동안 불교의 내전을 공부하였으며, 이것은 사교四教와 사집四集, 『화엄경華嚴經』, 『전등록』, 『선문념송』을 공부한 것이다. 24

탄허 스님은 출가 이전부터 유가에 관련된 것과 동양학을 공부하였기 때문에 출가 이후에 선교를 회통하고 유불선 삼교의 동양사상을 회통하게 된 것이다. 탄허 스님은 동양 삼교의 회통정신이 깃든 「삼교평심론」, 「이혹론」, 「현정론」을 「발심삼론」이라 명하고 출가수행자가 가장 먼저 공부하는 『초발심자경문』과 함께 강원교재로 활용하였다. 25 탄허 스님이 사미승에게 불교와 동양학이 양립되지 않고 근본이 불이不二하다는 것을 가르친 것은 탄허 스님의 회통사상을 나타내는 것이다.

이와 같이 탄허 스님은 한국 불교의 회통의 정신을 발전시켜 선과 화엄을 중심으로 선교를 회통하고, 동양의 삼교를 융회시키면서 기독교와 서양사상까지 확장하였다. 이러한 탄허 스님의 '천하무이도,

---

24 권기완(2018), 23-24.
25 김탄허(2001), 115.

성인무양심'의 회통정신은 유儒 · 불佛 · 선仙 · 기基의 사교四教에 두 도가 없으며, 석가 · 공자 · 노자 · 예수가 두 마음이 없다는 깨달음의 표출이었다.[26]

탄허 스님은 일평생 동안 새벽 1~2시에 일어나서 몇 시간 동안 참선을 하지 않고는 하루 일과를 시작하지 않았다고 한다. 아무리 바쁜 일이 있더라도 참선을 거르지 않았으며, 하루 10여 시간 이상 진행했던 번역의 과로도 새벽의 선정삼매의 힘으로 이겨냈다고 한다.[27]

탄허 스님은 경전을 강원에서 강백에게 배우지 않고 상원사 선원에서 선사인 한암 스님에게 배웠다. 그리고 선원에 결제 들어온 대중들을 상대로 중강의 지위에서 경전을 강의하며 7년 동안 논강하였는데, 이것은 선중심의 교학관을 형성하는 중요한 요인이 되었으며, 탄허 스님의 최초의 번역은『육조단경』과『보조법어』였고, 이러한 번역을 시작으로 본격적인 역경불사를 하게 되었다.[28]『화엄경』의 번역은 이통현(635~730)의『화엄론』을 중심으로 번역하여 불교의 핵심종지를 잘 나타내었다.

탄허 스님은 17년 동안『신화엄경합론』을 번역하였고, 그 서문에서 "마음으로 반조하지 않으면 경을 읽어도 아무 이익이 없다[心不反照看經無益]. 언어문자 밖의 종지는 언려를 돈망한 자득의 경지가 아니고

---

26 권기환(2018), 46.

27 김탄허(2001), 218. 탄허 스님은 출가하자 마자 일체 경전과 문자를 보지 말고 3년 동안 묵언참선하라는 한암 스님의 가르침을 받았다.

28 오대산문도회 · 탄허불교문화재단 · 교림(2012), 673.『육조단경』은 1959년에 탈고하여 1960년에 해동불교 역경원에서 간행되었고,『보조법어』는 1960년에 탈고하여 1963년에 간행되었다.

는 추측하지 못하는 것이다."[29]라고 하였다. 이것은 탄허 스님의 선
교겸수를 나타내는 핵심이라고 할 수 있다.

　탄허 스님의 선교겸수는 삼보법회에서 화엄사상을 강의하면서 확
연하게 나타나고 있는데, 이것은 제1권의 「화엄요해」의 '초발심시변
성정각初發心時便成正覺'은 팔만대장경이 제시하는 것은 모두 참선뿐이
기 때문에 탄허 스님은 선수행을 강조한 것으로 다음에서 자세하게
나타난다. "팔만대장경 경이 전부가 참선하라는 소리인데 말입니다.
경 보면 참선 안 된다고 하는 것은 그건 이유가 뭡니까? 생각이 모두
착각이 되어 있다 이겁니다. 경 보면 참선 못한다고 말하는 사람, 경
보면서 참선 안 하는 사람, 이유가 뭐냐 이거예요. 경에 참선하지 말
라는 소리가 어디에 있습니까? 매번 참선하라는 소리밖에 없는데. 근
본이 참선하는 노정기 아닙니까. 경이라는 것이 참선해 가는 길을 얘
기한 거 아니에요? (중략) 마음 닦으라는 소리 이외에 아무것도 없는
겁니다. 글자만 잘 보자는 게 아니에요. 이 경이라는 것이."[30] 이와
같이 탄허 스님은 선교일치와 선교겸수를 주장하고 있다.

　탄허 스님은 "요즈음의 학문은 기능에만 치우쳐 있다. 종지가 없
는 학문은 죽은 학문이다. 인생의 근본이 무엇인지를 모른다."[31]며
근대의 학문과 교육의 문제점을 비판하면서 교화활동으로 인재양성
을 위한 교육에 매진하였고, 역경사업 또한 인재양성과 승려교육의

29　김탄허(2011), 8.
30　탄허장학회(2003), 231.
31　월정사 · 탄허문도회(2013), 124.

교재개발을 목적으로 하였다.[32] 이것은 해방 이후 불교계에 불어 닥친 사찰정화운동의 계기가 되었으며,[33] 불교의 근본정신을 되찾기 위한 탄허 스님의 개혁의지는 대처승을 몰아내는 정화운동과 오대산 및 영은사수도원을 설립하여 교육을 결사로 승화시킨 것이다.

탄허 스님은 선사로서의 정체성을 철저하게 간직하고 있었고, 돈오돈수를 비판하고 돈오점수를 선양했으며, 보조종조론을 주창하였는데, 이것은 모두 스승 한암 스님의 선풍을 계승하여 발전시킨 것이다. 탄허 스님은 『화엄경』을 비롯하여 불교와 유교, 그리고 도교 등 총 20종 80권[34]의 현토와 역해의 저술을 남겼으며, 승속을 막론하고 수많은 교육현장에서 강의와 강연을 통해 자신의 사상을 설파한 탄허 스님은 역경, 교육, 사상 방면에서 뛰어난 업적을 남긴 현대 한국불교사를 대표하는 선사이자 강백이며 사상가이다.

탄허 스님은 기독교에 대해서 그 근본정신과 종지의 핵심이 동양 삼교의 근본과 다를 바 가 없다고 했고, 예수를 석가와 공자와 동등한 성인으로 존경하며 기독교를 불교와 함께 동양의 제사상과 회통하였다. 그리고 불교의 『화엄경』, 유교의 『주역』, 도교의 『노자 · 장자』, 기독교의 「산상수훈」을 국민교육의 교재로 만들기를[35] 강조하면서 동서문명의 융합을 기대하였다.

따라서 탄허 스님은 삼교(불교, 도교, 유교)를 통섭한 불교의 교육자

---

32 윤선태(2013), 43.
33 윤선태(2013), 51.
34 월정사 · 탄허문도회(2013), 7.
35 김탄허(2000), 206.

이면서 사상가이며, 한국불교의 교학사에서 화엄華嚴과 선법禪法을 통섭統攝한 화엄선華嚴禪의 수행자이면서 선각자이다. 탄허 스님은 선禪을 중심으로 하는 종지宗旨와 선지禪旨를 나타내는 역경을 하였고, 선의 대의大義를 명확하게 드러내면서 사교입선捨敎入禪이 아닌 선체교용禪體敎用의 선교관으로 선禪과 교敎를 원융하면서 회통하였다. 탄허 스님의 수행관은 근기에 맞게 수행하는 참선법을 제시하면서 간화선과 관법은 우열이 없다[看話 觀法 無優劣論]는 것을 주장하는 포용적인 수행관을 보여 주었다.

Ⅲ. 탄허 스님의 서간문에 나타난 통도사 인연

　탄허 스님이 경봉 스님에게 보낸 편지가 2통, 경봉 스님이 탄허 스님에게 보낸 편지가 1통이다.[36] 그리고 경봉 스님이 한암 스님에게 보낸 편지가 4통, 한암 스님이 경봉 스님에게 보낸 편지가 무려 24통이다.

　이를 통해 알 수 있는 것은 통도사와 월정사 간의 활발한 교류가 있었다고 할 수 있다. 또한 경봉 스님은 선사이면서도 서신을 그대로 잘 간직하여 보관을 잘 한 것을 알 수 있다. 실지로 경봉 스님을 오래 모셨던 극락암 감원 명정 스님(1943~2019)의 대담에서도 경봉 스님이 보관해오던 것이 여러 가마니라 끝이 없을 정도라 하였다. 지금도 동국대학교 불교학술원에서 아카이브사업 중 자료등록할 것이 많이 남아 있다고 한다. 한암 스님은 1903년 27세때 통도사 내원선원의 조실로 추대되어 1910년 34세 때까지 선원대중들을 지도하였다.

　우선 탄허 스님이 경봉 스님에게 보낸 편지를 보면 다음과 같은 내용이 있다.

　　일찍이 하문下問하심을 엎드려 받았으나 답을 올릴 여가를
　　못낸 것은 여러 가지 일로 그렇게 되었기에 송구스럽고 민망

36　『삼소굴소식』에는 3통이 있고, 『한암·탄허 선사 서간문』에는 2통이 있다.

함은 이루 말할 수가 없습니다. 부탁하신 탑비의 사진은 이미 상원사 아이들에게 말해 놓았으나 아직 도착하지 않았고, 다만 비문 원고를 복사한 것만 보내오니 한번 보십시오.

오호라! 이 한 조각 돌에 어찌 선사의 한 평생을 모두 말하리오마는, 봄의 깃발 하나를 보매 족히 오채五彩의 성장成章을 알겠기에, 평소의 듣고 아는 것을 돌에 새겨서 후학들의 귀감으로 삼으려 함입니다. 이만 줄입니다. 바라옵건대 도를 위하여 자애하시기를 비옵니다.

7월 27일 문소질門小侄 택성 구배상답[37]

위 서신은 탄허 스님의 은사 한암 스님의 탑비에 탄허 스님의 비문을 보내보라는 내용으로 보인다. 『서간문』에서도 경봉 스님께서 탄허 스님에게 한암 선사의 부도와 비사진과 비문을 보고사 한 것 같다고 하였고, 탄허 스님이 '문소질'이라고 한 것은 조카항렬이 되기 때문이라고 하였다. 이 시기도 대략 한암 선사의 부도탑과 비를 1959년에 세웠기에 이 편지는 1958년 말이나 1959년 초 쯤이라고 한다.[38]

다음 내용도 탄허 스님이 경봉 스님에게 보낸 편지이다.

이미 뵈시고 가르침을 듣지 못하였은즉 서신으로라도 문후를 드렸어야했는데 그것이 언제인지 기억조차 못하던 중 뜻밖

---

37   경봉, 명정역주(1997), 378.
38   오대산월정사(2014), 172.

에도 보내신 서한이 책상 위에 놓여져 있어서 감사하고 송구스럽습니다.

더위가 이렇게 기승을 부리는 이 때에 대법체후가 이렇게 건왕하심은 보내신 편지글의 필력으로도 족히 알겠습니다. 인간의 즐거움은 누구나 늙어도 기력이 정정한 것이겠지요. 질佚은 그저 혼침과 산란 두 가지 마장으로 시달린즉 이렇게 높으신 가르침을 받들어야 할런지요.

하문하신 말씀은 잘 알겠습니다. 탑 이름은 차치하고 지금 물으시는 뜻의 의향은 무엇인지요. 저도 여러 가지로 바빠서 이만 줄입니다. 바라노니 살펴주소서. 아울러 비옵나니 도를 위하여 만수무강하소서.

신축년 7월 그믐 문소질門小侄 택성宅成 구배상답九拜上答39

위 내용 중에 '질은 그저 혼침과 산란 두 가지 마장으로 시달린즉'이라 표현한 것은 사실이 그런 것이 아니라 자신을 낮추어 겸손함의 의미로 보여진다. 그리고 '탑 이름은 차치하고 지금 물으시는 뜻의 의향은 무엇인지요'하는 부분으로 보아 앞의 서신과 연관되는 내용으로 보이며, 은사 스님의 부도탑을 조성함에 있어서 경봉 스님과 한암 스님의 각별하였던 사이였기에 많은 부분을 의논드리고 참고하고 있음을 알 수 있다.

또 경봉 스님이 탄허 스님에게 보낸 서신내용은 다음과 같다.

---

39 경봉,명정역주(1997), 380.

오동잎에 바람 높고 계수나무 가지에 달이 둥그니 이외에 다시 무슨 말을 하리요. 이번에 편지를 받아보니 오히려 얼굴을 마주 대한 듯 기쁜 마음 한량 없구료.

위로하고 축하하오. 그런데 현질께서 성심 원력으로 석탑을 만들었는데 이번에 또한 탑 이름을 분명히 이르지 못하였으니 다시 어느 때를 기다리겠습니까.

패한 장수는 차마 베이지 못합니다. 지난 기해년 범어사 동안거 때에 그곳 선원에서 예전의 도솔열화상의 삼관을 설문한 일이 있었는데 그때에 세 가지 물음에 대하여 현질의 답안을 본 일이 있습니다. 1.○ 2.① 3.⊖ 이렇게 운운한 고로 현질을 의심하였는데 이번에 탑 이름을 물은 일에도 그 답이 또한 그래서 의심하던 차에, 또 의심하게 되었습니다. 가만히 현질의 속 살림살이를 짐작은 하지만 누구와 말이라도 하겠습니까. 미소

현질은 이 세상에 과연 출세 대장부로 불 속에서 피어오르는 연꽃 같은 격입니다. 원컨대 만사를 쉬어 버리고 3년간 대용맹정진을 해서 부처님의 혜명慧命을 잇기를 천만 번 바라겠습니다. 이와 같은 이야기도 허물이 적지 않으니 십분 양해하소. 남은 말은 뒤로 미루고 이만 줄이오.

이 날 영축산 삼소굴

졸숙拙叔 경봉鏡峰 화남和南40

---

40 경봉,명정역주(1997), 382-383.

이 내용은 탄허 스님이 보낸 서신에 대한 답장인데 탄허 스님을 많이 아끼는 내용들이 보인다. 경봉 스님과 은사인 한암 스님과는 사촌 사형 사제였었고, 가장 많은 24통의 서신왕래가 있었다. 3통의 짧은 서신왕래이지만 탄허 스님에 대한 경봉 스님의 관심은 매우 큰 것이었다고 하겠다.

『삼소굴 법향』에 탄허 스님의 상좌인 혜거 스님의 다음과 같은 내용이 있다.

> 한암 스님이나 은사인 탄허 스님께서는 수행 과정에서 언제나 경봉 스님을 경앙敬仰하고, 추앙推仰하는 마음을 내려놓으신 적이 없는 것으로 알고 있습니다. 한암 스님은 경봉 스님을 가장 큰 도반으로, 또 탁마하면서 가장 측근 지인으로 마음에 항상 품고 계셨던 것을 저희 후학들은 느낄 수 있지요.[41]

이런 내용을 통해 한암 스님과 경봉 스님 간의 각별한 관계를 본 탄허 스님이기도 하고, 사숙과 조카항렬이기도해서 깊은 인연임을 찾아 볼 수 있다.

이원석의 논문에 '석담의 법제자가 된 한암은 통도사에도 승적을 보유하였다. 당시 통도사를 주관하던 성해는 바로 석담의 사형이었다. 이에 한암은 근현대 영축문도를 대표하는 구하·경봉과 불가에서 말하는 사촌 사형제가 되었다. 성해는 구하의 법사이자 경봉의 은

---

41 경봉문도회,(2020), 123.

사였기 때문이다.'[42]

또 혜거 스님의 대담을 보면 그러한 인연을 볼 수 있다.

> 한암 스님께서 "남쪽 경봉 스님이 계신 처소로 피난을 가거
> 라." 하셔서 탄허 스님이 대중을 거느리고 경봉 스님이 계신 극
> 락암으로 피난을 가신 것으로 압니다. 한암 스님은 탄허 스님
> 을 경봉 스님께서 안아줄 것이라는 믿음으로 보내신 것이지
> 요. 탄허 스님은 경봉 스님의 환대로 극락암에 머물다가, 백련
> 암으로 거처를 옮기시면서 강의도 하시면서 지냈다고 합니다.
> 아무리 피난 시절이라고 해도 그렇지 한 사람도 아닌 대중
> 과 함께 피난길로 찾아간 곳이, 극락암 경봉 스님이었다는 점
> 이 중요합니다. 경봉 스님과 한암 스님과의 친분만으로, 한암
> 스님이 직접 가셨다면 말할 것이 없겠지만 직접 가시지 않고
> 제자들만 피난을 보내셨어요.
> 하지만 경봉 스님께서 우르르 달려들 듯이 온 한암 스님 제
> 자들을 모두 다 자기 권속처럼 따뜻하게 맞이해 주셨어요. 그
> 렇게 환대받고 피난 온 스님들을 편안하게 수행할 수 있게 자
> 리를 펴주셨습니다.[43]

이러한 내용으로 보아 경봉 스님은 『경허집』, 『한암집』 등을 책을

---

42 이원석(2020), 207.

43 경봉문도회, (2020), 124.

엮을 수 있도록 자료를 모아 두셨던 것으로 보여진다. 그러므로 통도사와 월정사의 개산조, 사촌 사형 사제지간으로, 각별한 관계로 지금까지 또 공동세미나 주최에 이른 것으로 보인다.

Ⅳ. 나가는 말

경봉 스님은 현대를 대표하는 선사로 간화선으로 깨달음을 얻었으며, 통도사를 중심으로 가람수호와 교화에 뛰어난 업적을 남겼고, 근현대 불교개혁 과정에서 중심적인 역할을 하였으며, 당대 선승들과의 서신과 법거량을 통하여 독자적인 선풍을 남겼다.

경봉 스님은 법이란 생각이 나기 전에 이미 있는 것이며 우주의 삼라만상 가운데 모두 존재하는 것이라 인식한다. 일상의 모든 생활 속에 선이 존재하며 생활 자체가 선의 세계라 말한다. 경봉 스님은 선의 궁극적인 세계인 언어도단 심행처멸言語道斷 心行處滅에 대하여 분명한 인식을 가지고 있었다. 스님은 일체 모든 세계가 불법의 세계라는 일체개진一切皆眞의 홍주종의 입장을 계승하면서도 심성에 있어서는 하택 스님과 보조 스님의 영지靈知를 받아들여 소소영영한 자리를 강조하였다. 경봉 스님은 이러한 진리관을 저술이 아닌 법문과 선문답을 통하여 드러내었고, 수많은 시詩로써 진리의 세계를 그려내고 노래하였다.[44]

경봉 스님은 염불만일회를 30여 년간 주관하면서 화엄산림 법회로 선교일치의 보림을 구현하였다. 또한 통도사의 총림화에 헌신하

---

44 서왕모(2010), 113-114.; 경봉(1985), 12. 하늘의 달빛 천추에 빛나는데 달팽이 뿔같은 헛된 이름 어이구할까. 창해도 몰라주고 산과도 말 못하니 꽃다운 두엉에 소나 먹이리라 長天此月照千秋 角功名豈得求 瘡海不知山不語 花林芳草牧斯牛

면서 불교 정화개혁운동과 일제의 잔재청산 등에도 충실하였다. 경
봉 스님의 평상심시도平常心是道는 약산유엄藥山惟儼(751~834)과 해인사
인곡 스님의 묵언법문과 바로 상통하는 것이며, 경봉 스님의 선교겸
수禪敎兼修는 화엄산림과 불경의 번역 보급 등에서 나타난다. 이와 같
은 염불만일회, 화엄산림, 선교겸수 등은 지눌 스님을 거쳐 조선 중
기 서산 스님에 의해 재정립되어 백파긍선 스님, 경허성우 스님 등으
로 면면히 이어지는 한국 불교사상의 큰 맥락과 함께 하는 것이다.

　탄허 스님은 현대 한국의 대표적인 선승이자 학승이었으며, 탄허
스님은 "요즈음의 학문은 기능에만 치우쳐 있다. 종지가 없는 학문은
죽은 학문이다. 인생의 근본이 무엇인지를 모른다."[45]며 근대의 학문
과 교육의 문제점을 비판하면서 인재양성을 위한 교육에 매진하였
고, 역경사업 또한 인재양성과 승려교육의 교재개발을 목적으로 하
였다. 탄허 스님은 선사로서의 정체성을 철저하게 간직하고 있었고,
돈오돈수를 비판하고 돈오점수를 선양했으며, 보조종조론을 주창하
였는데, 이것은 모두 스승 한암 스님의 선풍을 계승하여 발전시킨 것
이다.

　탄허 스님은 삼교(불교, 도교, 유교)를 통섭한 불교의 교육자이면서
사상가였고 한국불교의 교학사에서 화엄華嚴과 선법禪法을 통섭統攝한
화엄선華嚴禪의 수행자이면서 선각자이다. 탄허 스님은 선禪을 중심으
로 하는 종지宗旨와 선지禪旨를 나타내는 역경을 하였고, 선의 대의大
義를 명확하게 드러내면서 사교입선捨敎入禪이 아닌 선체교용禪體敎用의

45　월정사 · 탄허문도회(2013), 124.

선교관으로 선禪과 교敎를 원융하면서 회통하였다. 탄허 스님의 수행관은 근기에 맞게 수행하는 참선법을 제시하면서 간화선과 관법은 우열이 없다[看話 觀法 無優劣論]는 것을 주장하는 포용적인 수행관을 보여 주었다.

서간문을 통한 통도사와 월정사의 교류는 한 집안으로서 면모를 보여주기에 충분하다고 할 수 있다. 이러한 세미나를 공동주최하는 인연도 그러한 흐름 속에 있으며, 불교의 중흥을 위해 보람 있는 일로 여겨진다.

01. 구하와 한암의 관계 검토

- 경봉, 석명정,『화중연화소식』, 미진사, 1984.
- 경봉대선사, 역주 석명정,『삼소굴일지』, 극락호국선원, 2014.
- 경허 성우, 이상하 옮김,『경허집』, 동국대학교출판부, 2016.
- 관응대종사 문도회,『황악일지록』, 황악산 중암, 2018.
- 김광식 엮음,『석암스님의 수행과 가르침』, 석암문도회, 2011.
- 김광식 엮음,『자운대율사』, 불광출판사, 2017).
- 대한불교조계종 교육원 불학연구소,『근대 선원 방함록』, 대한불교조계종교육원, 2006.
- 동광 혜두, 김용환 외 편집,『청산은 흐르지 않고 물은 멀리 흐르네』, 정우서적, 2013.
- 만공문도회,『만공법어』, 수덕사 능인선원, 1982.
- 범어사,『범어사지』, 부산: 범어사, 1989.
- 보문문도회 · 김광식,『보문선사』, 민족사, 2012.
- 삼보학회,『한국근세불교백년사』 2 · 3, 민족사, 1994.
- 석명정 역주,『삼소굴소식』, 극락선원, 1997.
- 서남현 편,『축산 구하 대종사 민족불교운동 사료집』상하, 영축총림통도사, 2008.
- 선우도량 한국불교근현대사 연구회,『22인의 증언을 통해본 근현대 불교사』,
- 선우도량출판부, 2002.
- 신규탁 편역,『화엄종주 경운원기 대선사 산고집』, 경운원기대선사문손회, 2016.
- 월정사 김광식 엮음,『방산굴의 무영수』상, 오대산 월정사, 2013.
- 월정사 · 김광식 엮음,『방산굴의 무영수』, 오대산 월정사, 2011.
- 이능화, 역주편찬위원회,『역주 조선불교통사』6, 동국대출판부, 2010.

- 이산 현문,『신편 통도사지』하, 2020.
- 자운문도회,『자운대율사』, 가산불교문화연구원출판부, 2000.
- 정광호,『한국불교최근백년사편년』, 인하대출판부, 1999.
- 축산문집간행위원회,『축산문집』, 영축총림 통도사, 1998.
- 축산문집간행위원회,『금강산유기』, 영축총림 통도사, 1998.
- 한암대종사법어집 편찬위원회,『정본 한암일발록』상하, 오대산 월정사, 2010.
- 한암문도회 · 김광식,『그리운 스승 한암 스님』, 민족사, 2006.
- 해담치익,『증곡집』, 대원사, 1934.
- 이정귀, 서산청허당휴정대사비명,『월사집』45, 민족문화추진회, 1991.
- 강석주 · 박경훈 공저,『불교근세백년』, 민족사, 2002.
- 김광식,『한국 근대불교의 현실인식』, 민족사, 1998.
- 김광식,『탄허 대종사』, 탄허불교문화재단, 2010.
- 동국대 석림동문회,『한국불교현대사』, 시공사, 1997.
- 박설산,『뚜껑 없는 역사책』, 삼장, 1994.
- 보문문도회 · 김광식 엮음,『보문선사』, 민족사, 2012.
- 서남현 편,『영축총림 통도사 근현대불교사』상, 영축총림 통도사, 2010.
- 안동성,『보기출발록』, 을지문화사, 1990.
- 윤청광,『영축산에 달 뜨거든』, 노천문도회, 2014.
- 임혜봉,『친일승려 108인』, 청년사, 2005.
- 자현,『시대를 초월한 성자, 한암』, 불광출판사, 2020.
- 자현 외,『석전 영호대종사』, 조계종출판사, 2015.
- 조환기 엮음,『참사람의 향기』, 대한불교조계종 고불총림 백양사, 2004.
- 종걸 · 혜봉,『석전 박한영』, 신아출판사, 2016.
- 다카하시 도루(高橋 亨),『李朝佛教』, 國書刊行會, 1973.
- 김경집,「근대 원종의 성립과 의의」,『한국불교학』29집, 한국불교학회, 2001.

- 김경집, 「근대 경운 원기의 교화활동」, 『보조사상』 40집, 보조사상연구원, 2013.
- 김광식, 「조선불교조계종과 이종욱」, 『민족불교의 이상과 현실』, 도피안사, 2007.
- 김광식, 「일제하의 불교출판」, 『대각사상』 9집, 대각사상연구원, 2009.
- 김수아, 「일제강점기 근대한국불교를 위한 김구하의 개혁방향과 내용」, 『문학과 종교』 22-4, 한국문학과종교학회, 2017.
- 원영상, 「난암 유종묵의 수행교화와 일본행적에 대한 시론적 고찰」, 『한국불교학』 79집, 한국불교학회, 2016.
- 윤균, 「근대불교 종단 형성과정에서 나타난 구하천보의 변혁적 리더십연구」, 한양대 대학원, 2022.
- 윤창화, 「한암선사의 서간문 고찰」, 『한암선사연구』, 민족사, 2015.
- 이원석, 「한암의 상원사 이거와 시기 검토」, 『정토학연구』 28집, 한국정토학회, 2017.
- 이원석, 「한암의 출가 과정과 구도적 출가관」, 『선학』 50집, 한국선학회, 2018.
- 이원석, 「한암 스님의 불출동구와 현실관」, 『한국불교학』 92집, 한국불교학회, 2019.
- 이원석, 「한암과 통도사 내원암」, 『한국불교학』 96집, 한국불교학회, 2020.
- 이원석, 「강원도 삼본사 수련소의 설립과 운영」, 『한국불교학』 98집, 한국불교학회, 2021.
- 최두헌, 「구하의 통도사 개혁과 그 현대 불교사적 의의」, 『한국불교학』 101집, 한국불교학회, 2022.
- 한동민, 「근대 불교계와 통도사 주지 구하스님의 독립운동 -독립운동 자금 지원을 중심으로-」, 『영축총림통도사 근현대불교사 학술자료집』, 영축총림 통도사, 2010.

- 한동민, 「일제강점기 통도사 주지 김구하와 독립운동 자금 지원」, 『대각사상』 15집, 대각사상연구원, 2011.
- 『대한불교』, 『법보신문』, 『불광』, 『불교』, 『불교(신)』, 『불교닷컴』, 『불교시보』, 『불교신문』, 『매일신보』, 『조선불교총보』, 『조선일보』

02. 구하 독립운동의 자료, 개요와 성격

- 서남현, 『영축 구하 대종사 민족운동 사료집』, 통도사, 2008.
- 통도사, 『영축총림 통도사 근현대 불교사』, 영축총림 통도사, 2010.
- 김광식, 『삼소굴 법향』, 경봉문도회, 2020.
- 김광식, 「만해 한용운과 통도사」, 『불지광조 ; 정인스님 정년퇴임기념 논총』, 2017.
- 김광식, 「통도중학교의 민족교육과 폐교사건」, 『한국 호국불교의 재조명』 8 권, 조계종 불교사회연구소, 2019.
- 김광식, 『백초월』, 민족사, 2014.
- 김수하, 「일제강점기 근대한국불교를 위한 김구하의 개혁정신과 방향」, 『문 학과 종교』 22, 2017.
- 박희승, 「일제강점기 상해임시정부와 이종욱의 항일운동 연구」, 『대각사상』 5, 2002.
- 임혜봉, 『친일불교론』, 민족사, 1993.
- 임혜봉, 『친일승려 108인』, 청년사, 2005.
- 한동민, 「일제강점기 통도사 주지 김구하와 독립운동 자금 지원」, 『대각사상』 15, 2011.
- 한동민, 「일제강점기 신상완의 독립운동」, 『대각사상』 13, 2010.
- 한상길, 「통도사와 표충사의 3·1운동」, 『한국불교학』 89, 2018.

03. 구하의 통도사 개혁과
그 현대 불교사적 의의

1. 자료

1) 사찰소장자료

- 경봉, 『日誌』
- 구하, 『九河歷史』
- 구하, 『金剛山錄抄案』
- 박원찬, 『歷史』
- 〈本寺各法堂聖像鍍金緣化記 其一 懸板〉
- 〈舍利塔重修緣化記〉
- 『聖海禪師壽宴詩』
- 『梁山郡通度寺紙役革罷及各樣雜役存減節目』
- 〈傳佛心印扶宗樹敎九河堂大宗師之碑〉
- 〈通度寺舍利塔重修寄附記〉
- 〈通度寺金剛戒壇重修補助記〉
- 『通度寺舍利袈裟事蹟略錄』
- 〈通度寺蠲役復舊碑序〉
- 『喚惺祖師宗契册』

2) 출판자료

- 삼십본산연합사무소(1917), 『朝鮮佛敎叢報』, 6호.
- 아세아문화사(1979년), 『通度寺誌』.
- 영축총림통도사(2008), 『鷲山 九河大宗師 民族佛敎運動 史料集』.
- 영축총림통도사(1998년), 『鷲山文集』.
- 조선불교월보사(1912), 『조선불교월보』, 제6호.

2. 논문류

- 김수아(2017), 「일제강점기 근현대불교를 위한 김구하의 개혁정신과 방향」, 『문학과 종교』22-4, 한국문학과종교학회.
- 박두육(2013), 「근대 한국 불교의 자강운동」, 동방대학원대학교 불교문예학과 박사논문.
- 윤영해(2018), 「환성지안과 통도사 연구 - 환성지안의 통도사 관련 자료를 중심으로-」, 『韓國佛教學』87, 한국불교학회.
- 이경순(2000), 「1917년 佛教界의 日本視察 연구」, 『한국민족운동사연구』25, 한국민족운동사학회.
- 이종수(2017), 「조선후기 통도사 금강계단의 중수와 불교사적 의미」, 『제30회 불교미술사학회 발표문집』, 불교미술사학회.
- 한동민(2011), 「일제강점기 통도사 주지 김구하와 독립운동 자금 지원」, 『大覺思想』15, 대각사상연구회.
- 이병길(2019), 『통도사 신평 3.1만세운동 100주년 학술발표회 자료집』, 양산시.

04. 구하의 문집과
   통도사지 간행의 불교사적 의의

- 김순석(2003), 『일제시기 조선총독부의 불교정책과 불교계의 대응』, 서울 : 경인문화사.
- 김정명 편(1967), 『不逞鮮人檢擧の件』, 『朝鮮獨立運動』第7卷 分册, 東京 : 原書房, 1967.
- 《鷲山寶林》창간호(1920), 통도사내 鷲山寶林, 1920.
- 『鷲山文集』(1998), 번역·윤문 李東吉·金鉉埈, 鷲山文集刊行委員會, 양산시 : 靈鷲叢林 通度寺.

- 『金剛山觀賞錄』(1998), 鷲鷲叢林 通度寺(1998), 번역·윤문 李東吉·金鉉埈, 양산시 : 靈鷲叢林 通度寺.
- 『신편 통도사지』(2020), 신편 통도사지편찬위원회, 서울 : 담앤북스.
- 李能和(1982), 『朝鮮佛敎通史』, 서울 : 보련각.
- 李智冠(1992), 『가야산해인사지(伽倻山海印寺誌)』, 서울 : 가산불교문화연구원출판부.
- 林錫珍 原著, 古鏡 改正編輯(2001), 「跋」, 『松廣寺誌』, 순천 : 송광사.
- 林錫珍(1965), 『大乘禪宗 曹溪山 松廣寺誌』, 順天 : 松廣寺.
- 張忠植(1979), 『通度寺誌』, 서울 : 亞細亞文化社.
- 韓國文獻硏究所(1979), 『通度寺誌』, 서울 : 아세아문화사.
- 《每日申報》
- 《朝鮮佛敎叢報》
- 《朝鮮佛敎叢報》(1917, 11, 20) 제7호, 〈시사일속〉, 朝鮮佛敎叢報社.
- 김광식(2007), 「백초월의 삶과 독립운동」, 『민족불교의 이상과 현실』, 도피안사, 2007.
- 김순석(2013), 「『대한승려연합회선언서』의 재검토」, 서울 : 『불교학보』, 제66집.
- 대한불교조계종 영축총림 통도사(2010), 『영축총림 통도사 근현대불교사』, 도서출판 선연.
- 白最勝(1998), 「跋」, 『金剛山觀賞錄』, 영축총림 통도사.
- 月把(1998), 「跋文」, 『鷲山文集』, 양산시 : 靈鷲叢林 通度寺.
- 이경순(2000), 「1917년 佛敎界의 日本視察 연구」, 『한국민족운동사연구』 25, 서울 : 한국민족운동사연구회.
- 이미진(2021), 「모당일기(慕堂日記)를 통해 본 모당(慕堂) 손처눌(孫處訥)의 한시 짓기와 의미」, 『국학연구』 제44집, 한국국학진흥원.
- 임혜봉(1994), 「명치천황 영전에 축문 읽은 김구하 -조선 불교 일본시찰단의 친일 행 각(1917년)」, 『불교사 100장면』, 가람기획, 1994.

- 임혜봉(2005),「김구하 친일과 항일을 넘나든 비리 주지」,『친일승려 108인』, 서울 : 청년사.
- 장충식(1998),「靈鷲山의 큰 별 구하 스님」,『鷲山文集)』.
- 조성운(2007),「日帝下 佛敎視察團의 派遣과 그 性格」,『선학』18, 한국선학회.
- 채상식(1990),「고려중기 通度寺의 寺格과 역사적 의미」,『한국민족문화』3, 부산 : 부산대학교 한국민족문화연구소.
- 한동민(2005),「'사찰령' 체제하 본산제도 연구」, 중앙대학교대학원 사학과 박사학위 논문.
- 한동민(2011),「일제강점기 통도사 주지 김구하와 독립운동 자금 지원」.『대각사상』, 대각사상연구원.
- 허홍식(1993),「寺誌의 刊行과 展望」,『고려불교사 연구』, 일조각.

05. 6·25 당시 통도사의
야전병원과 호국불교 역할

- 불교신문
- 동아일보
- 영축총림 통도사 용화전 미륵불소조좌상 연기문
- 국가기록원 자료「통도사 명도(明渡)에 관한 건」
- 국방부「양산 통도사 제31 육군병원 분원 관련 조사 결과서」
- 유창수, 박기수, 고성록, 고해록, 김용길, 김진조, 안정철, 김학조, 류득원 증언

06. 한암漢巖의 통도사 인연과
석담유성石潭有性

- 鏡峰 著, 明正 編, 『三笑窟日誌』, 서울: 맑은소리 맑은나라, 2014.
- 법정·서경수 外 著, 『늘 깨어 있는 사람들』, 서울: 홍사단출판부, 1984.
- 佛學硏究所 編, 『近代 禪院 芳啣錄』, 서울: 大韓佛教曹溪宗 教育院, 2006.
- 徐南賢 編輯, 『鷲山 九河大宗師 民族佛教運動 史料集 下』, 梁山: 通度寺, 2008.
- 善友道場 韓國佛教近現代史硏究會 編, 『22人의 證言을 통해 본 近現代佛教史』, 서울: 善友道場出版部, 2002.
- 新丘文化社 編, 『韓國의 人間像3-宗教家·社會奉仕篇』, 서울: 新丘文化社, 1965.
- 靈鷲叢林 通度寺 編, 『靈鷲叢林 通度寺 近現代 佛教史: 九河·鏡峰·月下·碧眼大宗師를 中心으로 上』, 梁山: 靈鷲叢林 通度寺, 2010.
- 鄭珖鎬 編, 『韓國佛教最近百年史編年』, 仁川: 仁荷大學校出版部, 1999.
- 鷲山文集刊行委員會 編, 『鷲山文集』, 梁山: 靈鷲叢林 通度寺, 1998.
- 漢岩大宗師法語集 編纂委員會 編, 『定本-漢岩一鉢錄 上』, 平昌: 漢巖門徒會·五臺山 月精寺, 2010.
- 漢岩大宗師法語集 編纂委員會 編, 『定本-漢岩一鉢錄 下』, 平昌: 漢巖門徒會·五臺山 月精寺, 2010.
- 漢巖門徒會·金光植 編, 『그리운 스승 漢岩스님(韓國佛教 25人의 證言錄)』, 서울: 民族社 2006.
- 寒岩 撰, 尾友 李礫 編, 『寒岩禪師法語』, 1922, 프린트본.
- 廉仲燮, 「漢巖重遠의 禪佛教와 교육사상 연구」, 서울: 東國大 博士學位論文, 2020.
- 尹暢和, 「漢岩의 自傳的 求道記〈一生敗闕〉」, 『漢岩思想』 제1집(2006).
- 尹暢和, 「鏡虛의 知音者 漢岩」, 『漢岩思想』 제4집(2009).
- 李元錫, 「漢巖과 通度寺 內院庵」, 『韓國佛教學』 제96집(2020).

- 李元錫,「漢巖 重遠과 吞虛 宅成의 佛緣-吞虛의 出家 背景」,『韓國佛教學』제 79집(2016).
- 李元錫,「漢巖의 上院寺 移居와 시기 검토」,『淨土學研究』제28집(2017).
- 李元錫,「漢巖의 出家 過程과 求道적 出家觀」,『禪學』제50호(2018).
- 홍현지,「鏡虛의 三水甲山과 償債」,『大覺思想』제18집(2012).
- 『佛光』제62호(1979, 12).
- 『佛教時報』제69호(1941, 5, 15).
- 『佛教時報』제71호(1941, 7, 15).
- 『朝鮮佛教叢報』제3호(1917. 5).

07. 한암 중원의 조계종사 인식과
조계종의 회복

- (사)한국불교학회, '한국불교의 보편성과 특수성 I: 고려시대 11종의 통합성 과 종합성과 관련하여',『2020년 한국불교학회 추계학술대회자료집』.
- 이회광(李晦光, 1862~1932),「불교개종문제(一)」,〈동아일보〉 1920년 6월 2일.
- 李能和,『조선불교통사』, 역주편찬위원회 편역,『역주 조선불교통사』(동국대 학교출판부, 2010), p.311.
- 錦溟 寶鼎,「序文」,『曹溪高僧傳』(『한불전』제12책, p.381상).
- 금명 보정,『조계고승전』, 김호귀 · 김용태 역(동국대출판부, 2021).
- 이재창,「오대산의 맑은 연꽃, 한암 스님」,『정본 한암일발록』하권(서울: 민족 사, 1995; 1996; 2010),
- 權相老,「曹溪宗 - 朝鮮에서 自立한 宗派의 其四」,《불교》제58호, 1929. 4. 1.
- 方寒巖,「海東初祖에 對하야」,《불교》제70호, 1941, p.848.

- 鄭性本,「禪宗六祖慧能大師頂相東來緣起考」,『한국불교학』제15집, 한국불교학회, pp. 185~211

- 김호성,「한암의 '도의-보조 법통설' - 〈해동초조에 대하야〉를 중심으로」,『보조사상』제2집, 보조사상연구원, 1992.

- 김광식,「방한암과 조계종단」,『한암사상』제1집, 한암사상연구원, 2006.

- 김광식,「대한불교조계종의 성립과 성격: 1941~1962년의 조계종」,『선학』제34집, 한국선학회, 2013.

- 염중섭(자현),「한암의 해동초조에 대하여」,『한국불교학』제97집, 한국불교학회, 2021. 2.

- 김상현,「십이종(十二宗),『한국민족문화대백과사전』.

- 정병조,「金大悲」,『한국민족문화대백과사전』.

08. 한암漢岩과 경봉鏡峰의 서간문 법거량

- 장로종색,『重雕補註 禪苑淸規』제10권, 百丈糾繩頌.
- 『전등록』6권, 백장회해 장(章)
- 양억,「禪門規式」(대정장 51권,p. 250c).
- 晦巖智昭,『人天眼目』2권,「汾陽十八問」.
- 한암문도회 편,『정본 한암일발록』상권, p. 281. 오대산 월정사.
- 『대정장』48권, CBETA 電子版 No. 2005.
- 『선종무문관』,『대정장』48권. CBETA 電子版 No. 2005,
- 경봉대선사 일기『삼소굴일지』극락선원.
- 草牛堂 卞榮世,『緇門警訓』序.
- 『신찬속장경』126책.
- 『오등회원』4권(신찬속장경, p. 92a).

- 『삼소굴소식』(극락선원).
- 『연등회요』23권.
- 『현사비선사어록』중.
- 『선문염송』23권 987칙.
- 무문혜계,『무문관』48칙
- 만송행수,『종용록』61칙.

09. 한암 · 탄허 · 희찬의 어록 및
증언록 간행의 불교사적 의미

- 智還 編,『天地冥陽水陸齋儀梵音删補集』
- 智禪 編,『五種梵音集』(『韓儀叢』2
- 김현해,『한암일발록』, 한암문도회, 1995, 10.
- 釋明正,『漢岩集』, 극락선원, 1990.
- 오대산 상원사 장판,『金剛般若波羅蜜經』, 元寶山, 傳燈寺 刊行, 1937. 8.
- 원행,『만화 희찬 스님 시봉 이야기』, 에세이스트사, 2017.
- 월정사 · 김광식,『방산굴의 무영수』, 오대산 월정사, 2013.
- 월정사 · 김광식,『오대산의 버팀목』, 오대산 월정사, 2011.
- 월터 J. 옴 지음, 이기우 · 임명진 옮김,『구술문화와 문자문화』, 문예출판사, 1995/2000.
- 이철교 · 김광식,『韓國近現代佛教資料全集(全69卷)』, 민족사, 1996.
- 재단법인 탄허불교문화재단 탄허대종사법어록편찬실,『피안으로 이끄는 사자후』, 교림, 1997.
- 정두석,『불교설화전서』, 한국불교출판부, 1990.
- 車河淳,『史觀이란 무엇인가』, 청람문화사, 1994.

- 탄허문도회, 『方山窟法語-呑虛大禪師法語集』, 오대산 월정사, 2003/2013.
- 탄허 대종사, 『부처님이 계신다면』, 교림, 1979/2010.
- 탄허불교문화재단, 『呑虛 大宗師 年譜』, 교림, 2012.
- 漢岩大宗師文集編纂委員會, 『漢岩一鉢錄』, 오대산 월정사, 1995.
- 漢岩大宗師文集編纂委員會, 정본 『漢岩一鉢錄』, 오대산 월정사 · 한암문도회, 2010.
- 한암문도회 · 김광식, 『그리운 스승 한암 스님』, 오대산 월정사, 2006.
- 『한암선사 육필본 경허집 영인본』, 오대성지 월정사, 2009.
- 고영섭, 「탄허 택성의 생애와 사상」, 『오대산 화엄의 특징과 탄허의 원융사상』, 한국불교학회, 2012.
- 김광식, 「오대성지의 중창주, 만화 희찬: 僧伽五則의 계승과 실천」, 『정토학연구』 28, 한국정토학회, 2012.
- 김광식, 「근 · 현대 불교 연구 성과와 과제」, 『한국불교학』 68, 한국불교학회, 2013.
- 김광식, 「큰스님론」, 『우리 시대의 큰스님』, 인북스, 2015.
- 김성철, 「탄허 스님의 예지, 그 배경과 의의」, 『한국불교학』 63, 한국불교학회, 2013.
- 김종두, 「天台에서 본 漢岩스님의 선사상」, 『한국불교학』 70, 한국불교학회, 2014.
- 고영섭, 「조계종의 戒定慧 三學 修行 전통 - 龍城 · 映湖 · 漢巖 · 慈雲을 중심으로」, 『불교학보』 70, 불교문화연구원, 2015.
- 염중섭, 「漢巖의 〈僧伽五則〉 대한 검토」, 『동아시아불교문화』 44, 동아시아불교문화학회, 2020.
- 윤창화, 「한암선사와 봉은사」, 『(사)한국불교학회 2016 춘계학술대회자료집』, 한국불교학회, 2016. 1.
- 이성운, 「불교사학 입문서 간행의 현황과 분석—觀點과 그 距離를 中心으로

─」,『한국불교사연구』, 한국불교사학회, 2019. 12. 31.
- 이성운, 「한암과 지암의 호법 관」,『한암의 선사상과 제자들』, 쿠담북스, 2017.
- 이원석, 「강원도 삼본사 수련소의 설립과 운영」,『한국불교학』98, 한국불교학회, 2021.
- 조성택, 「근대한국불교사 기술의 문제: 민족주의적 역사 기술에 관한 비판」,『민족문화연구』53, 고려대학교 민족문화연구원, 2010. 12. 31.

10. 경봉과 탄허의 인연과 서간문

단행본류
- 오대산월정사(2013),『탄허 허공을 삼키다』, 민족사.
- 이원석외(2020),『한암.탄허 연구 논집종, 민족사.
- 경봉, 명정편역(1978),『법해』,극락호국선원.
- 경봉, 명정편역(1985),『삼소굴일지』, 극락호국선원
- 경봉, 명정편역(1997),『삼소굴소식』, 극락호국선원.
- 경봉문도회(2020),『삼소굴 법향』, 백산출판사.
- 김탄허(2000),『피안으로 이끄는 사자후』, 교림.
- 김탄허(2001),『發心・三論』, 교림.
- 김탄허(2011),『新華嚴經合論』1, 교림.
- 월정사・탄허문도회(2013),『방산굴법어』, 오대산 월정사.
- 오대산문도회・탄허불교문화재단(2012),『탄허대종사 연보』, 교림.
- 오대산월정사(2014),『한암.탄허선사 서간문(2권 역주해설편)』, 민족사.
- 자현외(2013),『미래를 향한 100년, 탄허』, 조계종출판사.
- 자현(2021),『탄허의 예언과 그 불꽃같은 생애』, 민족사.

- 정도(2013) 『경봉선사연구』, 운주사.
- 탄허 스님(1981), 『부처님이 계신다면』, 교림.
- 탄허장학회(2003), 『탄허강설집』, 불광출판부.

논문류

- 고영섭(2012), 「吞虛 宅成의 생애와 사상」, 한국불교학 63.
- 권기완(2018), 「吞虛 宅成의 四教會通思想 研究」, 한국학중앙연구원, 박사학위 논문.
- 김광식(2011), 「경봉의 수행·교화·불법수호의 원융상」, 『대각사상』15.
- 김성철(2012) 「탄허 스님의 예지, 그 배경과 의의」『한국불교학』63.
- 서왕모(2008), 「경봉 스님의 선사상 일고」『보조사상』30.
- 서왕모(2009), 「경봉선사의 사상적 교류 고찰-보조국사, 한암선사와 용성선사를 중심으로-」『보조사상』32.
- 서왕모(2010), 「鏡峰禪師研究」, 동국대학교, 박사학위논문.
- 서왕모(2014), 「한암과 경봉의 오후보림悟後保任에 대한 연구」『한국선학』39.
- 윤선태(2013), 「吞虛 스님의 求道過程과 人材養成」『한국불교학』66.
- 윤창화(2012), 「한암과 탄허의 동이점 고찰」『한국불교학』63.
- 염중섭(2019), 「한암과 탄허의 승가 교육 방향과 실천 양상」『국학연구』39.
- 이원석(2020), 「한암과 통도사 내원암」『한국불교학』96.

영축산의 구하천보九河天輔와
오대산의 한암중원漢巖重遠

초판 1쇄 발행 2023년 1월 1일

＊

지은이   이원석, 김광식, 최두현, 김순석, 이성수
          자　현, 고영섭, 윤창화, 이성운, 정　도

＊

펴낸곳   담앤북스
          서울특별시 종로구 새문안로3길 23
          경희궁의 아침 4단지 805호
          대표전화 02-765-1251
          전송 02-764-1251
          전자우편 damnbooks@hanmail.net

＊

출판등록 제300-2011-115호

＊

ISBN 979-11-6201-384-7 (03220)
정가 33,000원

＊

이원석 (동국대(서울) 다르마칼리지 조교수)
동국대학교 사학과를 졸업하고 동 대학원에서 석사학위와 박사학위를 취득하였으며,
현재 동국대 다르마칼리지 조교수로 재직하고 있다. 근세·근대 중국의 학술과 사상을
연구하고 있으며, 한국 근현대불교사에도 관심을 지니고 있다. 논저로는 「19세기 양주
학파 왕희손의 경세론」, 「완원의 천산학과 서학중원설」, 「탄허의 학술과 회통론」, 「한암
과 통도사 내원암」, 「근대 중국의 국학과 혁명사상」 등이 있고, 역서로 「중국의 근대혁
명과 전통사상 사이에서」 등이 있다.

김광식 (동국대 특임교수)
건국대학교 사학과를 졸업하고, 동 대학원에서 한국불교사 연구로 석사학위와 박사학
위를 취득하였다. 독립기념관의 책임연구원 및 전시부장과 부천대학교 초빙교수와 만
해학회 회장을 역임하였다. 현재 동국대학교 특임교수로 재직 중이며, 3·1운동 당시 민
족대표였던 백용성을 연구하는 대각사상연구원의 연구부장으로 활동하고 있다. 한국
근현대 불교관련 연구논문 200여 편이 있으며, 「그리운 스승 한암 스님」(민족사)과 「만
해 한용운 평전」(천글세상) 등 한국 근현대 불교사 및 인물과 관련된 30여 종의 저서가
있다.

최두헌 (통도사성보박물관 학예연구실장)
1976년 경주 출생으로, 동국대학교 한문학과 동 대학원 한문학과에서 석사를 마치고,
부산대학교 한문학과에서 「경봉정석의 한시연구」로 박사학위를 받았다. 현재 통도사성
보박물관 학예연구실장으로 있으면서 통도사 승려들의 시문에 대한 연구들을 진행해
오고 있다. 2020년에는 박물관 발전 공로로 문화체육관광부장관 표창을 받았다. 서예·
전각가로도 활동하며, 대한민국미술대전 초대작가, 경인·경기·경북도전·전국휘호대회
초대작가이자, 한국서예가협회, 한국전각가협회 회원으로 활동하고 있다.

김순석 (안동국학진흥원 박물관장)
고려대학교 사학과를 졸업하고 동 대학원에서 석사학위와 박사학위를 취득하였다. 태
동고전연구소를 수료하고, 독립기념관 연구원과 순천향대학교, 고려대학교 강사를 거
쳐 현재 한국국학진흥원 수석연구원으로 재직 중이다. 주요 저서로는 「일제시대 조선총
독부의 불교정책과 불교계의 대응」, 「한국 근현대불교사의 재발견」, 「근대 유교개혁론과
유교의 정체성」, 「불멸의 민족혼 되살려 낸 역사가 박은식」 등이 있다.

이성수 (불교신문 편집국 부장)
동국대 대학원(고전문학)에서 박사학위를 취득하고, 불교신문 편집국장, 한국불교기자
협회장, 동명대 겸임교수, 한국불교종단협의회 연구위원을 역임했다. 현재는 불교신문
편집국 부장과 동국대 국문과 겸임교수로 활동하고 있다. 불교언론문화상과 한국불교
기자대상을 수상했다.